Dokumentarische Unterrichtsforschung

Barbara Asbrand · Matthias Martens

Dokumentarische Unterrichtsforschung

 Springer VS

Barbara Asbrand
Erziehungswissenschaften
Goethe-Universität Frankfurt am Main
Frankfurt am Main, Deutschland

Matthias Martens
Erziehungswissenschaften
Goethe-Universität Frankfurt am Main
Frankfurt am Main, Deutschland

ISBN 978-3-658-10891-5   ISBN 978-3-658-10892-2   (eBook)
https://doi.org/10.1007/978-3-658-10892-2

Die Deutsche Nationalbibliothek verzeichnet diese Publikation in der Deutschen National-
bibliografie; detaillierte bibliografische Daten sind im Internet über http://dnb.d-nb.de abrufbar.

Springer VS
© Springer Fachmedien Wiesbaden GmbH, ein Teil von Springer Nature 2018

Gedruckt auf säurefreiem und chlorfrei gebleichtem Papier

Springer VS ist ein Imprint der eingetragenen Gesellschaft
Springer Fachmedien Wiesbaden GmbH und ist Teil von Springer Nature
Die Anschrift der Gesellschaft ist: Abraham-Lincoln-Str. 46, 65189 Wiesbaden, Germany

Check for
updates

Inhalt

Einleitung 1

1.1 Entstehung, Anlage und Zielsetzung des Buches

Dieses Methodenlehrbuch zur dokumentarischen Unterrichtsforschung richtet sich an alle Personen, die sich forschend mit Unterricht beschäftigen und dabei fachdidaktische, erziehungswissenschaftliche oder soziologische Fragestellungen, aber auch Forschungsgegenstände der psychologischen Lehr-Lernforschung qualitativ empirisch bearbeiten. Wir möchten damit eine Darstellung vorlegen, die für das Forschende Lernen und für die Methodenausbildung im Studium sowie für die Bearbeitung von Forschungsprojekten gleichermaßen instruktiv ist. Das Buch bietet eine Einführung in die Dokumentarische Methode und die videobasierte Unterrichtsforschung. Es richtet sich vor allem an Forschende, die Unterricht mit der Videokamera beobachten und die Videografien mit der Dokumentarischen Methode analysieren möchten und dabei an der Rekonstruktion der Interaktionskonstellationen im Unterricht in ihrer Prozesshaftigkeit interessiert sind. Der Ansatz der dokumentarischen Unterrichtsforschung eignet sich besonders gut für die Analyse von fachlichen Vermittlungs- und Aneignungsprozessen des Unterrichts. Denn die Dokumentarische Methode ist grundsätzlich auf die Rekonstruktion von Prozessen der Wissensgenese und Wissenskonstruktion ausgerichtet und ermöglicht somit auch die Rekonstruktion der Vermittlung und Aneignung von Fachwissen bzw. fachlichen Kompetenzen.

Unser Anliegen ist es, sowohl die theoretischen und methodologischen Grundlagen als auch die forschungspraktischen Schritte einer videobasierten dokumentarischen Unterrichtsforschung von der Planung der Datenerhebung bis zur Typenbildung verständlich zu machen. Zur Illustration nutzen wir Sequenzen und beispielhafte Interpretationen aus den Forschungsprojekten unserer Arbeitsgruppe, die in den letzten Jahren zu unterschiedlichen fachdidaktischen und schulpädagogischen Fragestellungen bearbeitet wurden. Mithilfe der Beispiele wollen wir sowohl theoretische und methodologische Überlegungen nachvollziehbar machen

© Springer Fachmedien Wiesbaden GmbH, ein Teil von Springer Nature 2018
B. Asbrand und M. Martens, *Dokumentarische Unterrichtsforschung*,
https://doi.org/10.1007/978-3-658-10892-2_1

als auch zeigen, wie die von uns entwickelte dokumentarische Interpretation von Unterrichtsvideografien forschungspraktisch umgesetzt werden kann.

Die Entstehung dieses Buch ist durch drei Konjunkturen in den letzten Jahren befördert worden: Erstens lässt sich in der Erziehungswissenschaft, in den Fachdidaktiken und in der Pädagogischen Psychologie infolge der internationalen Vergleichsstudien und der Einführung von Bildungsstandards in das deutsche Bildungswesen insgesamt ein erhöhtes Interesse an der Erforschung von Unterricht als mutmaßlich bedeutsamem Bedingungsfaktor für die Schulleistung von Schülerinnen und Schülern feststellen. Zweitens fällt diese Konjunktur unterrichtsbezogener Forschungsinteressen zusammen und wird teilweise erst ermöglicht durch eine rasante Entwicklung der Video- und Speichertechnik. Aufgrund der technischen Möglichkeiten kann Unterricht ohne Weiteres in größerem Umfang videografiert und die Daten können platz- und kostensparend archiviert werden – auch schon im Rahmen von Qualifikationsarbeiten oder kleineren Forschungsprojekten. Drittens lässt sich in der qualitativ-empirisch orientierten fachdidaktischen und erziehungswissenschaftlichen Lehr-/Lern- und Unterrichtsforschung unlängst eine Konjunktur der Dokumentarischen Methode (Bohnsack 2014; Bohnsack et al. 2013) beobachten, die eine Nachfrage nach entsprechenden Anpassung der methodischen Vorgehensweisen an das Forschungsfeld erzeugt.[1] Obwohl sich die Videografie als Datenerhebungsmethode in der Unterrichtsforschung etabliert hat und inzwischen weit verbreitet ist, liegt für die methodologische Integration von audiovisuellen Erhebungsmethoden und geeigneten Auswertungsmethoden im Sinne einer rekonstruktiven Unterrichtsforschung noch keine Gesamtdarstellung vor, diese Lücke möchte das vorliegende Buch schließen.

In Forschungsprojekten, in denen die Dokumentarische Methode in der Unterrichtsforschung angewandt wurde und wird, sind in methodischer Hinsicht zwei Vorgehensweisen anzutreffen:

1. In vielen Studien fokussiert die Datenanalyse bewusst die sprachliche Interaktion im Unterricht, selbst wenn die Datenerhebung mithilfe von Videokameras durchgeführt wurde, oder die Datenanalyse beachtet körperliche Handlungen der Schüler und Schülerinnen lediglich ergänzend (vgl. z.B. Bonnet 2004,

---

[1] Die bestehenden methodischen Ansätze zur Analyse von Gruppendiskussionen (Bohnsack 1989, 2014; Loos und Schäffer 2001; Bohnsack et al. 2010), narrativen Interviews (Nohl 2017) sowie Bildern und Filmen (Bohnsack 2011; Bohnsack et al. 2015) werden für fachdidaktische und erziehungswissenschaftliche Fragestellungen inzwischen vielfach gewinnbringend eingesetzt. Auf der Webseite www.dokumentarischemethode.de findet sich eine ständig aktualisierte Literaturliste von Beiträgen mit der Dokumentarischen Methode und über die Dokumentarische Methode.

2009, 2011; Tesch 2010, 2016; Spieß 2014; Wettstädt und Asbrand 2014; Kater-Wettstädt 2015; Hericks 2017). Bei der Rekonstruktion der Sequenzialität der Unterrichtsinteraktion wird in diesen Studien in der Regel auf das für die dokumentarische Interpretation von Gesprächen entwickelte Verfahren zur Analyse der formalen Interaktionsorganisation (vgl. Przyborski 2004; Bohnsack 2014) zurückgegriffen. Die Materialität und Körperlichkeit des Unterrichts wird in diesen überwiegend fachdidaktischen Studien kaum bzw. nicht methodisch kontrolliert in die Analysen einbezogen. Auch die Komplexität der Unterrichtsinteraktion in Gestalt der mehrdimensionalen, synchronen und simultanen Verschränkung unterschiedlicher, aber gleichzeitig ablaufender Interaktionen kommt nur eingeschränkt in den Blick.

2. Andere Studien (vgl. z. B. Wagner-Willi und Sturm 2012; Fritzsche und Wagner-Willi 2015; Richter 2015; Sturm 2015, 2017) orientieren sich an dem von Wagner-Willi (2004) und Bohnsack (2011) entwickelten Verfahren zur dokumentarischen Videointerpretation. Die Interpretation von Fotogrammen aus den Videografien bietet einen der Komplexität des Unterrichts angemessenen empirisch-rekonstruktiven Zugang zu den Mikroprozessen der Unterrichtsinteraktion. Das Potenzial dieses Vorgehens liegt in der Berücksichtigung der Materialität und Körperlichkeit unterrichtlicher Interaktion und ihrer Simultanstruktur. Durch den spezifischen Zugriff auf das empirische Material kommen aber vorrangig Situationen bzw. Szenen des Unterrichts in den Blick und weniger dessen Sequenzialität. Mit unserem hier zur Diskussion gestellten Ansatz rücken wir dagegen gerade die Sequenzialität des Unterrichts – in Verbindung mit dessen Synchronizität und Simultaneität – in den Vordergrund.

Das vorliegende Methodenlehrbuch basiert auf Forschungserfahrungen aus unserer Arbeitsgruppe, in der in den letzten Jahren mehrere Projekte zu unterschiedlichen fachdidaktischen und schulpädagogischen Fragestellungen bearbeitet wurden: Dorthe Petersen (2015) erforschte die Herstellung von Lernkulturen und die Anpassungsleistungen von Schülerinnen und Schülern beim Übergang von der Grundschule in die Sekundarstufe I. Sie videografierte dafür den Unterricht an zwei Grundschulen, einer Regionalen Schule, einer Gemeinschaftsschule und einem Gymnasium in fast allen Fächern für mehrere Wochen (vgl. auch Petersen und Asbrand 2013). Lydia Kater-Wettstädt (2015) untersuchte im Rahmen des aus Mitteln des Bundesministeriums für wirtschaftliche Zusammenarbeit und Entwicklung (BMZ) geförderten Projekts „Kompetenzorientierter Unterricht im Lernbereich Globale Entwicklung" den Kompetenzerwerb von Schülerinnen und Schülern den Sekundarstufen im Feld des Globalen Lernens im Fachunterricht verschiedener, für den Lernbereich relevanter Fächer (vgl. auch Wettstädt und

Asbrand 2013; 2014). In dem ebenfalls auf fachliches Lernen fokussierten, fachdidaktischen Dissertationsprojekt von Christian Spieß ging es um den Umgang mit historischen Quellen im Geschichtsunterricht der Sekundarstufe (Spieß 2014). Anja Hackbarth (2017) analysierte die Interaktion von Schülerinnen und Schülern bei der Bearbeitung fachlicher Aufgaben in jahrgangsübergreifenden Lerngruppen an einer Förderschule und einer inklusiven Grundschule und rekonstruierte die Inklusions- und Exklusionsprozesse in der Interaktion. Matthias Martens schließlich untersucht Passungsverhältnisse von Lehr- und Lernkompetenzen im individualisierenden Unterricht der Sekundarstufe und videografierte dafür mehrere Wochen Unterricht an einem Gymnasium und einer Integrierten Gesamtschule (vgl. z. B. Martens 2015). Den Projekten ist gemeinsam, dass in ihnen der alltägliche Unterricht video- und audioaufgezeichnet wurde und die Datenauswertung mithilfe der Dokumentarischen Methode (Bohnsack 2014) erfolgte.

Parallel zur Bearbeitung der genannten Forschungsprojekte, deren Interpretationen von Unterrichtsvideografien in unserer Forschungswerkstatt intensiv diskutiert wurden, haben wir, Matthias Martens und Barbara Asbrand, uns mit der Weiterentwicklung der Dokumentarischen Methode für die Analyse von Unterrichtsvideografien befasst. Im Laufe der Jahre haben wir einige methodologische und forschungspraktische Herausforderungen bearbeitet, die uns in der Forschungspraxis der Unterrichtsforschung immer wieder begegnet sind (Asbrand et al. 2013; Martens et al. 2015a, b; Martens et al. 2016; Martens und Asbrand 2017; Martens und Asbrand 2018). Mit dem vorliegenden Methodenlehrbuch fassen wir diese methodischen Weiterentwicklungen zusammen und stellen nun einen umfassenden, unterrichtstheoretisch fundierten Ansatz für die videobasierte Erforschung von Unterrichtsprozessen vor. Aufgrund der unterschiedlichen Erkenntnisinteressen und Forschungsdesigns der zugrundeliegenden Forschungsprojekte, anhand derer wir die methodische Weiterentwicklung vorangetrieben haben, basieren unsere methodologischen und grundlagentheoretischen Überlegungen auf vielfältigem empirischem Material: Uns liegen Unterrichtsvideografien aus unterschiedlichen Schulstufen und -formen, aus einer Vielzahl von Unterrichtsfächern sowie aus fast allen Jahrgangsstufen vor. Darüber hinaus verfügen wir über Aufzeichnungen von Unterricht mit unterschiedlichen didaktischen Strukturierungen, darunter das lehrpersonengesteuerte Unterrichtsgespräch, kooperative Arbeitsformen sowie Forschendes und Selbstständiges Lernen. Wir verstehen das Ergebnis unserer praxeologischen, in der Empirie fundierten Entwicklungsarbeit als spezifische Adaptation und Weiterentwicklung der Dokumentarischen Methode (Bohnsack 2014) für das Feld der Unterrichtsforschung. Die wesentliche Neuerung im Vergleich zu den vorhandenen methodischen Ansätzen – insbesondere zur dokumentarischen Bild- und Videointerpretation (Bohnsack 2011) – ist, dass mit diesem

Buch erstmals ein methodischer Vorschlag zur dokumentarischen Analyse von Videografien vorliegt, die zu Forschungszwecken im Unterricht hergestellt worden sind. Auf der Basis einer Unterscheidung von Videos als Forschungs*instrument* einerseits und Forschungs*gegenstand* andererseits bezeichnen wir unseren Ansatz der dokumentarischen Unterrichtsforschung als *Videografieanalyse* und grenzen ihn von der Videoproduktanalyse ab (vgl. Tuma et al. 2013, S. 47). Das Video als Forschungsinstrument und dessen reflektierte, d. h. methodologisch fundierte und methodisierte Nutzung zielt darauf ab, „aufgezeichnete Handlungen, Interaktionen und soziale Situationen besser und genauer untersuchen zu können" (ebd.). Auf der Basis der wissenssoziologisch fundierten Dokumentarischen Methode (Bohnsack 2011, 2014) geht es in unserem Ansatz jedoch insbesondere darum, den Zusammenhang von Prozessen der Wissensgenese und Wissenskonstruktion sowie körperlicher Praxis und der sich darin zeigenden inkorporierten Habitus von Lehrpersonen sowie Schülern und Schülerinnen herauszuarbeiten. Habituelle Strukturen, die sich im Unterricht auf der propositionalen und performativen Ebene zeigen, werden dabei als geordnete und ordnende bzw. ordnungsbildende Aspekte des Sozialen aufgefasst (vgl. Bourdieu 1984). Ihre Rekonstruktion ist zentral für die Erforschung von Lehr- und Lernprozessen, die wir als aneinander gekoppelte, aber voneinander unterscheidbare je situative und kontingente sowie gleichermaßen routinisierte Praxis verstehen.

1.2 Aufbau des Buches und Leseempfehlung

Als Lehr- aber auch als Arbeitsbuch ist ein chronologisches Lesen des Buches nicht für jeden Leser und für jede Leserin sinnvoll. Je nach Fortschritt in der Anwendung der Dokumentarischen Methode und je nach Erkenntnisinteresse, das die Lektüre motiviert hat, kann es sinnvoll sein, einzelne Kapitel vertiefend zu lesen, andere wiederum zu überfliegen oder auszulassen. Um die Entscheidung darüber zu vereinfachen, stellen wir nun kurz vor, was die Leserinnen und Leser in den folgenden Kapiteln erwartet· Auf diese Einleitung folgen zwei Hauptkapitel zu den theoretischen Grundlagen der Dokumentarischen Methode und zur Analyse von Gesprächen. In Kapitel 2 werden die methodologischen Grundlagen der Dokumentarischen Methode in ihren Grundzügen dargestellt, wichtige Bezugspunkte sind die Werke Mannheims (1964, 1980, 1995) und Bohnsacks (2014, 2011). Die bereits bekannten methodologischen Grundlagen werden in diesem Kapitel auf die Bedingungen in der qualitativ-rekonstruktiven Unterrichtsforschung bezogen und können daher auch für erfahrene Anwenderinnen und Anwender der Dokumentarischen Methode von Interesse sein. Kapitel 3 beschäftigt sich mit den Grundlagen der dokumentarischen Gesprächsanalyse. Dieses Kapitel dient allen Personen, die sich erstmals mit der dokumentarischen Interpretation von Forschungsdaten beschäftigen, als Einführung. Es kann hilfreich sein, dieses Kapitel gründlich zu lesen, wenn im Rahmen eines Unterrichtsforschungsprojekts auch Gruppendiskussionen oder andere Gespräche aufgezeichnet und ausgewertet werden sollen. Allen fortgeschrittenen Anwenderinnen und Anwendern der Dokumentarischen Methode sei es ggf. zur kursorischen Lektüre empfohlen.

Die Kapitel 4 und 5 stellen die zentralen Kapitel des Buches dar, in denen die methodologischen und forschungsmethodischen Weiterentwicklungen der dokumentarischen Methode für das Feld der Unterrichtsforschung dargestellt werden. Das Kapitel 4 beginnt mit einer Darstellung von Unterrichtsphänomenen, die die Komplexität des Unterrichtsalltags als Ausgangspunkt für die Unterrichtsforschung veranschaulichen sollen. Es folgt die unterrichtstheoretische Verdichtung dieser phänomenologischen Darstellung mit Ausführungen zur Sozial-, Sach- und Zeitstruktur des Unterrichts und deren komplexen Verwobenheit; theoretischer Bezugsrahmen ist das systemtheoretische Unterrichtsverständnis Luhmanns (2002). Im dritten Teil dieses Kapitels stellen wir dar, wie wir auf der methodologischen Ebene auf die Herausforderungen reagieren, die sich aus der Komplexität von Unterricht als Gegenstand rekonstruktiver Forschung ergeben: Wir nehmen dazu die komplexe Zeitstruktur des Unterrichts mit den Konzepten der Sequenzialität, Synchronizität und Simultaneität in den Blick, stellen Vorschläge zur methodologischen Integration körperlicher Ausdrucksweisen, Bewegungen und Positionierungen sowie des Umgangs mit den Dingen innerhalb der dokumentarischen Unterrichtsforschung vor und beschreiben die Auswirkungen der charakteristischen Sozialstruktur des Unterrichts auf die Analyse der Interaktionsorganisation des Unterrichts. Kapitel 5 beschäftigt sich mit forschungspraktischen Fragen der Gestaltung des Forschungsprozesses und beschreibt detailliert und anwendungsbezogen, wie z. B. Feldkontakte hergestellt werden, wie im Feld agiert werden sollte und wie die Daten aufbereitet, interpretiert und in Forschungswerkstätten diskutiert werden. Das Kapitel ist teilweise komplementär zu Kapitel 3 verfasst, greift die Grundlagen, die dort dargestellt werden, allerdings nicht noch einmal explizit und ausführlich auf. Für Einsteigende ist daher das parallele Lesen beider Kapitel sinnvoll. Das fünfte Kapitel schließt mit drei Beispielen aus der Forschungspraxis ab. Viele der Unterrichtsszenen, an denen wir die methodologischen und methodischen Aspekte veranschaulichen, stammen aus diesen drei ausführlichen Beispielen und können dort noch einmal nachgelesen werden. Die Darstellung der Beispiele dient dazu, die Anfertigung von Arbeitspapieren, die im Forschungsprozess entstehen, und die darin entfalteten Interpretationen detailliert nachvollziehen zu können.

Darüber hinaus können sie als Modell für die Gestaltung von Vorlagen für die Diskussion in Forschungswerkstätten verwendet werden. Zum Nachvollzug der Interpretationen hat es sich bewährt, jedes Dokument dieser Vorlagen (Transkript, formulierende und reflektierende Interpretationen) auszudrucken, damit sie beim Lesen nebeneinander gelegt werden können. Damit dies den Leserinnen und Lesern dieses Buches ebenfalls möglich ist, sind die Interpretationsbeispiele aus Kapitel 5.3 auch online auf der Produktseite des Buches auf www.springer.com als pdf-Datei verfügbar. Im Format DIN A4 ausgedruckt sind die querformatigen Tabellen der Transkripte und formulierenden Interpretationen auch besser lesbar als auf den Buchseiten des Kapitels 5.3. Das Buch endet mit einem ausführlichen Glossar (Kap. 6), in dem die im Text und den Interpretationen verwendeten Methodenbegriffe (insbesondere diejenigen zur Analyse der Interaktionsorganisation) noch einmal nachgelesen werden können. Das Glossar kann auch als praktisches Hilfsmittel im Interpretationsprozess Verwendung finden.

1.3   Dank

Dieses Buch basiert auf einer mehrjährigen Forschungspraxis, an der viele Menschen beteiligt waren. An erster Stelle bedanken wir uns bei den Wissenschaftlerinnen und Wissenschaftlern in Qualifikationsphasen, bei Dorthe Petersen, Lydia Kater-Wettstädt, Christian Spieß und Anja Hackbarth, die die Forschungsprojekte bearbeitet haben, die Anlass und Gegenstand der Entwicklung der hier vorgestellten dokumentarischen Unterrichtsforschung waren. Unser Dank gilt ihrer Bereitschaft und ihrer Nachsicht, sich auf Forschungsvorhaben einzulassen, deren methodische Vorgehensweise während der Arbeit an der eigenen Dissertation noch im Entstehen war. Dorthe Petersen, Lydia Kater-Wettstädt, Christian Spieß und Anja Hackbarth, aber auch die anderen Teilnehmenden unserer Forschungswerkstatt, haben mit viel Engagement und großer Ungewissheitstoleranz immer wieder neue und zuweilen auch widersprüchliche (oder nur kurzlebige) Vorschläge zum methodischen Umgang mit den verschiedenen Herausforderungen der dokumentarischen Unterrichtsforschung diskutiert, an ihrer Erprobung und Umsetzung mitgearbeitet und eigene Ideen eingebracht. Dafür bedanken wir uns herzlich! Auch bei den an den Forschungsprojekten beteiligten studentischen Hilfskräften bedanken wir uns für die Geduld und Sorgfalt, mit der sie immer wieder neue und andere Vorgehensweisen bei der Datenerhebung und -aufbereitung umgesetzt haben.

Für den Entstehungsprozess dieses Buches waren neben unserer Forschungswerkstatt verschiedene Diskussionszusammenhänge mit Kolleginnen und Kollegen von großer Bedeutung. Dazu gehören die Tagungen des Centrums für qualitative Evaluations- und Sozialforschung (ces e. v.), die Forschungswerkstatt von Ralf Bohnsack, regelmäßige Workshops in Basel, Berlin und Frankfurt am Main sowie ein Forschungsforum beim DGfE-Kongress 2016 in Kassel. Namentlich möchten wir ganz besonders Ralf Bohnsack, Tanja Sturm, Monika Wagner-Willi, Bettina Fritzsche, Iris Nentwig-Gesemann, Uwe Hericks, Kerstin Rabenstein und Matthias Proske für anregende Diskussionen, für konstruktive Kritik und viele wertvolle Hinweise danken.

Schließlich haben einige Personen das fertige Manuskript gelesen und es durch fundierte Anregungen bereichert. Dabei gilt unser besonderer Dank Arnd-Michael Nohl und Helge Gresch sowie Anja Hackbarth und Melanie Schuster. Zuletzt bedanken wir uns bei den Korrekturleserinnen Desirée Hoferer, Christiane Krüger-Blum und Angela Wenzlaff sowie bei Max Richter für die Unterstützung bei der Manuskripterstellung.

Literaturverzeichnis

Asbrand, B., Martens, M., & Petersen, D. (2013). Die Rolle der Dinge in schulischen Lehr-Lernprozessen. In A.-M. Nohl & C. Wulf (Hrsg.), Mensch und Ding. Die Materialität pädagogischer Prozesse. *Beiheft der Zeitschrift für Erziehungswissenschaft 16*(2), 171-188.

Bohnsack, R. (1989). *Generation, Milieu und Geschlecht – Ergebnisse aus Gruppendiskussionen mit Jugendlichen.* Opladen: Leske + Budrich.

Bohnsack, R. (2011). *Qualitative Bild- und Videointerpretation.* Opladen: Barbara Budrich.

Bohnsack, R. (2014). *Rekonstruktive Sozialforschung. Einführung in qualitative Methoden.* 9. überarb. und erweiterte Aufl. Opladen: Barbara Budrich.

Bohnsack, R., Przyborski, A., & Schäffer, B. (2010) (Hrsg.). *Das Gruppendiskussionsverfahren in der Forschungspraxis.* 2. Aufl. Opladen: Barbara Budrich.

Bohnsack, R., Nentwig-Gesemann, I., & Nohl, A.-M. (Hrsg.) (2013). *Die dokumentarische Methode und ihre Forschungspraxis. Grundlagen qualitativer Forschung.* 3. Aufl. Wiesbaden: Springer VS.

Bohnsack, R., Fritzsche, B., & Wagner-Willi, M. (2015) (Hrsg.). *Dokumentarische Film und Videointerpretation. Methodologie und Forschungspraxis.* Opladen: Barbara Budrich.

Bonnet, A. (2004). *Chemie im bilingualen Unterricht. Kompetenzerwerb durch Interaktion.* Opladen: Barbara Budrich.

Bonnet, A. (2009). Die Dokumentarische Methode in der Unterrichtsforschung. Ein integratives Forschungsinstrument für Strukturrekonstruktion und Kompetenzanalyse. *Zeitschrift für Qualitative Forschung 10*(2), 219-240.

Bonnet, A. (2011). Erfahrung. Interaktion. Bildung. In W. Meseth, M. Proske & F.-O. Radtke (Hrsg.), *Unterrichtstheorien in Forschung und Lehre* (S. 189-208). Bad Heilbrunn: Klinkhardt.

Bourdieu, P. (1984). *Die feinen Unterschiede. Kritik der gesellschaftlichen Urteilskraft.* Frankfurt am Main: Suhrkamp.

Fritzsche, B., & Wagner-Willi, M. (2015). Dokumentarische Interpretation von Unterrichtsvideografien. In R. Bohnsack, B. Fritzsche & M. Wagner-Willi (Hrsg.), *Dokumentarische Video- und Filminterpretation. Methodologie und Forschungspraxis* (S. 131-152). Opladen: Barbara Budrich.

Hackbarth, A. (2017). *Inklusionen und Exklusionen in Schülerinteraktionen.* Bad Heilbrunn: Klinkhardt.

Hericks, U. (2017). „Es sollte am Schluss immer ein deutscher Satz rauskommen, nicht?" – Rekonstruktionen zur Entstehung mathematischen Wissens im Schulunterricht. *Zeitschrift für interpretative Schul- und Unterrichtsforschung 5*, 132-147.

Kater-Wettstädt, L. (2015). *Kompetenzorientierter Unterricht im Lernbereich Globale Entwicklung.* Münster: Waxmann.

Loos, P., & Schäffer, B. (2001). *Das Gruppendiskussionsverfahren.* Opladen: Leske + Budrich.

Luhmann, N. (2002). *Das Erziehungssystem der Gesellschaft.* Frankfurt am Main: Suhrkamp.

Mannheim, K. (1964). Beiträge zur Theorie der Weltanschauungsinterpretation. In K. Mannheim, *Wissenssoziologie* (S. 91-154). Neuwied: Luchterhand.

Mannheim, K. (1995). Wissenssoziologie. In K. Mannheim, *Ideologie und Utopie* (S. 227-267). 8. Aufl. Frankfurt am Main: Klostermann.

Mannheim, K. (1980). *Strukturen des Denkens.* Frankfurt am Main: Suhrkamp.

Martens, M. (2015). Differenz und Passung. Differenzkonstruktionen im individualisierenden Unterricht der Sekundarstufe. *Zeitschrift für qualitative Forschung 16*(2), 211-230.

Martens, M., & Asbrand, B. (2017). Passungsverhältnisse: Methodologische und theoretische Reflexionen zur Interaktionsorganisation des Unterrichts. *Zeitschrift für Pädagogik 63*(1), 72-90.

Martens, M., & Asbrand, B. (2018). Dokumentarische Unterrichtsforschung. In M. Heinrich & A. Wernet (Hrsg.), *Rekonstruktive Bildungsforschung – Zugänge und Methoden.* Wiesbaden: Springer VS.

Martens et al. 2015a = Martens, M., Petersen, D. & Asbrand, B. (2015). Die Materialität von Lernkultur: Methodische Überlegungen zur dokumentarischen Analyse von Unterrichtsvideografien. In R. Bohnsack, B. Fritzsche & M. Wagner-Willi (Hrsg.), *Dokumentarische Video- und Filminterpretation. Methodologie und Forschungspraxis* (S. 179-206). Opladen: Barbara Budrich.

Martens et al. 2015b = Martens, M., Asbrand, B., & Spieß, C. (2015). Lernen mit Dingen – Prozesse zirkulierender Referenz im Unterricht. *Zeitschrift für Interpretative Schul- und Unterrichtsforschung 4*, 48-65.

Martens, M., Spieß, C., & Asbrand, B. (2016). Rekonstruktive Geschichtsunterrichtsforschung. Zur Analyse von Unterrichtsvideografien. In H. Thünemann & M. Zülsdorf-Kersting (Hrsg.), *Methoden geschichtsdidaktischer Unterrichtsforschung* (S. 177-206). Schwalbach/Ts.: Wochenschau Verlag.

Nohl, A.-M. (2017). *Interview und Dokumentarische Methode: Anleitungen für die Forschungspraxis.* 5. Aufl. Wiesbaden: Springer VS.

Petersen, D. (2015). *Anpassungsleistungen und Konstruktionsprozesse beim Grundschulübergang.* Wiesbaden: Springer VS.

Petersen, D., & Asbrand, B. (2013). Anpassungsleistungen von Schülerinnen und Schülern beim Übergang von der Grundschule in die weiterführenden Schulen. *Zeitschrift für Qualitative Forschung 14*(1), 49-65.

Przyborski, A. (2004). *Gesprächsanalyse und dokumentarische Methode. Qualitative Auswertung von Gesprächen, Gruppendiskussionen und anderen Diskursen.* Wiesbaden: VS Verlag für Sozialwissenschaften.

Richter, S. (2015). Klassenmanagement in Übergangssituationen des Hauptschulunterrichts. Dokumentarische Videointerpretation und Interaktionspraktiken im Umgang mit sozialer (Un-)Ordnung. In R. Bohnsack, B. Fritzsche & M. Wagner-Willi (Hrsg.), *Dokumentarische Video- und Filminterpretation. Methodologie und Forschungspraxis* (S. 207-233). Opladen: Barbara Budrich.

Spieß, C. (2014). *Quellenarbeit im Geschichtsunterricht. Die empirische Rekonstruktion von Kompetenzerwerb im Umgang mit Quellen.* Göttingen: V+R unipress.

Sturm, T. (2015). Herstellung und Bearbeitung von Differenzen im inklusiven Unterricht. Rekonstruktionen mithilfe der dokumentarischen Videointerpretation. In R. Bohnsack, B. Fritzsche & M. Wagner-Willi (Hrsg.), *Dokumentarische Video- und Fotointerpretation. Methodologie und Forschungspraxis* (S. 153-178). Opladen: Barbara Budrich.

Sturm, T. (2017). Konstruktion von Leistung und Ergebnissen im Deutschunterricht einer inklusiven Sekundarschule. *Zeitschrift für interpretative Schul- und Unterrichtsforschung* 5, 63-76.

Tesch, B. (2010). *Kompetenzorientierte Lernaufgaben im Fremdsprachenunterricht. Konzeptionelle Grundlagen und eine rekonstruktive Fallstudie zur Unterrichtspraxis (Französisch).* Frankfurt am Main: Peter Lang.

Tesch, B. (2016). *Sinnkonstruktionen im Fremdsprachenunterricht. Rekonstruktive Fremdsprachenforschung mit der Dokumentarischen Methode.* Frankfurt am Main: Peter Lang.

Tuma, R., Schnettler, B., & Knoblauch, H. (2013). *Videographie. Einführung in die interpretative Videoanalyse sozialer Situationen.* Wiesbaden: Springer VS.

Wagner-Willi, M. (2004). Videointerpretation als mehrdimensionale Mikroanalyse am Beispiel schulischer Alltagsszenen. *Zeitschrift für qualitative Bildungs-, Beratungs- und Sozialforschung 5*(1), 59-66.

Wagner-Willi, M., & Sturm, T. (2012). Inklusion und Milieus in schulischen Organisationen. *Zeitschrift für Inklusion.* Verfügbar unter: http://www.inklusion-online.net/index.php/ inklusion-online/article/view/32/32. Zugegriffen: 3. August 2017.

Wettstädt, L., & Asbrand, B. (2013). Unterricht im Lernbereich Globale Entwicklung: Perspektivität als Herausforderung. In U. Riegel & K. Macha (Hrsg.), *Videobasierte Kompetenzforschung in den Fachdidaktiken* (S. 183-197). Münster: Waxmann.

Wettstädt, L., & Asbrand, B. (2014). Handeln in der Weltgesellschaft. Zum Umgang mit Handlungsaufforderungen im Unterricht zu Themen des Lernbereichs Globale Entwicklung. *Zeitschrift für internationale Bildungsforschung und Entwicklungspädagogik 36*(1), 4-12.

Theoretische Grundlagen der Dokumentarischen Methode

2

Zusammenfassung

In diesem Kapitel werden die theoretischen Grundlagen der Dokumentarischen Methode – also ihre Methodologie – in den allgemeinen Grundzügen eingeführt. Zentrale Begriffe und Zusammenhänge, die für die Anwendung der Methode in der Videografieanalyse grundlegend sind, werden hier erläutert. Dabei bemühen wir uns, unterrichtsspezifische Beispiele zu präsentieren. Die beiden Unterkapitel zu „Rekonstruktive Kompetenzforschung" sowie zu „Didaktische Normativität und rekonstruktive Unterrichtsforschung" sind Vertiefungen zu spezifischen Herausforderungen und Möglichkeiten der dokumentarischen Unterrichtsforschung. Das Kapitel eignet sich als einführender Text für diejenigen, die noch nicht mit der Dokumentarischen Methode vertraut sind. Ihnen sei allerdings ergänzend Ralf Bohnsacks „Rekonstruktive Sozialforschung" (Bohnsack 2014) zur Lektüre empfohlen. Denjenigen, die die Dokumentarische Methode bereits kennen oder mit ihr in anderen Zusammenhängen gearbeitet haben, kann dieses Kapitel zur Auffrischung dienen – kursorisches oder selektives Lesen ist daher ausdrücklich erlaubt. Denjenigen, die sich bisher noch nicht mit der Dokumentarischen Methode beschäftigt haben, empfehlen wir, die in diesem Kapitel zur Illustration der theoretischen Ausführungen verwendeten Beispiele aus der Forschungspraxis in den jeweiligen, im Text angegebenen Publikationen nachzulesen. Das Lesen ausgewählter Studien, in denen mit der Dokumentarischen Methode gearbeitet wurde, verhilft erfahrungsgemäß nicht nur zu einem besseren Verständnis der theoretischen Grundlagen, sondern vermittelt auch einen guten Eindruck von der Forschungspraxis.

© Springer Fachmedien Wiesbaden GmbH, ein Teil von Springer Nature 2018
B. Asbrand und M. Martens, *Dokumentarische Unterrichtsforschung*,
https://doi.org/10.1007/978-3-658-10892-2_2

Die Dokumentarische Methode wurde in den 1980er-Jahren von Ralf Bohnsack als eine Methode zur Analyse verbaler Daten entwickelt (Bohnsack 1989). Wesentliche Grundlage war dabei die methodologische Reflexion der eigenen Forschungspraxis bei der Analyse von Gruppendiskussionen mit Jugendlichen (vgl. Bohnsack 2014, S. 33f.). Zur grundlagentheoretischen Fundierung der praxeologisch entwickelten Methodologie und Methode rekurriert Bohnsack auf die Ethnomethodologie (Garfinkel 1973) und vor allem die Wissenssoziologie Karl Mannheims (1964a, 1980, 1995).

Bei der Weiterentwicklung der Dokumentarischen Methode für die Bild- und Filminterpretation in den 2000er-Jahren hat sich Bohnsack (2011) vor allem auf die Ikonologie des Kunsthistorikers Panofsky (1975) gestützt und dessen Methode der kunsthistorischen Stilanalyse für die sozialwissenschaftliche Analyse visueller Daten fruchtbar gemacht.[2] Vor allem im Zusammenhang mit der Entwicklung der dokumentarischen Bildinterpretation hat Bohnsack die Übereinstimmungen mit dem Habitusbegriff Bourdieus (1974, 1984) stark gemacht, auch mit Verweis auf die Rezeption Panofskys durch Bourdieu (Bohnsack 2014, S. 63). Dem Habitus im Sinne Bourdieus (1984) und dem Dokumentsinn sensu Mannheim (1980) ist gemeinsam, dass beide als eine Struktur aufgefasst werden, die in der sozialen Praxis hergestellt bzw. erworben wird und zugleich die Handlungspraxis von Gruppen oder Milieus bestimmt. Von Bourdieu übernimmt Bohnsack den Begriff des atheoretischen Wissens, den er als Oberbegriff für das in sozialen Erfahrungszusammenhängen angeeignete konjunktive *Wissen* und die inkorporierten *körperlichen Praktiken* verwendet (Bohnsack 2014, S. 61; 2011, S. 15). Letztere kommen vermehrt in den Blick, seit die Dokumentarische Methode immer häufiger für die Analyse visueller Daten genutzt wird (vgl. Bohnsack et al. 2015; für die Unterrichtsforschung vgl. z. B. Wagner-Willi 2004; Fritzsche und Wagner-Willi 2015; Sturm 2015; vgl. zu Anwendungsfeldern der Dokumentarischen Methode auch Loos et al. 2013).

Ein wesentliches Merkmal der Dokumentarischen Methode ist – über die Ethno-methodologie hinausgehend und auch im Unterschied zu Bourdieus Kapitaltheorie zur Erklärung habitueller Unterschiede – die *genetische Analyseeinstellung* (Bohnsack 2014, S. 59, 69). Diese ermöglicht nicht nur den Nachvollzug des immanenten Sinns der Alltagskommunikation, sondern auch die Rekonstruktion des Dokumentsinns, der auf der Ebene des Habituellen die Handlungspraxis der Erforschten bestimmt,

---

2 Panofsky hatte sich bereits in den 1930er-Jahren auf Mannheims Wissenssoziologie bezogen und von ihm die für die Dokumentarische Methode grundlegende Unterschei-dung von immanentem Sinn und Dokumentsinn als Unterscheidung zwischen Bedeu-tungs- und Wesenssinn für die ikonologische Analyse von Kunstwerken übernommen (Bohnsack 2014, S. 63).

sowie die Rekonstruktion der Genese dieses atheoretischen Wissens in milieu-, generations-, geschlechts- oder gruppenspezifischen Erfahrungsräumen. Im Verhältnis zu den Konstruktionen des Alltags nimmt die dokumentarische Interpretation die Position einer Beobachtung zweiter Ordnung ein. Wobei im Interpretationsprozess allerdings beide Ebenen berücksichtigt werden, sowohl die immanenten Sinngehalte der Interaktionen als auch der zugrundeliegende *modus operandi* auf der Ebene des Dokumentsinns. Die genetische Interpretation bezeichnet Bohnsack als eine „prozess- und sequenzanalytische Rekonstruktion von Handlungs-, Interaktions- und Diskurspraktiken sowie […] der erlebnismäßigen Darstellung, der Erzählung und Beschreibung dieser Praktiken" (ebd., S. 62). Im Folgenden werden diese theoretischen Grundlagen der Dokumentarischen Methode und ihre Bedeutung für die Methodologie und Forschungspraxis ausführlich erläutert.

2.1 Konjunktives und kommunikatives Wissen

Die Unterscheidung zwischen konjunktivem und kommunikativem Wissen ist für die Dokumentarische Methode zentral und geht zurück auf Mannheims Unterscheidung zwischen Verstehen und Interpretieren (vgl. zum Folgenden Bohnsack 2014, S. 60ff.; Mannheim 1980, S. 73ff., 272ff.).

2.1.1 Verstehen und Interpretieren

Verstehen ereignet sich unmittelbar zwischen Menschen oder in der Begegnung mit Dingen. Das unmittelbare Berührtsein durch eine Sache, einen Menschen oder ein Ereignis nennt Mannheim *Kontagion*, im Fall des verstehenden Verbundenseins von Menschen wird der Begriff der *Konjunktion* verwendet (Mannheim 1980, S. 125ff.). Das konjunktive Verstehen zwischen Menschen setzt Mannheim gleich mit der Kontagion von Mensch und Natur: „Die Dinge können ‚draußen' bleiben und dennoch ist das, was wir von ihnen in uns aufnehmen, eine Verschmelzung ihrer mit unserem Selbst, und ihre Erkenntnis ist nicht eine Distanzierung, sondern ein Aufnehmen ihrer in unseren existentiellen Bestand" (ebd., S. 208). Verstehen im Sinne Mannheims ereignet sich intuitiv in der Handlungspraxis und setzt geteilte existenzielle Erfahrungshintergründe derjenigen voraus, die sich unmittelbar und intuitiv verstehen (vgl. Bohnsack 2014, S. 60ff.). Verstehen zeigt sich performativ in den Selbstverständlichkeiten des Alltags, die nicht expliziert werden, z. B. im intuitiven Verständnis körperlicher Gesten oder in den selbstverständlichen und unhinterfragten Routinen des Alltagshandelns. Mannheim (1995, S. 241) illustriert das Verstehen auf der Basis eines geteilten konjunktiven Erfahrungsraums am Beispiel der dörflichen Kultur, das auch von Bohnsack (2014) aufgegriffen wird. Für Menschen, die in einem Dorf aufgewachsen sind, ist das Leben dort selbstverständlich: „Die gemeinsame Existenz in derartigen geistigen Beziehungen konstituiert einen ‚konjunktiven Erfahrungsraum' der beteiligten Subjekte auf der Grundlage gemeinsamer Praxis – jenseits des theoretischen Erkennens und der kommunikativen Absichten" (Bohnsack 2014, S. 63). Eine andere als die selbstverständliche, unhinterfragte Perspektive auf das dörfliche Leben ist Mannheim zufolge nur durch Distanzierung möglich, beispielsweise wenn Dorfbewohner in die Stadt abwandern und anschließend auf der Basis ihrer städtischen Erfahrungen auf ihre Zeit im Dorf zurückblicken (Mannheim 1995, S. 241). Eine andere Möglichkeit der Distanzierung ist die theoretische Beschäftigung mit Fragen des ländlichen Lebensraums. Nur aus einer distanzierten oder aus einer theoretischen Perspektive einer Beobachtung zweiter Ordnung, die auf einer begrifflichen Ebene Stadt-Land-Unterschiede kennt, wird der Alltag auf dem Land als spezifisch „dörflich" wahrnehmbar (vgl. Bohnsack 2014, S. 62f.). Für die Dorfbewohner ist das Leben auf dem Land selbstverständlich und nicht spezifisch „dörflich". Die begriffliche Unterscheidung bzw. die Bezeichnung der sozialen Wirklichkeit als „dörflich" geschieht erst auf der Ebene des kommunikativen Wissens. Die Bedeutung der geteilten konjunktiven Erfahrung für das unmittelbare Verstehen wird offensichtlich, wenn man sich vergegenwärtigt, dass die Eigenheiten einer dörflichen Kultur für Menschen, die der dörflichen Gemeinschaft nicht angehören, nicht verstehbar sind. Über die Grenzen von Milieus oder gruppenspezifische konjunktive Erfahrungsräume hinweg ist Verständigung nur im Modus des Interpretierens möglich. Stadtmenschen, die in ein Dorf kommen, können nur von ihrem eigenen Standpunkt aus und auf der Basis ihres eigenen Erfahrungshintergrunds versuchen, das Leben der Dorfbewohnerinnen und -bewohner nachzuvollziehen. In der Verständigung mit den Menschen des Dorfes können sie auf allgemein verfügbares, kommunikatives Wissen über das Landleben zurückgreifen, die Besonderheiten des Dorfes werden sie aber im Modus des Verstehens nicht nachvollziehen können.

Ein Beispiel für unmittelbares, konjunktives Verstehen aus der Analyse unserer Unterrichtsvideografien ist das Sich-Einander-Zuwenden einer Kleingruppe von Schülerinnen am Beginn einer Gruppenarbeitsphase. Die Aufgabe besteht in dieser Unterrichtssituation darin, in der Gruppe im Rahmen eines Brainstormings fachliche Fragen zum Unterrichtsgegenstand „Schadstoffe in Textilien" zu entwickeln, an denen sich der anschließende selbstständige Erarbeitungsprozess orientieren soll. Die Schülerinnen platzieren ihre Stühle so um einen Tisch herum, dass sich alle anschauen können, drehen ihre Körper zum Tisch hin, beugen sich leicht nach vorne und schauen sich gegenseitig an. Dies wird untereinander als Bereitschaft verstanden, mit der Bearbeitung der Aufgabe zu beginnen, ohne dass darüber viele Worte verloren werden müssen. „Verstehen bedeutet also – um es kurz zu fassen – das Eindringen in einen gemeinschaftlich gebundenen Erfahrungsraum, in dessen Sinngebilde und deren existentielle Unterlagen. Wir wollen zwischen Verstehen und *Interpretieren* differenzieren und – unserer Unterscheidung zwischen vorreflexivem Erfassen und theoretisch-begrifflichem Erfassen von Gebilden folgend – unter *schlichtem Verstehen* entweder das existentielle, kontagiumartige Erfassen der Fremdexistenz oder das geistige, vorreflexive Erfassen der Gebiete verstehen, unter *Interpretieren* dagegen die stets auf diesen Erfassungen beruhende, aber sie niemals erschöpfende theoretisch-reflexive Explikation des Verstandenen" (Mannheim 1980, S. 272, Hervorh. i. O.).

Die *genetische Analyseeinstellung* der Dokumentarischen Methode bezieht sich auf die Rekonstruktion des *modus operandi* der Herstellung von Wissen und Praktiken in der Alltagspraxis. Dieses praktische atheoretische Wissen, also der Habitus bzw. das konjunktive, implizite Wissen, das diesen Alltagspraktiken zugrunde liegt und das in der Regel im Vollzug des Alltagshandelns nicht reflexiv verfügbar, sondern selbstverständlich ist, wird von Mannheim auch als *Dokumentsinn* bezeichnet (Bohnsack 2014, S. 61 f.). Im genannten Fall der Schülerinnengruppe, die sich am Beginn einer Gruppenarbeitsphase unverzüglich an die Arbeit macht, lässt sich auf der Ebene des Dokumentsinns erstens eine Orientierung an Aufgabenerledigung rekonstruieren, wie sie für Schülerinnen und Schüler insgesamt typisch ist, und zweitens eine Orientierung am Wissenserwerb, die die Relevanz des Unterrichtsgegenstands für die Schülerinnen einschließt. Denn in der Analyse der Sequenz zeigt sich, dass die jungen Frauen eigenständig fachliche Fragen zu dem Unterrichtsgegenstand generieren, der am Beginn der Unterrichtseinheit als Alltagsproblem (Schadstoffe in Textilien) eingeführt wurde (vgl. dazu ausführlich Martens 2014; Kater-Wettstädt 2015). Beide Orientierungskomponenten, die Orientierung der Schülerinnen an der Aufgabenerledigung und die Anschlussfähigkeit der fachlichen Problemstellung, dokumentieren sich in der Performanz der Gruppenarbeit. Das atheoretische konjunktive oder implizite Wissen der Schülerinnen, das die Handlungspraxis bestimmt, kann im Modus der Beobachtung zweiter Ordnung durch Forschende rekonstruiert werden. Für die Akteure selbst ist diese Wissensebene im Handlungsvollzug nicht reflexiv verfügbar, kann aber als Gegenstand der Selbstreflexion explizit gemacht werden.

Im Unterschied zum konjunktiven Verstehen kommt es beim *Interpretieren* im Sinne Mannheims zu einer Explikation des Selbstverständlichen (Bohnsack 2014, S. 61 f.). Auf dieser Wissensebene ist die Verständigung zwischen Menschen mit *unterschiedlichen* Erfahrungshintergründen möglich, allerdings nur im Modus des gegenseitigen Interpretierens bzw. auf der Ebene des *kommunikativen Wissens*. Dabei handelt es sich um theoretische Erklärungen, um Orientierungstheorien oder Reflexionen über die Handlungspraxis. Das kommunikative, explizite Wissen beinhaltet zum Beispiel das Wissen von Schülerinnen und Schülern um Formen der Zusammenarbeit in einer Gruppe oder den auf der kommunikativen Ebene zugeschriebenen Sinn des kooperativen Lernens, seine Programmatik (die Schülerinnen und Schüler sollen in ihren fachlichen Lernprozessen von der Zusammenarbeit in der Gruppe profitieren). Da Bestände des kommunikativen Wissens expliziert werden (können), spricht Mannheim auch vom *objektiven Sinn* (Mannheim 1964a, S. 104ff.). Dieses kommunikative Wissen zeigt sich auf der Ebene dessen, was im empirischen Material *immanent, d. h.* explizit gesagt oder getan wird.

Davon zu unterscheiden ist die dritte Sinnebene, der *intendierte Ausdruckssinn*. Damit sind die Intentionen der Akteure gemeint (ebd.), z. B. das Bestreben der Schülerinnen in der Gruppenarbeitsphase, die an sie gerichteten institutionellen Erwartungen besonders gut zu erfüllen. Diese Sinnebene ist allerdings nicht Gegenstand der wissenschaftlichen Analyse, weil sich der intendierte Ausdruckssinn erstens nicht in der Performanz dokumentiert, jede Rekonstruktion von Handlungsmotiven wäre deshalb eine Motivunterstellung, und zweitens weil die Intentionen der Akteure, sobald sie von den Handelnden als Selbstdarstellung expliziert werden, nicht mehr vom objektiven Sinn, den Orientierungstheorien und Post-hoc-Reflexionen der Handlungspraxis – mithin vom kommunikativen Wissen – unterscheidbar sind.

2.1.2 Rekonstruktive Kompetenzforschung

Auch im Blick auf das fachliche Lernen im Unterricht ist die Unterscheidung zwischen kommunikativem und konjunktivem Wissen hilfreich. Wird schulisches Lernen, wie dies insbesondere im Fachunterricht der Fall ist, im weitesten Sinne als Kompetenzerwerb verstanden, eignet sich die Dokumentarische Methode u. E. in besonderer Weise, um die fachlichen Vermittlungs- und Aneignungsprozesse im Unterricht empirisch zu erfassen (vgl. Martens und Asbrand 2009; Asbrand und Martens 2013).

Dabei setzen wir ein weites Verständnis von Handlungskompetenz voraus, das sowohl kognitive Facetten von Kompetenz wie Fachwissen und Einstellungen als auch affektive und implizite Aspekte wie Interesse, Werthaltungen, Routinen,

Motivation und Volition umfasst.[3] Grundsätzlich sind mit dem Kompetenzbegriff Fachwissen sowie fachspezifische Fähigkeiten und Fertigkeiten bezeichnet, die Individuen bei der Bewältigung von Anforderungssituationen benötigen. Sie sind prinzipiell erlernbar und werden in der Auseinandersetzung mit der Umwelt erworben (vgl. Klieme und Leutner 2006; Klieme und Hartig 2007). Der Ursprung des Kompetenzbegriffs für den Diskurs der empirischen Bildungsforschung liegt in den linguistischen Arbeiten von Chomsky (vgl. Weinert 2001). Chomsky (1973) zufolge müssen Kompetenz und Performanz als zwei unterschiedliche, voneinander strukturell zu trennende Funktionen menschlichen Handelns begriffen werden. Performanz beschreibt dabei die menschlichen Handlungen selbst, während Kompetenz auf der Ebene der kognitiven Tiefenstruktur angesiedelt ist und sich als ein generatives Prinzip begreifen lässt. Mit explizitem Bezug auf Chomsky erweitert Bourdieu (1974) dessen sprachtheoretisch fundierten Kompetenzbegriff um eine handlungstheoretische Perspektive. Den Habitus versteht Bourdieu analog zur generativen Grammatik als ein „System verinnerlichter Muster, die es erlauben, alle typischen Gedanken, Wahrnehmungen und Handlungen einer Kultur zu erzeugen" (ebd., S. 143). An anderer Stelle bezeichnet er den Habitus prägnanter als Erzeugungsprinzip von Eigenschaften und Werturteilen bzw. als ein „System generativer Schemata von Praxis" (Bourdieu 1984, S. 278). Der Habitus kann also verstanden werden als ein nicht sprachlich gefasstes, implizites Vermögen, als Grundlage für die Generierung situationsangemessenen menschlichen Handelns. Die prinzipielle Veränderbarkeit des Habitus ermöglicht es, das Habituskonzept an die aktuelle Kompetenzdebatte anzuschließen. Sowohl Habitus als auch Kompetenz werden im Zuge der aktiven und passiven Teilhabe an bestimmten sozialen Praxen erlernt und können diese gleichzeitig potenziell mitgestalten. Insofern die dokumentarische Interpretation auf die empirische Rekonstruktion des konjunktiven Wissens, verstanden als *modus operandi* zur Herstellung sozialer Praxis, ausgerichtet ist, wird damit auch die Rekonstruktion von Kompetenz im Sinne einer generativen Struktur bzw. praktischen Handlungswissens möglich (vgl. ausführlich Martens und Asbrand 2009).

Ebenso wie der Habitus strukturiert das konjunktive Wissen die Handlungen und wird gleichzeitig in der jeweils milieuspezifischen Handlungspraxis angeeignet. Beides ist für die empirische Rekonstruktion von Handlungskompetenz von Relevanz, die, wie oben dargestellt, unterschiedliche Facetten von Wissen und Können

---

3   Im bildungswissenschaftlichen Diskurs, der sich vorrangig auf die psychometrische Messung kognitiver Kompetenzen bezieht, werden allerdings die impliziten und affektiven Kompetenzfacetten weitgehend ausgeklammert (vgl. Hartig und Klieme 2006, S. 129).

beinhaltet. Das *Können*, d. h. die praktische Anwendung von Handlungswissen in Anwendungssituationen und die dem zugrundeliegenden Routinen, können als inkorporierte Praktiken im Sinne Bourdieus verstanden werden. Wenn in der empirischen Bildungsforschung im Anschluss an Weinert (2001) von *Können* oder *Kompetenz* die Rede ist, ließe sich in der Sprache Bourdieus und Bohnsacks (2011) also ebenso von atheoretischem, inkorporiertem Wissen sprechen. Wissen ist in der Kompetenzdefinition Weinerts facettenreich und umfasst verschiedene Ebenen: Fachwissen, Einstellungen, Werthaltungen und (fachspezifische) Routinen. *Fachwissen* zeichnet sich dadurch aus, dass es explizit werden kann; es ist das Wissen, über das eine Person in Bezug auf einen fachlichen Gegenstand *verfügt*, es ist Wissen *über* einen Sachverhalt, ein Problem, einen fachlichen Gegenstandsbereich. In der Terminologie Mannheims (1980) handelt es sich also um kommunikatives Wissen. Gleiches gilt für *Einstellungen*. Einstellungen unterscheiden sich von Werthaltungen dadurch, dass sie reflexiv verfügbar und explizierbar sind. Eine Einstellung wäre zum Beispiel die explizit geäußerte Überzeugung einer Schülerin, dass das Memorieren lateinischer Vokabeln eine im Kontext ihrer Lebenswelt überflüssige Anforderung sei. Dagegen können die von Weinert als *Werthaltungen* und *Routinen* bezeichneten Wissensebenen dem atheoretischen konjunktiven Wissen Mannheims zugeordnet werden. Eine Werthaltung wäre zum Beispiel die Sprachaffinität einer Schülerin, die die Erfahrung gemacht hat, dass das Erlernen einer Fremdsprache weitergehende Kommunikationsmöglichkeiten eröffnet, und Freude an einer Sprache entwickelt hat. Eine solche Haltung würde das Lernen der Schülerin im Fremdsprachenunterricht bestimmen, ohne dass es der Schülerin in der Lernsituation auf der reflexiven Ebene bewusst wäre (allerdings im Prozess der Selbstreflexion bewusst werden könnte). In Bezug auf Kompetenzen von Lehrpersonen wäre eine Einstellung zum Beispiel die explizit geäußerte Zustimmung zum Konzept des kompetenzorientierten Unterrichts und die damit verbundene Bereitschaft, kompetenzorientierte Aufgaben im Unterricht einzusetzen, z. B. weil dies in einer Fortbildungsveranstaltung – auf der Ebene der pädagogischen Programmatik – empfohlen wurde. Beides wäre im Rahmen der Dokumentarischen Methode dem kommunikativen Wissen zuzuordnen. Eine Werthaltung wäre hingegen ein Verständnis von Schülerinnen und Schülern als autonomen Subjekten ihres Lernprozesses, das nicht nur explizit wird, sondern sich vor allem in der Gewährung von Lernerautonomie in der Handlungspraxis des Unterrichts als Habitus der Lehrperson dokumentiert (vgl. empirisch zur Differenz von Einstellung und Werthaltung bzw. kommunikativem und konjunktivem Wissen in den Orientierungsmustern von Lehrpersonen z. B. Tesch 2010 und Zeitler et al. 2012).

Für die Erforschung von Unterricht ist die praxistheoretische und wissenssoziologische Reformulierung des Kompetenzbegriffs nicht nur im Blick auf die

Rekonstruktion der Habitus von Lehrpersonen, sondern auch für die dokumentarische Interpretation des fachlichen Lernens der Schülerinnen und Schüler von Bedeutung: *Fachwissen*, welches im Unterricht vermittelt und/oder angeeignet wird, kann als kommunikatives Wissen empirisch erfasst werden; fachliche und überfachliche Handlungskompetenz der Schülerinnen und Schüler (das *Können*) wird darüber hinaus auf der Ebene des konjunktiven Wissens rekonstruierbar. Insofern die Schülerinnen und Schüler im Unterricht fachlich kompetent handeln, sind ihre fachlichen Kompetenzen in der Performanz der Schülertätigkeiten beobachtbar. Beispielsweise konnte in einem Projekt der geschichtsdidaktischen Unterrichtsforschung zum Umgang mit Quellen im Geschichtsunterricht (Spieß 2014; vgl. auch Martens et al. 2015b, 2016) unterschieden werden zwischen dem fachlichen *Wissen* von Schülerinnen und Schülern *über* die Bedeutung der Quellenkritik für historische Erkenntnis, das als kommunikatives Wissen verfügbar ist, und dem fachlich kompetenten *Umgang mit* historischen Quellen, der sich performativ, auf der Ebene der konjunktiven Handlungspraxis, in einer routinierten Anwendung quellenkritischer Zugänge durch die Schülerinnen und Schüler zeigt. Indem in der sequenziellen Analyse der Unterrichtsinteraktion die Praxis der diskursiven und assoziativen Auseinandersetzung der Schülerinnen und Schüler mit den fachlichen Gegenständen des Unterrichts rekonstruiert wird, können auch Prozesse der Aneignung fachlichen Wissens und Könnens im Unterricht nachvollzogen werden (vgl. auch Kap. 4.3.4).

2.1.3 Konjunktive Erfahrungsräume

Im Anschluss an Mannheim ist die Annahme, dass konjunktives Wissen bzw. der Habitus in *konjunktiven Erfahrungsräumen* emergiert, für die Dokumentarische Methode zentral (vgl. Bohnsack 2014, S. 64f.). Bezogen auf die Dorfgemeinschaft schreibt Bohnsack: „Die gemeinsame Existenz in derartigen geistigen Beziehungen konstituiert einen ‚konjunktiven Erfahrungsraum' der beteiligten Subjekte auf der Grundlage gemeinsamer Praxis – jenseits des theoretischen Erkennens und der kommunikativen Absichten. Aufgrund dieser Fundierung unserer wissenssoziologischen Analyse in der Praxis, die somit die primordiale, die vorgeordnete Sinnebene darstellt, ist diese Wissenssoziologie eine ‚praxeologisch fundierte'" (ebd., S. 63). Ein konjunktiver Erfahrungsraum kann *gruppenspezifisch* sein und dokumentiert sich in der situativen Praxis der Gruppe oder in ihren Erzählungen über diese Praxis (ebd.). Ein gruppenspezifischer Erfahrungsraum ist beispielsweise das Aufwachsen von Kindern und Jugendlichen in einem bestimmten Dorf, in dem sich die Einheimischen untereinander persönlich bekannt sind und miteinander den Alltag leben. Das konjunktive Wissen um die Besonderheiten des Landlebens im Allgemeinen, das Menschen aus verschiedenen ländlichen Regionen teilen, wäre dagegen als milieuspezifisch zu bezeichnen. Im Fall der geschilderten Gruppenarbeitsphase aus dem Unterricht könnte die eingespielte Zusammenarbeit der Mädchen als Peergroup ein gruppenspezifischer Erfahrungsraum sein, der an die konkrete Gruppe von vier oder fünf Freundinnen gebunden ist und das gegenseitige, intuitive Verstehen ermöglicht. Bestimmte Routinen, die im Geschichtsunterricht bei der Arbeit mit Quellen üblich sind, können einen Kontext darstellen, in dem Schülerinnen und Schüler Kompetenzen im Umgang mit Quellen entwickeln. Dieser Kontext ist ebenfalls an das situative Erleben der Praxis in einer bestimmten Lerngruppe und im Unterricht einer bestimmten Geschichtslehrerin oder eines bestimmten Geschichtslehrers gebunden. Im Unterschied dazu stellen geteilte Erfahrungen von Schülerinnen und Schülern verschiedener Lerngruppen oder Schulen einen allgemeinen milieuspezifischen konjunktiven Erfahrungsraum dar, in diesem Fall den des „Schüler-Seins".

Mit Verweis auf Mannheims Konzeption der Generationen (Mannheim 1964b) hebt Bohnsack die Relevanz konjunktiver Erfahrungsräume hervor, in denen habituelle, konjunktive Orientierungen *unabhängig* von einer gemeinsam erlebten Alltagspraxis einer Gruppe entstehen bzw. erworben werden. Sie konstituieren sich auf der Basis von „Gleichartigkeiten der ‚Erlebnisschichtung'" (Bohnsack 2014, S. 64). Solche *allgemeinen milieuspezifischen* konjunktiven Erfahrungsräume, in denen Menschen gleichartige existenzielle Erfahrungen machen, sind zum Beispiel soziale Milieus wie das Dorf oder Erfahrungen der Migration, der Geschlechtssozialisation oder der Generationszugehörigkeit. „Milieus sind als ‚konjunktive Erfahrungsräume' dadurch charakterisiert, dass ihre Angehörigen, ihre Träger durch Gemeinsamkeiten des Schicksals, des biographischen Erlebens, Gemeinsamkeiten der Sozialisationsgeschichte miteinander verbunden sind" (Bohnsack 2014, S. 113). Dabei muss es sich nicht um dieselben, gemeinsam erlebten Erfahrungen handeln. Vielmehr führt das Erleben strukturell *gleichartiger* Erfahrungen zu der einen konjunktiven Erfahrungsraum kennzeichnenden gemeinsamen Erlebnisschichtung (ebd.). So zeigen beispielsweise unsere Forschungsergebnisse in verschiedenen Projekten der Unterrichtsforschung, dass die Orientierung an Aufgabenerledigung, die sich auch in der beispielhaft geschilderten Gruppenarbeitsphase rekonstruieren lässt, eine Basistypik ist, die sich bei allen untersuchten Schülerinnen und Schülern in der ein oder anderen Weise zeigt (vgl. auch Kap. 4.2.2).[4] Diese habituelle Orientierung

---

4   Die Orientierung an Aufgabenerledigung entspricht dem Phänomen des „Schüler-Jobs", das Breidenstein (2006) in einer ethnografischen Studie rekonstruiert hat: Schülerinnen und Schüler erledigen die im Unterricht gestellten Aufgaben und tragen auf diese Weise

lässt sich also auf den gruppenübergreifenden existenziellen Erfahrungshintergrund des Schüler-Seins zurückführen. Die Sozialisation als Schülerin oder als Schüler innerhalb der Institution Schule, unabhängig vom gemeinsamen Erleben in einer konkreten Lerngruppe oder Einzelschule, ist der allgemeine milieuspezifische konjunktive Erfahrungsraum, in dem die Orientierung an Aufgabenerledigung entsteht.

Für die empirische Analyse schulischen Lernens im Rahmen der Unterrichtsforschung ist ein weiterer konjunktiver Erfahrungsraum von Interesse, den wir *gegenstandsbezogen* nennen (Asbrand und Nohl 2013). Damit sind die Bezüge und existenziellen Erfahrungen gemeint, die Lehrpersonen sowie Schülerinnen und Schüler mit den Gegenständen des Unterrichts verbinden und sich z. B. in der Affinität zu einer Fremdsprache oder im Interesse an naturwissenschaftlichen oder historischen Fragestellungen zeigen.

2.1.4 Orientierungsmuster – Orientierungsrahmen – Orientierungsschema

Zuletzt sei auf das Verhältnis von konjunktivem und kommunikativem Wissen verwiesen. Individuen oder Gruppen verfügen in der Alltagskommunikation immer über Zugänge auf beiden Wissensebenen, sie sind in der Interaktion in einer „Doppelstruktur" (Bohnsack 2013, S. 247) miteinander verwoben. So können die Schülerinnen, deren Gruppenarbeit wir videografiert haben, vermutlich auf der Ebene kommunikativen Wissens explizieren, welche Aspekte eine produktive Zusammenarbeit auszeichnen (gemeinsame Interessen, klare Aufgabenstellung, Klärung der Zuständigkeiten in der Gruppe usw.). Gleichzeitig lässt sich beobachten, dass Formen der Zusammenarbeit in der Gruppe habitualisiert sind, die nicht expliziert werden, die Handlungspraxis der Gruppe aber in routinierter Art und Weise bestimmen. In der Terminologie der Dokumentarischen Methode ist diese Gleichzeitigkeit von kommunikativem und konjunktivem Wissen mit dem Begriff des *Orientierungsmusters* ausgedrückt (ebd., S. 246). Unter diesem Oberbegriff wird der Zusammenhang von Orientierungsschema und Orientierungsrahmen zusammengefasst. Der Begriff *Orientierungsschema* beschreibt das kommunikative Wissen der Erforschten. Zum Beispiel umfassen die Orientierungsschemata von Lehrpersonen kommunikativ vermittelte Normen schulischen Unterrichts, didaktische Konzepte, pädagogische Programmatiken, wie Schule oder Unterricht

---

zu seinem Funktionieren bei, wahren dabei aber eine gewisse Distanz zu den schulischen Verhaltenserwartungen, so dass sich ihre persönliche Identität nicht in der Schüler-Rolle und in der Erfüllung der schulischen Erwartungen erschöpft.

sein soll, Einstellungen oder Bewertungen. Mit dem Begriff des *Orientierungsrahmens* wird die habituelle Ebene gefasst, das konjunktive bzw. implizite Wissen, das der Handlungspraxis unterlegt ist. Beide zusammen, Orientierungsschema und -rahmen, ergeben ein Orientierungsmuster und bestimmen das Handeln bzw. die Interaktion (ebd., vgl. auch Bohnsack 2012). Grundsätzlich können sich Orientierungsschema und -rahmen sowohl in Übereinstimmung befinden als auch zueinander in einem Spannungsverhältnis stehen. Zum Beispiel konnte bei der Fachlehrerin, die die oben beschriebene Gruppenarbeitsphase in ihrem Unterricht initiiert und anleitet, eine hohe Übereinstimmung von Orientierungsschema und -rahmen rekonstruiert werden. Auf der Ebene des Orientierungsschemas folgt sie der Programmatik kooperativen Lernens (vgl. Borsch 2015). Diese Aussage ergibt sich aus der Beobachtung des Unterrichts, in dem sie häufig Gruppenarbeitsphasen mit komplexen, individuelle Verantwortlichkeit und positive gegenseitige Abhängigkeit fordernden Arbeitsaufträgen initiiert. Auf der Sichtstruktur des Unterrichts, d. h. auf der Ebene dessen, was sich an Äußerungen (z. B. verbal kommunizierte Arbeitsaufträge) oder Handlungen (z. B. das Austeilen von Arbeitsmaterialien an die Schülerinnen und Schüler) immanent zeigt, wird ihre Präferenz für kooperative Lernformen deutlich und somit dieses Orientierungsschema empirisch rekonstruierbar. Da sich die dokumentarische Interpretation auf beide Wissensebenen bezieht, ist auch das kommunikative Wissen der Akteure Gegenstand der empirischen Rekonstruktion und gerade für die Erforschung von Unterricht von Interesse. Im Fall der Lehrerin aus dem Beispiel ist das Orientierungsschema *konsistent* zum Orientierungsrahmen, der empirisch rekonstruiert wurde und der sich u. a. durch ihr Vertrauen in die Fähigkeiten der Schülerinnen und Schüler auszeichnet, sich selbständig Fachwissen anzueignen (vgl. dazu Kater-Wettstädt 2015). Eine *Inkonsistenz* von Orientierungsschema und -rahmen ergibt sich dagegen bei Lehrpersonen, die ebenfalls schüleraktivierende Methoden bzw. Formen des kooperativen Lernens einsetzen, deren Orientierungsschema also ebenfalls der Programmatik eines „modernen" Unterrichts entspricht, bei denen allerdings durch die dokumentarische Interpretation der Unterrichtspraxis ein transmissives Lehr-Lernverständnis als Orientierungsrahmen rekonstruiert werden konnte (vgl. ebd., s. dazu auch das Interpretationsbeispiel der Sequenz ‚Feedback' in Kap. 5.3.1). Hier zeigt sich das aus der Unterrichtsforschung bekannte Phänomen, dass nicht allein der Einsatz bestimmter Methoden oder Lernformen die Unterrichtsinteraktion bzw. das Lernen der Schülerinnen und Schüler bestimmen, sondern die *innerhalb* bestimmter methodischer Settings *situativ* emergierenden

Interaktionen (vgl. Rabenstein und Reh 2007).[5] Diese sind nicht nur von den Ko-Konstruktionsprozessen der Schülerinnen und Schüler abhängig, also der Art und Weise, wie sie die Lerngelegenheit bzw. das Angebot nutzen (vgl. z.B. Klieme 2006; Helmke 2010), sondern, wie unsere Studien zeigen, auch und in besonderer Weise von den habituellen Orientierungsrahmen der Lehrpersonen auf der Ebene des konjunktiven Wissens (vgl. Tesch 2010; Asbrand et al. 2012; Kater-Wettstädt 2015). Es zeigt sich zum Beispiel, dass die Auswahl sogenannter kompetenzorientierter Aufgabenformate durch eine Lehrperson und der Einsatz entsprechender Unterrichtsmaterialien den Unterricht als Lerngelegenheit bzw. konjunktivem Erfahrungsraum für die Wissenskonstruktion der Schülerinnen und Schüler nicht verändern, wenn das Lehrerhandeln auf der habituellen Ebene durch eine transmissives Lehr-Lernverständnis bestimmt ist. Vielmehr bietet der Unterricht erst dann einen Raum für den Kompetenzerwerb der Schülerinnen und Schüler, wenn das Orientierungsschema „Kompetenzorientierung" mit einem an Lernerautonomie und fachlicher Problemhaltigkeit ausgerichteten Orientierungs-rahmen der Lehrpersonen einhergeht (vgl. ebd.).

In Fällen, in denen Inkonsistenzen zwischen Schema und Rahmen rekonstruiert wurden, lässt sich beobachten, dass Personen oder Gruppen wiederum Routinen auf der Ebene des konjunktiven Wissens entwickeln, um in der Handlungspraxis mit Spannungsverhältnissen zwischen den Orientierungsschemata, nämlich dem Wissen über ihre Handlungspraxis und deren Normativität, und den Orientie-rungsrahmen umzugehen. Bohnsack (2012) bezeichnet diese Bewältigungsstra-tegien als *Orientierungsrahmen im weiteren Sinn*. Voraussetzung ist, dass auch diese Strategien im Umgang mit der Inkonsistenz von Schema und Rahmen in der Alltagspraxis als Routinen oder Haltungen auf der Ebene des konjunktiven Wissens habitualisiert sind. Bei Lehrpersonen, deren Einstellung zur Programmatik einer methodisch-didaktischen Neuerung inkonsistent ist zu ihrer habituellen Haltung auf der Ebene des Orientierungsrahmens (innerhalb dessen die Veränderung der gewohnten Unterrichtspraxis nicht für notwendig erachtet wird), können z.B. Attribuierungen von Defiziten auf die Schülerinnen und Schüler als Orientierungs-rahmen im weiteren Sinn gelten. Im Rahmen von Entschuldigungsstrategien werden beispielsweise in den Beschreibungen dieser Lehrpersonen über ihren Unterricht die Schülerinnen und Schüler für das Nichtgelingen des Unterrichts bzw. der di-

---

5 Im Kontext der quantitativ-empirischen Unterrichtsforschung wird dieses Phänomen als Differenz zwischen Sicht- und Tiefenstruktur des Unterrichts beschrieben, wobei die einschlägigen empirischen Studien zeigen, dass letztere für den Lernerfolg der Schü-lerinnen und Schüler bedeutsamer ist als die methodische Gestaltung des Unterrichts (vgl. Klieme 2006, S. 767).

daktisch-methodischen Neuerung verantwortlich gemacht oder die eingeführten neuen Methoden werden für die Schülerklientel, mit der es die Lehrpersonen zu tun haben, als ungeeignet bewertet.

2.2   Der Wechsel der Analyseeinstellung

2.2.1   Die Einklammerung des Geltungscharakters

Mit der genetischen Analyseeinstellung, die sich für die Genese von Wissen und Habitus in der sozialen Praxis interessiert, geht die *Einklammerung des Geltungscharakters* als ein wesentliches Prinzip der Dokumentarischen Methode einher (vgl. zum Folgenden Bohnsack 2014, S. 65ff., 191ff.). Das bedeutet, dass sich die dokumentarische Interpretation einer Bewertung des immanenten Gehalts enthält, also einer Bewertung dessen, *was* in der Interaktion gesagt oder getan wird. Stattdessen beschäftigt sich die Interpretation mit der Frage, *wie* über bestimmte Themen gesprochen wird, *wie* die Erforschten miteinander interagieren und *wie* sie sich mit den Dingen assoziieren. Mit der Unterscheidung der beiden Interpretationsschritte, der formulierenden und der reflektierenden Interpretation, vollzieht sich der Wechsel der Analyseeinstellung in der Forschungspraxis. Während die *formulierende Interpretation* den immanenten Sinngehalt der Interaktion reformuliert und damit auf der Ebene der Konstruktionen der Erforschten bleibt, wird in der *reflektierenden Interpretation* danach gefragt, *wie* in der Erhebungssituation miteinander interagiert wird und welches konjunktive Wissen bzw. welcher Habitus sich in der Art und Weise der Interaktion dokumentiert.[6] Mit dieser Rekonstruktion der Konstruktionen der Erforschten nehmen die Wissenschaftlerinnen und Wissenschaftler die Position eines Beobachters zweiter Ordnung im Sinne Luhmanns (1998) ein und enthalten sich einer Bewertung dessen, *was* die Erforschten sagen oder tun (Bohnsack 2014, S. 65). „Die wissenssoziologische Analyseeinstellung bewahrt in beiden Interpretationsschritten bzw. auf beiden Ebenen der Interpretation Distanz gegenüber der Frage, ob die zu interpretierenden Darstellungen [...] den Geltungskriterien der *Wahrheit* oder der *normativen Richtigkeit* entsprechen. Das heißt, es interessiert nicht, ob die Darstellungen (faktisch) wahr oder richtig sind, sondern es interessiert, was sich in ihnen über die Darstellenden und deren Orientierungen *dokumentiert*. Die Suspendierung der mit dem immanenten *Sinngehalt*

---

6   Die Interpretationsschritte der formulierenden und reflektierenden Interpretation erläutern wir in Kapitel 3.2 und in Kapitel 5.2.

verbundenen Geltungsansprüche, die ‚Einklammerung des Geltungscharakters' ist konstitutiv für eine Methode, die auf den Prozess der (erlebnismäßigen) *Herstellung* von Wirklichkeit, also auf die Frage nach dem *Wie*, zielt und nicht darauf, *was* diese Wirklichkeit jenseits des milieuspezifischen Er-Lebens *ist*" (ebd., Hervorh. i. O.). Dies sei an einem Beispiel aus der Unterrichtsforschung illustriert: Am Ende einer Unterrichtsstunde, in einer Reflexionsphase über den zurückliegenden Unterricht, sprechen Schülerinnen und Schüler mit der Lehrperson darüber, wie ihr Arbeits- und Sozialverhalten in der vergangenen Stunde einzuschätzen ist, und äußern sich dabei zu der Frage, inwiefern sie für Unterrichtsstörungen verantwortlich waren. Die Routinen in der Klasse sehen vor, dass für ein bestimmtes Ausmaß an Unterrichts- störungen Sanktionen verabredet werden, die zunächst als Minuspunkte auf einem ‚Zeitmesser' festgehalten werden (zur ausführlichen Interpretation der Sequenz vgl. Martens in Druck). ‚Einklammerung des Geltungscharakters' bedeutet, dass sich die dokumentarische Interpretation dieser Unterrichtssequenz einer normativen Beurteilung des Geschehens enthält. Sie ist nicht darauf gerichtet, zu beurteilen, ob die *immanent* von den Schülerinnen und Schülern angesprochenen Verhaltensweisen tatsächlich als Unterrichtsstörungen zu bewerten sind oder ob die vorgeschlage- nen Sanktionen ihrem im Unterricht beobachteten Verhalten angemessen sind oder nicht. Vielmehr interessiert sich die dokumentarische Interpretation für die Frage, was sich in der Art und Weise dokumentiert, in der die Lehrperson und die Schülerinnen und Schüler über die von ihnen als Unterrichtsstörungen definierten Handlungen sprechen. Die Suspendierung der Bewertung der beobachteten Praxis bezieht sich hier also auf die Enthaltsamkeit sowohl bezüglich einer Bewertung der Unterrichtsqualität – ob der Unterrichtsverlauf durch zu viele Unterrichtsstörungen beeinträchtigt wurde oder nicht, ist nicht von Interesse – als auch in Bezug auf die Richtigkeit der Selbsteinschätzungen der Schülerinnen und Schüler. Von Interesse ist vielmehr der dahinterliegende Orientierungsrahmen. Dieser besteht in diesem Fall darin, dass die Schülerinnen und Schüler der Anforderung, ihr Arbeits- und Sozialverhalten zu reflektieren, im Modus der Selbstkritik und der Selbstoptimie- rung begegnen und die Selbstreflexion als schulische Aufgabe im Sinne der an sie gestellten Erwartungen erledigen (vgl. ebd.).

Hinter der Prämisse, die empirisch beobachtbare Unterrichtspraxis nicht von einem wissenschaftlich-theoretischen Standpunkt aus zu bewerten, steht Mann- heims Grundgedanke der „Seinsverbundenheit des Wissens" (Mannheim 1995, S. 227). Demnach ist *jede* Erkenntnis nicht nur sachlich oder logisch, sondern auch durch außertheoretische Faktoren bestimmt (ebd., S. 203). Auch wissenschaftliche Interpretationen und Theorien sind standortgebunden und insofern begrenzt bzw. „aspekthaft", da die Erkenntnis, auch die der Wissenschaftlerinnen und Wissenschaftler, von der jeweils eigenen Verbundenheit mit bestimmten milieuspezifischen Erfahrungsräumen abhängig ist (ebd., vgl. Bohnsack 2014, S. 191ff.). In der Forschungspraxis der Dokumentarischen Methode wird versucht, das Problem der Standortgebundenheit der Erkenntnis – auch der der interpretierenden Wissenschaftlerinnen und Wissenschaftler – durch den konsequenten Bezug auf *empirische* Vergleichshorizonte im Rahmen einer komparativen Analyse zu lösen.[7] Auf diese Weise können die standortgebundenen Sichtweisen der Forschenden auf das Unterrichtsgeschehen relativiert werden. „Für die Wissenssoziologie sind […] ausschließlich die Erlebnisdarstellungen der Erforschten selbst Grundlage der empirischen Analyse. Annahmen über ‚objektive Möglichkeiten' des Handelns, über Handlungsmöglichkeiten, die den Geltungsansprüchen der Äußerungen der Erforschten eigentlich entsprechen würden, aber lediglich vom soziologischen Interpreten gesehen werden, d. h. empirisch nicht aufweisbar sind, gehen in die wissenssoziologische Analyse nicht mit ein. Die Erforschten selbst geben Aufschluss nicht nur über eigenes Handeln und über die ihm zugrundeliegende Erfahrungskonstitution, sondern auch über die Bedingungen der Erfahrungskonstitution. Die für die reflektierende Distanz ebenso wie für die Typenbildung notwendigen Gegenhorizonte basieren nicht auf dem ‚Vorverständnis' des Interpreten, sondern auf ihrerseits empirisch fundierten Fallanalysen im Sinne einer komparativen Analyse. Alltagshandelnde sind prinzipiell in der ihnen eigentümlichen milieuspezifischen ‚Sprache' oder Darstellungsweise in der Lage, über die Seinsbedingungen ihrer Erfahrungs- und Handlungskonstitution Auskunft zu geben. Die soziologische Analyse kann sich dann lediglich um eine wissenschaftlich relevante begrifflich-theoretische Explikation jener Erfahrungs- und Erlebnispotenziale bemühen […]. Dabei beleuchtet die wissenssoziologische Analyse (in genetischer Einstellung) die Erfahrungsräume zunächst von den sie konstituierenden Erlebnissen her – im Sinne der konstitutiven Kraft konjunktiver […] Erfahrungen – und arbeitet die ihr innewohnenden Möglichkeiten und Horizonte heraus […]. Indem sie die konstituierenden Erlebnishorizonte und die derart konstituierten Erfahrungsräume dann typenhaft erfasst, werden zugleich die *Grenzen* der (milieu-, generations-, geschlechts- und altersgebundenen) Erfahrungsräume, d. h. ihre *Aspekthaftigkeit*

---

7   Die systematische komparative Analyse ist eine Vorgehensweise, die in anderen rekonstruktiven Verfahren bisher nicht in der gleichen Weise methodologisch ausgearbeitet wurde. In der Forschungspraxis der Objektiven Hermeneutik wird vor allem einzelfallbezogen unter Heranziehung gedankenexperimenteller Vergleichshorizonte gearbeitet (vgl. Wernet 2009). In der Ethnografie, wo der systematische Fallvergleich als methodisches Prinzip bisher ebenfalls nicht etabliert ist, sind in letzter Zeit Entwicklungen zu beobachten, die fallvergleichende Perspektive als „Metaethnografie" (vgl. z. B. Noblit und Hare 1988; Fritzsche und Huf 2015; Fritzsche und Kakos in press; Beach und Fritzsche in Druck) in die Methodologie einzuführen.

oder *Aspektstruktur* sichtbar" (Bohnsack 2014, S. 194f., Hervorh. i. O.). Forschungspraktisch geht es also darum, die Vergleichshorizonte der Wissenschaftlerinnen und Wissenschaftler, die zunächst jede Interpretation bestimmen, sukzessive durch empirische Vergleichshorizonte aus dem empirischen Material zu ersetzen (Bohnsack 2014, S. 66; zur komparativen Analyse s. u. Kap. 2.3).

Bohnsack (2003) betont, dass die Wissenschaftlerinnen und Wissenschaftler auf Grund der eigenen Standortgebundenheit nicht über besseres oder objektiveres Wissen verfügen als die Erforschten. Vielmehr wird mit dem Wechsel der Analyseeinstellung ein *anderes* Erkenntnisinteresse verfolgt. Während die Aussagen und Handlungen der Erforschten die Ebene des atheoretischen Wissens bzw. die Handlungspraxis betreffen und insofern als *Alltagstheorien* bzw. Commonsense-Beobachtungen erster Ordnung zu verstehen sind, ist die wissenschaftliche Analyse an theoretischen Erkenntnissen über diese Handlungspraxis im Sinne einer Beobachtung zweiter Ordnung interessiert. Wissenschaftlichen Beobachterinnen und Beobachtern geht es um die Erzeugung *wissenschaftlichen theoretischen Wissens* über das untersuchte Feld, z. B. Unterricht. Wissenschaftliche Beobachtung und Beobachtungen des Commonsense haben also einen je anderen Gegenstand. Die Umstellung von Was- zu Wie-Fragen ermöglicht es, die immanenten Sinngehalte der Unterrichtsinteraktion nicht im Kontext pädagogisch-didaktischer oder fachdidaktischer Normativität interpretieren zu müssen, sondern sie als eine Normativität beobachten zu können, die von den Erforschten konstruiert wird. Damit ermöglicht die dokumentarische Interpretation einen empirischen Zugang zu den spezifischen Strukturen unterrichtlicher Interaktion im Sinne eines methodisch kontrollierten Fremdverstehens (vgl. ebd.).

2.2.2 Didaktische Normativität und rekonstruktive Unterrichtsforschung

Die Suspendierung der Geltung immanenten Sinns ist für die Unterrichtsforschung von großer Bedeutung, da in diesem Feld die didaktisch begründete Normativität der Unterrichtsgestaltung eine wichtige Rolle spielt. Dazu zählen sowohl didaktische Zielsetzungen in Bezug auf die methodisch-didaktische Unterrichtsgestaltung als auch fachdidaktisch fundierte Vorstellungen darüber, wie die fachlichen Inhalte im Unterricht zu vermitteln und anzueignen sind und welches ein kompetenter Umgang mit fachlichen (und überfachlichen) Problemstellungen ist. Forschungsprojekte zu allgemein- oder fachdidaktischen Fragestellungen stehen häufig in der Gefahr, dass didaktische Überzeugungen oder Konzepte zu der Frage, wie der Unterricht sein *soll*, den Blick der Forschenden auf das empirisch beobachtbare

Unterrichtsgeschehen verstellen. Dies gilt sowohl für die (unterstellten) didaktischen Absichten der Lehrpersonen als auch für allgemein- oder fachdidaktische, evidenzbasierte oder theoretisch fundierte Vorstellungen der Wissenschaftlerinnen und Wissenschaftler über „guten Unterricht".

(1) Die didaktischen Absichten der Lehrpersonen bzw. die pädagogischen Programmatiken, die ihr Handeln auf der Ebene der Orientierungsschemata leiten, können und müssen empirisch rekonstruiert werden. Es verbietet sich, jenseits dessen, was sich im empirischen Material zeigt, Motive zu unterstellen, weshalb eine Lehrperson im Unterricht handelt, wie sie handelt (zum Beispiel: „Die Lehrerin arbeitet mit offenen Aufgabenformaten, weil sie das selbstständige Lernen der Schülerinnen und Schüler fördern will"). In der Forschungspraxis liefert eine umfangreiche Datensammlung im Unterricht in der Regel ausreichend empirisches Material, um die Orientierungsschemata der Lehrpersonen als eine *der erforschten sozialen Wirklichkeit inhärente* didaktische Normativität empirisch zu rekonstruieren, in einem streng deskriptiven Sinn offenzulegen und mit den rekonstruierten Orientierungsrahmen zu relationieren. Beispielsweise kann auf der Basis von Unterrichtsvideografien beschrieben werden, welche didaktischen Konzeptionen oder Unterrichtsformen auf der Ebene der Sicht- und Tiefenstruktur des Unterrichts (Oser und Baerswyl 2001; Klieme 2006) beobachtbar sind. Setzt eine Lehrperson häufig als kompetenzorientiert markierte Lernaufgaben im Unterricht ein, kann eine konstruktivistische Überzeugung als Orientierungs*schema* festgestellt werden. Die Lehrperson orientiert sich offensichtlich auf der Ebene der expliziten pädagogischen Programmatik, die die Auswahl der Unterrichtsmaterialien oder Lernaufgaben bestimmt, am didaktischen Konzept eines kompetenzorientierten Unterrichts, der auf eigenständiges ko-konstruktives Lernen der Schülerinnen und Schüler abzielt. Ob die Lehrperson auch auf der Ebene ihres habituellen Orientierungs*rahmens* auf Lernerautonomie ausgerichtet ist, und ob der Unterricht den Schülerinnen und Schülern auf der Ebene der konjunktiven Handlungspraxis entsprechend Freiräume für eigenständige Ko-Konstruktionen und fachlichen Kompetenzerwerb bietet, ist eine andere, ebenfalls empirisch zu klärende Frage (vgl. Tesch 2010).

Gleiches gilt mit Blick auf die Fachlichkeit des Unterrichts: So besteht beispielsweise in der Geschichtsdidaktik weitgehend ein Konsens darüber, als was ein fachlich kompetenter Umgang mit historischen Quellen gelten kann. Dieser ist in geschichtswissenschaftlicher und fachdidaktischer Perspektive theoretisch fundiert. Gleichwohl verbietet es sich in der empirischen Rekonstruktion des Unterrichts, die Umgangsweise eines Lehrers mit Quellen vor diesem Hintergrund als fachlich unangemessen zu bewerten, wenn dieser die Quellen in einem positivistischen Sinne lediglich zur Entnahme von Informationen über ein historisches Ereignis verwendet. Vielmehr beschränkt sich die empirische Rekonstruktion darauf, den Umgang mit Quellen, der in der Unterrichtsinteraktion beobachtet werden kann, im Detail zu *beschreiben* (vgl. Spieß 2014). Ertragreich ist diese deskriptive Vorgehensweise dann, wenn auf der Basis eines kontrastreichen Samples und im Rahmen einer komparativen Analyse *unterschiedliche* Umgangsweisen von Lehrpersonen mit Quellen im Unterricht rekonstruiert und mit den von den Schülerinnen und Schülern jeweils gezeigten Kompetenzen der Quellenkritik relationiert werden (s. dazu Kap. 5.2.4 und 5.2.5).

Selbstverständlich bietet es sich in Projekten der Unterrichtsforschung auch an, in Ergänzung zur Videografie des Unterrichts Interviews mit den Lehrpersonen zu führen und ihre explizierbaren kommunikativen pädagogischen Absichten und Einstellungen über Unterricht als Selbstauskünfte über die eigene Unterrichtspraxis zu erfragen. Orientierungsschemata lassen sich darüber hinaus aus schriftlich vorliegenden Dokumenten, z. B. Fachcurricula oder Unterrichtsmaterialien, herausarbeiten und können zu den rekonstruierten Habitus in Relation gesetzt werden. Im Blick auf die dem Feld eigene didaktische Normativität sollte eine dokumentarische Unterrichtsforschung also das Potenzial der Methode, sowohl explizites kommunikatives als auch implizites konjunktives Wissen empirisch beschreiben zu können, zur Geltung bringen.

(2) Wissenschaftliche fachdidaktische oder allgemeindidaktische Überlegungen zum Gelingen und Misslingen von Unterricht, auch mit Blick auf seine fachliche Angemessenheit, müssen in Forschungsarbeiten zu didaktischen Fragestellungen selbstverständlich einen Ort haben. Sie sind allerdings strikt von der empirischen Rekonstruktion zu trennen und explizit als didaktische Reflexionen aus der Perspektive der Wissenschaftlerinnen und Wissenschaftler auszuweisen (z. B. im Rahmen eines Diskussionskapitels). Dadurch kann vermieden werden, die deskriptive empirische Rekonstruktion des Unterrichtsgeschehens mit einer präskriptiven Bewertung der Unterrichtspraxis zu vermischen.[8] Schließlich ist es das Potenzial einer rekonstruktiven Unterrichtsforschung, eine empirisch valide, d. h. aus dem

---

8 Dazu gehört auch, auf Hypothesen darüber zu verzichten, warum Lehrpersonen sich im Unterricht auf die eine oder andere Weise verhalten, zum Beispiel im Sinne von „die Lehrperson beginnt den Unterricht mit einer Gruppenarbeit, um die Schülerinnen und Schüler zu aktivieren", da es sich hierbei zwangsläufig um Motivunterstellungen handelt. Warum die Lehrperson den Unterricht so gestaltet, wie es beobachtbar ist, kann nicht Gegenstand der empirischen Rekonstruktion der Unterrichtsinteraktion sein, sondern ließe sich bestenfalls in der Erforschung der Handlungspraxis der Unterrichtsvorbereitung eruieren. Allerdings nur im Sinne eines Orientierungsschemas, die Motive bleiben unzugänglich.

empirischen Material heraus generierte Beschreibung von Unterricht in seiner Varianz bzw. Unterschiedlichkeit – auf der Basis kontrastierender Fallvergleiche – zu leisten. Das erkenntnisgenerierende Potenzial des methodisch kontrollierten und fallvergleichenden Vorgehens bliebe ungenutzt und die Validität der empirischen Befunde wäre in Frage gestellt, wenn die empirischen Rekonstruktionen vorschnell mit (fach-)didaktisch normativen Bewertungen der Unterrichtspraxis durch die Forschenden einhergingen. Unsere Forschungserfahrungen zeigen, dass die deskriptive Beschreibung der rekonstruierten Interaktionsstrukturen und habituellen Orientierungen von Lehrpersonen und Schülerinnen und Schülern im Unterricht sowie die empirische Rekonstruktion ihrer jeweiligen Passung – auch und gerade unter der Bedingung der Enthaltsamkeit fach- oder allgemeindidaktisch fundierter Bewertungen der Unterrichtsgestaltung durch die Lehrpersonen – für (fach-)didaktische Fragestellungen einen hohen Erkenntniswert haben. So kann beispielsweise gezeigt werden, welche fachliche Auseinandersetzung der Schülerinnen und Schüler mit einem bestimmten Unterrichtssetting einhergeht – unabhängig davon, ob es durch die didaktische und methodische Gestaltung des Unterrichts intendiert war oder nicht.

2.3   Komparative Analyse

Von zentraler Bedeutung für die Dokumentarische Methode, insbesondere um die methodische Kontrolle der Standortgebundenheit der Forschenden zu gewährleisten, ist die komparative Analyse (Nohl 2013a). Sie hat in der Forschungspraxis sowohl eine *erkenntniskontrollierende* als auch *erkenntnisgenerierende* Funktion (Nohl 2013b, S. 22f.). Erkenntniskontrollierend ist der Vergleich empirischer Fälle, da auf diese Weise, wie oben beschrieben, die zunächst gedankenexperimentell entwickelten Vergleichshorizonte der Wissenschaftlerinnen und Wissenschaftler sukzessive durch empirische Vergleichshorizonte der anderen Fälle ersetzt werden. Erfolgt die Interpretation anfänglich noch auf der Basis der Vorstellungen und des Vorwissens der Forschenden, werden die Fälle im Forschungsprozess zunehmend *untereinander* verglichen und die Standortgebundenheit der Forschenden auf diese Weise methodisch kontrolliert. „Die dokumentarische Interpretation […] wird umso mehr methodisch kontrollierbar, je mehr die Vergleichshorizonte des Interpreten empirisch fundiert und somit intersubjektiv nachvollziehbar und überprüfbar sind. Hier liegt einer der Gründe dafür, dass die komparative Analyse für rekonstruktive Verfahren von zentraler Bedeutung ist. Die Erhöhung der Validität einer Fallanalyse ist also nicht nur an die zunehmende empirische Fundierung des jeweiligen Falls selbst, sondern auch an die zunehmende empirische Fundierung der Vergleichshorizonte gebunden, indem an die Stelle gedankenexperimenteller Vergleichshorizonte empirische, also andere empirische Fallanalysen treten" (Bohnsack 2014, S. 139). Für die Interpretation leitend ist somit nicht das standortgebundene Wissen der Forschenden über Unterricht, sondern sind die Gemeinsamkeiten und Differenzen des Unterrichts, *die im empirischen Material deutlich werden*. Dies soll anhand eines Forschungsprojekts der Unterrichtsforschung zum Übergang von der Grundschule in die Sekundarstufe I erläutert werden (s. Abb. 2.1). In dem Projekt wurden die Herstellung einer schulspezifischen Lernkultur und die Anpassungsleistungen der Schülerinnen und Schüler beim Schulwechsel in einem qualitativen Längsschnitt empirisch rekonstruiert (Petersen und Asbrand 2013; Petersen 2015). Der in diesem Projekt für die Lehrpersonen des untersuchten Gymnasiums rekonstruierte Orientierungsrahmen wurde *nicht* deshalb als distanziert bezeichnet, weil auf der Ebene der Sicht- oder Tiefenstruktur des Unterrichts Distanzierungen beobachtet werden konnten, die von den Wissenschaftlerinnen als solche identifiziert bzw.

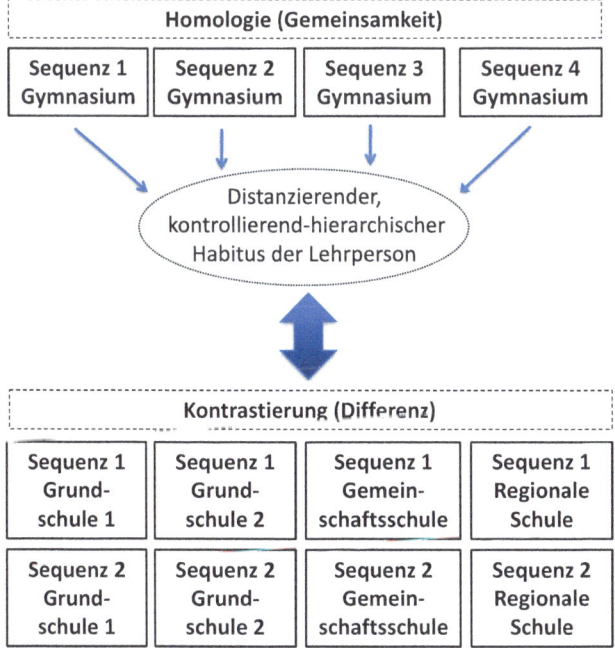

Abb. 2.1 Sinngenetische Typenbildung (vgl. Petersen 2015)

bewertet wurden. Vielmehr wurden viele verschiedene Unterrichtssequenzen des Gymnasiums mit Sequenzen aus zwei Grundschulen, einer Regionalen Schule und einer Gemeinschaftsschule vergleichend analysiert. Dabei konnte die Distanzierung gegenüber den Schülerinnen und Schülern im Verhalten der Lehrpersonen in den verschiedenen Sequenzen des Unterrichts im Gymnasium als eine homologe Struktur herausgearbeitet werden, die sich in verschiedenen Unterrichtssituationen und in unterschiedlichen Verhaltensweisen der Lehrpersonen des untersuchten Gymnasiums zeigt. Der distanzierende bzw. hierarchisch-kontrollierende Habitus der Lehrpersonen wurde aber nicht nur als eine *Gemeinsamkeit* der analysierten Unterrichtssequenzen des Gymnasiums herausgearbeitet, sondern wurde im Forschungsprozess erst in der *Kontrastierung* mit dem empirischen Material aus den anderen untersuchten Schulen deutlich. Der Fallvergleich mit den Unterrichtssequenzen aus der Gemeinschaftsschule bildete dabei den maximalen Kontrast. Für die Lehrpersonen der Gemeinschaftsschule wurde ein partizipations- und beziehungsorientierter Habitus rekonstruiert; auch dieser ergab sich erst aus der komparativen Analyse mit den Lehrpersonen der anderen Schulen (vgl. zu den Ergebnissen ausführlich Petersen 2015).

2.3.1   Sinngenetische Typenbildung

Anhand des oben dargestellten Beispiels kann auch die erkenntnisgenerierende Funktion (Nohl 2013b) der komparativen Analyse nachvollzogen werden. Das Grundprinzip der fallvergleichenden Forschungsstrategie der Dokumentarischen Methode ist die ständige Suche nach Kontrast und Gemeinsamkeit (vgl. Bohnsack 2013; 2014, S. 143ff.). Das Spezifische eines Falls, z. B. der distanzierte Habitus einer Gymnasiallehrerin, der sich u. a. in der Art und Weise dokumentiert, wie sie am ersten Schultag nach den Ferien einen „Erzählkreis" organisiert, wird im Interpretationsprozess auf zweifache Art und Weise deutlich: einerseits im Vergleich mit anderen Unterrichtssituationen derselben Schule, in denen sich homolog derselbe Habitus (*Gemeinsamkeit*) rekonstruieren lässt, andererseits im *Kontrast* zur Gestaltung von Erzählkreisen an den anderen untersuchten Schulen. Am Gymnasium bleiben die Schülerinnen und Schüler während des „Erzählkreises" an ihren in U-Form aufgestellten Tischen sitzen, diese Sitzordnung ist auf die Lehrerin ausgerichtet (vor allem durch die innerhalb der U-Form in Sitzreihen aufgestellte Tische) und führt dazu, dass sich die Schülerinnen und Schüler zum Teil nicht anschauen können. In der vergleichbaren Unterrichtssequenz aus der Gemeinschaftsschule wird der Morgenkreis dadurch hergestellt, dass aus den Stühlen ein Kreis gebildet wird. Die Einrichtung des Klassenraums ist darauf ausgerichtet, dass dies möglich ist, und der Lehrer stellt durch Hinweise und Aufforderungen zur Korrektur sicher, dass die Schülerinnen und Schüler mit ihren Stühlen Platz im Stuhlkreis finden, so dass sich alle anschauen können. In diesem Erzählkreis der Gemeinschaftsschule werden partizipative Gesprächsregeln eingeübt, die Kinder berichten persönliche Erlebnisse, es wird aktiv zugehört und sie beziehen sich mit Nachfragen aufeinander. Die Beziehungsgestaltung durch den Lehrer, der das Gespräch moderiert, selbst aktiv zuhört und den Kindern zugewandt ist, ist auf der performativen Ebene der Unterrichtsinteraktion beobachtbar. Im Gymnasium, wo die Schülerinnen und Schüler an ihren Tischen sitzen bleiben und auf der habituellen, performativen Ebene keine kommunikative Gesprächssituation hergestellt wird, erzählen die Kinder dagegen keine Feriengeschichten, auch wenn die Lehrerin dies auf der kommunikativen Ebene einfordert, vielmehr beschränken sich die knappen Äußerungen der Schülerinnen und Schüler auf die Erledigung von Hausaufgaben und auf andere schulische Themen; ein Gespräch oder ein Austausch der Schülerinnen und Schüler untereinander kommt nicht zustande (vgl. ausführlich Petersen 2015; Martens et al. 2015a; vgl. auch Kap. 4.3.3). Das Besondere eines Falls, der partizipations- und beziehungsorientierte Habitus der Lehrpersonen der Gemeinschaftsschule oder der distanzierende, hierarchisch-kontrollierende Habitus der Gymnasiallehrpersonen, wird also einerseits im *kontrastierenden Fallvergleich* herausgearbeitet. Eine auf der immanenten Ebene vergleichbare Unterrichtssituation, hier die Durchführung eines Erzählkreises, bildet dabei das *tertium comparationis*. Andererseits zeigt sich im *fallinternen Vergleich*, der auf Homologien ausgerichtet ist, der Habitus als homologe Struktur in unterschiedlichen Unterrichtssequenzen derselben Schule, d. h. ein und dasselbe Muster lässt sich in vielen unterschiedlichen Unterrichtssituationen derselben Schule rekonstruieren. Zum Beispiel legt der Lehrer in der Gemeinschaftsschule nicht nur im Erzählkreis Wert auf Beteiligung der Schülerinnen und Schüler, sondern er involviert auch bei der Besprechung von Hausaufgaben die Kinder in Überlegungen zur Sinnhaftigkeit der Aufgaben für ihren Lernfortschritt; die Lehrpersonen des Gymnasiums verhalten sich auch bei der Besprechung der Hausaufgaben distanziert und kontrollierend (vgl. ausführlich Petersen 2015). Im fortlaufenden Vergleich der empirischen Fälle, einerseits auf der Suche nach homologen Umgangsweisen mit unterschiedlichen Situationen, andererseits durch die Kontrastierung unterschiedlicher Umgangsweisen mit den gleichen Situationen oder Themen, werden die Orientierungsrahmen als generative Strukturen bzw. als *modus operandi* der Handlungspraxis herausgearbeitet und gegenstandstheoretische Erkenntnisse generiert (vgl. Bohnsack 2013). Dieser Interpretationsschritt wird als *sinngenetische Typenbildung* bezeichnet, bei der die Orientierungsrahmen abstrahiert und spezifiziert werden (ebd.). Eine Abstraktion von den konkreten Fällen findet statt, wenn sich Orientierungsrahmen in der fallübergreifenden komparativen

Analyse als homologe Muster im Umgang mit unterschiedlichen Situationen oder Themen jenseits einzelner analysierter Unterrichtssequenzen herauskristallisieren. „Eine derartige *fallübergreifende* komparative Analyse, mit der die Abstraktionsfähigkeit von Orientierungsmustern ausgelotet wird, sollte […] schon sehr früh im Forschungsprozess erfolgen, weil auf diese Weise das Verallgemeinerungspotenzial von der fallspezifischen Besonderheit abgehoben werden kann" (ebd., S. 251, Hervorh. i. O.). Die Spezifizierung eines Orientierungsrahmens erfolgt dagegen in Abgrenzung von anderen typisierten Orientierungsrahmen. „Um die […] Typen zu validieren, […] aber zugleich um sie zu präzisieren bzw. fortschreitend zu elaborieren, werden diese – an mindestens einem, nach Möglichkeit aber mehreren Fällen – im Zuge einer *fallinternen* komparativen Analyse daraufhin geprüft, ob und im Hinblick auf welche Komponenten sie für die Fälle, also für die Gruppen und Individuen, von genereller Relevanz sind. Dies trifft zu, wenn das typisierte Orientierungsmuster in unterschiedlichen Situationen der Alltagspraxis Relevanz gewinnt" (ebd., S. 254f., Hervorh. i. O.).

2.3.2   Soziogenetische Typenbildung

Je umfangreicher und kontrastreicher die Fallvergleiche, d. h. auch je weiter der Interpretationsprozess und die von Anfang an mitlaufende komparative Analyse fortgeschritten sind, umso eher ist ein weiterer Schritt der Abstraktion und Generalisierung der Typiken leistbar, den Bohnsack als *soziogenetische Typenbildung* bezeichnet (ebd.). Dieser Schritt zielt darauf ab, die Genese der rekonstruierten Orientierungsrahmen in gruppen-, milieu-, generations-, geschlechts- oder bildungsmilieuspezifischen konjunktiven Erfahrungsräumen zu erklären. „Im Zuge der Typenbildung, der Generierung einer Typik, werden Bezüge herausgearbeitet zwischen spezifischen Orientierungen einerseits und dem Erlebnishintergrund oder existentiellen Hintergrund, in dem die Genese der Orientierungen zu suchen ist, andererseits" (Bohnsack 2014, S. 143). Im Blick auf das Erkenntnisinteresse der Dokumentarischen Methode, Orientierungsrahmen als generative Strukturen der Handlungspraxis zu rekonstruieren, ist entscheidend, dass es sich bei der Entwicklung von Typiken nicht um Realtypen handelt, die eine Zuordnung der Fälle zu einzelnen Typen beinhalten würde. Vielmehr vergleicht Bohnsack die soziogenetische Typenbildung mit der Bildung von Idealtypen bei Max Weber. Soziogenetisches Interpretieren bezeichnet er im Sinne des idealtypischen ‚erklärenden‘ Verstehens als ‚erklärende‘ Typenbildung (Bohnsack 2013, S. 254 und 262). Bei den milieuspezifischen Erfahrungsräumen, in denen konjunktives Wissen generiert wird, handelt es nicht um objektiv gegebene Hintergrundmerkmale der Erforschten, z. B.

Migrationshintergrund, Geschlecht oder Sozialschichtzugehörigkeit. Vielmehr sind die Erfahrungshintergründe als soziogenetische Typiken nur dann relevant, wenn sie sich in der Analyse der Fälle empirisch rekonstruieren lassen (Bohnsack 2014, S. 154). „Zur *Typenbildung* gelange ich erst dann, wenn ich [...] den Erlebnishintergrund, den *spezifischen Erfahrungsraum*, in dem die – in spezifischen Interaktionsprozessen begründete – Genese dieser spezifischen Orientierungen zu suchen ist, und nicht nur die Orientierungen selbst interpretierend zu erfassen [...] vermag. Dies setzt voraus, dass ich am Fall [...] unterschiedliche Dimensionen, und d. h. genauer: *unterschiedliche Erfahrungsräume*, voneinander differenziert habe" (ebd., S. 144, Hervorh. i. O.). Soziogenetische Typiken sind Dimensionen des Falls, die sich auf unterschiedliche Orientierungsgehalte und die jeweiligen konjunktiven Erfahrungsräume, in denen sie emergieren, beziehen und sich in den Fällen mehrdimensional überlagern. Dabei sind die Validität und die Generalisierbarkeit der entwickelten soziogenetischen Typiken davon abhängig, dass die untersuchten Fälle möglichst mehrdimensional in der Typologie verortet werden können. Das bedeutet, „dass die *Generierung* einer Typik in valider Weise nur dann gelingen kann, wenn sie zugleich mit den anderen, auch möglichen – d. h. an der Totalität des Falls in seinen unterschiedlichen Dimensionen oder Erfahrungsräumen gleichermaßen ablesbaren – Typiken herausgearbeitet wird, so dass sich am jeweiligen Fall unterschiedliche Typiken überlagern" (ebd., S. 144f., Hervorh. i. O.).

Da die vor allem in der Analyse von Interviews und Gruppendiskussionen etablierte Form der soziogenetischen Typenbildung in der Unterrichtsforschung schwierig zu realisieren ist (s. Kap. 5.2.5), erläutern wir diesen für die Dokumentarische Methode zentralen Interpretationsschritt im Folgenden anhand eines Forschungsbeispiels, bei dem Gruppendiskussionen mit Jugendlichen erhoben und interpretiert wurden. In dem Forschungsvorhaben im Feld des Globalen Lernens wurde die Frage untersucht, wie Jugendliche über globale Fragen und entwicklungspolitische Themen denken (zu den Ergebnissen vgl. ausführlich Asbrand 2009). Gruppendiskussionen wurden mit Jugendlichen durchgeführt, die sich im schulischen Unterricht verschiedener Fächer, in Schulprojekten außerhalb des Unterrichts und in der außerschulischen Jugendarbeit mit globalen bzw. entwicklungspolitischen Fragen beschäftigt hatten. Die geteilte Erfahrungsdimension aller Gruppen bestand also darin, dass sie mit globalen Themen in Berührung gekommen sein sollten. Die empirischen Vergleichshorizonte waren zum Zeitpunkt des Feldzugangs zunächst die Organisationsform der Lerngelegenheit (Unterricht, Schulprojekt, außerschulische Jugendarbeit) und das Bildungsmilieu. Im Forschungsprozess stellten sich daneben das Geschlecht und die Form der entwicklungspolitischen Praxis (Spendensammeln bzw. Helfen, politisches Engagement, Partnerschaft) als relevante Vergleichshorizonte heraus. Stellten die Vergleichshorizonte am Beginn des Forschungsprozesses lediglich eine Suchstrategie für ein erstes Sampling, die in Teilen auch nicht realisiert wurde (die ursprüngliche Idee, jüngere mit älteren Jugendlichen zu vergleichen, wurde verworfen), sind die Vergleichshorizonte, die später hinzukamen, Ergebnis eines abduktiven Erkenntnisprozesses im Rahmen der dokumentarischen Interpretation.

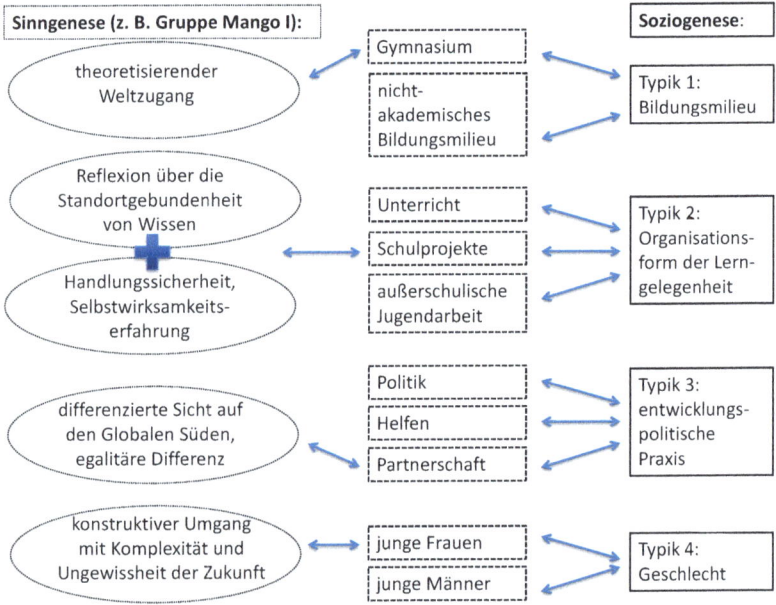

Abb. 2.2 Soziogenetische Typenbildung (vgl. Asbrand 2009)

Am Beispiel einer Gruppe von Gymnasialschülerinnen, die im Rahmen eines Schulprojekts in einer Schülerfirma mitarbeiten, die einen Weltladen betreibt (Gruppe *Mango I*), lässt sich nachvollziehen, wie sich diese verschiedenen Erfahrungsdimensionen in einem Fall mehrdimensional überlagern (s. Abb. 2.2; s. auch das Interpretationsbeispiel in Kap. 3.3). Für diese Gruppe wurde ein konstruktiver Umgang mit weltgesellschaftlicher Komplexität und der Ungewissheit der Zukunft rekonstruiert. Dieser Orientierungsrahmen konnte im kontrastierenden Fallvergleich einerseits mit (männlichen) Schülern, die das gleiche Gymnasium besuchen und eine skeptische Orientierung bezüglich komplexer globaler Problemlagen zeigen

(Gruppe *Mango IV*), sowie andererseits als Gemeinsamkeit mit anderen jungen Frauen aus dem Sample (z. B. Gruppe *Schwimmbad*) als *geschlechtstypisch* rekonstruiert werden (s. Abb. 2.3). Gleichzeitig teilen die Mitglieder der Gruppe *Mango I* den theoretisierenden Weltzugang mit den anderen Gymnasialschülerinnen und -schülern des Samples, unabhängig von ihrem Geschlecht (z. B. Gruppe *Mango IV* oder Gruppe *Schwimmbad*). Diese Orientierungsdimension lässt sich also *bildungsmilieutypisch* erklären; sie wird im Kontrast zu den praktischen Weltzugängen der Jugendlichen ohne akademischen Bildungshintergrund (z. B. Gruppe *Mango II* oder Gruppe *Holz*) deutlich (s. Abb. 2.4). Die differenzierte und an egalitärer Differenz orientierte Sicht der Gruppe auf den Globalen Süden wurde als eine *Typik entwicklungspolitischer Praxis* herausgearbeitet, denn sie erscheint als eine Gemeinsamkeit der Gymnasialschülerinnen der Gruppe *Mango I* mit einer Gruppe von Berufsschülerinnen, die ebenfalls in dem Schülerfirma-Weltladen mitarbeitet (Gruppe *Mango II*). Die Handlungspraxis in diesem Projekt stellt für die beiden Mädchengruppen mit unterschiedlichem bildungsmilieutypischem Hintergrund einen gemeinsamen konjunktiven Erfahrungsraum dar, der den Gymnasiastinnen theoretisierende Zugänge im Bereich des Managements und den Berufsschülerinnen praktische Zugänge im Verkauf ermöglicht und für beide den Kontext bildet, in dem eine an egalitärer Differenz orientierte Weltsicht emergiert. Gleichzeitig unterscheiden sich die Gymnasialschülerinnen der Gruppe *Mango I* in dieser Hinsicht von allen anderen Gruppen des Samples mit gymnasialem bzw. akademischen

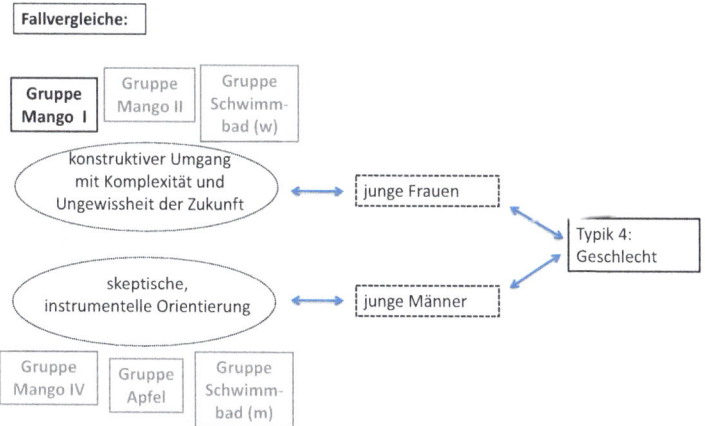

Abb. 2.3 Soziogenetische Typenbildung: Fallvergleich junge Frauen – junge Männer (vgl. Asbrand 2009)

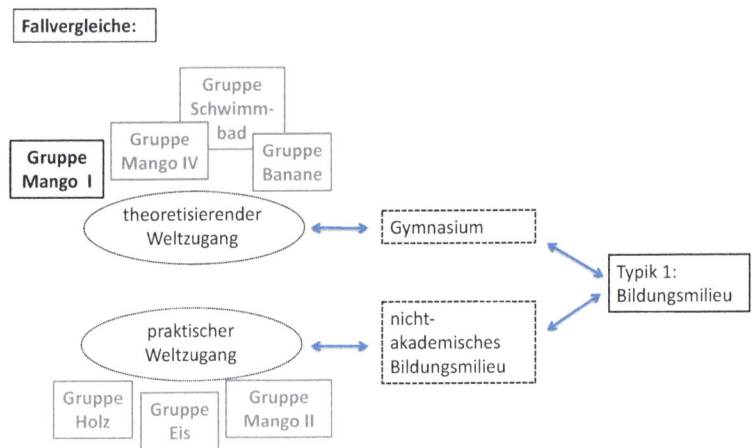

Abb. 2.4 Soziogenetische Typenbildung: Fallvergleich gymnasialer – nicht-akademischer Bildungshintergrund (vgl. Asbrand 2009)

Bildungshintergrund, die jeweils andere entwicklungspolitische Praxen, z. B. das Spendensammeln und Helfen, kennengelernt und in diesem Kontext eine paternalistische Weltsicht entwickelt haben (z. B. Gruppe *Apfel* oder Gruppe *Eis*). Der mehrdimensionale Vergleich macht es möglich, den Weltentwurf der Gruppe *Mango I* als typisch für die spezifische, partnerschaftlich strukturierte entwicklungspolitische Praxis des Fairen Handels zu erkennen (s. Abb. 2.5). Die Organisationsform der Schülerfirma bildet im Kontrast zum Unterricht und zum außerschulischen Engagement eine besondere Lerngelegenheit, die Aspekte der beiden anderen Lernorte in sich vereint (freiwilliges Engagement in dem Schulprojekt einerseits, Erwerb von Fachwissen durch die Integration der Schülerfirma und ihres Gegenstands in den Fachunterricht andererseits, z. B. durch die Beschäftigung mit dem Thema Kaffeeanbau im Spanischunterricht oder mit dem Thema Wirtschaftsethik im Religionsunterricht). Dies wirkt sich auch auf den Orientierungsrahmen der Mitglieder der Gruppe *Mango I* aus: Mit den anderen Gymnasialschülerinnen und -schülern des Samples, die sich im Unterricht mit globalen Fragen beschäftigt haben, teilen die jungen Frauen die Reflexionsfähigkeit und das Wissen um die Perspektivität von Wissen, das bei den außerschulisch engagierten Jugendlichen nicht beobachtet werden kann, diese halten ihre eigene Weltsicht für ‚objektiv‘ und ‚wahr‘ und exkludieren andere Sichtweisen als die eigene als „unwissend" (z. B. Gruppe *Banane* oder Gruppe *Marktplatz*). Mit den außerschulisch Engagierten

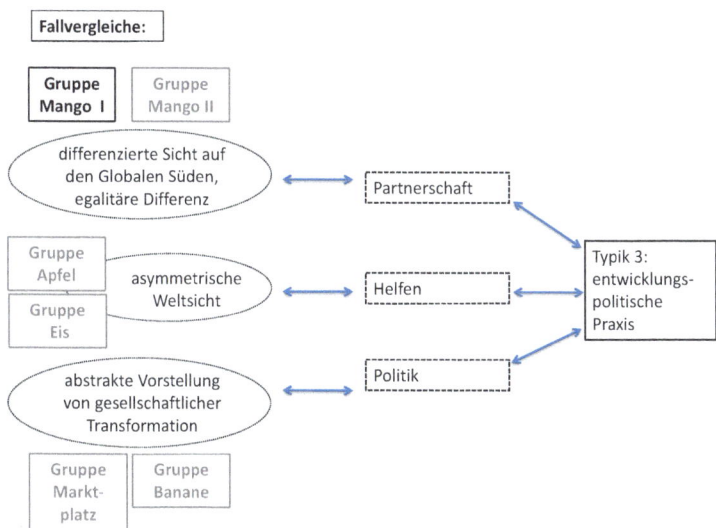

Abb. 2.5 Soziogenetische Typenbildung: Fallvergleich entwicklungspolitischer Praxen (vgl. Asbrand 2009)

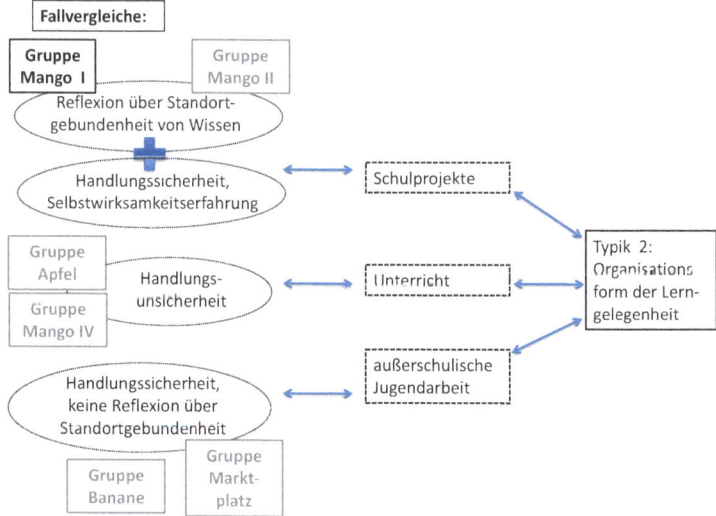

Abb. 2.6 Soziogenetische Typenbildung: Fallvergleich Organisationsformen der Lerngelegenheiten (vgl. Asbrand 2009)

teilen die Mitglieder der Gruppe *Mango I* allerdings die Handlungssicherheit, die sich aus der Selbstwirksamkeitserfahrung in der Handlungspraxis des Weltladens ergibt und sich von der Handlungsunsicherheit der anderen Schülerinnen und Schüler unterscheidet (s. Abb. 2.6).

Es wird deutlich, dass in der Analyse eines Falls (Gruppe *Mango I*), verschiedene Orientierungsdimensionen im Umgang mit globalen Fragen rekonstruiert werden konnten (spezifische Umgangsweisen mit weltgesellschaftlicher Komplexität, mit Perspektivität und Begrenztheit von Wissen, ein theoretisierender Weltzugang und eine an egalitärer Differenz orientierte Weltsicht, Handlungssicherheit), die sich auf verschiedene konjunktive Erfahrungsräume zurückführen lassen. Die Typiken *Geschlecht, Bildungsmilieu, Organisationsform der Lerngelegenheit* und *entwicklungspolitische Praxis* überlagern sich in dem Fall *Mango* mehrdimensional, d. h., der spezifische Habitus der jungen Frauen im Umgang mit globalen Fragen lässt sich sowohl als geschlechtstypisch, als bildungsmilieutypisch als auch typisch für den konjunktiven Erfahrungsraum der Schülerfirma erklären (vgl. ausführlich Asbrand 2009). Wie das Beispiel zeigt, wurden die Typen im Kontrast zu anderen Typen der jeweiligen Typik – unter Bezugnahme auf geteilte Erfahrungshintergründe der jeweiligen Vergleichsfälle als *tertium comparationis* – herausgearbeitet. „Der *Kontrast in der Gemeinsamkeit* ist fundamentales Prinzip der Generierung einzelner Typiken und ist zugleich die Klammer, die eine ganze Typologie zusammenhält. Die Eindeutigkeit einer Typik ist davon abhängig, inwieweit sie von anderen, auch möglichen Typiken ,abgegrenzt', die Unterscheidbarkeit von anderen Typiken gesichert werden kann. Die Typenbildung ist umso *valider,* je klarer am jeweiligen Fall auch andere Typiken aufgewiesen werden können, je umfassender der Fall innerhalb einer ganzen *Typologie* verortet werden kann" (Bohnsack 2014, S. 145, Hervorh. i. O.).

2.3.3 Relationale Typenbildung

Mit dem Vorschlag einer relationalen Typenbildung, die alternativ zur soziogenetischen Typenbildung durchgeführt wird, reagiert Nohl (2013b) auf Erfahrungen in Forschungsprojekten, in denen die sinngenetische Typenbildung nicht zu einer soziogenetischen Typologie weiterentwickelt werden konnte, weil sich eindeutig unterscheidbare und in einer komparativen Analyse empirischer Fälle herausgearbeitete Orientierungsrahmen bzw. ihre Genese nicht in bestimmten milieu- oder gruppenspezifischen konjunktiven Erfahrungsräumen verorten ließen. Allerdings zeigten sich in den Forschungsvorhaben Relationen *zwischen* verschiedenen Orientierungsrahmen der in Interviewstudien untersuchten Personen, die die Genese der rekonstruierten Orientierungen erklären können (ebd., S. 43ff.). Nohl sieht den Mehrwert der relationalen Typenbildung im Vergleich zur soziogenetischen Typenbildung in der Möglichkeit, solche sozialen Zusammenhänge zu erforschen, „die in doppelter Weise nicht zu den gesellschaftlich etablierten Dimensionen sozialer Heterogenität gehören: Einerseits kann man die nicht mit einer erfahrungs- bzw. theoriegeleiteten Suchstrategie vorab der empirischen Forschung antizipieren. Andererseits sind die Relationen, die hier in typisierender Absicht aufgezeigt worden sind, auch noch nicht derart in der gesellschaftlichen Praxis verankert, dass sie die Menschen auf den durch ihre ‚soziale Lagerung' bzw. durch eine bestimmte Organisationsmitgliedschaft strukturierten ‚Spielraum möglichen Geschehens beschränken' (Mannheim 1964b, S. 528) würden" (ebd., S. 60).

Im Feld der Schul- und Unterrichtsforschung konnte eine relationale Typenbildung in einem Forschungsprojekt entwickelt werden, in dem der Umgang von Lehrerinnen und Lehrern mit den zum Zeitpunkt der Datenerhebung neu eingeführten KMK-Bildungsstandards erforscht wurde (vgl. Zeitler et al. 2012; s. Abb. 2.7). In der Typenbildung, die auf der dokumentarischen Interpretation von Gruppendiskussionen mit Mitgliedern aus Fachkonferenzen unterschiedlicher Schulen in mehreren Bundesländern basierte, konnten Zusammenhänge (Relationierungen) zwischen den Erfahrungen der Lehrpersonen mit der Bewältigung schulischer Entwicklungsherausforderungen in der Vergangenheit, einer Autonomie-Heteronomie-Typik und dem jeweiligen Verständnis der Lehrpersonen von den kurz zuvor durch die Kultusministerkonferenz (KMK) beschlossenen Bildungsstandards rekonstruiert werden.[9] Bildungsstandards werden von den Lehrerinnen und Lehrern des Samples entweder als Rahmen für eigenverantwortliche Unterrichtsgestaltung und als Zunahme von Freiheit oder als umzusetzende Vorgabe der Bildungspolitik bzw. Bildungsadministration verstanden. Die unterschiedlichen Ausprägungen der im Rahmen einer relationalen Typenbildung entwickelten Zusammenhänge können erklären, weshalb sich die Reform der Bildungsstandards in den verschiedenen Fachgruppen als unterschiedlich anschlussfähig an die schulische und unterrichtliche Handlungspraxis der Lehrpersonen darstellt und unterschiedliche, teilweise den Intentionen der Reform entgegengesetzte Entwicklungen beobachtbar sind. So befinden sich Bildungsstandards als Reformimpuls und im Sinne einer Aufforderung zur eigenverantwortlichen Unterrichtsgestaltung für autonom orientierte Lehrpersonen in Passung zu ihrem in der Schulentwicklungserfahrung begründeten Habitus

---

9 Darüber hinaus wurden in der Studie die Vorstellungen der Lehrpersonen vom Lernen der Schülerinnen und Schüler rekonstruiert und eine Typik der professionellen Bezugssysteme entwickelt, die hier nicht als Beispiel herangezogen wird (vgl. Zeitler et al. 2012, S. 190ff.; Asbrand et al. 2012).

(Typ 1); die Reform wird aber abgelehnt, da diese Lehrpersonen bildungspolitischen Vorgaben grundsätzlich kritisch gegenüberstehen. Im Fall von Lehrpersonen, die heteronom orientiert sind und Bildungsstandards als umzusetzende Vorgabe der Bildungspolitik bzw. Bildungsadministration auffassen (Typ 2), lässt sich ebenfalls eine Übereinstimmung zwischen Habitus und dem Verständnis der Reform (als umzusetzende Vorgabe) beobachten; diese Lehrpersonen begrüßen die Reform, allerdings wirken die Bildungsstandards trotz Zustimmung und Umsetzung nicht im intendierten Sinn als Entwicklungsimpuls für die eigenständige Unterrichtsentwicklung in Fachgruppen. Bei dem dritten Typ der relationalen Typik, nämlich Lehrpersonen ohne Schulentwicklungserfahrung und mit heteronomer Orientierung, die Bildungsstandards als Aufforderung zur eigenverantwortlichen Unterrichtsgestaltung verstehen, lässt sich eine Inkonsistenz zwischen ihrem Verständnis der Bildungsstandards und dem Habitus feststellen und eine Verunsicherung darüber, wie die Reform umzusetzen sei; deshalb kommt es auch bei diesen Gruppen von Lehrerinnen und Lehrern nicht zu der mit den Bildungsstandards intendierten Veränderung des Unterrichts (vgl. ausführlich ebd.). Die relationale Typik ergibt

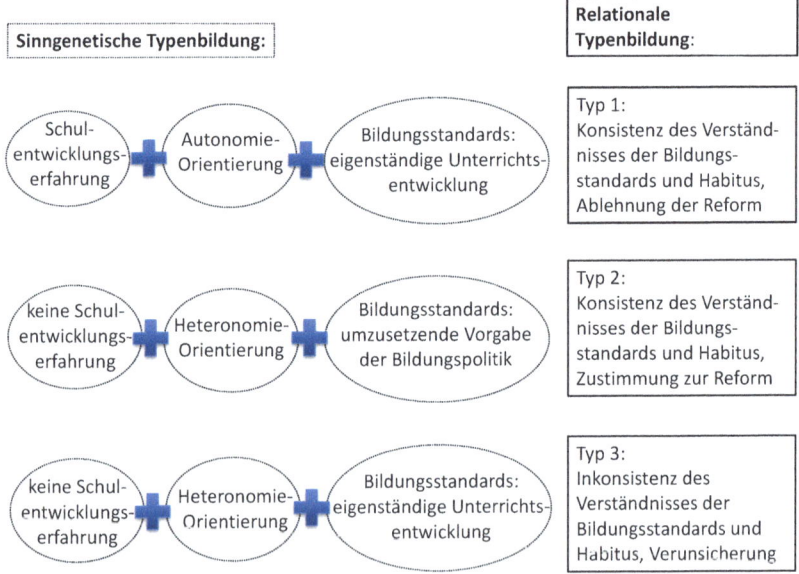

Abb. 2.7   Relationale Typenbildung (vgl. Zeitler et al. 2012)

sich somit aus der Relationierung von Orientierungsrahmen zu verschiedenen Dimensionen des Untersuchungsgegenstands – hier Schulentwicklungserfahrung, Autonomie-Heteronomie-Orientierung und Verständnis der Bildungsstandards durch die Lehrpersonen – und dem Umstand, dass auf der Basis umfangreicher Fallvergleiche drei spezifische Zusammenhänge zwischen empirisch herausgearbeiteten Orientierungen (Typ 1, Typ 2 und Typ 3, s. Abb. 2.7) als typisch für den Umgang von Lehrpersonen mit Bildungsstandards rekonstruiert werden konnten. Eine theoretisch denkbare vierte Relationierung, nämlich eine autonome Orientierung bei Lehrpersonen verbunden mit einem Verständnis der Bildungsstandards als umzusetzende Vorgabe, hat sich empirisch hingegen nicht gezeigt (vgl. ebd.; auch Asbrand 2013).[10]

Literaturverzeichnis

*Die Literaturangaben zu Büchern oder Aufsätzen, die wir zum Weiterlesen und Vertiefen empfehlen, sind **fett** gedruckt. Mit einem Sternchen (*) sind die Veröffentlichungen markiert, in denen die in diesem Kapitel verwendeten Beispiele ausführlich dargestellt sind.*

*Asbrand, B. (2009). *Wissen und Handeln in der Weltgesellschaft. Eine qualitativ-rekonstruktive Studie zum Globalen Lernen in der Schule und in der außerschulischen Jugendarbeit.* Münster: Waxmann.
*Asbrand, B. (2013). Die dokumentarische Methode in der Governance-Forschung: Zur Rekonstruktion von Rekontextualisierungsprozessen. In K. Maag Merki, R. Langer & H. Altrichter (Hrsg.), *Educational Governance als Forschungsperspektive. Strategien, Methoden, Forschungsansätze* (S. 177-198). Wiesbaden: Springer VS.
*Asbrand, B., Heller, N., & Zeitler, S. (2012). Die Arbeit mit Bildungsstandards in Fachkonferenzen – Ergebnisse aus der Evaluation des KMK-Projektes for.mat. *Die Deutsche Schule 104*(1), 31-42.
Asbrand, B., & Martens, M. (2013). Qualitative Kompetenzforschung im Lernbereich Globale Entwicklung: Das Beispiel Perspektivenübernahme. In B. Overwien & H. Rode (Hrsg.), *Bildung für nachhaltige Entwicklung: Lebenslanges Lernen, Kompetenz und gesellschaftliche Teilhabe* (S. 47-68). Opladen: Barbara Budrich.
Asbrand, B., & Nohl, A.-M. (2013). Lernen in der Kontagion: Interpretieren, konjunktives und aktionistisches Verstehen im Aufbau gegenstandsbezogener Erfahrungsräume. In

---

10 Auf welche Weise die Typenbildung in der Unterrichtsforschung realisiert werden kann und welche Herausforderungen sich durch den Mehrebenencharakter der mittels Videografie erhobenen Daten ergeben, erläutern wir in Kapitel 5.2.5.

P. Loos, A.-M. Nohl, A. Przyborski & B. Schäffer (Hrsg.), *Dokumentarische Methode. Grundlagen – Entwicklungen – Anwendungen* (S. 153-169). Opladen: Barbara Budrich.

Beach, D., & Fritzsche, B. (in Druck). Individualisierung von Erziehung: eine Meta-Ethnographie. In K. Rabenstein, K., Kunze, M. Martens, T.-S. Idel & M. Proske (Hrsg.), *Individualisierung von Unterricht: Transformationen – Wirkungen – Reflexionen*. Bad Heilbrunn: Klinkhardt.

Bohnsack, R. (1989). *Generation, Milieu und Geschlecht – Ergebnisse aus Gruppendiskussionen mit Jugendlichen*. Opladen: Leske + Budrich.

Bohnsack, R. (2003). Dokumentarische Methode und sozialwissenschaftliche Hermeneutik. *Zeitschrift für Erziehungswissenschaft 6*(4), 550-570.

Bohnsack, R. (2011). *Qualitative Bild- und Videointerpretation*. 2., durchges. und aktualisierte Aufl. Opladen: Barbara Budrich.

Bohnsack, R. (2012). Orientierungsschemata, Orientierungsrahmen und Habitus. Elementare Kategorien der dokumentarischen Methode mit Beispielen aus der Bildungsmilieuforschung. In K. Schittenhelm (Hrsg.), *Qualitative Bildungs- und Arbeitsmarktforschung: Grundlagen, Perspektiven, Methoden* (S. 119-153). Wiesbaden: Springer VS.

Bohnsack, R. (2013). Typenbildung, Generalisierung und komparative Analyse. Grundprinzipien der dokumentarischen Methode. In: R. Bohnsack, I. Nentwig-Gesemann & A.-M. Nohl (Hrsg.), *Die dokumentarische Methode und ihre Forschungspraxis. Grundlagen qualitativer Forschung* (S. 241-270). 3. Aufl. Wiesbaden: Springer VS.

Bohnsack, R. (2014). *Rekonstruktive Sozialforschung. Einführung in qualitative Methoden*. 9., überarb. und erweiterte Aufl. Opladen: Barbara Budrich.

Bohnsack, R., Fritzsche, B., & Wagner-Willi, M. (Hrsg.) (2015). *Dokumentarische Video- und Filminterpretation. Methodologie und Forschungspraxis*. 2., durchges. Aufl. Opladen: Barbara Budrich.

Borsch, F. (2015). *Kooperatives Lernen: Theorie – Anwendung – Wirksamkeit*. Stuttgart: Kohlhammer.

Bourdieu, P. (1974). *Zur Soziologie der symbolischen Formen*. Frankfurt am Main: Suhrkamp.

Bourdieu, P. (1984). *Die feinen Unterschiede. Kritik an der gesellschaftlichen Urteilskraft*. Frankfurt am Main: Suhrkamp.

Breidenstein, G. (2006). *Teilnahme am Unterricht. Ethnographische Studien zum Schülerjob*. Wiesbaden: VS Verlag für Sozialwissenschaften.

Chomsky, N. (1973). *Sprache und Geist*. Frankfurt am Main: Suhrkamp.

Fritzsche, B., & Huf, C. (Hrsg.) (2015). *The benefits, problems and issues of comparative research: An ethnographic perspective*. New Cottage: E&E publishing.

Fritzsche, B., & Kakos, M. (eds.) (in press): *The Potentials and Challenges of Mega-Ethnography in Education* (Ethnography & Education. Special Issue). London: Routledge.

Fritzsche, B., & Wagner-Willi, M. (2015). Dokumentarische Interpretation von Unterrichtsvideografien. In R. Bohnsack, B. Fritzsche & M. Wagner-Willi (Hrsg.), *Dokumentarische Video- und Filminterpretation. Methodologie und Forschungspraxis* (S. 131-152). Opladen: Barbara Budrich.

Garfinkel, H. (1973). Das Alltagswissen über soziale und innerhalb sozialer Strukturen. In Arbeitsgruppe Bielefelder Soziologen (Hrsg.), *Alltagswissen, Interaktion und gesellschaftliche Wirklichkeit* (S. 189-260). Reinbek: rororo studium.

Hartig, J., & Klieme, E. (2006). Kompetenz und Kompetenzdiagnostik. In K. Schweitzer (Hrsg.), *Leistung und Leistungsdiagnostik* (S. 127-143). Heidelberg: Springer.

*Kater-Wettstädt, L. (2015). *Unterricht im Lernbereich Globale Entwicklung – der Kompetenzerwerb und seine Bedingungen*. Münster: Waxmann.

Klieme, E. (2006). Empirische Unterrichtsforschung: aktuelle Entwicklungen, theoretische Grundlagen und fachspezifische Befunde. Einführung in den Thementeil. *Zeitschrift für Pädagogik 52*(6), 765-773.

Klieme, E., & Hartig, J. (2007). Kompetenzkonzepte in den Sozialwissenschaften und im erziehungswissenschaftlichen Diskurs. In M. Prenzel, I. Gogolin & H.-H. Krüger (Hrsg.), *Kompetenzdiagnostik. Zeitschrift für Erziehungswissenschaft*, Sonderheft 8, 11-29.

Klieme, E., & Leutner, D. (2006). Kompetenzmodelle zur Erfassung individueller Lernergebnisse und zur Bilanzierung von Bildungsprozessen. *Zeitschrift für Pädagogik 52*(6), 876-903.

Loos, P., Nohl, A.-M., Przyborski, A., & Schäffer, B. (Hrsg.) (2013). *Dokumentarische Methode. Grundlagen – Entwicklungen – Anwendungen*. Opladen: Barbara Budrich.

Luhmann, N. (1998). *Die Wissenschaft der Gesellschaft*. Frankfurt am Main: Suhrkamp.

Mannheim, K. (1964a). Beiträge zur Theorie der Weltanschauungsinterpretation. In K. Mannheim, *Wissenssoziologie* (S. 91-154). Neuwied: Luchterhand.

Mannheim, K. (1964b). Das Problem der Generationen. In K. Mannheim, *Wissenssoziologie* (S. 509-565). Neuwied: Luchterhand.

Mannheim, K. (1980). *Strukturen des Denkens*. Frankfurt am Main: Suhrkamp.

Mannheim, K. (1995). Wissenssoziologie. In K. Mannheim, *Ideologie und Utopie* (S. 227-267). 8. Aufl. Frankfurt am Main: Klostermann.

*Martens, M. (2014). Kompetenzorientierter Unterricht im Lernbereich Globale Entwicklung – Perspektiven der Allgemeinen Didaktik. *Zeitschrift für internationale Bildungsforschung und Entwicklungspädagogik 37*(4), 17-22.

*Martens, M. (in Druck). Reflektieren als unterrichtliche Aufgabe: Zur Passung von Lehr- und Lernkompetenzen im individualisierten Unterricht. In K. Rabenstein, K., Kunze, M. Martens, T.-S. Idel & M. Proske (Hrsg.), *Individualisierung von Unterricht: Transformationen – Wirkungen – Reflexionen*. Bad Heilbrunn: Klinkhardt.

Martens, M., & Asbrand, B. (2009). Rekonstruktion von Handlungswissen und Handlungskompetenz – auf dem Weg zu einer qualitativen Kompetenzforschung. *Zeitschrift für Qualitative Forschung 10*(1), 223-239.

*Martens et al. 2015a = Martens, M., Petersen, D., & Asbrand, B. (2015). Die Materialität von Lernkultur: Methodische Überlegungen zur dokumentarischen Analyse von Unterrichtsvideografien. In R. Bohnsack, B. Fritzsche & M. Wagner-Willi (Hrsg.), *Dokumentarische Video- und Filminterpretation. Methodologie und Forschungspraxis* (S. 179-206). 2. durchges. Aufl. Opladen: Barbara Budrich.

*Martens et al. 2015b = Martens, M., Asbrand, B., & Spieß, C. (2015). Lernen mit Dingen – Prozesse zirkulierender Referenz im Unterricht. *Zeitschrift für Interpretative Schul- und Unterrichtsforschung 4*, 48-65.

Martens, M., Spieß, C., & Asbrand, B. (2016). Rekonstruktive Geschichtsunterrichtsforschung. Zur Analyse von Unterrichtsvideografien. In H. Thünemann & M. Zülsdorf-Kersting (Hrsg.), *Methoden geschichtsdidaktischer Unterrichtsforschung* (S. 177-206). Schwalbach/Ts.: Wochenschau Verlag.

Noblit, G. W., & Hare, R. D. (1988). *Meta-Ethnography: Synthesizing Qualitative Studies*. London: Sage.

Nohl, A.-M. (2013a). Komparative Analyse: Forschungspraxis und Methodologie dokumentarischer Interpretation. In R. Bohnsack, I. Nentwig-Gesemann & A.-M. Nohl

(Hrsg.), *Die dokumentarische Methode und ihre Forschungspraxis. Grundlagen qualitativer Forschung* (S. 271-293). 3. Aufl. Wiesbaden: Springer VS.

Nohl, A.-M. (2013b). *Relationale Typenbildung und Mehrebenenvergleich. Neue Wege der dokumentarischen Methode.* Wiesbaden: Springer VS.

Oser, F., & Baerswyl, F. J. (2001). Choreographies of teaching: bridging instruction and learning. In V. Richardson (Ed.), *Handbook of research on teaching* (pp. 1031-1065). 4th Ed. Washington: American Educational Research Association.

Panofsky, E. (1975). Ikonographie und Ikonologie. Eine Einführung in die Kunst der Renaissance. In E. Panofsky, *Sinn und Deutung in der bildenden Kunst* (S. 36-67). Köln: DuMont Schauberg.

*Petersen, D. (2015). *Anpassungsleistungen und Konstruktionsprozesse beim Grundschulübergang.* Wiesbaden: Springer VS.

*Petersen, D., & Asbrand, B. (2013). Anpassungsleistungen von Schülerinnen und Schülern beim Übergang von der Grundschule in die weiterführenden Schulen. *Zeitschrift für Qualitative Forschung 14*(1), 49-65.

Rabenstein, K., & Reh, S. (2007). Kooperative und selbstständigkeitsfördernde Arbeitsformen im Unterricht. Forschungen und Diskurse. In K. Rabenstein & S. Reh (Hrsg.), *Kooperatives und selbstständiges Arbeiten von Schülern. Zur Qualitätsentwicklung von Unterricht* (S. 23-38). Wiesbaden: VS Verlag für Sozialwissenschaften.

*Spieß, C. (2014). *Quellenarbeit im Geschichtsunterricht. Die empirische Rekonstruktion von Kompetenzerwerb im Umgang mit Quellen.* Göttingen: V+R unipress.

Sturm, T. (2015). Herstellung und Bearbeitung von Differenz im inklusiven Unterricht. Rekonstruktionen mithilfe der dokumentarischen Videointerpretation. In R. Bohnsack, B. Fritzsche & M. Wagner-Willi (Hrsg.), *Dokumentarische Video- und Filminterpretation. Methodologie und Forschungspraxis* (S. 153-178). Opladen: Barbara Budrich.

Tesch, B. (2010). *Kompetenzorientierte Lernaufgaben im Fremdsprachenunterricht. Konzeptionelle Grundlagen und eine rekonstruktive Fallstudie zur Unterrichtspraxis (Französisch).* Frankfurt am Main: Peter Lang.

Wagner-Willi, M. (2004). Videointerpretation als mehrdimensionale Mikroanalyse am Beispiel schulischer Alltagsszenen. *Zeitschrift für qualitative Bildungs-, Beratungs- und Sozialforschung 5*(1), 59-66.

Weinert, F. E. (2001). Concepts of competence: a conceptual clarification. In D. S. Rychen & L. H. Salganik (Eds.), *Defining and selecting key competencies* (pp. 45-56). Seattle: Hogrefe & Huber.

Wernet, A. (2009). Einführung in die Interpretationstechnik der Objektiven Hermeneutik. Wiesbaden: VS Verlag für Sozialwissenschaften.

*Zeitler, S., Heller, N., & Asbrand, B. (2012). *Bildungsstandards in der Schule. Eine rekonstruktive Studie zur Implementation der Bildungsstandards.* Münster: Waxmann.

Analyse von Gesprächen

3

Zusammenfassung

Dieses Kapitel zur Gesprächsanalyse hat eine doppelte Funktion: Es richtet sich einerseits an Leserinnen und Leser, die in ihrem Forschungsvorhaben neben Unterrichtsinteraktionen auch Gespräche oder Gruppendiskussionen audioaufzeichnen und analysieren wollen. Andererseits ist es grundlegend für die videobasierte dokumentarische Unterrichtsforschung, die wir in den Kapiteln 4 und 5 vorstellen. Die sequenzielle Gesprächsanalyse, wie sie für die dokumentarische Interpretation verbaler Daten entwickelt wurde (vgl. Bohnsack 1989; 2014; Przyborski 2004), bildet die Grundlage für die Interaktionsanalyse, die wir für die Auswertung von Unterrichtsvideografien vorschlagen. Die Kapitel dieses Buches bauen deshalb aufeinander auf, die Erläuterungen zum methodischen Verfahren der Analyse verbaler Daten werden in den Abschnitten zur Videointerpretation (Kapitel 5) nicht noch einmal wiederholt. Insofern ist es für jene, die sich mit Blick auf das eigene Forschungsvorhaben entschieden haben, Unterrichtsvideografien zu interpretieren, nicht sinnvoll, die folgenden Ausführungen zur Analyse von Gesprächen zu überspringen und nur die Abschnitte zur Videointerpretation zu lesen. Allerdings können Leserinnen und Leser, die mit der Dokumentarischen Methode und der Analyse verbaler Daten bereits vertraut sind, dieses Kapitel auslassen oder kursorisch lesen.

© Springer Fachmedien Wiesbaden GmbH, ein Teil von Springer Nature 2018
B. Asbrand und M. Martens, *Dokumentarische Unterrichtsforschung*,
https://doi.org/10.1007/978-3-658-10892-2_3

47

Unterrichtsgespräche, an denen Lehrpersonen und Schülerinnen und Schüler beteiligt sind, stellen eine besondere Form des Gesprächs dar (s. Kap. 4), auf die der Ansatz der dokumentarischen Gesprächsanalyse (Przyborski 2004; Bohnsack 2014) nicht ohne Weiteres anwendbar ist. Dies liegt zum einen an der spezifischen Sozialstruktur des Unterrichts und der damit korrespondierenden unterrichtsspezifischen Interaktionsorganisation. Zum anderen liegt dies daran, dass bei der Interpretation von Unterrichtsvideografien die Interpretation der verbalen Interaktion immer mit der der nonverbalen Interaktion verschränkt ist. Deshalb ist es uns nicht möglich, in diesem Kapitel die Interpretation von Gesprächen anhand von Unterrichtsgesprächen ohne Beachtung der Gesten und Handlungen, der Interaktion mit den Dingen sowie der Positionierungen und Bewegungen im Raum zu erläutern. Der Rückgriff auf Beispiele aus Gruppendiskussionen ist deshalb hier notwendig. Wie die Auswertung der verbalen Anteile der Unterrichtsinteraktionen mit der Analyse der nonverbalen Interaktion verschränkt wird, wird in Kapitel 5 vorgestellt; dort werden wir auf die Interpretation verbaler Daten aber nicht mehr gesondert eingehen, sondern auf dieses dritte Kapitel verweisen.

Entwickelt wurde die Dokumentarische Methode von Ralf Bohnsack als Auswertungsmethode für die Analyse von Gruppendiskussionen (Bohnsack 1989; vgl. Bohnsack 2014, S. 107ff.). Insofern nimmt die Analyse verbaler Daten nach wie vor einen zentralen Stellenwert in der Forschungspraxis der Dokumentarischen Methode ein, auch wenn diese inzwischen um Verfahren der Bild- und Filminterpretation erweitert wurde (Bohnsack 2011). Im Interesse einer Einführung in die dokumentarische Unterrichtsforschung, dem Anliegen dieses Buches, ist die Interpretation verbaler Daten gut geeignet, um die forschungspraktischen Grundlagen des methodischen Vorgehens zu erläutern, die auch für die Analyse von Unterrichtsvideografien Relevanz haben. Darüber hinaus ist die Analyse verbaler Daten weniger aufwändig und weniger komplex als die Analyse von Unterrichtsvideografien und eignet sich deshalb auch als Einstieg für alle, die erstmals mit der Dokumentarischen Methode arbeiten.

3.1   Grundlagen der dokumentarischen Interpretation von Gesprächen

Zwar wurde die Dokumentarische Methode im Kontext des Gruppendiskussionsverfahrens entwickelt, gleichzeitig existieren inzwischen umfangreiche Forschungserfahrungen mit der Interpretation audioaufgezeichneter Alltagskommunikation, wie z. B. Tischgespräche, Teamsitzungen oder Unterrichtsgespräche.

Gruppendiskussionen werden ausschließlich zu Forschungszwecken durchgeführt, das Gespräch ist eine Datenerhebungssituation und keine natürliche, alltägliche Situation. Gleichwohl sollten die Interviewerin bzw. der Interviewer bei der Durchführung von Gruppendiskussionen, die mit der Dokumentarischen Methode ausgewertet werden sollen, streng darauf achten, den Gesprächsverlauf so wenig wie möglich zu beeinflussen. Vielmehr werden lediglich Impulse gesetzt, die die Teilnehmenden der Gruppendiskussion dazu bringen, in der für sie gewohnten Alltagssprache *miteinander* zu sprechen und Themen im Sinne der eigenen Relevanzen zu bearbeiten. Die Herstellung von Selbstläufigkeit ist das vorrangige Ziel bei der Durchführung von Gruppendiskussionen. Nachfragen und Themensetzungen durch die Interviewerin bzw. den Interviewer erfolgen erst in einer späten Phase, wenn die Gruppe die für sie relevanten Themen erschöpfend behandelt hat (vgl. zum Gruppendiskussionsverfahren insgesamt Loos und Schäffer 2001; Bohnsack 2014, S. 107ff., 225ff.). Gruppendiskussionen werden vorrangig mit Realgruppen geführt, also mit Personengruppen, die sich kennen und auch im Alltag miteinander kommunizieren. Es ist aber auch möglich, Gruppen durch die Forschenden zusammenzustellen, die einen vergleichbaren, milieuspezifischen Erfahrungsraum teilen, sich aber nicht persönlich kennen. Auf diese Weise wird erreicht, dass die Gesprächssituation der Gruppendiskussion der Alltagskommunikation der Erforschten weitestgehend entspricht. Deshalb kann das anhand von Gruppendiskussionen entwickelte Verfahren der sequenziellen Gesprächsanalyse problemlos auch bei der Interpretation alltäglicher Kommunikationssituationen wie z. B. Unterrichtsgesprächen angewendet werden.

Eine wesentliche Grundlage der *sequenziellen Gesprächsanalyse* innerhalb der Dokumentarischen Methode ist die Prämisse, Gespräche als autopoietische Systeme zu verstehen, die unabhängig von den Intentionen und Überzeugungen der einzelnen Sprecherinnen und Sprecher ablaufen, so dass im Gespräch ein eigenständiger sozialer Zusammenhang emergiert. Gespräche werden nicht als Summe von Einzeläußerungen oder Einzelmeinungen der Beteiligten, sondern als selbstreferenzielle soziale Systeme aufgefasst, die eigenen, kollektiv geteilten bzw. hergestellten Regeln folgen und von tiefer liegenden Sinnstrukturen bestimmt sind (Bohnsack 2014, S. 123f.). Es wird davon ausgegangen, dass in alltäglichen Gesprächen bzw. in Erhebungssituationen, die der Alltagskommunikation entsprechen (z. B. selbstläufige Gruppendiskussionen), diejenigen milieu- oder gruppenspezifischen konjunktiven Erfahrungen aktualisiert werden, die von der Gruppe geteilt werden. Dabei handelt es sich um jenes konjunktive Wissen, das für die Beteiligten selbstverständlich ist und auf der Ebene des Habituellen die Handlungen und die Kommunikation bestimmt. Es muss nicht erklärt und in der Kommunikation nicht expliziert werden (s. Kap. 2.1). Diese Sinnstrukturen dokumentieren sich in der Art und Weise, wie die Gruppe miteinander spricht. Je größer die habituelle Übereinstimmung einer Gruppe, umso mehr findet sie im Gespräch zu einer gemeinsamen Struktur des Erzählens, Beschreibens und Argumentierens, zu einem gemeinsamen Rhythmus (ebd., S. 123ff.). Aus der Grundannahme, dass die Kollektivität der Erfahrung in der Art und Weise der Kommunikation zum Ausdruck kommt, folgt die zentrale Bedeutung der sequenziellen Analyse der formalen Struktur von Gesprächen bei der dokumentarischen Interpretation verbaler Daten. Die Analyse der formalen Gesprächsorganisation – Bohnsack spricht von der formalen Analyse der „Diskursorganisation" (ebd., S. 126) – bezieht sich auf die Art und Weise, wie die Sprecherinnen und Sprecher miteinander kommunizieren (vgl. ebd.; Przyborski 2004). Untersucht werden Einheiten des Gesprächs, die als *Interaktionseinheiten* begrifflich gefasst sind und einen Dreischritt umfassen. Eine Interaktionseinheit wird eröffnet mit einer *Proposition*, in der ein Orientierungsgehalt durch einen oder mehrere Beteiligte des Gesprächs entfaltet wird. Im zweiten Schritt wird der propositionale Gehalt durch die Gesprächsteilnehmerinnen und -teilnehmer in mindestens einem, häufig in mehreren Redezügen *elaboriert* und drittens je nach Interaktionsmodus auf eine spezifische Art und Weise in einer *Konklusion* abgeschlossen. Liegt ein inkludierender Interaktionsmodus vor, teilt die Gruppe einen Orientierungsrahmen, der gemeinschaftlich und einvernehmlich elaboriert wird, bei exkludierenden Interaktionsmodi verbindet die Gesprächsteilnehmenden kein gemeinsamer Orientierungsrahmen (zur den unterschiedlichen Interaktionsmodi vgl. ausführlich Przyborski 2004).

Der Grundgedanke der dokumentarischen Interpretation besteht darin, dass auf der Basis der Analyse der formalen Struktur eines Gesprächs diejenigen Orientierungsrahmen empirisch rekonstruiert werden können, die von der jeweiligen Gruppe kollektiv geteilt werden und die in ihren konjunktiven Erfahrungsräumen emergieren. Aus dieser theoretischen Prämisse ergibt sich, dass die dokumentarische Interpretation von Gesprächen vorrangig auf das Kollektive ausgerichtet ist und in der Analyse von Gesprächen nach den *gemeinsamen* Orientierungen der Gruppe gesucht wird. Denn von Interesse sind nicht die individuellen Sprecherinnen oder Sprecher, aber auch nicht die Gruppen selbst, deren Gespräche aufgezeichnet und analysiert werden, sondern die kollektiv geteilten Erfahrungshintergründe, die sie *repräsentieren*.

3.2 Schritte der Interpretation

Der Forschungsprozess der dokumentarischen Interpretation verbaler Daten untergliedert sich in zwei Interpretationsschritte, die jeweils für einen Abschnitt des Transkripts nacheinander durchgeführt werden. Grundlage der formulierenden und reflektierenden Interpretation ist ein wörtliches Transkript der verbalen Kommunikation. Für einzelne Abschnitte des Transkripts wird zuerst die formulierende, dann die reflektierende Interpretation erstellt. Beides stellt für einen größeren Abschnitt des Transkripts einen zusammenhängenden und aufeinander bezogenen Arbeitsprozess dar. Formulierende und reflektierende Interpretation werden schriftlich ausformuliert, allerdings sind diese Arbeitstexte nur für den Forschungsprozess relevant und werden nicht veröffentlicht. Für die Veröffentlichung der Forschungsergebnisse werden später sogenannte *Diskurs- bzw. Interaktionsbeschreibungen* erstellt, die die wesentlichen Ergebnisse beider Interpretationsschritte zusammenfassen und mithilfe ausgewählter Sequenzen aus dem empirischen Material illustrieren. Diese Textsorte findet sich in Publikationen, in denen Forschungsergebnisse aus Projekten veröffentlicht werden, die mithilfe der Dokumentarischen Methode gewonnen wurden. Die schriftlich ausgearbeiteten Interpretationen (vgl. die Beispiele in Kap. 3.3) sind dagegen reine Arbeitspapiere und dienen u. a. als Vorlage für die Diskussion des empirischen Materials und der Interpretationen in Forschungswerkstätten (vgl. dazu auch Kap. 5.1).

Vor dem Hintergrund der methodologischen Grundlagen dient die Unterscheidung von formulierender und reflektierender Interpretation dazu, den *Wechsel der Analyseeinstellung* (s. dazu Kap. 2.2) forschungspraktisch umzusetzen. So hat die formulierende Interpretation die Aufgabe, die Konstruktionen des Commonsense, d. h. die Themen und Alltagstheorien der Erforschten, *was* gesagt wird, zu reformulieren, während in der reflektierenden Interpretation rekonstruiert wird, *wie* die Erforschten miteinander sprechen. Insofern wird mit dem Nacheinander bzw. Nebeneinander von formulierender und reflektierender Interpretation im Forschungsprozess eine heuristische Unterscheidung zwischen dem immanenten Sinn auf der einen und dem Dokumentsinn, d. h. dem konjunktiven Wissen der Erforschten, auf der anderen Seite vorgenommen. Die formulierende Interpretation rekonstruiert den Sinngehalt des Gesagten innerhalb des Relevanzsystems der Erforschten, während die reflektierende Interpretation nach den dahinterliegenden Strukturen fragt. Mit der reflektierenden Interpretation werden die impliziten Orientierungsrahmen rekonstruiert, die – im Unterschied zu den expliziten Orientierungsschemata – das Handeln und die Interaktion auf der Ebene des Konjunktiven bestimmen.

Nachdem einzelne Forschende beim Schreiben der Interpretationen intensiv in das empirische Material eingetaucht sind, dient die für den Forschungsprozess unverzichtbare Diskussion mit anderen Wissenschaftlerinnen und Wissenschaftlern, die ebenfalls mit der Dokumentarischen Methode arbeiten und mit ihr vertraut sein müssen, dazu, die Standortgebundenheit der Interpretationen zu überprüfen. Die schriftlich vorliegenden formulierenden und reflektierenden Interpretationen werden dabei von den Kolleginnen und Kollegen darauf hin überprüft, ob es dem Interpreten bzw. der Interpretin gelungen ist, den Geltungscharakter des Gesagten einzuklammern (s. Kap. 2.2). Dabei wird kritisch gefragt, inwiefern möglicherweise eigene Sichtweisen, normative Erwartungen und Bewertungen der Interpretin bzw. des Interpreten in die Interpretation eingeflossen sind. Beispielsweise wird danach gefragt, ob er oder sie Motivunterstellungen vorgenommen hat, d.h., ob in die Interpretation Überlegungen eingegangen sind, weshalb bzw. auf Grund welcher Motive die Erforschten etwas gesagt haben könnten. Mit der Frage nach Handlungsmotiven und Intentionen würde sich die Interpretation auf der Ebene des sog. *Ausdruckssinns* (Mannheim 1964a) bewegen, der der wissenschaftlichen Interpretation allerdings nicht zugänglich ist (vgl. dazu auch Kap. 2.2). Der Forscher bzw. die Forscherin kann auf einer deskriptiven Ebene beschreiben, *was* gesagt und *wie* es gesagt wird. Über die Frage, *warum* die Erforschten etwas sagen oder tun, lässt sich allenfalls spekulieren. In der kritischen Diskussion der Interpretationen in der Forschungswerkstatt geht es also darum, die Interpretationstexte auf (eventuell auch nur implizit enthaltene oder unabsichtlich formulierte) Bewertungen hin abzuklopfen.

Ganz praktisch beinhaltet der Prozess der Datenanalyse also mindestens drei Phasen: Zuerst wird auf der Grundlage des Transkripts die formulierende und reflektierende Interpretation zu einer Sequenz des empirischen Materials geschrieben, diese Interpretation wird sodann mit anderen Forscherinnen und Forschern diskutiert und die Interpretation anschließend überarbeitet. Weitere Bearbeitungsphasen der Interpretation derselben Sequenz sind im Forschungsverlauf wahrscheinlich, wenn die interpretierte Sequenz in die fortlaufende komparative Analyse einbezogen wird. Auf der Basis weiterer Vergleichshorizonte aus dem empirischen Material, d.h. in der vergleichenden Analyse mit anderen interpretierten Sequenzen, wird die Interpretation verfeinert, verdichtet und weiterentwickelt, da sich aus dem Fallvergleich in der Regel neue Erkenntnisse ergeben. Die für die dokumentarische Interpretation unverzichtbare *komparative Analyse* wird in der Forschungspraxis fortlaufend – je weiter der Forschungsprozess fortgeschritten ist, je mehr Passagen aus dem Material interpretiert vorliegen, umso intensiver – in den Arbeitsschritt der reflektierenden Interpretation integriert. Im Folgenden werden die einzelnen Interpretationsschritte bei der Analyse von Gesprächen genauer erläutert.

3.2.1 Auswahl der zu interpretierenden Sequenzen

Da davon ausgegangen wird, dass sich der Orientierungsrahmen einer Gruppe homolog in allen Sequenzen eines Gesprächs dokumentiert, muss das empirische Material nicht vollständig interpretiert werden, sondern es werden für den Interpretationsprozess immer Sequenzen ausgewählt. Am Beginn eines Interpretationsprozesses wird die Frage, an welcher Stelle des Gesprächs mit der Analyse begonnen wird, nach formalen Kriterien entschieden. Im Fall von Gruppendiskussionen wird zunächst mit der *Eingangssequenz* begonnen; hier wird das Gespräch durch eine Themeninitiierung und/oder eine Proposition eröffnet und es folgen die im besten Falle selbstläufigen Auslassungen der Gruppe. Die Eingangssequenz bzw. -passage wird durch die Gruppe selbst beendet. Auswahlkriterien für weitere zu interpretierende Passagen können z. B. *Diskontinuitäten* oder (z. B. thematische oder interaktive) *Brüche* im Verlauf sein. Neben den Anfangs- oder Übergangssituationen werden vorrangig *fokussierte Sequenzen* dokumentarisch interpretiert – Bohnsack spricht auch von „Fokussierungsmetaphern" (Bohnsack 2014, S. 125). Fokussierte Sequenzen sind selbstläufige Passagen des Gesprächs, in denen Erlebnisse bildhaft erzählt oder Beispiele erfahrungsbasiert geschildert werden. Sie sind durch eine interaktive Dichte, d. h. durch die lebhafte Beteiligung mehrerer oder aller Gesprächsteilnehmerinnen und -teilnehmer gekennzeichnet. Die Sprecherinnen und Sprecher bearbeiten die für sie relevanten Themen und entfalten diese in Narrationen oder in szenischen Darstellungen. Es wird davon ausgegangen, dass sich in diesen „dramaturgischen Höhepunkten" (ebd.) eines Gesprächs der geteilte Orientierungsrahmen der Gruppe besonders deutlich dokumentiert. Fokussierte Sequenzen haben deshalb für die dokumentarische Interpretation von Gesprächen einen hervorgehobenen Stellenwert. Neben diesen formalen Kriterien ist die *thematische Relevanz* einer Passage im Blick auf das Erkenntnisinteresse der Forschung ein weiteres Kriterium für die Auswahl der zu interpretierenden Sequenzen. Unabhängig vom Auswahlkriterium werden immer vollständige Interaktionseinheiten interpretiert, d. h., die Sequenzen beginnen immer mit einer Proposition und enden mit einer Konklusion. Die Analyse wird als abgeschlossen angesehen, wenn sich die rekonstruierten Orientierungsrahmen homolog – d. h. übereinstimmend – in mehreren Sequenzen herausgearbeitet werden konnten und die Hinzunahme weiterer Sequenzen oder weiterer Fallvergleiche keine neuen Erkenntnisse liefert.

3.2.2 Formulierende Interpretation

Im Rahmen der formulierenden Interpretation verschaffen sich die Forschenden einen detaillierten Überblick darüber, welches die Themen der zu analysierenden Sequenz eines Gesprächs sind (vgl. zum Folgenden Bohnsack 2014, S. 136f.; Loos und Schäffer 2001, S. 61f.; Przyborski 2004, S. 53f.). Die formulierende Interpretation ist darauf gerichtet, den *immanenten Sinn* (Mannheim 1964a) der Kommunikation zu erfassen. Dabei handelt es sich um die den Sprecherinnen und Sprechern als kommunikatives Wissen verfügbaren Wissensbestände, d. h. Einstellungen, Bewertungen, Beschreibungen, Argumentationen und Theorien, die im Gespräch expliziert werden. Die formulierende Interpretation fragt danach, *was* in einem Gespräch gesagt wird.

Um das, was im Gespräch thematisch wird, in der Interpretation nachvollziehen zu können, wird zunächst die thematische Struktur des Gesprächsverlaufs ermittelt, der Text des Transkripts wird in Ober- und Unterthemen bzw. eingeschobene Themen gegliedert. Im nächsten Schritt wird abschnittsweise der thematische Gehalt des Textes paraphrasiert. Dabei muss die Interpretin bzw. der Interpret einerseits möglichst innerhalb des Relevanzsystems der Erforschten bleiben, also sehr nah bei dem, was wörtlich im Gespräch gesagt wird. Andererseits dient die formulierende Interpretation dazu, als Wissenschaftlerin bzw. als Wissenschaftler das nachvollziehen zu können, was gesagt wird. Hierzu sind Übersetzungen des Gesprochenen in die (geschriebene) Sprache der Wissenschaft notwendig, da die Erforschten häufig eine indexikale Alltagssprache verwenden, die Außenstehenden fremd ist. Dies ist zum Beispiel der Fall, wenn erwachsene Forschende Gespräche unter Jugendlichen analysieren. Zwischen diesen beiden Anforderungen – Nachvollzug des Gesagten einerseits und Übersetzung in die Sprache der Wissenschaft andererseits – muss in der Forschungspraxis eine sinnvolle Balance gefunden werden. Je größer die Indexikalität der Alltagskommunikation der Erforschten ist, umso weitreichender sind die Übersetzungen in die Sprache der Forschenden – in der Unterrichtsforschung beispielsweise im Fall von (Neben-)Gesprächen von Schülerinnen und Schülern, in denen peerkulturell relevante Themen verhandelt werden. Je ähnlicher die Sprache der Erforschten der Wissenschaftssprache ist, z. B. im Fall von Gruppendiskussionen oder anderen Gesprächen von Lehrpersonen, umso weniger Übersetzungsarbeit ist für die Forschenden beim Schreiben der formulierenden Interpretation notwendig. In diesen Fällen wird das in der Gruppendiskussion oder im Interview Gesagte vor allem durch Paraphrasierungen reformuliert. Auch in diesem Fall dient die formulierende Interpretation der Vergewisserung darüber, was in den zu analysierenden Gruppendiskussionen, Gesprächen oder Interviews gesagt wurde. Äußerungen, die zu indexikal sind und nicht reformuliert werden können, oder

Ausdrücke, die in dem jeweiligen Kontext ungewöhnlich oder einen besonderen metaphorischen Charakter haben, können in die formulierende Interpretation als Zitat übernommen und müssen dann in Anführungszeichen gesetzt werden. Ihre Interpretation ist dann Gegenstand der reflektierenden Interpretation.

3.2.3 Reflektierende Interpretation

In der reflektierenden Interpretation geht es darum, die Ebene des konjunktiven Wissens zu rekonstruieren (vgl. zum Folgenden Bohnsack 2014, S. 137ff.; Loos und Schäffer 2001, S. 62ff.; Przyborski 2004, S. 55f.). Die reflektierende Interpretation ist auf das gerichtet, was Mannheim (1964a) den *Dokumentsinn* nennt, auf die konjunktiven Orientierungsrahmen der Erforschten. Da davon ausgegangen wird, dass sich der Orientierungsrahmen in der Art und Weise der Interaktion dokumentiert, ist die reflektierende Interpretation darauf ausgerichtet zu beschreiben, *wie* die Erforschten miteinander sprechen. „Während die formulierende Interpretation als Rekonstruktion des *Themas* des Diskurses und seiner Untergliederungen, also als Rekonstruktion der thematischen Gliederung zu verstehen ist, zielt die reflektierende Interpretation auf die Rekonstruktion und Explikation des *Rahmens*, innerhalb dessen das Thema abgehandelt wird, auf die Art und Weise, *wie*, d. h. mit Bezug auf welches Orientierungsmuster, welchen Orientierungsrahmen das Thema behandelt wird" (Bohnsack 2014, S. 137).[11] Der Arbeitsschritt der reflektierenden Interpretation umfasst zwei Teilaspekte, die sequenzielle Gesprächsanalyse und die komparative Analyse (s. u.). Die fallinternen und fallübergreifenden Fallvergleiche dienen dazu, die rekonstruierten Orientierungen mit den konjunktiven Erfahrungsräumen in Verbindung zu bringen, die die Erforschten repräsentieren. Im Rahmen der sequenziellen Gesprächsanalyse wird der Gesprächsverlauf in formaler Hinsicht analysiert und auf dieser Grundlage herausgearbeitet, wie die Sprecherinnen und Sprecher miteinander interagieren.

In Sequenzen eines Gesprächs, in denen Sachverhalte theoretisch beschrieben werden und vorrangig argumentiert oder bewertet wird, kommt lediglich das kommunikative Wissen der Erforschten zum Ausdruck. Orientierungsrahmen lassen sich dagegen in narrativen Passagen, in erfahrungsbasierten Schilderungen von Erlebnissen oder bildreichen, szenischen Darstellungen von Beispielen rekonstruieren. Orientierungsrahmen sind zwischen *positiven und negativen Gegenhori-*

---

11 Zur Verwendung der Begriffe Diskurs und Diskursorganisation bzw. -analyse im Kontext der Dokumentarischen Methode s. u. In diesem Zitat von Ralf Bohnsack meint der Begriff ‚Diskurs' das zu analysierende Gespräch.

zonten aufgespannt. In einem Forschungsprojekt zum Globalen Lernen (Asbrand 2009) wurde in Gruppendiskussionen mit Schülern, die sich mit globalen Fragen im Fachunterricht beschäftigt hatten, eine skeptische Orientierung rekonstruiert. Diese dokumentierte sich in mehreren Gruppendiskussionen in Sequenzen, in denen die Jugendlichen über Möglichkeiten des ethischen Konsums und ihr eigenes Konsumverhalten diskutieren. Die skeptische Orientierung besteht darin, dass die Schüler zwar um ethische Ansprüche an ihr Konsumverhalten im Hinblick auf Sozialstandards oder ökologische Kriterien wissen, aber keine Möglichkeit sehen, diese handlungspraktisch umzusetzen. Diese skeptische Orientierung wird in den Gesprächen zwischen den Gegenhorizonten des konsequenten ethischen Konsumierens einerseits und der Gedankenlosigkeit, die die Jugendlichen bei der Mehrheit der Verbraucherinnen und Verbraucher beobachten, verortet. Ein positiver Gegenhorizont sind Personen, die etwa beim Kauf von Turnschuhen darauf achten, unter welchen Bedingungen sie hergestellt werden, der negative Gegenhorizont sind Menschen, die als gedankenlos, desinteressiert und selbstbezogen beschrieben werden. *„Negative* und *positive Gegenhorizonte* sowie deren *Enaktierungspotenziale* sind wesentliche Komponenten des Erfahrungsraums einer Gruppe. Sie konstituieren den *Rahmen* dieses Erfahrungsraums. Zwischen diesen Komponenten bzw. innerhalb dieses Rahmens ist die von diesem Erfahrungsraum getragene Orientierungsfigur gleichsam aufgespannt. Die Orientierungsfigur ist eingelassen in Erlebnisdarstellungen, in die Darstellung von Erlebnisprozessen – grundlegend: Interaktionsabläufe – als deren ‚Resultat‘ sie erscheint, indem in den auf unterschiedliche Situationen und Lebensbereiche der Gruppe bezogenen Erlebnisdarstellungen ein vergleichbares, ein ‚homologes‘ (Orientierungs-)Muster immer wieder reproduziert wird" (Bohnsack 2014, S. 138).

Das Ziel der reflektierenden Interpretation von Gesprächen ist herauszufinden, ob und welchen gemeinsamen Orientierungsrahmen eine Gruppe teilt. Sie ist auf kollektiv geteilte Orientierungen gerichtet und sucht nach Homologien im empirischen Material. Eine Gruppe teilt einen Orientierungsrahmen, wenn dieser sich in der reflektierenden Interpretation verschiedener Sequenzen, in denen auf der immanenten Ebene des Gesprächs unterschiedliche Themen verhandelt werden, gleichermaßen rekonstruieren lässt. Das bedeutet, dass so lange weitere Sequenzen aus dem empirischen Material interpretiert werden, bis immer wieder derselbe Orientierungsrahmen rekonstruiert werden kann – unabhängig davon, welche Themen auf der Ebene des immanenten Sinns verhandelt werden. Denn die tiefer liegenden, konjunktiven Orientierungsrahmen bestimmen das Handeln und die Kommunikation der Erforschten auf der Ebene des Dokumentsinns unabhängig von den Themen der immanenten Ebene. Im Ergebnis geht es in der reflektierenden Interpretation darum, die Orientierungsrahmen herauszuarbeiten, die die

Kommunikation der Beforschten strukturieren und über die sie als atheoretisches, konjunktives Wissen verfügen.

Die *sequenzielle Gesprächsanalyse*, die die formale Organisation der Interaktion untersucht, gilt der Frage, *wie* die Beforschten miteinander interagieren. In Publikationen, die sich vorrangig mit der dokumentarischen Interpretation verbaler Daten beschäftigen (z. B. Bohnsack 2014; Loos und Schäffer 2001; Przyborski 2004), wird die sequenzielle Gesprächsanalyse als ‚formale Analyse der *Diskurs*organisation' oder als ‚*Diskurs*analyse' bezeichnet. In der Regel ist von *Diskurs*einheiten und *Diskurs*bewegungen die Rede (vgl. Bohnsack 2014, S. 126f.). Im Feld der Unterrichtsforschung sprechen wir lieber von *Interaktions*einheiten und -bewegungen, weil Unterricht sich nicht in verbaler Kommunikation erschöpft, sondern auch die nonverbale Kommunikation der Beteiligten, die Bewegung der Körper im Raum und der Umgang mit den Dingen von Bedeutung sind. Um Begriffsunklarheiten zu vermeiden, nutzen wir auch in diesem Kapitel, das sich zunächst auf die Analyse verbaler Kommunikation beschränkt, den Begriff der *Interaktion* anstelle des Diskurses sowie die entsprechenden Komposita wie Interaktionsorganisation, -einheit, -bewegung und -modus.

Glossar

Für die formale Analyse der Interaktionsorganisation von Gesprächen wurde ein differenziertes Begriffsinventar entwickelt, das dazu dient, den Charakter bzw. die Funktion der Einzeläußerungen genau zu bestimmen (vgl. Przyborski 2004, S. 61ff.). Für die Leserinnen und Leser dieses Buches haben wir dieses Begriffsinventar zusammen mit den spezifischen Analysekategorien für die Interpretation von Unterrichtsvideografien in einem Glossar zusammengestellt und die Begriffe dort erläutert (s. Kap. 6). Für den Prozess des Schreibens reflektierender Interpretationen empfehlen wir – insbesondere für Anfängerinnen und Anfänger, die mit der Methode noch nicht so vertraut sind –, sich den Glossar auszudrucken und auf dem Schreibtisch griffbereit zu haben, um die Einzeläußerungen des Transkripts, mit dem man sich beschäftigt, richtig einordnen zu können.

Die Analyse der formalen Interaktionsorganisation, die im Rahmen der reflektierenden Interpretation durchgeführt wird, bezieht sich auf Interaktionseinheiten, die aus einem Dreischritt mehrerer Einzeläußerungen, den Interaktionsbewegungen, entstehen. Eine Interaktionseinheit beginnt mit einer *Proposition*. Mit einer Proposition wird ein neues Thema eröffnet und der Sprecher oder die Sprecherin entfaltet dabei eine Orientierung. In der Regel dokumentiert sich bereits in der Proposition der Orientierungsrahmen einer Gruppe, dies erkennt man im Interpretationsprozess allerdings noch nicht am Beginn, sondern erst, wenn man den Orientierungsrahmen der Gruppe (z. B. in anderen Sequenzen des Materials) bereits herausgearbeitet hat. Im zweiten Schritt wird der Orientierungsgehalt der Proposition in zumeist mehreren Interaktionsbewegungen *elaboriert* und drittens mit einer *Konklusion* abgeschlossen. Für alle Gespräche gilt, dass häufig mehrere Interaktionseinheiten ineinander verschachtelt sind, weil unterschiedliche Gesprächsverläufe zeitlich parallel verlaufen oder weil in einen Gesprächsabschnitt zu einem Thema Passagen zu anderen Themen eingelagert werden, bevor die erste Interaktionseinheit mit einer Konklusion abgeschlossen wird.

Der Dreischritt einer Interaktionseinheit:

Proposition
Elaborationen
Konklusion

Ob der propositionale Gehalt einer Äußerung von einer Gruppe geteilt wird, lässt sich erst feststellen, wenn analysiert wird, wie die Gesprächsteilnehmerinnen und -teilnehmer in weiteren Redezügen auf eine Proposition reagieren. Entscheidend ist, ob das Thema überhaupt von der Gruppe aufgegriffen wird, ob der gesetzte propositionale Gehalt in Beispielen und Erzählungen oder in Argumentationen oder Bewertungen ausgearbeitet und illustriert (elaboriert) wird oder ob andere divergente oder oppositionelle (oder im Fall von Unterricht: komplementäre, s. Kap. 4.3.4, 5.2.4) Propositionen dagegen gesetzt werden.

Bei der Interpretation der Interaktionsbewegungen einer Interaktionseinheit sind zwei Fragen wesentlich: Erstens müssen bei der Analyse der *Elaborationen* zwischen Proposition und Konklusion narrative, metaphorische bzw. erfahrungsbasierte Schilderungen von theoretischen, argumentativen oder bewertenden Äußerungen unterschieden werden. Denn vor allem in den erfahrungsbasierten Schilderungen und Erzählungen von Beispielen dokumentiert sich das konjunktive Wissen der Erforschten. Solche erfahrungsbasierten oder narrativen Äußerungen sind also für die Rekonstruktion der Orientierungsrahmen von größerer Bedeutung als Argumentationen und Bewertungen, die lediglich das kommunikative Wissen bzw. die Orientierungstheorien der Erforschten zum Ausdruck bringen. Die Interaktionsbewegungen werden dann als Elaborationen im Modus einer erfahrungsbasierten Schilderung, als Elaboration im Modus einer Exemplifizierung, Elaboration im Modus einer Beschreibung, Elaboration im Modus der Argumentation usw. bezeichnet.

Zweitens wird danach gefragt, ob die Sprecherinnen und Sprecher den Orientierungsgehalt der Proposition teilen und gemeinschaftlich elaborieren oder ob sie sich uneinig sind. Diese zweite Frage kann erst abschließend entschieden werden, wenn eine Interaktionseinheit vollständig interpretiert ist und festgestellt werden kann, mit welcher Art der *Konklusion* sie abgeschlossen wird. Hier zeigt sich, ob in der Konklusion eine Orientierung bekräftigt wird und die Gruppenmitglieder dem entweder explizit in Form von Validierungen zustimmen oder sie der Konklusion nichts weiter hinzufügen. In diesem Fall sprechen wir von echten Konklusionen oder Synthesen: Die Sprechenden teilen den Orientierungsrahmen, der in der Konklusion bestätigt wird. Wenn die Gesprächsteilnehmerinnen und -teilnehmer kein geteilter Orientierungsrahmen verbindet, sind exkludierende Interaktionsmodi zu beobachten, die Interaktionseinheiten werden dann nur scheinbar beendet. In diesen Fällen wird eine Interaktionseinheit mit einer *rituellen Konklusion* abgeschlossen, die zwar die thematische Auseinandersetzung beschließt, aber widerstreitende Orientierungen innerhalb der Gruppe auf der Ebene des konjunktiven Wissens nicht in Einklang bringt. Bei rituellen Konklusionen kann es sich um Themenverschiebungen handeln oder um einen expliziten Abbruch der Kommunikation, z. B. mit metakommunikativen Äußerungen wie „lasst uns nicht streiten" oder performativ, indem Gesprächsteilnehmende den Raum verlassen.

Bei der Analyse von Gruppendiskussionen und alltäglichen Gesprächen unterscheidet Przyborski (2004) zwischen *inkludierenden* und *exkludierenden Interaktionsmodi.* Zu den *inkludierenden Modi* des Gesprächs gehören der parallele, der antithetische und der univoke Modus (vgl. zum Folgenden ausführlich Przyborski 2004, S. 96ff.). Den inkludierenden Modi ist gemeinsam, dass die Sprecherinnen und Sprecher ein geteilter Orientierungsrahmen verbindet; die Interaktionseinheiten werden durch echte Konklusionen oder Synthesen beendet. Im *parallelen Interaktionsmodus* werden die Themen von den verschiedenen Gesprächsteilnehmenden nacheinander, durch eine Abfolge von unterschiedlichen Beispielen oder Argumenten, oder abwechselnd bzw. sich überlappend interaktiv bearbeitet, die Gruppenmitglieder bestätigen sich durch immer neue Beispiele gegenseitig in ihrer geteilten Orientierung. Im *univoken Modus* geht die Übereinstimmung in Bezug auf den Erfahrungshintergrund und Orientierungsrahmen noch darüber hinaus. Die Sprecherinnen und Sprecher vollenden wechselseitig ihre Äußerungen, sprechen mit einer Stimme und sind dadurch nicht mehr unterscheidbar. In *antithetischen Interaktionen* widersprechen sich die Gruppenmitglieder zwar gegenseitig, aber die Widersprüche zwischen These und Antithese bestehen entweder nur auf der

immanenten Ebene des Gesagten, wovon der geteilte Orientierungsrahmen der
Sprechenden auf der konjunktiven Ebene nicht berührt ist. Oder es werden von
mehreren Sprecherinnen bzw. Sprechern verschiedene Orientierungskomponenten
eines Orientierungsrahmens thematisiert, die zum Abschluss einer Interaktionseinheit – und dies ist das entscheidende Merkmal antithetischer Interaktionen – in
einer Synthese zusammengeführt werden, die den geteilten Orientierungsrahmen der
Gruppe zum Ausdruck bringt. Antithetische Interaktionen finden sich häufig dann,
wenn die geteilte Orientierung der Gruppe unsicher bzw. in der Sache ambivalent
ist und in These und Antithese die unterschiedlichen Aspekte (Orientierungskomponenten) eines ambivalenten Orientierungsrahmens zum Ausdruck kommen.

Im Gegensatz zu den inkludierenden Interaktionsmodi, die anzeigen, dass die
Beteiligten einen Orientierungsrahmen teilen, liegt bei *exkludierenden* Modi eine
Rahmeninkongruenz vor (vgl. zum Folgenden ausführlich Przyborski 2004, S. 216ff.).
In *oppositionellen Interaktionen* werden die Gegensätze der Orientierungen offen
ausgetragen, die Gegensätze offen angesprochen und die Interaktionseinheiten nicht
abgeschlossen, sondern die Themen abgebrochen oder die Interaktion beendet. Im
divergenten Interaktionsmodus vermeiden die Gesprächsteilnehmenden den Eindruck
einer nicht geteilten Orientierung. Die Rahmeninkongruenz wird verdeckt bzw.
verschleiert. Divergente Interaktionen werden durch rituelle Konklusionen beendet,
die eine Interaktionseinheit scheinbar einvernehmlich beenden, allerdings ohne
einen geteilten Orientierungsrahmen der Beteiligten zum Ausdruck zu bringen.
Dies geschieht durch Themenverschiebungen oder durch Fremdrahmungen. Bei
einer *Themenverschiebung* wird das Thema gewechselt, ohne dass eine Konklusion
der vorherigen Interaktionseinheit formuliert wird. Bei einer *Falsch- oder Fremdrahmung* übernehmen Sprechende vordergründig Argumente oder Beispiele, die
ein anderer Sprecher bzw. eine andere Sprecherin zuvor geäußert hatte, integrieren
diese aber in den eigenen Orientierungsrahmen. Die Sprecherinnen und Sprecher
reden aneinander vorbei und es kommt zu einem Abschluss des Themas bei Beibehaltung der gegensätzlichen Orientierungen. Divergente Interaktionen treten
vor allem in Gesprächssituationen auf, die machtstrukturiert oder in einer Weise
institutionell gerahmt sind, dass die Beteiligten ihre Interaktion nicht abbrechen
können, sondern fortsetzen *müssen*, z. B. in der Familie.[12]

---

12 Im Fall von Unterricht, einer auf spezifische Art und Weise institutionell gerahmten
     und asymmetrisch strukturierten Interaktion, lässt sich ein weiterer Interaktionsmodus
     rekonstruieren, den wir *komplementären Interaktionsmodus* nennen und den exklu-
     dierenden Modi zurechnen (Martens und Asbrand 2017). Ausführliche Erläuterungen
     dazu finden sich in Kapitel 4.3.4 und 5.2.4.

3.3 Beispielhafte Interpretationen

Vorausgeschickt sei, dass im Folgenden Interpretationstexte abgedruckt werden, damit diese für den Forschungsprozess wichtige Textsorte kennengelernt und die Interpretationen bestmöglich nachvollzogen werden können. Bei den schriftlich ausgearbeiteten formulierenden und reflektierenden Interpretationen handelt es sich um Arbeitspapiere, deren Erstellung dem Erkenntnisprozess der Forschenden und der Vorlage in Forschungswerkstätten dient. Für die Darstellung der Ergebnisse in Publikationen und Forschungsberichten werden in einem weiteren Arbeitsschritt so genannte Interaktionsbeschreibungen erstellt, ein zusammenhängender Fließtext, der die wesentlichen Aspekte aus formulierender und reflektierender Interpretation zusammenfasst. Die im Folgenden abgedruckten Beispiele stammen aus einem Forschungsprojekt im Feld des Globalen Lernens. Es handelt sich um Gruppendiskussionen mit Jugendlichen, die sich im Unterricht, in schulischen Projekten oder in der außerschulischen Jugendarbeit mit globalen bzw. entwicklungspolitischen Themen beschäftigt hatten. Wie die Befunde aus den im Folgenden beispielhaft abgedruckten Interpretationen in Fall- bzw. Interaktionsbeschreibungen in einer Publikation dargestellt werden, kann in der Buchveröffentlichung der Studie nachgelesen werden (vgl. Asbrand 2009).

3.3.1 Gruppe Mango I: Eine Interaktionseinheit im parallelen Interaktionsmodus

Das erste Beispiel stammt aus der Gruppendiskussion mit der Gruppe *Mango I,* vier Schülerinnen eines Gymnasiums, die in einer Schülerfirma mitarbeiten.[13] Diese betreibt einen Weltladen und verkauft fair gehandelte Produkte in einem Ladengeschäft und bei Schulveranstaltungen. Die jungen Frauen engagieren sich freiwillig und außerhalb der Unterrichtszeit in der Schülerfirma, haben sich aber auch im Unterricht verschiedener Fächer mit den Inhalten befasst. Zum Beispiel haben sie im Spanischunterricht Texte zum Kaffeeanbau und zum Kaffeehandel gelesen. Die hier als Beispiel herangezogene Sequenz aus der Gruppendiskussion folgt auf die Nachfrage der Diskussionsleiterin nach den Zukunftsvorstellungen der Jugendlichen. Der Ausschnitt aus der Gruppendiskussion und die dazugehörige formulierende und reflektierende Interpretation stehen als Beispiel für den parallelen Interaktionsmodus. Der in der Proposition aufgeworfene Orientierungsgehalt

---

13 Die Gruppe wurde bereits in Kapitel 2.3.2 herangezogen, um die komparative Analyse im Rahmen der soziogenetischen Interpretation zu veranschaulichen.

wird durch die Sprecherinnen gemeinsam, sich gegenseitig ergänzend und teilweise überlappend elaboriert. Die Interaktionseinheit wird durch eine Konklusion beendet, in der ein von der Gruppe geteilter Orientierungsrahmen bestätigt wird. Dieser kann auf einen konjunktiven Erfahrungsraum zurückgeführt werden, der den Sprecherinnen gemeinsam ist. In der im Folgenden interpretierten Sequenz dokumentieren sich die optimistische Sichtweise der Zukunft und der konstruktive Umgang der Gruppe mit Ungewissheit (vgl. ausführlich Asbrand 2009, S. 132ff.). Der Orientierungsrahmen der jungen Frauen, der sich in der komparativen Analyse als geschlechts- und bildungsmilieutypisch erwiesen hat, beinhaltet einerseits das Wissen um die Ungewissheit der Zukunft, andererseits werden Handlungsoptionen im Blick auf globale Probleme trotz des Wissens um begrenzte Vorhersehbarkeit der Wirkung von Handlungen prinzipiell für sinnvoll gehalten. Hieraus folgt die optimistische Sicht der jungen Frauen auf zukünftige Entwicklungen. In diesem Punkt unterscheiden sich die Schülerinnen von den männlichen Schülern, bei denen eine instrumentelle Orientierung rekonstruiert werden konnte. Im Unterschied zu außerschulisch engagierten Jugendlichen, die ihre Handlungssicherheit aus der Orientierung an einer Metaerzählung gewinnen, die nicht rational begründbar ist und nicht hinterfragt wird, beschreiben sich die Schülerinnen der Gruppe *Mango I* als handlungsfähig trotz ihres Wissens um die Ungewissheit der Zukunft und das eigene Nichtwissen.

Zwar steht die folgende Interpretation vor allem als ein Beispiel für den parallelen Interaktionsmodus, gleichzeitig kann anhand der Interpretation aber ebenfalls nachvollzogen werden, wie bei der dokumentarischen Interpretation von Gruppendiskussionen auch die *Redebeiträge der Diskussionsleitung* zum Gegenstand der Analyse gemacht werden. Fragen, die die Forscherin bzw. der Forscher in der Gruppendiskussion oder in einem Interview stellt, werden in der reflektierenden Interpretation zum einen daraufhin analysiert, inwiefern sie Themen initiieren oder als immanente Fragen die relevanten Themen der Erforschten aufgreifen. Zum anderen wird danach gefragt, ob die Fragen der Gesprächsleitung nur die Themen initiieren, Erzählungen generieren bzw. das Gespräch in Gang halten oder ob sie durch das Setzen von Propositionen den Verlauf der Gruppendiskussion mitbestimmen. Auf dieser Weise wird bei der dokumentarischen Interpretation von Gruppendiskussionen und Interviews der Einfluss der Forschenden auf die Erhebungssituation und somit ein Aspekt ihrer Standortgebundenheit kontrolliert. [14]

---

14 Auch bei der Analyse von Unterrichtsvideografien müssen Äußerungen und Handlungen der Forschenden mit interpretiert werden, sofern sie in der Erhebungssituation mit Schülerinnen und Schülern oder der Lehrperson interagieren.

3.3.1.1 Transkript[15]

512	Y:	also ich hab noch ein paar Fragen also eine is, wie stellt ihr euch denn eure
513		Zukunft vor, also eure eigene, und die also sozusagen der Welt im Ganzen
514		(2) sich so anguckt. (2) in zehn Jahren. (.) in fünfzehn Jahren. (3)
515	Aw:	Also über mei eigene Zukunft da denk i ehm also heute is ja so (.) ich
516		kriegs ja hier mit jeder will Abitur machen und wenn man Abitur macht
517		dann möcht man ja eigentlich nur mit dem Hintergedanke ma möcht mal
518		an gute gute Job kriege und möglischt viel Geld verdiene; aber i glaub das
519		funktioniert nicht oder halt es funktioniert auf jeden Fall nicht wenn es ehm
520		(.) ja wenn es kann ja nicht so weitergehen wie bisher, und ich glaub halt
521		das später, dass es wirklich mal so isch, (.) dass eh dass ma vielleicht
522		wirklich soziale Gerechtigkeit a bissle mehr realisiere kann und dann
523		kanns aber nicht sein dass jeder (.) ehm soviel Geld kriegt oder dass für
524		jeden dann so viel da isch und i glaub drum glaub i nich dass ich später
525		mal wirklich so viel oder dass so viele wie die sich wünschet Geld
526		verdiene können weil es is nich für alle soviel doa. (.) es muss einfach
527		jeder sich mit ein bissel weniger zufriede gebbe. (3) weil halt au die
528		Ärmere (.) was °was ab° @möchtet@. (4)
529	Cw:	Auf der ganzen Welt denk i dass (.) also wenn es so weitergeht viel zuviel
530		sozialer Unfriede entsteht; grad in der Dritte Welt Länder, dass ich glaub
531		dass die sich auch irgendwann mal richtig <u>wehre</u> werdet also auch anfange
532		was zum sage gege die Dritte-Welt-Länder- oder mei Hoffnung isch dass
533		wirklich unsere Generation wo dann mal rankommt ich weiß nich <u>klüger</u>
534		isch wie die jetzige ich weiß net ob man des so sage kann aber ob die
535		anfange, ja genau nachzudenke <u>was sie mache </u>was oder was die
536		Konsequenze von dem sind was die macht; wenn i jetzt jemanden a Geld
537		gib, ja toll, was macht ma mit'm Geld? aber wenn i zeig wie kann man
538		was mache, also dass die mal nachdenke darüber <u>wie</u> sie helfet und so au
539		effizient helfet oder helfet dass auch positive Auswirkunge hat. ich hoff,
540		dass es so wird. (.) sage genau kann ich des nedder. (5)
541	Aw:	Ja i glaub halt au dass entweder kommt eh die ganze Unzufriedenheit weil
542		das ja scho immer schlimmer wird mit dem armen und reichen
543		Unterschied und irgendwann explodiert das irgendwie mal oder es kommt
544		mal zum Ausbruch oder es ändert sich halt wirklich (.) zumindescht a
545		bissle was. (7)
546	Y:	Und du hast gesagt eure Generation wäre klüger als die jetzige; wie ist

---

15 Die Transkriptionsregeln finden sich in Kapitel 5.1.3.

547   denn die jetzige Generation und was würdest du anders machen?
548   Cw: Wenn ich mich jetzt mal nur in unserer Stufe umschau; wir ham viele
549   Leute (.) die in <u>gewisse</u> <u>Sache</u> <u>richtig</u> engagiert sin. wir ham unsere Seite
550   antiamerikanistisch wo sich strikt weigert ins McDonalds zum gehe dann
551   (.) ham wir (.) ja uns-ja-
552   Aw: ⌊ Es gibt viele Leut wo sich wirklich scho Gedanke
553   drüber mache und wo nich (.) so oft wie Jugendliche denke wo einfach
554   irgendwie halt bloß auf ihr Lebe fixiert sin sondern es gibt i find eigentlich
555   bei uns auch wirklich viele wo sich wirklich auch Gedanke drüber mache
556   wies in der ganzen Welt zugeht. und nicht nur da um ihr Leben in der A-
557   Region. (2)
558   Cw: Ja (.) also jeder isch irgendwo organisiert-
559   Aw: ⌊ Ja ich hoff bloß, dass das net
560   verlore geht wenn die erwachse werde und ja irgendwie halt hier-
561   ?w: ⌊ @(Ja)@
562   Cw: Wo halt jemand in sei Herzblut drin hat und jemand andersch denkt und
563   da wird auch über sowas bei uns g'redet un diskutiert bei uns in der Stufe
564   und dann verteidigt man halt mal sei Seite, und ich glaub wenn des Denke
565   so weiter geht dass man nen <u>Standpunkt</u> hat und den ver<u>tritt</u> und den au
566   <u>verteidigt</u> gegenüber andere oder ja au <u>diskutiert</u> da drüber dann is glaub
567   scho viel g'macht. (5)

3.3.1.2 Formulierende Interpretation

512-630   Oberthema: Unsere Generation
512-514   Wie sie sich die eigene Zukunft und die Zukunft der Welt vorstellen.
515-545   Unterthema: Soziale Gerechtigkeit oder sozialer Unfriede
515-518   Wer Abitur macht, möchte einen guten Job und viel Geld verdienen.
518-520   Aber das funktioniert nicht, denn es kann nicht so weiter gehen wie
           bisher.
520-526   Sie glaubt wirklich, dass später soziale Gerechtigkeit vielleicht mehr rea-
           lisiert werden kann, dann ist nicht für jeden so viel Geld da, sie glaubt,
           dass sie bzw. die, die es sich wünschen, dann nicht so viel Geld verdienen
           können.
526-528   Es muss jeder mit weniger zufrieden sein, denn die Ärmeren möchten
           auch etwas haben.
529-532   Wenn es so weitergeht, denkt sie, wird viel sozialer Unfriede entstehen,
           sie glaubt, die Armen in den Dritte-Welt-Ländern werden sich wehren.

532-534	Ihre Hoffnung ist, dass ihre eigene Generation klüger sein wird als die jetzigen Erwachsenen.
534	Sie weiß nicht, ob man das so sagen kann.
535-539	Dass sie anfangen, über Konsequenzen des Handelns genau nachzudenken, dass sie darüber nachdenken, wie Entwicklungshilfe gestaltet wird, dass effizient geholfen wird, dass die Hilfe auch Wirkung zeigt.
539-540	„Ich hoff, dass es so wird. Sage genau kann ich des nedder."
541-545	Entweder der Unterschied zwischen Arm und Reich wird größer und es gibt eine Explosion oder „es ändert sich halt wirklich zumindescht a bissle was".
546-579	**Unterthema: Herzblut der Jugendlichen**
546-547	Wie ist die eigene Generation und was würde sie anders machen?
548-551	In ihrer Stufe gibt es viele Leute, die in gewissen Sachen richtig engagiert sind, z. B. die antiamerikanistische Seite und ihre Gruppe.
552-557	Bei ihnen gibt es viele Leute, die sich Gedanken machen, wie es in der Welt zugeht, die nicht nur ihr eigenes Leben in der heimatlichen Region im Blick haben.
558	Jeder ist organisiert.
559-561	Hoffentlich geht das nicht verloren, wenn sie erwachsen sind.
562-567	In der Stufe wird diskutiert, unterschiedliche Standpunkte werden vertreten und verteidigt. Wenn das Denken so weitergeht, ist schon viel gemacht. (…)

3.3.1.3 Reflektierende Interpretation

512-514 Themeninitiierung durch Y:
Die Forscherin initiiert mit der allgemein gehaltenen und offen formulierten Frage nach der Zukunft ein neues Thema, das mit den sich anschließenden Propositionen von den Jugendlichen aufgegriffen wird. Die Forscherin bietet in einer vagen Aneinanderreihung zwei Teilaspekte des Themas an, die persönliche Zukunft der Jugendlichen und die zukünftige Entwicklung der Welt(gesellschaft).

515-528 Proposition im Modus einer abstrakten Beschreibung durch Aw:
Aw bezieht die Frage nach der Zukunft sowohl auf sich persönlich, auf ihre eigene Zukunft und den Lebensabschnitt, in dem sie sich aktuell befindet (Abitur und anschließende Karrierewünsche), als auch auf die „ganze Welt" und verknüpft beide Perspektiven miteinander. Ihr Thema ist Gerechtigkeit, hier im Sinne von Verteilungerechtigkeit. Im Fallvergleich fällt auf, dass Aw eine positive Formulierung wählt. Der von Aw aufgespannte Gegenhorizont von sozialer Gerechtigkeit

als Wertorientierung einerseits und der empirischen Beobachtung der Selbstbe-
züglichkeit der Menschen (thematisiert als das Interesse an hohen Einkommen)
andererseits wird auch in anderen Schülergruppen des Samples beschrieben.
Allerdings führen solche Überlegungen in anderen Gruppen zu der skeptischen
Einschätzung, dass Gerechtigkeit nicht realisierbar ist. Während andere Gruppen
von Schülerinnen und Schülern argumentieren, dass die Selbstbezüglichkeit der
Menschen global gerechter bzw. nachhaltiger Entwicklung entgegenstehe, vertritt
Aw einen umgekehrten Kausalzusammenhang: Die zukünftig für möglich gehaltene
Realisierung von (Verteilungs-)Gerechtigkeit verhindert die Durchsetzung egois-
tischer materieller Interessen. Die Selbstbezüglichkeit der Menschen, das eigene
Interesse an guten Lebensbedingungen, steht in ihrer Darstellung der Realisierung
gerechterer Verhältnisse nicht grundsätzlich im Weg. Hier dokumentiert sich ein
optimistischer Orientierungsrahmen, der mit der Aussage korrespondiert, dass
für die Zukunft – wenn auch nur im Gedankenexperiment – die Realisierung von
etwas mehr sozialer Gerechtigkeit prinzipiell für möglich gehalten wird.

529-540 Anschlussproposition im Modus einer abstrakten Beschreibung durch Cw:
Cw knüpft an die von Aw getroffene Unterscheidung zwischen gegenwärtigen
Bedingungen (sozialer Unfriede) und der Realisierung von sozialer Gerechtigkeit
in der Zukunft an und ergänzt den Gedankengang um die Perspektive der Menschen in Entwicklungsländern, die sich ihrer Meinung nach wehren werden, wenn
soziale Gerechtigkeit nicht in absehbarer Zeit realisiert werde. Diese Sichtweise
der Menschen in Entwicklungsländern entspricht dem Weltentwurf der Gruppe,
der vor allem in anderen Sequenzen der Gruppendiskussion rekonstruiert wurde
(fallinterner Vergleich mit der Passage „Entwicklungsländer"). Die Menschen in
Entwicklungsländern werden als handlungsfähige, eigenständige Menschen dargestellt, die ihr Schicksal nicht fatalistisch hinnehmen, sondern aktiv werden und ihr
Recht auf Gleichberechtigung einfordern. Im Folgenden kommt die optimistische
Orientierung der Gruppe besonders deutlich zum Ausdruck: Die Hoffnung, dass es
die Jugendlichen (die „eigene Generation") in der Zukunft besser machen werden,
indem die in der vorhergehenden Sequenz diskutierte Sinnlosigkeit von Geldtransfer
und paternalistischer Entwicklungshilfe überwunden wird. Diese zuversichtliche
Sichtweise formuliert Cw explizit vor dem Hintergrund der Ungewissheit bezüglich
der tatsächlichen Handlungen und ihrer Folgen („Ich hoff, dass es so wird. Sage genau
kann ich des nedder"). Die Zukunft bleibt hier offen, insbesondere im Hinblick auf
Zukunft im weltweiten Horizont herrscht Ungewissheit. Hier dokumentiert sich der
konstruktive Umgang der Gruppe mit Ungewissheit und Nichtwissen: Die Gruppe
verfügt offensichtlich über das Vermögen, mit dieser Form weltgesellschaftlicher
Komplexität, der Ungewissheit in der Zeitdimension, umzugehen. Nicht vorhandenes
sicheres Wissen über die Zukunft hält diese Gruppe von Schülerinnen nicht davon

ab, zuversichtlich Entwicklungsmöglichkeiten und Handlungsoptionen für sich (bzw. die eigene Generation) zu formulieren. Der Schlüssel hierfür ist das Nachdenken, das Reflektieren über die Folgen des Handelns. Reflexion und kognitive Anstrengung wird als Problemlösungsstrategie formuliert.

541-545 Zwischenkonklusion durch Aw:
Aw schließt sich der Einschätzung der Zukunft als ungewiss an und validiert das Orientierungsmuster der Gruppe: Es geht um Verteilungsgerechtigkeit zwischen Arm und Reich, deren Realisierung wird im Rahmen einer optimistischen Orientierung für möglich gehalten. Ungerechtigkeit wird (von den Armen) nicht dauerhaft hingenommen, dahinter steht die Vorstellung der selbstbewussten, aktiven Menschen in Entwicklungsländern. Die Äußerung wird als Zwischenkonklusion interpretiert, da der von Aw und Cw proponierte Orientierungsgehalt bisher noch nicht elaboriert wurde und die Interaktionseinheit in Folge der immanenten Nachfrage der Forscherin fortgesetzt wird.

546-547 immanente Nachfrage durch Y:
Die Frage der Forscherin wird als immanente Nachfrage interpretiert, da sie fast wörtlich die Aussage von Cw über die Differenz zwischen der jetzigen Erwachsenengeneration und der Altersgruppe der Jugendlichen aufgreift („Und du hast gesagt eure Generation wäre klüger als die jetzige"). Cw wird aufgefordert, diesen Unterschied und die darin implizierte Annahme, dass die Jugendlichen in der Zukunft anders handeln werden, inhaltlich genauer auszuführen („wie ist denn die jetzige Generation und was würdest du anders machen?"). Dass es sich hier um eine immanente Nachfrage handelt, die das Gespräch der Gruppe nicht inhaltlich beeinflusst, zeigt sich auch darin, dass die Sprecherinnen im Folgenden die zuvor proponierten Orientierungsgehalte elaborieren. Die Frage der Diskussionsleiterin erfolgt nur sieben Sekunden nach der letzten Äußerung von Aw, eventuell hätten die jungen Frauen auch ohne die Intervention der Forscherin das Gespräch fortgesetzt.

548-557 Elaboration im Modus der Beschreibung, interaktiv durch Cw und Aw:
Cw und Aw beschreiben die Jugendlichen in ihrem unmittelbaren Umfeld, der eigenen Jahrgangsstufe, als engagiert. Das Engagement besteht darin, sich Gedanken zu machen und über den eigenen Tellerrand zu blicken. Selbstbezüglichkeit, auf das eigene Leben fixiert zu sein, bildet den negativen Gegenhorizont für die optimistische Sichtweise der jungen Frauen im Blick auf die Zukunft.

558-567 Konklusion, interaktiv durch Cw und Aw mit eingelagerter Validierung (Z. 561):
Auch die Konklusion der Interaktionseinheit wird von Aw und Cw gemeinschaftlich formuliert. Festgehalten wird im Blick auf die Gegenwart, dass für die Gruppe der Jugendlichen das Engagiertsein als die Regel und nicht als Ausnahme aufzufassen

ist („Also jeder isch irgendwo organisiert"). Aus der Erfahrung, dass Jugendliche
in Diskussionen ihre Standpunkte vertreten und verteidigen, leitet Cw einerseits
die Gewissheit ab, dass dies in der Zukunft zu Veränderung führen wird. Andererseits wird diese optimistische Sichtweise mit der Einschätzung verbunden, dass es
keine Sicherheit darüber gibt, wie die Zukunft aussehen wird (das Engagement der
Jugendlichen könnte auch verloren gehen). Mit der Konklusion wird der Orientierungsrahmen der Gruppe zusammengefasst: Die optimistische Sichtweise auf die
Zukunft, die Möglichkeit der Veränderung wird der eigenen Generation zugetraut,
und der konstruktive Umgang mit Zukunftsungewissheit, der darin besteht, die
Ungewissheit der Zukunft stets mitzudenken.

Beispiel 1: Eine Interaktionseinheit im parallelen Interaktionsmodus

Schritt 1:
Proposition im Modus einer abstrakten Beschreibung
Anschlussproposition im Modus einer abstrakten Beschreibung

Schritt 2:
Zwischenkonklusion
immanente Nachfrage
Elaboration im Modus der Beschreibung

Schritt 3:
Konklusion mit eingelagerter Validierung

3.3.2 Gruppe Schwimmbad: Eine Interaktionseinheit im antithetischen Interaktionsmodus

Das folgende Beispiel stammt aus einer Gruppendiskussion mit der Gruppe
Schwimmbad. Diese Gruppe von Schülerinnen und Schülern der gymnasialen
Oberstufe einer Gesamtschule hatte sich im Unterricht eines Leistungskurses im
Fach Politik und Wirtschaft mit dem Thema Globalisierung beschäftigt. In dieser
Sequenz der Gruppendiskussion diskutieren die Jugendlichen Möglichkeiten des
ethischen Konsums. Es dokumentiert sich die Handlungsunsicherheit der Jugendlichen im Umgang mit globalen Problemen, die im Fallvergleich als typisch für
diejenigen Schülerinnen und Schüler herausgearbeitet werden konnte, die sich
im (Fach-)Unterricht mit Themen des Globalen Lernens beschäftigt hatten (vgl.
ausführlich Asbrand 2009, S. 183ff.). Dieses Orientierungsmuster zeichnet sich
dadurch aus, dass die Jugendlichen zwar unterschiedliche Handlungsoptionen

kennen, hier z. B. die Forderung, beim Kauf von Kleidung und Schuhen auf die Einhaltung sozialer Standards in der Produktion zu achten, dieses kommunikative Wissen aber nicht handlungspraktisch umsetzen können. Sie teilen die schulisch vermittelten Überzeugungen, hier die Relevanz wirtschaftlicher, sozialer und kultureller Menschenrechte (wozu auch Arbeits- und Sozialstandards zählen), aber es fehlt eine entsprechende konjunktive Erfahrung in ihrer Alltagspraxis. Auf Grund dieser Spannung zwischen kommunikativem und konjunktivem Wissen beinhaltet dieses Orientierungsmuster eine ambivalente Orientierung, die als Handlungsunsicherheit beschrieben werden kann. Ambivalente Orientierungen werden häufig in antithetischen Diskursen verhandelt. Dabei werden auf der Ebene des immanent Gesagten die widerstreitenden Aspekte des ambivalenten Orientierungsrahmens von verschiedenen Gruppenmitgliedern stellvertretend bearbeitet, in dem Beispiel das Wissen der Gruppenmitglieder um problematische Arbeitsbedingungen in der Bekleidungsindustrie einerseits und die Skepsis der Jugendlichen andererseits, ob bzw. wie dieses Wissen beim Einkaufen im Alltag berücksichtigt werden kann. Dass es sich um einen antithetischen Interaktionsverlauf handelt, der im Unterschied zu oppositionellen oder divergenten Interaktionseinheiten von einem geteilten tiefer liegenden Orientierungsrahmen getragen ist, erkennt man an der Synthese, die die Interaktionseinheit abschließt und die gegenläufigen Positionen der ambivalenten Orientierung zusammenführt. Da bei antithetischen Interaktionen nur auf der immanenten Ebene gestritten wird, die Gruppe aber auf der konjunktiven Ebene einen Orientierungsrahmen teilt, handelt es sich bei dem antithetischen Interaktionsmodus um einen inkludierenden Modus. Als geteilte Orientierung dokumentiert sich in der folgenden Sequenz die Handlungsunsicherheit der Jugendlichen in Bezug auf globale Fragen.

3.3.2.1 Transkript

269	Am:	Ja, und auch wenn man ehm auch die Produkte betrachtet, zum Beispiel,
270		wenn ich jetzt äh Nike Schuhe in der Hand hab' oder so (.) die werden (.)
271		so unter normalen Bedingungen hergestellt, und wunderbar, und ähm für
272		den Preis da kriegen die Leute, die die äh die da arbeiten auch was, also (.)
273		halt; durch das was man erfahren hat dass sie halt äh nicht so viel
274		dienen unter was für Bedingungen die arbeiten müssen und so weiter;
275		und das ist ja weiß nicht so (.) diese Markensachen, ähm, die haben da
276		irgendwie (.) Schmutziges bekommen so;
277	Bw:	Ich denk halt auch so wir ham viel halt über Kinderarbeit und so
278		gesprochen; so also Teppiche werden von Kindern geknüpft, oder auch

279		teilweise Schuhe von Kindern von Kindern hergestellt und so; und äh

279   teilweise Schuhe von Kindern von Kindern hergestellt und so; und äh
280   wenn man dann halt so was sieht dann dann überlegt man sich dann halt
281   auch zehn mal, ob man den Schuh jetzt doch käuft oder nicht, also
282 ?m: Käuft?
283 Bw: Also- kauft @'tschuldigung@
284 Cm: Nee, tut ihr das jetzt wirklich, oder was?
285 Bw: Ja, ich schon. muss ganz ehrlich sagen
286 Cm: ⌊ Ich überhaupt nicht. ehrlich gesagt.
287 Am: Ich tu's auch nich, aber man weiß es halt.
288 Cm: Ja, man weiß es (aber man tut's nich)
289 Bm: ⌊ Im Endeffekt kauft man's trotzdem. (2)
290 ?m: (   )?
291 ?w: ⌊ (Weil dir gar nichts anderes übrig bleibt).
292 ?w: ⌊ (Ja natürlich   ).
293 Gw: Wenn es nur noch Schuhe gibt die von Kinder gemacht-
294 ?w: ⌊ (Turnschuhe)
295 Me: ⌊ @(1)@
296 Bw: ⌊ Ich denk auch vor allem die meisten sind halt von Kindern gemacht
297 Gw: ⌊ Kannst ja
298   nicht barfuss laufen
299 Bw: Ja, klar irgendwas muss du ja kaufen wenn du's vielleicht auch selbst nich
300   unterstützen willst aber dir bleibt ja nichts anders übrig
301 ?w: ⌊ (Weil der Markt halt das anbietet)
302 ?w: Ja, genau.
303 Am: Ja. (2)
304 Dw: Das sind ja auch meistens die Sachen die von den meisten Leuten gekauft
305   werden, zum Beispiel Nike-Schuhe, jetzt. das ist ja in deswegen will jeder
306   gerne mal haben, also werden die halt auch gekauft.
307 Am: (so is es) (2)

3.3.2.2 Formulierende Interpretation

269-391 Oberthema: Produktions-/Arbeitsbedingungen in Entwicklungsländern
269-279 Unterthema: Was sie im Unterricht erfahren haben
269-271   Er hat einen Nike-Schuh in der Hand, der unter normalen Bedingungen
          hergestellt wurde.
272-275   schlechte Arbeitsbedingungen, niedrige Löhne, das „hat man erfahren".
275-276   „Markensachen haben da irgendwie Schmutziges bekommen".

277-278	Sie haben über Kinderarbeit gesprochen.
278-279	Teppiche und Schuhe werden von Kindern hergestellt.
280-307	**Unterthema: Das eigene Konsumverhalten**
280-283	Wenn man das sieht, überlegt man sich zehn mal, ob man den Schuh kauft.
284	Tun sie das wirklich?
285	Ja, sie schon, ehrlich gesagt.
286	Er überhaupt nicht, ehrlich gesagt.
287-288	Er tut es auch nicht, „aber man weiß es halt".
289-292	„Im Endeffekt kauft man's trotzdem", „Weil dir gar nichts anderes übrig bleibt".
293-303	Die meisten Schuhe sind von Kindern gemacht, man kann nicht barfuß laufen, der Markt bietet nur das an, deshalb bleibt einem nichts anderes übrig, auch wenn man es vielleicht selbst nicht unterstützen will.
304-307	Das ist bei den meisten Sachen so. Nike-Schuhe sind beliebt, die will jeder haben, deshalb werden sie gekauft. (…)

3.3.2.3 Reflektierende Interpretation

269-276 Proposition durch Am:

Am greift das von ihm bereits angesprochene Thema auf und führt es weiter: Ein unter normalen Bedingungen hergestellter Turnschuh ist für Verbraucherinnen und Verbraucher „wunderbar", solange sie nichts über die Produktions- und Arbeitsbedingungen wissen. „Durch das, was man erfahren hat", d. h., durch das Wissen, das sich die Schülerinnen und Schüler im Unterricht angeeignet haben, hat sich die Sichtweise geändert. Hier zeigt sich erneut (homolog) die Bedeutung, die die Jugendlichen dem Wissen um Hintergründe für das Verstehen von Globalisierungsphänomenen beimessen: Mit dem Wissen um die Arbeitsbedingungen in der Bekleidungsindustrie ändert sich die Bewertung der Produkte. Vor dem Hintergrund dieses Wissens wird das Konsumieren von Turnschuhen problematisch.

Am verwendet die Metapher des Schmutzes. Zuerst wird die sinnliche Erfahrung beschrieben, einen Nike-Schuh in der Hand zu haben, aber das Hintergrundwissen führt zur „Verschmutzung" des Schuhs. Deutlich wird die Spannung zwischen der lustvollen Praxis des Kaufens von Markenschuhen und dem Wissen um die Produktionsbedingungen. Es handelt sich um eine Spannung zwischen der konjunktiven Praxis des Konsumierens im Alltag der Jugendlichen einerseits und dem schulisch vermittelten kommunikativen Wissen. Die sprachlich-grammatikalische Unsicherheit Ams, die Suche nach Wörtern und die Einschränkungen („ja weiß nich so") zeigen, dass das Spannungsverhältnis nicht bearbeitet werden kann.

277-283 Anschlussproposition durch Bw:
Bw expliziert deutlicher als Am, dass das Wissen im schulischen Unterricht erworben wurde („Wir haben viel darüber gesprochen"). Sie fokussiert einerseits auf das Thema Kinderarbeit, andererseits erweitert sie die Aussage von Am, indem sie die Produktgruppe Teppiche hinzufügt. Im Unterschied zu Aw kann Bw die Frage, inwiefern das Wissen um Produktions- und Arbeitsbedingungen für die eigene Kaufentscheidung relevant ist, sprachlich und begrifflich auf den Punkt bringen. Offensichtlich fällt es ihr leichter, mit der Differenz zwischen der Handlungspraxis des Konsumierens und dem schulisch erworbenen Wissen umzugehen. Deutlicher als Am stellt Bw einen Zusammenhang zwischen den Arbeitsbedingungen (Kinderarbeit) und dem eigenen Konsumverhalten her, hierin besteht der (zusätzliche) propositionale Gehalt der Äußerung. Die Kenntnis der Arbeits- und Produktionsbedingungen ist in Bws Darstellung für die eigene Kaufentscheidung relevant, allerdings nur auf der abstrakten, reflexiven Ebene des Abwägens und Überlegens („man überlegt zehnmal, bevor man etwas kauft"), die Diskrepanz zum konkreten Konsumieren besteht auch in ihrer Äußerung. Die Argumentation ist moralisch, da die Tatsache, dass Turnschuhe unter problematischen Bedingungen produziert werden, negativ bewertet wird und die Relevanz für die Kaufentscheidung auf der Ebene der kommunikativ-generalisierten Werte nicht zweifelhaft ist. Das durch Bw beschriebene Reflektieren über Produktionsbedingungen im Zusammenhang mit Kaufentscheidungen wäre nicht notwendig, wenn der ethisch-moralische Anspruch, keine Produkte aus Kinderarbeit zu kaufen, inhaltlich abgelehnt würde. Allein die Spannung zur Handlungspraxis erscheint als Problem.

284 Antithetische Differenzierung durch Cm:
Cm stellt die Aussage, dass Kaufentscheidungen von ethischen Fragen abhängig gemacht werden, in Frage.

285-289 antithetischer Diskurs zwischen Bw, Cm und Am, Zwischenkonklusion durch Bm:
Im Wechsel der Aussagen ‚ich tue es' – nämlich beim Einkauf auf soziale Aspekte zu achten – und ‚ich tue es nicht' kommen die Jugendlichen zu dem Ergebnis, dass man zwar das Wissen um die Möglichkeit des ethischen Konsumierens hat, es aber dennoch nicht tut. Die Diskrepanz zwischen moralischem Anspruch und Handlungspraxis wird jetzt explizit thematisiert, dabei vertritt Bw die Seite der ambivalenten Orientierung, die den ethischen Fragen Relevanz für die Kaufentscheidung zuspricht, während Cm und Am das Nicht-Handeln im Alltag hervorheben. Dieses wird von Bm in seiner Zwischenkonklusion (Z. 289) festgehalten, die Spannung allerdings nicht aufgelöst.

291-292 Anschlussproposition durch ?w und Validierung:
?w führt ein neues Argument ein: Die Frage, ob man beim Kauf von Turnschuhen die soziale Qualität der Produktionsbedingungen als Entscheidungskriterium berücksichtigt wird oder nicht, stellt sich nicht. Die ethische Frage wird suspendiert, weil es keine Alternativen gibt, die man abwägen könnte. Es zeigt sich, dass den Jugendlichen die alltagspraktische Erfahrung des ethischen Konsums fehlt, es gibt im konjunktiven Erfahrungsraum der Jugendlichen keine Beispiele hierfür.

293-289 und 301 Elaboration im Modus der Argumentation, interaktiv durch Gw, Bw und ?w:
An die Äußerung von ?w anknüpfend werden Gründe aufgeführt, die die Argumentation untermauern, dass man gar nicht anders kann, als Turnschuhe zu kaufen, die möglicherweise in Kinderarbeit produziert wurden: Man kann nicht barfuß laufen, die meisten Schuhe werden in Kinderarbeit hergestellt, der Markt bietet keine anderen Turnschuhe an. Geschildert werden empirische Beobachtungen aus der Handlungspraxis der Jugendlichen, die zeigen, dass es in ihrem Alltag keine Umsetzungsmöglichkeiten für die moralischen Ansprüche an das eigene Konsumverhalten gibt. Allerdings haben die Aussagen den Charakter von Allgemeinplätzen und werden nicht konkret ausgeführt oder begründet. Sie können deshalb als Entschuldigungsstrategien interpretiert werden. (Zum Fallvergleich: Eine ähnliche Argumentation gibt es auch in der Gruppendiskussion der Gruppe *Apfel*, ebenfalls Gymnasialschüler, die sich im Unterricht mit der Thematik befasst hatten.)

299-307 Synthese durch Bw und Dw, Validierungen durch Am und ?w:
Bw bringt die spannungsreiche Orientierung der Gruppe auf den Punkt: Auch wenn man problematische Arbeitsbedingungen nicht unterstützen will, gibt es aus Sicht der Jugendlichen andererseits keine entsprechende Handlungsoption im Alltag. Damit sind die zuvor antithetisch verhandelten Positionen ‚man tut es' und ‚man tut es nicht' in einer geteilten ambivalenten Orientierung aufgehoben. Die Umgangsweise der Jugendlichen, mit dieser Spannung zwischen Anspruch und Handlungspraxis umzugehen, ist die der Entschuldigungsstrategien, mit denen sie die ethischen Ansprüche suspendieren. Dies wird im zweiten Teil der Synthese durch Dw auf den Punkt gebracht: Der Verweis auf eine allgemein übliche Handlungspraxis entlastet von der individuellen Verantwortung. Mit dem Unterricht zum Thema Globalisierung wurden offensichtlich – explizit oder implizit – ethische Ansprüche kommuniziert, die im Alltag nicht umsetzbar sind. Das schulisch vermittelte Wissen bleibt kommunikatives Wissen und kann nicht handlungspraktisch werden. Die Schülerinnen und Schüler beschreiben sich als passiv. Moralische Kommunikation ist hier keine adäquate Strategie, um Handlungssicherheit vor dem Hintergrund globaler Zusammenhänge zu gewinnen.

Beispiel 2: Eine Interaktionseinheit im antithetischen Interaktionsmodus

Schritt 1:
Proposition
Anschlussproposition

Schritt 2:
Antithetische Differenzierung
Antithetische Interaktion zwischen mehreren Sprecherinnen und Sprechern
Zwischenkonklusion
Anschlussproposition und Validierung
Elaboration im Modus der Argumentation

Schritt 3:
Synthese
Validierung

3.3.3 Gruppe Schwimmbad: Eine Interaktionseinheit im oppositionellen Interaktionsmodus

Im Folgenden wird eine weitere Sequenz mit Interpretation aus der Gruppendiskussion der Gruppe *Schwimmbad* vorgestellt, in der die Rahmeninkongruenz zwischen weiblichen und männlichen Jugendlichen deutlich wird. Nicht miteinander vereinbare Rahmenorientierungen von jungen Frauen und jungen Männern, die in der fallübergreifenden komparativen Analyse herausgearbeitet werden konnten, betreffen die Handlungsorientierung der Jugendlichen vor dem Hintergrund von Ungewissheit. In den Diskussionen der jungen Männer des Samples wurde eine instrumentelle Orientierung rekonstruiert, die darin besteht, Handeln angesichts globaler Probleme nur dann für sinnvoll zu halten, wenn der Erfolg des Handelns absehbar ist. Da dies angesichts weltgesellschaftlicher Komplexität und aufgrund der Ungewissheit der Handlungsfolgen in der Zukunft in der Regel nicht möglich ist, nehmen sich die jungen Männer passiv bzw. skeptisch wahr. Gruppen von jungen Frauen zeigen dagegen einen konstruktiven Umgang mit Ungewissheit. Sie halten Handeln trotz des Wissens um begrenzte Wirkung für sinnvoll und erfahren Handlungssicherheit im Vertrauen auf die eigene Selbstwirksamkeit (vgl. ausführlich Asbrand 2009, S. 210ff.). Diese unterschiedlichen geschlechtsspezifischen Orientierungsrahmen dokumentieren sich auch in der folgenden Sequenz der Gruppendiskussion mit Gymnasiastinnen und Gymnasiasten, an der sowohl junge Frauen als auch junge Männer teilgenommen haben. Während in anderen Passagen der

Gruppendiskussion die Rahmeninkongruenz in divergenten Interaktionsverläufen verdeckt wird, muss die folgende Sequenz als oppositionell eingeschätzt werden, sie endet mit einer rituellen Konklusion, mit der das Gespräch beendet wird. Im Anschluss an die Aussage von Dw in Zeile 1970 „Jetzt hört auf euch zu streiten; genau das hat der Christian vorhin gemeint" packen die Jugendlichen ihre Sachen in ihre Rucksäcke und machen unmissverständlich deutlich, dass die Gruppendiskussion beendet ist. Der oppositionelle Interaktionsmodus unterscheidet sich vom divergenten Modus dadurch, dass die Rahmeninkongruenz offensichtlich wird, beide zählen zu den exkludierenden Interaktionsmodi.

3.3.3.1 Transkript

1900	Am:	Ew sag doch noch was du vorhin sagen wolltest.
1901	Ew:	Nee ich-wollt-nur-sagen wir ham auch mal mit Schulen em
1902	Me:	⌊ @(.)@
1903	Ew:	demonstriert, ich weiß nich- in Y-Stadt, oder zum Beispiel gegen
1904		Frieden, äh-
1905	Me:	⌊ @(15)@
1906	?w:	⌊ Für den Frieden gegen den Krieg
1907	Dw:	⌊ @**Krawallmacher du**@
1908	?w:	⌊@**du**
1909		**Steinewerferin**@
1910	Cw:	⌊ ich mein mit unsrer Schule hier ham wir schon
1911	Me:	⌊@(10)@
1912	Cw:	mal für den Frieden gegen den Krieg demonstriert; un (.) das hat
1913		eigentlich ganz gut geklappt.
1914	Cm:	⌊ Ne geile Aktion; **total sinnlos**, **und so**
1915		**schwachsinnig**.
1916	Dw:	⌊ Super; un da hatten auch alle Lust zu-
1917	?w:	⌊ (Ich glaub aber wir ham mal in Y- Stadt mit
1918	Me:	⌊ @(10)@
1919	?w:	mehreren Schulen)
1920	?w:	(Ich weiß nich- gegen den Krieg-)
1921	Me:	⌊ @(10)@

1922	?w:	⌊ [Gemurmel, sehr leise Nebengespräche)
1923	Cm:	⌊ **Un? hat's was gebracht? (.) nein**
1924	?:	⌊ Nein.
1925	?w:	⌊ °Doch.°
1926	Bm:	**Das ist der Sinn von Demonstrationen.** Hauptsache keine Arbeit
1927	?:	⌊ ( )
1928	Bm:	oder keine Schule
1929	Am:	⌊ Ja.
1930	Dw:	⌊ **Ja, genau. Ich fand's prima, ich hab' da**
1931	Bm:	⌊So seh ich des; so seh <u>ich</u> ,s
1932	Dw:	**ausgeschlafen.** ich fand das- ich fand's ne super Aktion mit der Schule;
1933	?w:	⌊ @(3)@
1934	Dw:	da zu demonstrieren.
1935	Me:	⌊ **@(5)@ [anhaltendes Gelächter]**
1936	Cm:	⌊ Ja. so isses <u>wirklisch</u>. das is Schwachsinn. die
1937		Demonstrationen haben <u>überhaupt keinen Sinn</u>. das weiß man schon
1938		vorher.
1939	Me:	⌊ @(3)@
1940	?:	⌊ ( )
1941	Bw:	⌊ **Ich find's okay zu demonstieren** um einfach zu zeigen,
1942		**was man nicht okay findet**
1943	?w:	⌊ (Aber richtig groß)
1944	Bm:	⌊ Oah dass man seine Meinung vertritt oder was?
1945	?m:	⌊ @( )@
1946	Bw:	⌊ **Nee einfach nur jetz-mit-dem-Frieden-oder-so** dass du sagst
1947		von wegen findst das nich in Ordnung, aber ähm, aber im Endeffekt
1948	?:	⌊ @( )@
1949	Bw:	bringt's nichts; ja? Aber-aber ich find' trotzdem aber es ist doch
1950		okay, trotzdem zu sagen, okay aber ich will's wenigstens zeigen,
1951		dass es mir nicht gefällt-oder-den-Politikern wenigstens <u>irgendein</u>
1952		Zeichen zu geben-stattdessen auf seinem Arsch zu ho- auf seinem
1953		Arsch sitzen zu bleiben und <u>gar nichts</u> zu machen-ich mein' das kann ja

1954	?m:	⌊ ( )

1954 ?m: ⌊ ( )

1955 Bw: auch nicht das Richtige sein; ja?

1956 Bm: ⌊(Dann sollen die halt) demonstrieren

1957   wenn ( )-

1958 Bw: ⌊ **Ja aber dann machste wenigstens** <u>irgendwas</u>**. weißte was ich**

1959   **mein?**

1960 ?:   ⌊ ( )

1961 Cm: ⌊ **Des is bescheuert.** <u>bescheuert ist des</u>.

1962 Am: ⌊ (Mir geht's drum) dass man nicht

1963   einfach sagt: dagegen, dagegen, dagegen.

1964 Bw: ⌊ **nee, nee klar.**

1965 ?w: ⌊ ( ) Aber du kommst

1966   vom Thema ab.

1967 Bm: Ok, aber-

1968 Am: Sag mal ob einer von denen- ob die überhaupt irgend eine Ahnung

1969   haben

1970 Dw: Jetzt hört auf euch zu streiten; genau das hat der Cm vorhin gemeint;

1971 ?m: Genau.

1972 ?w: @(Genau)@

3.3.3.2 Formulierende Interpretation

1900-1972 Unterthema: Demonstrationen – sinnvoll oder Schwachsinn?

1900   Ew soll etwas sagen.

1901-06   Wir haben mit Schulen in Y-Stadt demonstriert gegen Frieden,

1907-09   du Krawallmacher, Steinewerferin.

1910-13   Die Demonstration mit der Schule für den Frieden gegen den Krieg
           hat gut geklappt.

1914-16   Die Aktion war total sinnlos, schwachsinnig, alle hatten Lust dazu.

1917-22   Es war eine Demonstration mehrerer Schulen gegen den Krieg.

1923-24   Es hat nichts gebracht.

1925   Doch, es hat was gebracht.

1926-40   Der Sinn von Demonstrationen ist, keine Schule bzw. keine Arbeit zu
           haben oder ausschlafen zu können. Demonstrationen sind sinnlos, das
           weiß man schon vorher.

1941-60   Es ist okay zu demonstrieren, um zu zeigen, was einem nicht gefällt.
          Im Endeffekt bringt es zwar nichts, aber gar nichts zu machen, kann
          auch nicht das Richtige sein. So macht man wenigstens irgendwas.
1961   Das ist bescheuert.
1962-69   Es geht darum, nicht einfach nur dagegen zu sein. Haben die Demons-
          tranten eigentlich Ahnung von irgendwas?
1970-72   Sie sollen aufhören zu streiten, genau das hat Cm vorhin gemeint.

3.3.3.3 Reflektierende Interpretation

1900 Metakommunikation zur Verteilung der Redebeiträge
1901-13 Proposition durch Ew und Cw:
Ew beginnt das neue Thema mit der Erzählung, dass sie an einer Demonstration
teilgenommen hat, eine konkrete Erfahrung aus der Handlungspraxis der Jugendlichen. Wegen des Versprechers („gegen Frieden") bricht ihre Äußerung ab und wird
später fortgesetzt. Der propositionale Gehalt der Aussage besteht darin, dass eine
Demonstration als sinnvolle Handlungsmöglichkeit gerahmt wird. Demonstrationen waren zuvor ausschließlich als gewaltbereite Demonstrationen und ohne
klare inhaltliche Position thematisiert und abgelehnt worden. Diese Abgrenzung
steht im Kontext der Auseinandersetzung mit zwei Mitschülern, von der in der
Gruppendiskussion die Rede ist. Die Kritik der Gruppe besteht darin, dass diese
Mitschüler „immer nur dagegen sind", ohne diese Haltung zu begründen. Der
Versprecher von Ew führt dazu, dass sie in einem ironischen Diskurs mit den
„Krawallmachern" und „Steinewerfern" in Verbindung gebracht wird, von denen
zuvor die Rede war. Die Äußerungen von Dw und ?w sind nicht ernst gemeint,
sondern eindeutig ironisch zu verstehen und insofern nicht als Exklusion von Ew
als Gewaltbereite zu interpretieren.

1914-15 Opposition durch Cm:
Cm widerspricht der Einschätzung, dass die genannte Demonstration sinnvoll
gewesen sei. Im Bezug auf die Frage, ob es sinnvolle Handlungsmöglichkeiten angesichts globaler Probleme (hier: Kriege) gebe, zeigt sich eine Rahmeninkongruenz
zwischen den männlichen Diskussionsteilnehmern (Demonstrieren ist sinnlos, da
der Erfolg unsicher bzw. nicht gegeben ist) und den jungen Frauen (eigenes Handeln
wird trotz begrenzter Erfolgschancen als sinnvoll bewertet).

1916 Validierung durch Dw:
Dw unterstützt Cm – wenn auch vorsichtiger. Sie lehnt die Demonstration nicht
derart explizit wie Cm ab, aber distanziert sich dennoch von der positiven Einschätzung durch Cw in einer ironischen Äußerung: Man habe keine Lust gehabt.

1917-22 Anschlussproposition zu Ew/Cw (Z. 1901-13) durch ?w und ?w:
Die genannte Friedensdemonstration wird von zwei weiblichen Sprecherinnen wieder ins Wort geholt. Es war eine Demonstration von *mehreren* Schulen, dieser Verweis könnte als weiterer Versuch der Legitimation des Demonstrierens interpretiert werden.

1923-25 oppositioneller Diskurs unter Beteiligung von Cm und ?w:
Die Frage, ob die Friedensdemonstration, an der die Schülerinnen und Schüler teilgenommen haben, etwas gebracht habe, wird unterschiedlich bewertet.

1926-35 Anschlussproposition zu Cm durch Bm, eingelagerte Validierung durch Am, Elaboration im Modus einer Exemplifizierung durch Dw:
Bm bekräftigt die von Cm geäußerte Sinnlosigkeit von Demonstrationen, indem er ihre Sinnhaftigkeit konterkariert: Der Sinn ist ein völlig anderer als ihn politisch motivierte Akteure behaupten, man will einfach nur schulfrei haben.

1936-1939 Versuch einer Konklusion durch Cm:
Cm versucht das Thema im Sinne der männlichen Diskussionsteilnehmer (und Dw) abzuschließen.

1941-1959 Divergenz im Modus einer Fremdrahmung durch Bw:
Bw nimmt das Argument von Cm auf („im Endeffekt bringt's nichts") und erläutert und bekräftigt gleichzeitig die Position der weiblichen Jugendlichen, dass Demonstrieren dennoch sinnvoll ist. Die Sinnhaftigkeit ergibt sich aus der positiven Abgrenzung von der Alternative des Nichts-Tuns. Die Bezugnahme auf Cms Argument ist allerdings eine Fremdrahmung, denn das Argument des Nicht-Handeln-*Könnens* wird dazu genutzt, den Orientierungsrahmen der Schülerinnen zu bekräftigen: Wenn man demonstriert und seine Meinung zeigt, macht man wenigstens irgendwas, nichts zu tun ist keine Alternative. Hier dokumentiert sich die Orientierung der weiblichen Jugendlichen, begrenzte Handlungsoptionen für möglich zu halten – ohne dabei die Begrenztheit dieser (symbolischen) Handlungsmöglichkeiten zu übersehen.

1961 Opposition zu Bw durch Cm
Die Reaktion von Cm zeigt, dass die Interaktion oppositionell bleibt. Die Jugendlichen bringen den Dissens explizit zum Ausdruck.

1962-69 Versuch einer Synthese durch Am, Validierung durch Bw, Opposition durch ?w:
Am unternimmt einen Versuch einer Synthese, indem er erneut die Abgrenzung von den „Krawallmachern" thematisiert. Mit diesem Argument versucht er die Zurückweisung der Sinnhaftigkeit von Demonstrationen durch Cm und Bm auf solche Demonstrationen zu beschränken, die keine politisch sinnvolle Forderung enthalten. Bw schließt sich diesem Vermittlungsversuch mit expliziter Zustimmung an (Z. 1964), ?w weist den Vermittlungsversuch Ams zurück, indem sie ihm vorwirft,

vom Thema abzukommen (Z. 1965-1966). Der Redebeitrag von Bm (Z. 1967) kann nicht interpretiert werden, da er abgebrochen ist. (Wahrscheinlich ist, dass Bm bei seiner divergenten Position bleibt, die Formulierung „okay, aber ..." könnte aber auch auf eine Antithese hinweisen.)

1970-72 rituelle Konklusion im Modus der Metakommunikation durch Dw, ?m, ?w: Dw beendet das Thema mit dem Hinweis, Streit zu vermeiden. Die Rahmeninkongruenz wird an dieser Stelle nicht aufgehoben, das Thema wird abgebrochen.

Beispiel 3: Eine Interaktionseinheit im oppositionellen Interaktionsmodus

Schritt 1:
Proposition
Opposition

Schritt 2:
Anschlussproposition zur Proposition
Validierung
oppositionelle Interaktion
Anschlussproposition zur Opposition
Elaboration im Modus einer Exemplifizierung, eingelagerte Validierung
Versuch einer Konklusion
Divergenz im Modus einer Fremdrahmung
Opposition
Versuch einer Synthese
Validierung
Opposition

Schritt 3:
Rituelle Konklusion im Modus der Metakommunikation

3.3.4 Komparative Analyse und Typenbildung

Je weiter der Interpretationsprozess fortgeschritten ist, d. h., wenn eine zunehmende Zahl von Sequenzen interpretiert wurde und sich für die Forschenden langsam ein Bild von den Orientierungen der Erforschten entwickelt, werden die weiteren zu interpretierenden Sequenzen auch auf der Basis der komparativen Analysen ausgewählt.

Fallinterne Vergleiche dienen der Suche nach Homologien: Lässt sich in der Analyse verschiedenster Sequenzen des Materials derselbe Orientierungsrahmen immer wieder neu als homologe Struktur rekonstruieren? Diese Analyseperspektive entspricht der *sinngenetischen Interpretation*, die fallspezifisch den übergreifenden Orientierungsrahmen einer Gruppe herausarbeitet. Beispielsweise lässt sich in der Gruppendiskussion mit den Gymnasialschülerinnen, die in einer Schülerfirma mitarbeiten (Gruppe *Mango I*), deren konstruktiver Umgang mit Ungewissheit in *verschiedenen* Passagen der Gruppendiskussion gleichermaßen rekonstruieren. Sowohl in ihren Schilderungen über ihre Mitarbeit in der Schülerfirma dokumentiert sich Handlungssicherheit als auch in einer Passage, in der sie Zukunftsvorstellungen und Möglichkeiten der Entwicklungszusammenarbeit thematisieren.

Fallübergreifende Vergleiche zielen sowohl auf die sinngenetische Interpretation, indem nach systematischen Gemeinsamkeiten und Unterschieden zwischen unterschiedlichen Gruppen gefragt wird, als auch auf die *soziogenetische Interpretation*, bei der die Genese dieser Gemeinsamkeiten und Unterschiede herausgearbeitet wird. Beispielsweise führte der Vergleich der Gruppe *Mango I* mit Jugendlichen, die sich im außerschulischen Bereich entwicklungspolitisch, umweltpolitisch oder globalisierungskritisch engagieren, und mit den Schülerinnen und Schülern, die sich mit Themen der globalen Entwicklung nur im Fachunterricht beschäftigt hatten (z. B. Gruppe *Schwimmbad*), zur Entwicklung einer Organisationstypik. Im *kontrastierenden* Vergleich der auf unterschiedliche Weise organisierten Lerngelegenheiten konnte das Spezifische der Schülerfirma als Lernort herausgearbeitet werden. Ferner wurde die Gruppendiskussion mit den Gymnasialschülerinnen der Gruppe *Mango I* mit einer Gruppe von Schülerinnen eines Berufsvorbereitungsjahres, die in derselben Schülerfirma mitarbeiten (*Mango II*), fallvergleichend analysiert. Auf der Basis dieses Vergleichs konnte die Orientierung der Mitglieder der Gruppe *Mango I* auch auf den akademischen Bildungshintergrund der Gymnasiastinnen zurückgeführt werden. Die Vergleiche der Gruppe einerseits mit einer Gruppe männlicher Schüler derselben Jahrgangsstufe sowie andererseits mit anderen Gruppen von Mädchen bzw. jungen Frauen führten ferner zur Entwicklung einer Geschlechtstypik. Der konstruktive Umgang der Mitglieder der Gruppe *Mango I* mit Ungewissheit und ihre sich daraus ergebende Handlungssicherheit konnten im Rahmen dieser komparativen Analyse – soziogenetisch – auf den geschlechtsspezifischen Erfahrungshintergrund zurückgeführt werden. Die Mitglieder der Gruppe *Mango I* teilen diese Orientierung mit anderen jungen Frauen (z. B. auch mit den weiblichen Mitgliedern der Gruppe *Schwimmbad*, s. o.), für die jungen Männer konnte dagegen im kontrastierenden Vergleich eine instrumentelle, skeptische Orientierung im Umgang mit Ungewissheit rekonstruiert werden (vgl. Asbrand 2009).

Wie die Beispiele zeigen, überlagern sich unterschiedliche konjunktive Erfahrungsräume in einem Fall mehrdimensional, dieses Gefüge stellt sich in Unterrichtsinteraktionen noch um ein Vielfaches komplexer dar. Wichtig ist, dass die komparative Analyse als erkenntnisgenerierendes Verfahren ein entscheidender unverzichtbarer Interpretationsschritt ist: Nur in der Suche nach dem Kontrast in der Gemeinsamkeit lässt sich das je Spezifische der konjunktiven Erfahrungsräume rekonstruieren, und nur auf dieser Basis ist die Abstraktion vom Einzelfall möglich. Voraussetzung hierfür ist wiederum ein hinreichend großes und vor allem kontrastreiches Sample.

Literaturverzeichnis

*Die Literaturangaben zu Büchern oder Aufsätzen, die wir zum Weiterlesen und Vertiefen empfehlen, sind **fett** gedruckt. Mit einem Sternchen (*) sind die Veröffentlichungen markiert, in denen die in diesem Kapitel verwendeten Beispiele ausführlich dargestellt sind.*

*Asbrand, B. (2009). *Wissen und Handeln in der Weltgesellschaft. Eine qualitativ-rekonstruktive Studie zum Globalen Lernen in der Schule und in der außerschulischen Jugendarbeit.* Münster: Waxmann.
Bohnsack, R. (1989). *Generation, Milieu und Geschlecht – Ergebnisse aus Gruppendiskussionen mit Jugendlichen.* Opladen: Leske + Budrich.
Bohnsack, R. (2011). *Qualitative Bild- und Videointerpretation.* Opladen: Barbara Budrich.
Bohnsack, R. (2014). *Rekonstruktive Sozialforschung. Einführung in qualitative Methoden.* 9., überarb. und erweiterte Aufl. Opladen: Barbara Budrich.
Loos, P., & Schäffer, B. (2001). *Das Gruppendiskussionsverfahren.* Opladen: Leske + Budrich.
Mannheim, K. (1964a). Beiträge zur Theorie der Weltanschauungsinterpretation. In K. Mannheim, *Wissenssoziologie* (S. 91-154). Neuwied: Luchterhand.
Martens, M., & Asbrand, B. (2017). Passungsverhältnisse: Methodologische und theoretische Reflexionen zur Interaktionsorganisation des Unterrichts. *Zeitschrift für Pädagogik* 63(1), 72-90.
Przyborski, A. (2004). *Gesprächsanalyse und dokumentarische Methode. Qualitative Auswertung von Gesprächen, Gruppendiskussionen und anderen Diskursen.* Wiesbaden: VS Verlag für Sozialwissenschaften.

Theoretische Grundlagen der dokumentarischen Unterrichtsforschung

4

Zusammenfassung

Schwerpunkt des Kapitels 4 sind die Herausforderungen, die sich für die Erforschung von Unterricht aus seiner Komplexität ergeben. Wir beginnen mit einer Beschreibung von Unterrichtsphänomenen. Unterrichtalltag soll dadurch in seiner Komplexität anschaulich werden (Kap. 4.1). In einem zweiten Schritt (Kap. 4.2) werden die beschriebenen Befunde unterrichtstheoretisch verdichtet. Das Unterkapitel hat die Funktion, unser Verständnis von Unterricht als Forschungsgegenstand offenzulegen und einen allgemein unterrichtstheoretischen Rahmen für gegenstandsbezogene Fragestellungen der fachdidaktischen oder erziehungswissenschaftlichen Unterrichtsforschung anzubieten, ohne allerdings den Anspruch zu erheben, eine eigenständige Unterrichtstheorie formulieren zu wollen. Die theoretische Beschreibung des Unterrichts dient außerdem dazu, jene Herausforderungen theoretisch zu plausibilisieren, die im Rahmen der qualitativ-rekonstruktiven Erforschung von Unterricht begegnen. Sie sind somit auch Ergebnis der empirischen Rekonstruktion. In einem dritten Schritt (Kap. 4.3) werden wir schließlich die zentralen methodo logischen Erträge darstellen, die sich aus unseren eigenen empirischen Analysen und deren theoretischer Verdichtung sowie Methodisierung ergeben haben. Sie zeigen, wie wir mit den beschriebenen Herausforderungen forschungspraktisch umgehen und der Komplexität von Unterricht methodologisch Rechnung tragen. Im dritten Unterkapitel beschäftigen wir uns mit der Sequenzialität, Synchronizität und Simultaneität der Unterrichtsinteraktion, mit der Bedeutung von körperlichen Ausdrucksweisen, Gestik und Mimik sowie mit der Materialität des Unterrichts und schließlich mit der Komplementarität von Unterrichtsinteraktionen und der Rekonstruktion von Passungsverhältnissen.

© Springer Fachmedien Wiesbaden GmbH, ein Teil von Springer Nature 2018
B. Asbrand und M. Martens, *Dokumentarische Unterrichtsforschung*,
https://doi.org/10.1007/978-3-658-10892-2_4

4.1   Phänomenologie des Unterrichtsalltags: Beobachtete Komplexität

Anhand einer kurzen und sicher unvollständigen phänomenologischen Beschreibung soll die Komplexität von Unterricht veranschaulicht werden, mit der sich Unterrichtsforscherinnen und -forscher in Beobachtungs-, Beschreibungs- und Analysesituationen konfrontiert sehen und die sich somit auch als methodische Herausforderung für die dokumentarische Unterrichtsforschung charakterisieren lässt.

Das auffälligste Merkmal von Unterricht als einer sozialen Interaktion ist die große Anzahl der beteiligten Personen. Normalerweise nehmen am Unterricht eine erwachsene Person und 20 bis 30 Kinder bzw. Jugendliche teil. Nicht selten sind aber auch andere erwachsene Personen zumindest anwesend oder aber aktiv am Unterricht beteiligt. In der Beobachtung von Unterrichtssituationen liegt es aufgrund unserer biografischen Erfahrungen – jeder und jede hat in seinem Leben viele Jahre die Schule besucht – nahe, die anwesenden Personen zunächst einmal in ihren gesellschaftlich festgelegten bzw. institutionell bedingten Rollen wahrzunehmen: die Erwachsenen als Professionelle, d.h. als Lehrpersonen (als Einzellehrperson oder im Team), als Begleitpersonen (z. B. in inklusiven Settings) oder als Hospitierende (z. B. im Rahmen kollegialer Beratung oder in der Lehrerbildung) sowie die Kinder und Jugendlichen in ihrer Rolle als Schülerinnen und Schüler. In der Beobachtung von Unterricht wird rasch deutlich, dass mit diesen Rollen unterschiedliche Verhaltenserwartungen sowie Möglichkeiten der Beteiligung verbunden sind. Die Lehrperson ist in der Regel diejenige, die den Unterricht beginnt und beendet, den Ablauf organisiert und moderiert, die Beteiligungs- und Arbeitsformen bestimmt, Themen und Tätigkeiten initiiert, Vorträge hält, Fragen stellt, Antworten erwartet und kommentiert, an die Tafel schreibt, Arbeitsblätter und Aufgaben erklärt, Schülerinnen und Schüler unterstützt, berät, ihnen hilft, sie lobt, tadelt, zur Ordnung ruft, diszipliniert, bestraft usw. In Abhängigkeit von konkreten Unterrichtsarrangements (z. B. das lehrpersonenzentrierte Unterrichtsgespräch im Kontrast zur Projektarbeit) sind spezifische Akzentuierungen dieser Beteiligungsformen der Lehrpersonen an Unterricht zu beobachten.

Die Beteiligungsformen, die sich für die Schülerinnen und Schüler beschreiben lassen, sind komplementär zu denen der Lehrpersonen: Sie hören zu, geben Antworten, stellen Fragen, unterhalten sich mit ihren Sitznachbarinnen und Sitznachbarn, lesen, schreiben, malen, zeichnen, ordnen ihre Arbeitsmaterialien, blättern in Büchern, Mappen und Heften, sitzen an ihren Plätzen, stehen auf, gehen im Klassenraum umher, arbeiten allein oder zusammen mit anderen an Aufgaben, erstellen und präsentieren Arbeitsergebnisse, sie interagieren mit der Lehrperson sowie – heimlich oder öffentlich – mit anderen Schülerinnen und Schülern, sie

„machen mit" bzw. machen „etwas anderes". Unter Letzteres fallen Tätigkeiten wie Zettelchen schreiben, Mappen, Hefte, Bücher, Tische bemalen, sich die Haare kämmen, auf Stiften kauen, mit dem Nachbarn flüstern, aus dem Fester schauen usw. Auch in Bezug auf die Schülerinnen und Schüler ist zu beobachten, dass unterschiedliche Unterrichtsarrangements mit einer unterschiedlichen Ausprägung von Beteiligungsformen verbunden sind (z. B. der unterschiedliche Stellenwert von Schüler-Schüler-Interaktionen im Vergleich von lehrpersonenzentrierten und kooperativen Arbeitsformen).

Eine längere Beobachtung von Unterricht in einer Klasse eröffnet den Blick dafür, dass Lehrpersonen und die Schülerinnen und Schüler immer wieder auf die Geschichte ihrer eigenen Interaktion verweisen, indem sie sich Ereignisse, gemeinsame Erfahrungen, z. B. gelerntes Wissen und Können, oder getroffene Regelungen und Verabredungen in Erinnerung rufen und ihr Handeln daran ausrichten. Aufgrund der gemeinsamen Geschichte erscheint das Handeln von Lehrperson und Schülerinnen und Schülern trotz seiner Varianz und Gleichzeitigkeit in der Regel in hohem Maße routiniert und aufeinander abgestimmt.

Neben der Vielzahl der Personen ist für Unterricht eine große Fülle an Dingen und Artefakten unterschiedlichster Materialität typisch: Allgegenwärtig sind die Gegenstände, die in ihrer Anordnung und Kombination den Raum als einen Klassenraum strukturieren (Tische, Stühle, Lehrerpult, Tafel etc.) und ihn von Räumen mit anderen Funktionen unterscheidbar machen. Daneben finden sich viele Dinge mit didaktisch-pädagogischer Funktion: Dinge, die in der Regel zur Veranschaulichung oder Erarbeitung durch die Lehrperson oder die Schülerinnen und Schüler verwendet werden (z. B. Wandtafel, Karten, Bücher, Bilder, Tafellineal, -zirkel und -geodreieck, naturwissenschaftliche Modelle und Versuchsgerätschaften, Overheadprojektoren, Beamer oder Whiteboards), Dinge, die das soziale Zusammenleben organisieren oder Regeln für die Beteiligung am Unterricht zusammenfassen und sichtbar machen (Klangschale, Wandzeitungen, Hausaufgabenlisten, Auflistungen der Klassendienste, Themensammlungen für den Klassenrat, Kummerkasten, Geburtstagskalender, Steckbriefe der Schülerinnen und Schüler etc.), und Dinge, die die Ergebnisse des Lernens bzw. Arbeitens in der Klasse präsentieren (z. B. Zeichnungen, Lernplakate, Modelle, Bilder aus dem Kunstunterricht). Darüber hinaus ist eine große Vielzahl von Dingen des persönlichen Gebrauchs der Lehrperson und der Schülerinnen und Schüler zu beobachten: Mappen, Hefte, Ordner, Blöcke, Schulbücher, Arbeitsblätter, Übungshefte, Hausaufgabenhefte, Federmäppchen, Stifte, Scheren, Radiergummi, Lineale, aber auch Kleidungsstücke, Schmuck, Spielzeug, Rucksäcke oder Schulranzen usw. All diese Dinge sind während des Unterrichts in Benutzung, sei es dass sie direkt in die Schüler-Schüler- oder Lehrer-Schüler-Interaktionen eingebunden sind und mit ihnen hantiert wird oder dass in den Interaktionen verbal oder nonverbal auf sie verwiesen wird. Unterricht erscheint folglich als ein hochgradig materielles Geschehen. Dabei kann beobachtet werden, dass die Dinge ihrer Funktion gemäß verwendet werden (die Schülerinnen lesen eine Aufgabe im Mathematikbuch und übertragen Aufgabe, Rechnung und Lösung mithilfe von Stift und Geodreieck in ihr Heft). Gleichzeitig kann aber auch die „Zweckentfremdung" bzw. die Verwendung der Dinge im Sinne eigenlogischer Funktionalisierung im Rahmen der Lehrer-Schüler oder Schüler-Schüler-Interaktion festgestellt werden (zwei Schüler schlagen sich gegenseitig mit ihren Linealen; das Deutschlesebuch wird zur Abgrenzung der Schülerterritorien in die Mitte des Tisches gestellt, eine Federmappe dient dem Lehrer als Gewicht in einem physikalischen Versuch, eine Lehrerin wirft mit einem Stück Kreide nach einer tuschelnden Schülergruppe).

In der Beobachtung von Unterricht lässt sich dessen thematische Vielfalt als ein weiteres Merkmal von Unterricht konstatieren. Wir beobachten Äußerungen der Lehrperson und der Schülerinnen und Schüler zum Unterrichtsinhalt, z. B. im Klassengespräch, in Lehrer- und Schülerfragen und -kommentaren, in Präsentationen oder in Arbeitsgruppengesprächen. Dabei wird deutlich, dass die Äußerungen unterschiedlichste Aspekte des Unterrichtsinhalts fokussieren, er unterschiedlich komplex bzw. mit unterschiedlichen sachlichen Gehalten thematisiert wird oder sich in den Thematisierungen unterschiedliches Wissen oder unterschiedliche Kompetenzen der sich Äußernden zeigen. Neben den Unterrichtsinhalten werden im Unterrichtsgespräch auch die Organisation von Arbeitsabläufen oder des Zusammenlebens in der Klasse thematisch. Gesprochen wird über den zeitlichen Ablauf des Unterrichts, die Anforderungen der Leistungsbewertung, die Erwartungen an die Unterrichtsbeteiligung der Schülerinnen und Schüler oder an die Rolle der Lehrperson in Bezug auf die fachliche Vermittlung oder das soziale Gefüge in der Klasse. Es werden Regeln, Ge- und Verbote thematisiert, deren Befolgen angemahnt oder deren Missachtung bestraft wird, außerdem kommen private, soziale oder schulische Belange der Schülerinnen und Schüler, aber auch der Lehrperson zur Sprache. Komplex wird Unterricht dadurch, dass eine einzige Äußerung unterschiedliche Funktionen erfüllen kann: Die Bitte eines Lehrers um Erläuterung eines Sachverhalts oder die um die Beantwortung einer Frage kann einmal die Funktion haben, den Unterrichtsinhalt interaktiv zu entfalten. Je nach situativen Bedingungen und je nachdem, welcher Schüler/welche Schülerin wie und wann angesprochen wird, kann die gleiche Äußerung aber auch eine Wertschätzung oder eine Disziplinierung Einzelner vor anderen zum Ausdruck bringen. Insgesamt kann zwischen klassenöffentlich und nicht öffentlich artikulierten Themen unterschieden werden, wobei die Unterscheidung von öffentlich und nicht öffentlich nicht notwendigerweise mit der Unterscheidung von unterrichtlichen und im Peerkontext der Schülerinnen und Schüler relevanten Themen korrespondiert. Insgesamt ist zu beobachten, dass die vielfältigen thematischen Interaktionen nicht allein verbal ausgehandelt werden, sondern in hohem Maße durch nonverbale Bezugnahmen, die als Positionierungen bzw. Bewegungen im Raum, Gestik, Mimik und als die Einbeziehung von Dingen gekennzeichnet werden können.

Die Komplexität von Unterricht ergibt sich außerdem durch spezifische zeitliche Verhältnisse: Unterricht ist in den meisten Fällen durch Unterrichtsstunden von 45 oder 90 Minuten Länge strukturiert. Pausen unterbrechen oder beenden die Interaktion. Die Arbeit an den Unterrichtsthemen, die Beziehungs- und Erziehungsarbeit bzw. die im Unterricht stattfindenden sozialen Interaktionen sind über einzelne Stunden an einem Schulvormittag, in einer Schulwoche oder über größere Zeiträume (Unterrichtseinheiten, Schulhalbjahr) verstreut. Themen, Gespräche, Auseinandersetzungen und Konflikte sowie peerbezogene Aktivitäten der Schülerinnen und Schüler wirken dabei z. B. aus vergangenen Unterrichtsstunden (bei derselben Lehrperson oder bei anderen Lehrpersonen) oder aus den Pausen in den beobachteten Unterricht hinein.

Zugleich ist auch jede einzelne Unterrichtsstunde durch die Gleichzeitigkeit von Themen und Tätigkeiten gekennzeichnet. Dabei sind unterschiedliche Verhältnisse von Gleichzeitigkeit zu beobachten: Zum einen können verschiedene Themen gleichzeitig, aber unabhängig voneinander oder aber gleichzeitig und miteinander verwoben bearbeitet werden. Dabei ist beobachtbar, dass Themen und Tätigkeiten nicht von allen Schülerinnen und Schülern synchron, d. h. als Gruppe ausgearbeitet und ausgeführt werden, sondern es findet in der Regel eine große Bandbreite von Tätigkeiten und Thematisierungen gleichzeitig statt. Zum anderen ist die Abfolge der Tätigkeiten und Themen komplex. Wir sehen Abbrüche von Themen, Überlagerungen oder Ablösungen durch andere Themen sowie die Wiederaufnahme von Themen in derselben oder in folgenden Stunden. Abbrüche, Beendigungen und Wiederaufnahmen hängen dabei von der Interaktion selbst ab oder sind Folge der durch die Institution Schule begründeten zeitlichen Strukturierung von Unterricht in z. B. Schulstunden. Zwischen Abbruch und Wiederaufnahme eines Themas ereignen sich nicht selten Transformationen des Gegenstands, das Thema wird also unter Umständen nicht mehr unter derselben Perspektive bearbeitet.

All diese Phänomene sind in Prinzip in jeder einzelnen Unterrichtstunde beobachtbar, gleichzeitig unterliegt ihnen eine tiefere Bedeutungsebene, die durch einfache Beobachtungen nicht zugänglich ist. Dies ist eine Ebene der Komplexität von Unterricht, die erst in den Analyseprozessen in Erscheinung tritt. Die Kunst der Unterrichtsbeobachtung und -analyse besteht darin, durch diese Vielzahl von Ereignissen und Zusammenhängen dem eigenen Forschungsgegenstand auf die Spur zu kommen und ihm gerecht zu werden – es ist also notwendig, die Komplexität zu reduzieren. Gleichzeitig stellt die aufgezeigte Komplexität des Unterrichts eine nicht hintergehbare Bedingung für jede untersuchte Fragestellung zur Unterrichtsinteraktion dar und sollte auf keinen Fall vollständig ausgeblendet werden.

4.2   Unterrichtstheoretische Grundlegung

Um unser Unterrichtsverständnis, das bereits in der phänomenologischen Beschreibung angeklungen ist, theoretisch zu präzisieren, unterscheiden wir mit Blick auf den Forschungsprozess zunächst zwischen Gegenstands- und Grundlagentheorien. Die rekonstruktive Forschung ist ihrem Selbstverständnis nach theoriegenerierende Forschung (vgl. Glaser und Strauss 1979; Bohnsack 2014). Sie hat den Anspruch, zu einem Forschungsgegenstand, z. B. zu einer fachdidaktischen Fragestellung wie etwa der Frage, wie im Geschichtsunterricht mit historischen (Text-)Quellen gearbeitet wird (vgl. Spieß 2014), eine empirisch fundierte, gegenstandsbezogene Theorie zu formulieren, die typische Umgangsweisen und damit verbundene Orientierungsrahmen der Lehrpersonen und der Schülerinnen und Schüler aufzeigt und damit ein Desiderat des disziplinären Forschungsstands bearbeitet.

Neben der Theoriegenerierung in Bezug auf einen Forschungsgegenstand, die als *Ergebnis* rekonstruktiver Forschung am Ende des Forschungsprozesses steht, z. B. zum Umgang mit historischen Quellen im Geschichtsunterricht, ist am Beginn der Forschung eine mehrschichtige grundlagentheoretische Fundierung des Forschungs*gegenstands* selbst sowie des rekonstruktiven Forschungs*prozesses* charakteristisch: Für die theoretische Bestimmung des Forschungsgegenstands ist in Bezug auf das Beispiel u. a. grundlagentheoretisch zu klären, als was Unterricht verstanden wird, da dies – im Falle des oben genannten geschichtsdidaktischen Forschungsinteresses – *nicht* Gegenstand der empirischen Untersuchung ist (vgl. zur theoretischen Bestimmung von Unterricht z. B. Rabenstein 2010; Breidenstein 2008a; 2010; Meseth et al. 2011; Hollstein et al. 2015; Tyagunova und Breidenstein 2015; Gruschka 2013, 2015; Geier und Pollmanns 2015).[16] Die grundlagentheoretische Fundierung des Forschungs*prozesses* meint die theoretische Klärung des methodischen Vorgehens, z. B. über die Fundierung der dokumentarischen

---

16   Es ist selbstverständlich nicht auszuschließen, dass auf Grund der empirischen Analysen im Forschungsprozess auch die Grundlagentheorie Veränderungen erfährt (vgl. Nohl 2016). Dennoch – und als notwendige Voraussetzung auch für die Weiterentwicklung der Grundlagentheorie – ist im Rahmen qualitativ-rekonstruktiver Studien, die auf gegenstandsbezogene Theoriebildung abzielen, im Vorhinein der Forschungsgegenstand – hier die Frage: Was ist Unterricht? – grundlagentheoretisch zu klären.

Interpretation in der Wissenssoziologie Mannheims (Mannheim 1980; Bohnsack 2014; s. Kap. 2). Herausfordernd ist, argumentativ eine Passung zwischen der Fundierung des Forschungsgegenstands (*als was* wird z. B. Quellenarbeit im Unterricht untersucht) und der des Forschungsprozesses (*welche Aspekte sozialer Wirklichkeit* sind – methodologisch abgesichert – durch das methodische Vorgehen überhaupt zugänglich) herzustellen. In dieser Argumentation wird die Frage geklärt, ob die in spezifischen grundlagentheoretischen Bezügen fundierte Fragestellung mit der gewählten Methode und ihrer erkenntnistheoretischen Standortgebundenheit bzw. Aspekthaftigkeit (Bohnsack 2005) bearbeitet werden kann.

Für die grundlagentheoretische Bestimmung von Unterricht haben wir uns aus drei Gründen für die systemtheoretische Betrachtungsweise Luhmanns (2002) entschieden:[17] Erstens ist die Systemtheorie über die konstitutive Unterscheidung zweier Beobachtungshaltungen (Beobachtungen erster und zweiter Ordnung, vgl. Luhmann 1984) anschlussfähig an die theoretischen Grundlagen der Dokumentarischen Methode (vgl. Bohnsack 2014; Vogd 2011). Zweitens sind an die systemtheoretische Betrachtung des Unterrichts auf Grund ihres hohen Abstraktionsniveaus ebenso unterschiedliche grundlagentheoretische Bezüge zu den verschiedenen Forschungsgegenständen anschlussfähig. Als eine nicht genuin pädagogische Theorie des Unterrichts ermöglicht die Systemtheorie auch den Anschluss erziehungswissenschaftlicher, fachdidaktischer, psychologischer oder soziologischer Theorien, z. B. Theorien des fachlichen Lernens oder Kompetenzerwerbs bzw. Bildungs- oder Sozialisationstheorien. Drittens bietet Luhmann eine hinreichend abstrakte theoretische Beschreibung von Unterricht an, die es ermöglicht, unsere eigenen empirischen Befunde zu grundlagentheoretischen Fragen des Unterrichts, z. B. die Erkenntnisse zum komplementären Modus der Unterrichtsinteraktion und zum Umgang mit den Dingen, sowie weitere Befunde der konversations-, struktur- oder praxistheoretisch fundierten Unterrichtsforschung in einen konsistenten theoretischen Rahmen einzuordnen. Luhmann selbst hat in seiner 2002 posthum veröffentlichten Theorie des Erziehungssystems (vgl. Lenzen 2004) in der theoretischen Beschreibung des Unterrichts umfangreich auf die ihm vorliegenden Befunde der empirischen Unterrichtsforschung Bezug genommen und mit einer theoretisch anspruchsvollen und im Kontext seiner Gesellschaftstheorie konsistenten, abstrakten Theorie verbunden (Luhmann 2002). Vor diesem Hintergrund ist es naheliegend, dass wir im Folgenden die Darstellung der Luhmann'schen Unterrichtstheorie mit einschlägigen Befunden der Unterrichtsforschung verknüpfen. Als Vorschlag für

---

17 Vgl. auch Luhmann und Schorr 1988; Scheunpflug 2001; 2004; zu einer systemtheoretisch fundierten kommunikationstheoretischen Perspektive vgl. Proske 2009; Meseth et al. 2011; Hollstein et al. 2015.

die Grundlegung einer dokumentarischen Unterrichtsforschung bleibt die folgende Sichtweise notwendig aspekthaft und erhebt nicht den Anspruch, eine eigenständige Unterrichtstheorie vorzustellen.[18]

Mit Luhmann (2002) verstehen wir Unterricht grundlegend als eine komplexe soziale Interaktion unter Anwesenden, die durch Selbstreferenzialität und die für Interaktionssysteme charakteristische doppelte Kontingenz gekennzeichnet ist. Ein wesentliches Merkmal von Interaktionssystemen ist das „Reflexivwerden des bewußten (also rein psychischen) Wahrnehmens. Die Teilnehmer nehmen wahr, dass sie wahrgenommen werden. […] Vor allem garantiert das laufende Wahrnehmen des Wahrgenommenwerdens eine basale Gleichzeitigkeit des Beobachtens und Verhaltens verschiedener Teilnehmer" (Luhmann 2002, S. 102f.). Diese Gleichzeitigkeit unterschiedlicher Aktivitäten kann einerseits als Störung des Unterrichtsablaufs durch Schülerinnen und Schüler wahrgenommen werden, andererseits sind Abstimmungsprozesse des Verhaltens beobachtbar. Kinder und Jugendliche haben gelernt, wie Unterricht abzulaufen hat (ebd.). Insofern sich Unterricht durch die Anwesenheit der Teilnehmenden im Klassenzimmer definiert, werden alle anderen Rahmenbedingungen schulischen Lernens zur Umwelt des Unterrichts. Der Unterricht als Interaktionssystem operiert selbstreferenziell und autopoietisch und erzeugt eine eigene interne Unbestimmtheit (ebd., S. 104).

Die Komplexität des Unterrichts ergibt sich ferner durch die strukturelle Koppelung des Interaktionssystems Unterricht mit der Organisation Schule. Mit der organisationalen Rahmung werden Komplexitätsreduzierungen eingeführt, diese führen allerdings wiederum zu spezifischen internen Komplexitätssteigerungen. So stellt die Einführung lehrpersonengesteuerten Unterrichts in Jahrgangsklassen eine Komplexitätsreduktion dar, weil er u. a. das Vermittlungsgeschehen ökonomisiert. Die Festlegung von Unterrichtsstunden, Stundentafeln und die räumliche Einschränkung der Interaktion auf das, was im Klassenraum passiert, regelt die Teilnahme an der Interaktion und bestimmt ihre Themen. Zu einer internen Komplexitätssteigerung kommt es, weil diese Form des Unterrichts komplexe Interaktionsmuster und spezifische Sozial-, Sach- und Zeitstrukturen erst erzeugt (s. u.).

Ein weiteres wesentliches Merkmal des Unterrichts ist Luhmann zufolge die mit dem Technologiedefizit der Pädagogik (Luhmann und Schorr 1988) verbundene Trivialisierung der Schülerinnen und Schüler. Diese folgt aus den pädagogischen

---

18 Den an anspruchsvoller Theorie Interessierten sei das Buch Luhmanns zum Erziehungssystem der Gesellschaft (2002) wärmstens zur Lektüre empfohlen. Die Anschlussfähigkeit von Systemtheorie und Dokumentarischer Methode ist von Werner Vogd (2011) herausgearbeitet worden und kann ebenso in den Publikationen Ralf Bohnsacks (z. B. 2005; 2014) nachvollzogen werden.

und (fach)didaktischen Absichten der Lehrpersonen, Schülerinnen und Schüler erziehen bzw. ihnen fachliches Wissen vermitteln zu wollen, obwohl die soziale Interaktion des Unterrichts, also auch die Aneignungsprozesse der Schülerinnen und Schüler, mittels Unterrichtsplanung und Gestaltung des Lehr-Lernarrangements durch die Lehrperson nicht determinierbar ist. Luhmann und Schorr (1982) haben bereits früh darauf aufmerksam gemacht, dass die Intentionalität und Normativität pädagogischen und didaktischen Handelns mit einer Vorstellung der Lernenden als Trivialmaschinen einhergeht. Luhmann (2002) hat die Grundstruktur des Unterrichts als Paradox von Routine und Zufall beschrieben. Zufällig ist die Unterrichtsinteraktion aufgrund der doppelten Kontingenz, die die Face-to-Face-Interaktion unter Anwesenden bestimmt. Sie erzeugt eine interne Unbestimmtheit der Kommunikation des Interaktionssystems. Die Fortsetzung der Kommunikation ist angesichts der großen Komplexität einerseits unwahrscheinlich, gleichzeitig ist aber auch beobachtbar, wie das Interaktionssystem Unterricht auf der Basis seiner Interaktionsgeschichte Strukturen bzw. Routinen ausbildet, die die alltägliche Unterrichtsinteraktion funktionieren lassen.[19]

Die systemtheoretischen Überlegungen Luhmanns zum Unterricht bieten somit Erklärungen zum paradoxen Zusammenhang zwischen den *pädagogischen Absichten*, der *Gestaltung der Lehr-Lernarrangements durch Lehrpersonen* und ihrer *Realisierung im Unterricht*, die durch die institutionelle Rahmung, die Ko-Konstruktionsprozesse der Schülerinnen und Schüler und ihren Umgang mit den Trivialisierungstendenzen des Unterrichts mitbestimmt wird. Mit dem Verständnis von Unterricht als selbstreferenziell geschlossenem System, das in loser Koppelung mit seiner Umwelt (inklusive der Organisation Schule und der psychischen Systeme) operiert, wird die *Differenz zwischen der Beteiligung am Interaktionssystem Unterricht und der Beteiligung an gleichzeitig stattfindenden Interaktionssystemen (z. B. peerkulturell dominierten)* zusätzlich theoretisch plausibilisiert. Dies geschieht vor dem Hintergrund einer Unterscheidung der institutionalisierten Rollen von Lehrperson einerseits und Schülerinnen und Schülern andererseits.

---

19 Im Kontext der empirischen Bildungsforschung verweist das Angebots-Nutzungs-Modell auf die Kontingenz der Unterrichtsinteraktion. Demnach ist Unterricht nur ein Angebot, dessen Wirksamkeit von den Ko-Konstruktionsprozessen der Schülerinnen und Schüler abhängig ist: „Das unterrichtliche Angebot führt nicht notwendigerweise direkt zu den *Wirkungen*, sondern seine Wirksamkeit für das Lernen hängt von zweierlei Typen von vermittelnden Prozessen auf Schülerseite ab: (1) davon, ob und wie Erwartungen der Lehrkraft und unterrichtliche Maßnahmen von den Schülerinnen und Schülern überhaupt *wahrgenommen* und wie sie *interpretiert* werden sowie (2) ob und zu welchen motivationalen, emotionalen und volitionalen Prozessen sie auf Schülerseite führen" (Helmke 2010, S. 74, Hervorh. i. O.).

4.2.1   Komplexe Sozialstruktur des Unterrichts

Die Komplexität der Sozialstruktur des Unterrichts, die sich im Kontext der Kon-stitution der modernen Unterrichtsordnung in der Leitdifferenz von Erwachsenen und Kindern (vgl. Caruso 2016) herausgebildet hat und sich phänomenologisch u. a. in der gleichzeitigen Anwesenheit einer Vielzahl von Personen im Unterrichtsraum äußert, ergibt sich systemtheoretisch gesprochen wesentlich aus der strukturellen Koppelung des Interaktionssystems Unterricht mit der Organisation Schule und den dort institutionalisierten Regeln und Normen sowie mit anderen gesellschaft-lichen Funktionssystemen. Diese Koppelung hat einen erheblichen Einfluss auf die Möglichkeiten der Beteiligung am Unterricht.

Zu den zentralen Bedingungen gehört, dass die Beteiligung auf „Unfreiwilligkeit des Zusammenseins" (Luhmann 2002, S. 108) basiert. Die Schülerinnen und Schü-ler werden einander und einer Lehrperson zugeteilt und so bildet das, was wir als Jahrgangsklasse bezeichnen, eine unfreiwillige Gemeinschaft für alle Beteiligten. Gleichzeitig erstreckt sich die Unfreiwilligkeit für die Schülerinnen und Schüler auch auf den täglichen Schulbesuch selbst, der auf unterschiedliche Weise erzwun-gen wird (Schulpflicht, Selektions- und Qualifikationsdruck usw., vgl. auch Heinze 1980). Die Unfreiwilligkeit des Schulbesuchs für die Schülerinnen und Schüler bleibt als relevante Rahmenbedingung des *Interaktionssystems Unterricht* auch virulent, wenn sich z. b. empirisch erweist, dass einzelne Schülerinnen und Schüler gern bzw. mit großer Freude zur Schule gehen und mithin individuell keinen Zwang zur Teilnahme empfinden. Schulfreude oder -unlust einzelner Schülerinnen und Schüler wären im Sinne Luhmanns (2002) allerdings Aspekte der am Interaktions-system Unterricht beteiligten psychischen Systeme und damit Eigenschaften seiner Umwelt. Die Struktur des Interaktionssystems Unterricht und dessen selbstrefe-renzielle (Re-)Produktion wird dadurch nicht außer Kraft gesetzt. Auf Grund der losen Koppelung mit der Organisation Schule und den dort institutionalisierten Normen und Regeln ist das Interaktionssystem Unterricht als unfreiwillige Gemein-schaft durch eine „komplementäre, aber asymmetrische Rollenstruktur" zwischen Lehrpersonen und Schülerinnen und Schülern gekennzeichnet, die dazu führt, dass „Autorität, Situationskontrolle und Redezeit massiv zugunsten des Lehrers disbalanciert" (Luhmann 2002, S. 108) sind. Diese Rollenasymmetrie lässt sich mit Luhmann „in einer als Erziehung verstandenen Interaktion nicht umkehren […]. Es muss geklärt sein, wem die Absicht zugeschrieben wird und wem nicht" (ebd., S. 55; vgl. hierzu auch empirische Befunde z. B. von Meyer und Jessen 2000). Die Abhängigkeit von Zuschreibungen macht „Vorverständigungen" notwendig und ist damit „auf gesellschaftliche Institutionalisierung angewiesen" (Luhmann 2002, S. 55; vgl. auch Mazeland 1983). Die Funktion dieser Rollenasymmetrie ist die Reduktion von Komplexität, indem der Lehrperson die Macht zur Regelung der Beteiligung an der Kommunikation eingeräumt wird, die zugleich eine Zunahme interner Komplexität des Interaktionssystems verursacht. Die Lehrperson kann zwar nicht die Lernprozesse der Schülerinnen und Schüler, wohl aber den Interaktionsverlauf und „damit die Darstellungschancen der Schüler [...] durch Anweisungen und vor allem durch Fragen" (Luhmann 2002, S. 105) kontrollieren (vgl. auch Meseth et al. 2011; Hollstein et al. 2015). Die Schülerinnen und Schüler können sich in dieser sozialen Konstellation lediglich „auf das Wahrnehmen des Wahrgenommenwerdens" (Luhmann 2002, S. 105) stützen. Im Verhältnis zu den Handlungsmöglichkeiten der Lehrperson bleiben ihnen häufig lediglich „korrespondierende Erfahrungen übrig: Warten, Zurückweisung, Unterbrechung, Geduld, Resignation" (ebd.; zur Komplementarität der Beteiligungsformen vgl. auch Jackson 1968; McHoul 1978, 1990; Mehan 1979; Heinze 1980; Rehbock 1981; Streeck 1983; Voigt 1984; Kalthoff 1995; Breidenstein 2006; Huf 2006; Helsper und Hummrich 2009). Diese Beschränkungen der Teilnahmemöglichkeiten und die damit einhergehende komplementäre und asymmetrische Rollenstruktur zeigen sich homolog auch in den spezifischen räumlichen und materialen Konfigurationen der Schule und des Unterrichts. So bedingt die schulische Raumökonomie „Möglichkeiten und Unmöglichkeiten der Bewegung im Raum und der sozialen Interaktion. [...] Die Einrichtungsgegenstände lassen nur bestimmte Bewegungen und Interaktionen zu: Sitzen, Stehen, Gehen (aber nicht: Liegen, Laufen)" (Heinze 1980, S. 22; vgl. auch Kellermann und Wulf 2011; Martens et al. 2015a).

Die Folgen dieses Verhältnisses von Unfreiwilligkeit und Rollenasymmetrie bzw. -komplementarität auf die Unterrichtsinteraktion werden bereits seit Jahrzehnten unter verschiedenen Perspektiven untersucht. Ein Fokus der konversationsanalytisch ausgerichteten Forschung liegt auf der Asymmetrie und Komplementarität des Lehrer-Schülergesprächs, das im Vergleich zu symmetrisch strukturierten Alltagsgesprächen (vgl. z. B. Sacks et al. 1974) eine besondere Form ausbildet (im Überblick Breidenstein 2002, 2008a, b). Eine Besonderheit des von der Lehrperson geleiteten Unterrichtsgesprächs ist die (wechselnde) Aufteilung auf einen Sprecher/eine Sprecherin und viele Zuhörende, denen permanente Aufmerksamkeit unterstellt wird. Charakteristisch für das Unterrichtsgespräch ist eine „triadisch sequenzielle Struktur" (Mazeland 1983, S. 81) aus Lehrerfrage, Schülerantwort und Lehrereinschätzung (vgl. auch McHoul 1978, 1990; Mehan 1979; Kalthoff 1995). Diese Struktur offenbart die „initiierende[...], kontrollierende[...] und evaluierende[...] Rolle des Lehrers" (Mazeland 1983, S. 98). Entsprechend formuliert Streeck (1983), dass Lehrerfragen – anders als Fragen in symmetrischen Gesprächen – nur nachgeordnet auf die Weitergabe bzw. das Erfahren propositionaler Informationen abzielen, „primär aber auf die Information, ob der Adressat die *Fähigkeit* zur

Antwort besitzt. Entsprechend sind Schülerantworten ihrer illokutiven Kraft nach auch nicht in erster Linie informative Sprechakte, sondern Demonstrationen von Kompetenzen, die sich logisch-pragmatisch von Handlungen des intentionalen Informierens unterscheiden: es ist die Funktion ihres propositionalen Gehaltes, das Können und Wissen des Sprechers zu indizieren" (Streeck 1983, S. 206; Hervorh. i. O.). In der Analyse der Interaktionsstruktur wird deutlich, dass Lehrerfragen in der Regel keine echten Fragen, sondern Prüfungsfragen sind und Wissen nicht nur durch informative, sondern vor allem durch evaluative Sprechakte vermittelt wird (vgl. ebd.). Die Bedeutung der Evaluation durch die Lehrperson in der triadischen Interaktionsstruktur sieht Streeck darin, dass „die positive Bewertung einer Schüler-Antwort [...] dieser rückwirkend *assertorische Kraft* [verleiht]; der in ihr ausgedrückte propositionale Gehalt wird als faktisches Wissen offiziell *ratifiziert* und damit dem im Unterricht weitergegebenen Wissensbestand einverleibt" (Streeck 1983, S. 206, Hervorh. i. O.; zur Produktion von „richtigen Antworten" vgl. auch Kalthoff 1995).[20]

Luhmann (2002, S. 77f.) hat diese Funktionen des Unterrichtsgesprächs mit dem Konzept der Trivialisierung der Schülerinnen und Schüler beschrieben. Trivialisierung entsteht in der Schule dadurch, dass das zu erlernende Wissen definiert ist und in der Regel eindeutig zwischen falschen und richtigen Antworten unterschieden wird – auch wenn die Gegenstände eigentlich komplexer sind. Im Unterricht und insbesondere in Situationen der Leistungsbewertung müssen Lernende Fragen beantworten, deren Antworten der Lehrperson bekannt sind. Davon ausgehend, dass Schülerinnen und Schüler als Menschen keine Trivialmaschinen sind, stellt Luhmann die Frage: „Was geschieht aber, wenn nicht-triviale Systeme sich in Situationen befinden, in denen sie der Trivialisierung ausgesetzt sind?" (ebd., S. 79). Schülerinnen und Schüler stellen sich im Rahmen der Selbstorganisation des Interaktionssystems darauf ein, damit umzugehen. In der Folge bzw. als Nebeneffekt wirkt die Absicht der Erziehung im Sinne des „heimlichen Lehrplans" (Zinnecker 1975; Henry 1975; Jackson 1975) sozialisierend (vgl. Luhmann 2002, S. 79). Leistungsbewertung beispielsweise verfehlt unter der Bedingung der Trivialisierung häufig ihre pädagogische Intention, für Schülerinnen und Schüler eine Rückmeldung zum Lernfortschritt zu sein, die weitere Lernanstrengungen unterstützt und motiviert. Vielmehr entwickeln Schülerinnen und Schüler Strate-

---

20 In der Tradition dieser, auf die formale Struktur des Unterrichtsgesprächs ausgerichteten Forschung stehen z. B. die Arbeiten von Bauersfeld (1983), Krummheuer und Voigt (1991), Krummheuer (1992; 1997; 2000) sowie Kummheuer und Naujok (1999), die die Interaktionsformen des Mathematikunterrichts als Kontext für fachliche Bedeutungsaushandlungen und für mathematisches Lernen untersuchen.

gien, wie sie bestmögliche Bewertungen mit geringem Aufwand erreichen können. Schülerinnen und Schüler lernen, entsprechend der an sie gerichteten, tendenziell trivialisierenden Erwartungen zu reagieren: „Man hat schon immer beobachtet, daß Schüler eine eigene Schülerkultur entwickeln, daß sie ironische Distanz zum Lehrpersonal pflegen und Gelegenheiten für ein ‚karnevalistisches Ausleben' dieser Distanz suchen und finden" (Luhmann 2002, S. 79). Offensichtlich gelingt es den Schülerinnen und Schülern, gleichzeitig den tendenziell trivialen Erwartungen gerecht zu werden, ohne sich damit zu identifizieren (ebd., S. 80). Gelernt wird, mit schulischen und auch gesellschaftlichen Verhaltenserwartungen, etwa im Kontext von Selektionsprozessen, umzugehen (ebd.). Mit dieser Theoriefigur lässt sich das Phänomen erklären, das Breidenstein (2006) als „Schülerjob" rekonstruiert hat: Schülerinnen und Schüler entsprechen den Verhaltenserwartungen, die die Institution Schule bzw. die Lehrpersonen im Unterricht an sie richten in einem Maße, das ausreicht, das Funktionieren der unterrichtlichen Ordnung aufrechtzuerhalten. Durch diese Formen der Abschätzung und (impliziten) Funktionalisierung ihrer Teilnahme am Unterricht begeben sie sich in Distanz zu den schulischen Erwartungen und beschäftigen sich darüber hinaus mit Dingen, die in ihrer eigenen Systemreferenz, z. B. des Peermilieus, Relevanz haben (vgl. auch Jackson 1973; Willis 1979; Heinze 1980; Rehbock 1983).

Breidenstein und Kelle (2002) haben in ihren Untersuchungen deutlich gemacht, dass sich Unterrichtsordnungen und peerkulturelle Ordnungen in vielfältiger Weise überlagern und miteinander verwoben sind. Damit differenzieren sie die klassische Unterteilung des Unterrichtsgeschehens in ein Hinter- und Vorderbühnengeschehen (zuerst bei Goffman 1959; vgl. auch Zinnecker 1978). Die mit den Begriffen der Vorder- und Hinterbühne bezeichnete Unterscheidung in unterrichtsbezogene, zumeist klassenöffentliche, und nicht unterrichtsbezogene Interaktionen machte es möglich, die Eigenlogik peerkultureller Handlungen überhaupt erst herauszuarbeiten. Das Hinterbühnengeschehen wird durch diese Forschungsansätze als das in „offiziellen Darstellungen Ausgegrenzte [...] und Unterdrückte [...] oder schlicht nicht Wahrgenommene [...]" (Nolda 2014, S. 283) sichtbar. Forschung, die Peer- und Unterrichtskulturen als miteinander verschränkt beobachtet, fokussiert dagegen die komplementäre, aber komplexe soziale Struktur des Unterrichts (vgl. auch Helsper und Hummrich 2009). Das Verhältnis von Lehrpersonen und Schülerinnen und Schüler erscheint als gekennzeichnet von „kulturellen Konflikten" und gleichzeitigen Vermittlungsleistungen „zwischen der Lebenswelt der Schülerinnen und Schülern sowie dem Wertesystem der Lehrkräfte" (Heinzel 2009, S. 150). Die Lehrperson und die Schülerinnen und Schüler bringen demzufolge Unterricht „in zwar unterschiedlichen, aber aufeinander bezogenen Praktiken [...] gemeinsam und kooperativ hervor [...]. Die komplementär aufeinander bezogenen

Formen, an der Praxis des Unterrichts teilzunehmen, nämlich als ‚Lehrerin' oder als ‚Schüler' sind in dieser Perspektive ebenfalls lokale und interaktive Hervorbringungen" (Tyagunova und Breidenstein 2015, S. 77). Die Peerkulturforschung hat zu Recht darauf hingewiesen, dass diese Komplementarität zwar vornehmlich entlang der Leitdifferenz Lehrperson – Schüler(innen) verläuft. Allerdings ist die soziale Komplexität des Unterrichts auch gerade dadurch gekennzeichnet, dass das Komplementaritätsverhältnis innerhalb der Gruppe der Schülerinnen und Schüler einer Schulklasse, die in sich nicht homogen, sondern durch Koalitionen und Distinktionen gekennzeichnet ist (vgl. Breidenstein und Kelle 2002), ganz unterschiedlich ausgearbeitet wird (vgl. z. B. Studien zum Phänomen des „Strebers", Breidenstein und Meier 2004).

4.2.2 Komplexe Sachstruktur des Unterrichts

In Bezug auf die Sachdimension des Unterrichts beobachtet Luhmann, dass die Anordnung der Unterrichtsinhalte im Zeitverlauf eher institutionellen Vorgaben (z. B. dem Lehrplan) der Organisation Schule bzw. des Funktionssystems Erziehung als den Interessen der Schülerinnen und Schüler folgt (vgl. z. B. auch Jackson 1973, S. 18; Heinze 1980; Breidenstein 2006).[21] Mit der Setzung des schulisch relevanten Wissens durch die Lehrperson ist die Erwartung verbunden, dass die Schülerinnen und Schüler „die Lücke" schließen zwischen dem, was sie wissen, und dem, was sie noch nicht wissen und können, aber wissen und können sollen (Luhmann 2002, S. 53). Die Erfüllung dieser Erwartung hat grundsätzlich einen prekären Status, der sich aus der konstitutiven und nicht überbrückbaren Differenz zwischen Vermittlung und Aneignung (vgl. z. B. Kolbe et al. 2008; Meseth et al. 2011; Pollmanns 2014, 2016) bzw. aus dem Nichtvorhandensein einer direkten Kausalität zwischen den pädagogischen Absichten bzw. dem intentionalen didaktischen Handeln einerseits und der Realisierung der Lehr-Lernarrangements in der Interaktion des Unterrichts andererseits ergibt (vgl. auch das Verhältnis von Angebot und Nutzung bei Helmke 2010, S. 73 ff.). Luhmann und Schorr (1988) haben diesen Zusammenhang als Technologiedefizit der Pädagogik theoretisch beschrieben und damit eine Erklärung für die Kontingenz pädagogischer und insbesondere unterrichtlicher Interaktion

---

21 Damit beschreibt Luhmann eine typische Reaktionsweise auf die Spannungsverhältnisse, die sich für Lehrperson aus den für das Lehrerhandeln charakteristischen Antinomien zwischen Person und Sache bzw. Organisation und Interaktion ergeben und die Luhmann zufolge häufig zugunsten der Sache bzw. der Organisation entschieden wird (vgl. Helsper 1996).

vorgeschlagen (vgl. auch Scheunpflug 2001; 2004): Was und wie im Unterricht gelernt wird, ist Gegenstand der grundsätzlich unbestimmten und komplexen sozialen Interaktion und nicht durch die Unterrichtsplanung und -durchführung der Lehrpersonen determinierbar.

Im Unterricht geht es für die Schülerinnen und Schüler allerdings nicht nur um die Aneignung von Wissen und die Schließung einer Lücke von „Sein und Sollen" (Pollmanns 2014), sondern, wiederum im Sinne des „heimlichen Lehrplans" (Zinnecker 1975; Henry 1975; Jackson 1975), auch um die Übernahme der „Wertschätzung des Wissens" (Luhmann 2002, S. 107) bzw. allgemeiner formuliert, um die Übernahme der in der Art und Weise der Vermittlung transportierten Positionierung der Lehrperson zu den schulischen Inhalten. In Bezug auf die Sache des Unterrichts werden durch die Lehrperson zusätzlich zur Aneignung der Inhalte sowohl Akzeptanz als auch Wertschätzung der Inhaltswahl von den Schülerinnen und Schülern erwartet. Die doppelte Kontingenz als Merkmal von Interaktion unter Anwesenden, das Reflexivwerden des gegenseitigen Wahrnehmens, führt dazu, dass auch die Schülerinnen und Schüler erwarten, dass Aneignung sowie Akzeptanz und Wertschätzung der Sache von ihnen erwartet wird, und stellen sich auf die Erfüllung dieser Erwartungen ein. Luhmann beobachtet in diesem Aspekt von Unterricht ebenfalls Tendenzen der Trivialisierung, die das Erziehungssystem durch den Anspruch, Veränderungen bei psychischen Systemen hervorzurufen, fortwährend erzeugt (ebd., S. 79).

Die Komplexität der Sachstruktur des Unterrichts ergibt sich darüber hinaus aus der Verknüpfung mit der Sozialstruktur des Unterrichts, also dadurch, dass die Teilnahme an Unterricht unter der Bedingung einer Vielzahl von Perspektiven, d. h. von Interessen, Motiven und Erfahrungen erfolgt. Mit Luhmann sind die Ereignisse des Unterrichts immer in „mehrfacher Systemreferenz relevant [...]: für das Interaktionssystem und für die einzelnen Personen" (ebd., S. 106; vgl. auch das Konzept der Polykontexturalität bei Vogd 2011). Luhmann macht hiermit deutlich, dass grundsätzlich zwischen dem Interaktionssystem Unterricht und den als dessen Umwelt definierten psychischen Systemen (d. h. den anwesenden Schülerinnen und Schülern und der Lehrperson) und deren jeweiligen Systemreferenzen unterschieden werden muss, die durchaus auch in spannungs- oder konflikthaftem Verhältnis zueinander stehen können. Erfahrungsgemäß ist es nämlich nicht selbstverständlich, dass Schülerinnen und Schüler die Unterrichtsinhalte so spannend finden, dass sie ihnen ihre volle Aufmerksamkeit widmen (Luhmann 2002, S. 106; vgl. auch Scheunpflug 2001; Heinzel 2009; Breidenstein und Kelle 2002; Breidenstein 2006; Helsper und Hummrich 2009). In der Interaktion unter Anwesenden kommt es daher zu einem ständigen „Oszillieren zwischen der einen bzw. der anderen Systemreferenz" (Luhmann 2002, S. 107), die im negativen Fall z. B. als Desinteresse der Schülerinnen und Schüler an den Unterrichtsinhalten, Langeweile oder „Lernschwierigkeit" beobachtbar werden (ebd., S. 106f.; zum Thema Langeweile s. auch Breidenstein 2006, S. 65ff.).

Dieser allgemeine Befund unterschiedlicher, gelegentlich konfligierender System-referenzen scheint in der empirischen Unterrichtsforschung in zwei Kontexten als relevant auf: in Bezug auf den Umgang mit fachlichen (Leistungs-)Anforderungen und in Hinsicht auf die (Re-)Produktion von Differenz im Unterricht. In Bezug auf die Beschäftigung mit der Sache des Unterrichts und den damit verbundenen (Leistungs-)Anforderungen hat die empirische Unterrichtsforschung immer wieder darauf aufmerksam gemacht, dass Unterricht „naturgemäß kein harmonisches Interaktionsfeld darstellt, sondern von der Koexistenz zweier, häufig konfligieren-der Relevanzsysteme geprägt ist, einer Lehrerwelt und einer Kinderwelt" (Streeck 1983, S. 203). Aus der Perspektive des symbolischen Interaktionismus (Blumer 1969) sprechen Krummheuer und Voigt (1991), wenn es um die kollektive Bedeu-tungsaushandlung zu einem fachlichen Unterrichtsinhalt geht, auch von „Rah-mungsdifferenzen" (ebd., S. 17) zwischen den Sichtweisen bzw. den „routinierten Deutungsmustern" (ebd.) der Lehrperson einerseits und denen der Schülerinnen und Schüler andererseits. Vor einem bildungsgangtheoretischen Hintergrund stellen Meyer und Jessen (2000, S. 711) fest, dass Schülerinnen und Schüler zwar den Unterrichtsinhalt im Sinne ihrer Bedeutungswelt konstruieren, es gleichzeitig aber nicht sichergestellt ist, dass die Lehrperson diese Bedeutungswelt auch versteht. Dass Unterricht trotz fehlenden gemeinsamen Verständnisses nicht scheitert, wird auf das „professionelle Verhalten" und die „didaktische Kompetenz" der Akteu-rinnen und Akteure zurückgeführt (ebd., S. 717). Diese Vorstellung erinnert an die Idee eines „Arbeitsinterims" bei Krummheuer und Voigt (1991, S. 17), das auf der wechselseitigen Modulierung der divergierenden Sichtweisen basiert und eine wechselseitige Annäherung der differenten Rahmen ermöglichen soll.

Bei unseren eigenen Forschungsergebnissen liegt der Fokus ebenfalls auf der Feststellung einer deutlichen Diskrepanz der Perspektiven auf den Unterrichts-gegenstand. Wir haben zu beschreiben versucht, wie die jeweils unterschiedlichen Systemreferenzen geschuldeten Anschlüsse an die Unterrichtsinteraktion theoretisch zu fassen sind: Lehrpersonen und Schülerinnen und Schüler schließen aufgrund ihrer je unterschiedlichen habituellen Muster oder Orientierungsrahmen an die Unterrichtsinteraktion an. Dabei bleiben die beteiligten Orientierungsrahmen den Akteurinnen und Akteuren wechselseitig intransparent. Insbesondere die Beteiligung der Schülerinnen und Schüler am Unterricht konnten wir als eine Ausdifferenzierung des „Schülerjobs" (Breidenstein 2006) beschreiben, dessen Kern eine umfassende „Produktionsorientierung" (ebd., S. 214ff.) darstellt. Diese hat die Funktion, Lernen und dessen Ergebnisse im Unterricht für die Lehrperson und die Schülerinnen und Schüler sichtbar und handhabbar zu machen. Diesen Fokus ausdifferenzierend sprechen wir auf der Grundlage der verschiedenen Unterrichtsforschungsprojekte unserer Arbeitsgruppe von einer *Orientierung an der Erledigung schulischer Aufgaben*. Diese Orientierung ließ sich in verschiedenen Forschungsprojekten als Basistypik von Unterricht rekonstruieren, sie kommt in allen beobachteten Unterrichtssituationen vor. Die Aufgabenerteilung durch die Lehrperson und ihre Erwartung an die Bearbeitung durch die Schülerinnen und Schüler steht dabei in einem *komplementären* Verhältnis zur Aufgabenerledigung als einer wesentlichen Komponente der Orientierungsrahmen von Schülerinnen und Schülern. Dabei haben unsere Analysen gezeigt, dass es sich bei der Orientierung an der Aufgabenerledigung nicht um eine eindimensionale, immer wieder identisch auftretende Orientierungskomponente handelt. Vielmehr konnten wir, abhängig vom Lehr- und Lernhabitus, Ausdifferenzierungen feststellen. So lässt sich im Sinne einer relationalen Typenbildung (s. Kap. 2.2.3) z. B. rekonstruieren, dass unterschiedliche Leistungsorientierungen der Schülerinnen und Schüler mit unterschiedlichen Orientierungen an der Aufgabenerledigung einhergehen. Schülerinnen und Schüler unterscheiden sich beispielsweise darin, ob sie ihre Aufgabenerledigung an der Frage orientieren, was gekonnt werden muss, damit sie in der Lage sind, die Regelanforderungen zu bewältigen, oder ob sie ihre Aufgabenerledigung dadurch bestimmt ist, auch Zusatzleistungen zu erbringen und dafür Erklärungen der Lehrperson jenseits der Unterrichtszeit einfordern (vgl. Martens 2015, vgl. auch das Interpretationsbeispiel in Kap. 5.3.3; zu anderen Ausprägungen der Orientierung an Aufgabenerledigung vgl. Spieß 2014; Kater-Wettstädt 2015; Petersen 2015; Hackbarth 2017; Martens und Asbrand 2017).

Der Befund, dass Unterricht auf der Basis unterschiedlicher Systemreferenzen emergiert, ist schließlich eine geeignete theoretische Erklärung für die häufig konstatierte Ontologisierung von Differenz, also die Annahme der Akteurinnen und Akteure des Unterrichts, dass die interpersonellen und intrapersonellen Unterschiede (z. B. die so genannten Lernvoraussetzungen der Schülerinnen und Schüler) tatsächlich, dauerhaft und außerhalb des Unterrichts entstanden sind (vgl. Budde 2012, S. 525). Dieser in der qualitativ-empirischen Unterrichtsforschung relativ verbreitete Befund eröffnet den Blick auf zwei unterschiedliche Ebenen der unterrichtlichen Differenzierung: einerseits die pädagogisch-didaktische Bearbeitung unterschiedlicher Lernvoraussetzungen (*Umgang mit Heterogenität*), andererseits die (gleichzeitig stattfindende) Erzeugung und Verfestigung von Unterschieden zwischen den Schülerinnen und Schülern durch differenzierende Bezugnahmen (*(Re)-Produktion von Differenz*) (vgl. z. B. Haußer 1980; Väth-Szusdziara 1981; Hopf 1974; Gellert und Hümmer 2008; Budde 2011; Reh 2011; Schratz et al. 2011; Kampshoff 2013; Rabenstein und Steinwand 2013; Rabenstein et al. 2013; Breidenstein et

al. 2013; Martens 2015; Sturm 2015; Sturm und Wagner-Willi 2015). Die Prozesse
der Differenzreproduktion verlaufen in der Unterrichtsinteraktion in der Regel
hinter den Rücken der Akteurinnen und Akteure und sind, weil sie als „blinder
Fleck" der Beteiligten beschrieben werden können, nur schwer der Reflexion und
der Intervention zugänglich. Erklärbar sind diese Prozesse systemtheoretisch durch
das Technologiedefizit, aber auch durch die Differenzierung von Beobachtungen
erster und zweiter Ordnung: Unterricht – bzw. Erziehung im Sinne Luhmanns
(2002) – verfolgt das Ziel, auf der Grundlage bestimmter Normen Veränderungen
bei den Edukanden herbeizuführen. Problematisch ist, dass dabei ein technolo-
gisches Einwirken auf Schülerinnen und Schüler als „empirische, für sich und
andere intransparente, eigendynamische, nicht-linear operierende Individuen"
(ebd., S. 43; vgl. auch Luhmann und Schorr 1988) nicht möglich ist. Gleichzeitig
ist es jedoch vor dem Hintergrund der Ziele des Erziehungssystems notwendig,
eine Wirksamkeit der pädagogischen Tätigkeit festzustellen. Dies wird im Sinne
Luhmanns durch selbstreferenzielle Inklusions- und Exklusionsprozesse möglich:
Das Erziehungssystem stellt Kinder eines bestimmten Alters als Schülerinnen und
Schüler, also durch Rollenzuweisung gleich (Inklusion). Auf der Basis dieser Homogenisierung durch formale Gleichsetzung können nun Unterscheidungen nach dem
systemeigenen Code (Verbesserung/Verschlechterung) erfolgen (Exklusion). Die so
erzeugte Heterogenität kann sich das System (im Sinne der Allokationsfunktion,
also einer gesellschaftlich funktionalen Differenz) selbst als Erfolg zurechnen, während „Mißerfolge den Eigenarten […] [der] Klienten, also der Umwelt" (Luhmann
2002, S. 168) zugerechnet werden (vgl. auch Wenning 1999; Emmerich und Hormel
2013; Trautmann und Wischer 2013; Wischer 2013). Die Feststellung von Gleichheit
oder Unterschiedlichkeit ist somit immer das Produkt einer Zuschreibung durch
einen Beobachter auf der Grundlage von Vergleichsoperationen, die nach Luhmann
(2002) selbstreferenziell gebildet werden (vgl. auch das Konzept der Adressierung
bei Reh und Ricken 2012). Bezogen auf den unterrichtlichen Umgang mit Differenz
erklärt dieser systemtheoretische Blick, dass aufgrund der Selbstreferenzialität
dieser Prozesse bei Lehrpersonen nicht der Eindruck einer Reproduktion und
Stabilisierung ihrer eigenen Zuschreibungen und Klassifikationen entsteht (dies
ist nur durch Beobachtungen zweiter Ordnung möglich), sondern im Sinne einer
Beobachtung erster Ordnung der Eindruck einer Stabilität der Merkmale der betreffenden Schülerinnen und Schüler, auf die pädagogisch reagiert werden muss.

4.2.3 Komplexe Zeitstruktur des Unterrichts

Ein weiterer Aspekt der Komplexität von Unterricht ist dessen spezifische Sequenzialität. Luhmann (2002, S. 108) unterscheidet zwischen Perioden, d. h. durch die Organisation Schule festgelegte Zeiteinheiten (Schulstunde, Schulhalbjahr etc.), und Episoden. Letztere bezeichnen die Beschäftigung mit einem Thema oder einer Person, wobei die zeitliche Organisation von der institutionell vorgegebenen Periodisierung unabhängig verläuft (ebd.). Die Auseinandersetzung der Schülerinnen und Schüler mit den unterrichtlichen Inhalten findet in Episoden statt, die auch durch die Ko-Konstruktionen der Schülerinnen und Schüler bestimmt werden und deshalb im Rahmen der Unterrichtsplanung nicht durch die Lehrperson determinierbar sind. Die unterrichtliche Kommunikation wird in der Zeitdimension von einer zur anderen Unterrichtsstunde fortgesetzt, „das ermöglicht es, eine zeitunabhängige Themenkontinuität herzustellen" (ebd., S. 106). Nach einer Unterbrechung, die auf die organisatorische periodische Strukturierung von Unterricht zurückzuführen ist, können die Beteiligten in der Regel problemlos auf der Grundlage ihres „Gedächtnisses" (ebd., S. 108) an Episoden aus vorangegangenen Unterrichtsstunden anschließen (vgl. auch Proske 2009; Hollstein et al. 2015; Tyagunova und Breidenstein 2015). Dies bedeutet freilich nicht, dass Personen und Themen über die Unterbrechung hinweg unverändert bleiben – Neu- und Umdeutungen bzw. Transformationen der Interaktionsgegenstände z. B. durch zwischenzeitlich erfolgte Lernprozesse oder Vergessen sind möglich und erwartbar. Die Sequenzialität von Unterricht ist durch eine zeitliche Ausdehnung und Kontinuität von Interaktionsverläufen über strukturelle Grenzen hinweg sowie durch eine Fragmentierung über einen Schulvormittag, eine Schulwoche oder über ganze Unterrichtseinheiten gekennzeichnet. Gleichzeitig führt die Organisation des Unterrichts als Interaktion zwischen Anwesenden, die innerhalb eines organisationalen Rahmens stattfindet, zu einer Komplexitätserhöhung. Denn unabhängig von der durch die Sache bestimmten episodischen Strukturierung des Unterrichts ist seine zeitliche und räumliche Struktur durch Regelungen der Organisation Schule bestimmt: den Beginn und das Ende von Schulstunden, die Zuordnung zu Unterrichtsfächern und die Begrenzung des Interaktionsgeschehens auf das, was im Klassenraum passiert (Luhmann 2002, S. 107).

Unterricht weist neben seiner spezifischen periodischen, organisational gerahmten sowie episodischen sequenziellen Zeitstruktur eine komplexe Struktur der Gleichzeitigkeit auf, die sich aus der doppelten Kontingenz der Interaktion ergibt. Luhmann führt dazu aus: „Auch Interaktionssysteme sind mithin Systeme mit einer selbsterzeugten Ungewißheit. Kein Teilnehmer und erst recht nicht die Kommunikation selbst kann erkennen, was vor sich geht. Das gilt natürlich auch für den Lehrer. Würde er alles sehen, was geschieht, würde er die Übersicht und die Kontrolle über die Situation verlieren" (ebd., S. 104). Luhmann beschreibt damit die Beobachtung, dass in der Unterrichtssituation unterschiedliche Interaktions- und Kommunikationsprozesse gleichzeitig ablaufen: Hierzu gehören erstens Aktivitäten der verschiedenen Teilnehmenden (Schülerinnen und Schüler, Lehrperson), die auf den Gegenstand des Unterrichts oder aber auf einen beliebigen anderen Gegenstand bezogen sein können (zu den so genannten Nebentätigkeiten vgl. z. B. Zinnecker 1978; Heinze 1980; Rehbock 1981; Breidenstein 2006). Zweitens ereignen sich Unterrichtsinteraktionen nicht nur synchron (gleichzeitig parallel), sondern auch simultan (gleichzeitig aufeinander bezogen). Dabei ist die Verwobenheit bzw. Unterscheidbarkeit der verschiedenen Interaktionen für die Anwesenden häufig situativ nicht durchschaubar (vgl. Wagner-Willi 2004; Nentwig-Gesemann und Wagner-Willi 2007). Ein weiterer Punkt, der Unterricht als komplexes Geschehen ausmacht, ist, dass Kommunikationen und Interaktionen immer auf unterschiedlichen Ebenen gleichzeitig ablaufen. Kolbe u. a. (2008) beschreiben konstitutive Differenzbezüge der Unterrichtsinteraktion, die auch als Interaktionsebenen verstanden werden können. Im Unterricht finden demzufolge ständig und gleichzeitig Aushandlungsprozesse darüber statt, was als das schulisch relevante bzw. das nicht relevante Wissen gelten kann. Mit schulischem Wissen sind hier nicht allein das deklarative Fachwissen bezeichnet, sondern gleichermaßen das prozedurale Wissen, das die fachspezifischen Modi der Wissensgenese und -anwendung beschreibt, die durch die schulische Wissensordnung legitimiert sind. Darüber hinaus finden Aushandlungen darüber statt, wie sich Aneignung und Vermittlung zueinander verhalten. Damit sind jene unterrichtlichen Praktiken oder Interaktionen gemeint, durch die „Lerngelegenheiten als Möglichkeitsräume emergieren" (ebd., S. 135) bzw. solche, in denen sich die Teilnehmenden an Unterricht wechselseitig z. B. über das Lernen bzw. das Gelernthaben vergewissern und es z. B. in der Gestaltung ihres Arbeitsprozesses oder des Arbeitsprodukts sichtbar machen (vgl. auch Breidenstein 2010). Schließlich können hiervon diejenigen Aushandlungen unterschieden werden, die sich auf die Herstellung und Aufrechterhaltung der sozialen Ordnung des Unterrichts beziehen. Im Rahmen dieser Praktiken geht es um Fragen der (Selbst-) Disziplinierung der Anwesenden oder der Herstellung einer Unterrichtsfähigkeit des Kollektivs, mithin um die „normative Integration in und durch Schule, der kulturellen Distinktion und der sozialen Selektion [...], die [...] sozialisationsrelevant sind" (Kolbe et al. 2008, S. 133). Zu den Verhältnissen der Gleichzeitigkeit der Unterrichtsinteraktion ist abschließend ein Hinweis auf deren multimodalen Charakter (vgl. Jewitt et al. 2000; Kress 2010) wichtig. Die Interaktionen sind selbstverständlich nicht allein sprachlich, sondern in wesentlichem Maße auch nonverbal, also durch Gestik, Mimik, Bewegungen und Positionierungen der Körper im Raum (vgl. z. B. Knapp 1979; Mühlen-Achs 1983; Kaiser 1998; Rosenbusch und Schober 2000; Langer 2008; Alkemeyer 2009; Kellermann und Wulf 2011; Bohnsack und Lamprecht 2015) und durch den Einbezug der Dinge in die Interaktion konstituiert (vgl. Fetzer 2010; Kalthoff und Roehl 2011; Röhl 2012, 2013; Rabenstein und Wieneke 2013; Breidenstein 2015; Breidenstein und Rademacher 2017; theoretisch: Langeveld 1955; Meyer-Drawe 1999; Parmentier 2001; Stieve 2008; Nohl 2011). Auch wenn Multimodalität der Interaktion nicht im Fokus der systemtheoretischen Betrachtung von Unterricht steht, ist empirisch zu beobachten, dass sie ein zentraler Aspekt der (Re-)Produktion des Interaktionssystems darstellt. Hierauf wird – in Bezug auf die dokumentarische Unterrichtsforschung – in Kapitel 4.3 intensiver eingegangen.

4.3 Unterrichtsforschung als Interaktionsanalyse: Methodologische Grundlagen

Aus den Beobachtungen zum Unterrichtsalltag und deren theoretischer Einordnung ergeben sich spezifische methodische Herausforderungen für die empirische Unterrichtsforschung:

1. Herausfordernd ist es erstens, Unterricht bei der Datenerhebung und vor allem bei der Datenauswertung als *komplexes Zeitverhältnis* in den Blick zu nehmen: Gegenstand der Analysen sind daher zum einen die spezifische Verlaufsförmigkeit (*Sequenzialität*) von Unterrichtsinteraktionen, inklusive der Kontinuitäten, Brüche und der sich ereignenden Transformationen, und zum anderen die Gleichzeitigkeit unterschiedlicher, aufeinander bezogener oder voneinander unabhängiger Aushandlungs- und Interaktionsprozesse (also die *Synchronizität und Simultaneität* der Interaktion) (Kap. 4.3.1).
2. Zweitens stellt es sich als eine Herausforderung dar, Unterrichtsinteraktionen konsequent als ein *multimodales Geschehen* in den Blick zu nehmen und verbale Kommunikation, nonverbale Interaktionen, körperliche Ausdrucksweisen und Bewegungen im Raum sowie die Interaktionen mit den Dingen aufeinander zu beziehen und in ihrer Funktion für die Interaktion, für die Etablierung und Reproduktion sozialer Ordnungen des Unterrichts und die fachlichen Vermittlungs- und Aneignungsprozesse zu untersuchen (Kap. 4.3.2 und 4.3.3).
3. Eine dritte Herausforderung besteht darin, im Rahmen eines methodischen Vorgehens zu berücksichtigen, dass eine Vielzahl von Personen mit unterschiedlichen Perspektiven und Interessen sowie unterschiedlichen habituellen Orientierungen an Unterricht teilnehmen. Unterricht gerät damit als *komplexes soziales und*

sachliches Verhältnis in den Blick, in dem die (rollenförmig und individuell) zu unterscheidenden Akteurinnen und Akteure auf verschiedene Bedingungen, Möglichkeiten und Formen der Beteiligung an Unterricht verwiesen sind. Diese Beteiligungsformen bedingen wiederum die Prozesse der Wissensgenese, also des Erwerbs von (Fach-)Wissen und (fachspezifischen) Routinen (Kap. 4.3.4).

Mit dem Fokus auf eine der zentralen Funktionen von Unterricht, das (fachliche und überfachliche) Lernen der Schülerinnen und Schüler zu ermöglichen, können die drei genannten Herausforderungen für eine dokumentarische Unterrichtsforschung folgendermaßen zusammengefasst werden:

Die Datenerhebung, -aufbereitung und -auswertung sollte es ermöglichen, die unterrichtlichen Ordnungsbildungen sowie das Lehren und das Lernen (verstanden als organisationsspezifische Beteiligungsformen am Unterricht) als multimodale, jeweils situierte und kontingente sowie gleichermaßen routinierte, habitualisierte Praxis analytisch voneinander zu unterscheiden und sie – da sie im Unterricht Kontexte füreinander darstellen – aufeinander zu beziehen.

In diesem Kapitel sollen die methodologischen Grundlagen dargestellt werden, mit denen wir in unserem Ansatz der dokumentarischen Unterrichtsforschung auf die sich aus der Komplexität des Unterrichts ergebenden Herausforderungen reagieren. Im Folgenden soll nun gezeigt werden, inwiefern sich unser Ansatz einer dokumentarischen Unterrichtsforschung eignet, die skizzierte Komplexität der Interaktion unter Anwesenden (Luhmann 2002) in Datenerhebung und -auswertung zu berücksichtigen.

4.3.1   Sequenzialität, Synchronizität und Simultaneität

Wie dargestellt (s. o. Kap. 4.2.3), ergibt sich die Komplexität der Zeitstruktur des Unterrichts aus Verhältnissen des Nacheinanders und der Gleichzeitigkeit, also der Sequenzialität, Synchronizität und Simultaneität. Diese Phänomene zeigen sich überall im empirischen Material der videobasierten Unterrichtsforschung, ihre Bedeutung ist also nicht nur theoretisch plausibel, sondern auch Ergebnis der empirischen Rekonstruktionen. Interaktionen, die im Klassenraum gleichzeitig ablaufen, aber nicht miteinander verbunden sind (z. B. zwei Schülergruppen arbeiten gleichzeitig an einer Aufgabe, aber auf unterschiedliche Art und Weise und ohne miteinander zu interagieren), bezeichnen wir als synchron. Für Interaktionen, die gleichzeitig emergieren und miteinander verknüpft sind (z. b. das Interaktionssystem einer Schülergruppe, die den Beginn einer Gruppenarbeitsphase organisiert, und der klassenöffentliche Unterricht, in dem die Lehrerin den Arbeitsauftrag erläutert), wählen wir den Begriff der Simultaneität. Wagner-Willi (2001, 2004) hat in dieser Hinsicht früh auf das besondere Potenzial der Videografie hingewiesen: „Dieses Erhebungsverfahren transformiert zwar den dreidimensionalen Raum in eine zweidimensionale Fläche, behält jedoch die Verschränkung von Simultaneität und Sequenzialität sozialer Situationen bei und zwar in einer entscheidend ausgeprägteren Weise, als es audiotechnische Erhebungen ermöglichen. Eine Methode zur Analyse videografischen Materials sollte dieser besonderen Qualität von ‚Grunddaten' Rechnung tragen. Auf die Sequenzanalyse beschränkte Verfahren, deren Transkriptionsmodus die Sprache in den Vordergrund stellt, sind m. E. kaum dazu geeignet." (2004, S. 52). Die notwendige und unvermeidbare Reduzierung sozialer Komplexität durch ihre Aufzeichnung ist demnach auch für Videoforschung charakteristisch, gleichzeitig erlaubt diese aber gegenüber reinen Audioaufnahmen der Unterrichtskommunikation (vgl. z. B. die Forschungspraxis bei Gruschka 2009; 2013; 2015) die Berücksichtigung der in unterschiedlichen Zeitverhältnissen des Nach- und Nebeneinanders hergestellten und aufgeführten „Körperlichkeit, Territorialität und Gegenständlichkeit sozialer Situationen" (Wagner-Willi 2004, S. 50; vgl. auch Nentwig-Gesemann und Wagner-Willi 2007; Fritzsche und Wagner-Willi 2015). Im Folgenden zeigen wir, wie methodologisch und methodisch auf die Sequenzialität, Synchronizität sowie Simultaneität von Interaktionen im Unterricht reagiert werden kann, und werden wir darlegen, weshalb eine Unterrichtsforschung, die nicht auf audiovisuellen Daten basiert, u. E. der Komplexität der Unterrichtsinteraktion nicht gerecht werden und deshalb auch die Sinnhaftigkeit von Unterrichtsgesprächen, die immer mit der nonverbalen Interaktion und dem Dinggebrauch verknüpft sind, nicht vollständig erfassen kann.

Die Dokumentarische Methode ist ursprünglich für die Analyse von Gesprächen entwickelt worden, die für Forschungszwecke initiiert und aufgezeichnet wurden (Bohnsack 1989; 2014; Przyborski 2004; Nohl 2017). Der Fokus der klassischen dokumentarischen Gesprächsanalyse liegt dabei auf der *Sequenzialität* der Protokolle von Gruppendiskussionen, Interviews oder natürlichen Gesprächen. Diesen Fokus teilt die Dokumentarische Methode mit anderen qualitativ-rekonstruktiven Forschungsansätzen, z. B. der Objektiven Hermeneutik (z. B. Oevermann et al. 1979; Wernet 2009), konversationsanalytischen (z. B. Sacks et al. 1978) oder ethnografischen Ansätzen (z. B. Amann und Hirschauer 1997; Lüders 2012; Breidenstein et al. 2015). Mit der Entwicklung der technischen Möglichkeiten, audiovisuelle Daten forschungsökonomisch aufzuzeichnen, zu speichern und auszuwerten, reagieren die unterschiedlichen Forschungsansätze auch auf die Herausforderungen, die durch die Möglichkeit der Berücksichtigung von komplexen Zeitverhältnissen des Sozialen durch Videografien gegeben sind (z. B. Wagner-Willi 2001; 2004; Nentwig-Gesemann und Wagner-Willi 2007; Dinkelaker und Herrle 2009; Heath et al. 2010; Bohnsack 2011; Reichertz und Englert 2011; Knoblauch und Schnettler 2012; Tuma et al. 2013). Je nachdem, in welcher Form die visuellen Daten in den methodischen Ansätzen konstituiert werden, ergeben sich unterschiedliche Entwürfe für die Berücksichtigung der Verlaufsförmigkeit und der unterschiedlichen Verhältnisse von Gleichzeitigkeit, die wir mit den Konzepten der Synchronizität und Simultaneität beschreiben.

Für die Entwicklung einer die komplexen Zeitverhältnisse des Sozialen berücksichtigenden dokumentarischen Videografieanalyse im Kontext der Unterrichtsforschung liegt es zunächst nahe, sich mit den bestehenden Ansätzen zur dokumentarischen Analyse visueller Daten zu beschäftigen. Die dokumentarische Videoanalyse (Bohnsack 2011) ist allerdings vornehmlich für die Interpretation von bildlichen oder filmischen Alltagsdokumenten und für die Analyse filmischer (künstlerischer) Produkte der sogenannten abbildenden und abgebildeten Bildproduzentinnen und -produzenten (also den Personen, die vor *und* hinter der Kamera agieren) ausgearbeitet worden. Gegenstand der Analyse ist der Zusammenhang der Orientierungsrahmen von aufgezeichneten *und* aufzeichnenden Personen. Sequenzialität, Synchronizität und Simultaneität werden in diesem Ansatz vornehmlich als Merkmale des Mediums Film bzw. Bild aufgefasst. Der Begriff *Simultaneität* beschreibt demnach die gemeinsame Darstellung von etwas zeitlich und/oder räumlich Auseinanderliegendem auf einem Bild (ebd., S. 47). Simultaneität als spezifische Form von Gleichzeitigkeit erzeugt eine für Bilder spezifische „Sinnkomplexität" (ebd., S. 48) und ist mit Bohnsack, der sich auf Imdahl (2006) bezieht, „innerhalb desselben Mediums möglich und konstitutiv für die Eigenlogik und Eigensinnigkeit des Mediums [...], wohingegen dies im Medium der Sprache und des Textes eher die Ausnahme [...] darstellt" (Bohnsack 2011, S. 51). Im Kontext des Mediums Sprache/Text verwendet Bohnsack den Begriff der *Synchronizität*, der das „Verhältnis von sprachlich-textlichem Ausdruck zu den sprachbegleitenden Äußerungen vokaler Art wie Intonation einerseits und körpergebundenen Ausdrucksformen wie Gestik und Mimik andererseits" (ebd., S. 51) beschreibt. Um den Unterschied zum Begriff der Simultaneität deutlich zu markieren, führt er aus, dass es sich „um (synchrone) Relationen zwischen *unterschiedlichen* Darstellungsmedien [handelt]. Im Sprachgebrauch der qualitativen Methoden kann man auch sagen, dass das *eine* Medium (bspw. der körperliche Ausdruck) den *Kontext* für das *andere* Medium (bspw. den sprachlichen Ausdruck) darstellt bzw. dass die Medien wechselseitig füreinander Kontexte bilden" (ebd., Hervorh. i. O.). Mit dem Begriff

Sequenz wird in diesem Ansatz der Zusammenhang zwischen den Einheiten von Bewegungen oder Handlungen der im Film abgebildeten Akteurinnen und Akteure oder Objekte und den Einstellungen und Montagen durch die abbildenden Film-/Videoproduzentinnen und -produzenten bezeichnet (Bohnsack 2011, S. 161). Diese stärker kunst- und filmwissenschaftliche Perspektive Bohnsacks erscheint uns für die Analyse von Videografien, die zu Forschungszwecken aufgezeichnet werden, nur in begrenztem Maße anschlussfähig, insbesondere weil die Sinnstrukturen und Orientierungsrahmen der Bild- und Videoproduzentinnen und -produzenten (also in diesem Fall der Forschenden) nicht Gegenstand der Unterrichtsforschung sind. Wir betrachten die Videografie also nicht als ein Alltagsdokument abbildender und abgebildeter Bildproduzentinnen und -produzenten (vgl. Bohnsack 2011) bzw. als ein mediales Produkt, das in seinen Entstehungsbedingungen und seinen Qualitäten und Eigenschaften Gegenstand der Forschung ist (vgl. Tuma et al. 2013, S. 47; Reichertz und Englert 2011), sondern als Medium der (notwendig selektiven) Aufzeichnung von Alltagsinteraktionen bestimmter, auf der Basis eines wissenschaftlichen Erkenntnisinteresses ausgewählter Akteurinnen und Akteure.[22] Für die begriffliche Fassung und für die empirische Analyse der Zeitlichkeit der Unterrichtsinteraktion erscheinen uns andere Ansätze erziehungswissenschaftlicher Videoforschung deshalb passender.

Das unserem Ansatz von Unterrichtsanalyse zugrundeliegende Verständnis von *Sequenzialität* unterscheidet sich kategorial von der Sequenzialität eines Films im Sinne eines ästhetisch gestalteten und technisch bearbeiteten Produkts. Während die Sequenzialität des Films wie oben ausgeführt vornehmlich ein Produkt technisch-ästhetischer Gestaltung mithilfe von Schnitt und Montage ist, orientiert sich die Analyse videografierten Unterrichts vollständig an der Sequenzialität des aufgezeichneten Interaktionsgeschehens, also an einer Sequenzierung, die in der sozialen Interaktion selbst emergiert (vgl. auch Heath 2004). Mit Dinkelaker und Herrle (2009) beschreibt der Begriff Sequenzialität dementsprechend diejenigen Sinnstrukturen, die durch eine Abfolge von aufeinander bezogenen Äußerungen und Handlungen der aufgezeichneten Akteurinnen und Akteure im Zeitverlauf entstehen. Damit wird dem

---

22 Pionierarbeit im Bereich der dokumentarischen Analyse von Forschungsvideografien hat Monika Wagner-Willi geleistet (z. B. Wagner Willi 2001, 2004, 2005, 2006, 2008; Nentwig-Gesemann und Wagner-Willi 2007, Fritzsche und Wagner-Willi 2015). Abweichend von unserem Verständnis legt Wagner-Willi vor dem Hintergrund von Ritualtheorien und Theorien der Performativität des Sozialen (z. B. Wulf und Zirfas 2007) auch einen Fokus auf die „Ikonizität" bzw. Bildhaftigkeit des Sozialen. In Bezug auf die Verhältnisse der Gleichzeitigkeit fasst sie Simultaneität als einen übergeordneten Begriff, den sie in Ausprägungen eines simultanen Neben- und Miteinanders ausdifferenziert (Wagner-Willi 2004, S. 51).

Grundverständnis nach für die Analyse von Videografien derselbe Begriff zugrunde gelegt wie für die sequenzielle Analyse von schriftlichen Protokollen, Transkripten und anderen Texten (ebd., S. 44f.; vgl. auch Tuma et al. 2013, S. 58ff.).[23] Für Verhältnisse der Gleichzeitigkeit von Interaktionen unterscheiden wir synchrone und simultane Strukturen. Mit *Synchronizität* der Interaktionen sind Äußerungen, Handlungen und Ereignissen beschrieben, die gleichzeitig (und im Falle von Unterricht z. B. im selben Raum) stattfinden, aber unabhängig voneinander entstehen und verlaufen. Der Begriff der *Simultaneität* beschreibt die Gleichzeitigkeit *und* Aufeinanderbezogenheit von Äußerungen, Handlungen und Ereignissen: „In Interaktionszusammenhängen bieten sich in jedem Moment mehrere sicht- und hörbare Phänomene der Wahrnehmung an, die zusammen als spezifische Kombination von Ereignissen und Äußerungen beobachtbar sind. […] In simultanen Äußerungskonstellationen wird ein Verhältnis der Beteiligten zueinander sowie zur lokalen räumlich-/gegenständlichen Einbettung deutlich. Diese Konstellationen sind Resultate einer Abstimmung, die sich in jedem Moment der Interaktion neu realisiert […]" (Dinkelaker und Herrle 2009, S. 47). Dinkelaker und Herrle (ebd.) weisen auf die besondere Bedeutung des Verhältnisses von Sequenzialität und Simultaneität als zentrales Moment für die Analyse visueller Daten hin. Zwei Formen dieser Zeitverhältnisse werden unterschieden: *„Sequenzielle Simultaneität"* (ebd., S. 48f.) bedeutet, dass simultane, also gleichzeitige und aufeinander bezogene Äußerungs- oder Ereigniskonstellationen nicht nur einen rein situativen Charakter haben, sondern im zeitlichen Verlauf sich entwickeln oder aufeinander folgen. Das Konzept der *„simultanen Sequenzialität"* oder auch der *„Polysequenzialität"* (Dinkelaker 2010, S. 91) beschreibt dazu ergänzend, dass häufig synchron „mehrere Äußerungsverkettungen auf[treten], die jeweils eigene Strukturen ausbilden und

---

23 Als einer der frühen Ansätze interpretativer Unterrichtsforschung orientieren sich Krummheuer und Naujok (1999) noch stark an der protokoll-förmigen Verschriftlichung der Unterrichtsvideografien und an der Tradition der sequenziellen Turn-by-Turn-Analyse. Eine Berücksichtigung der Multimodalität der Interaktion und damit auch der komplexen Verhältnisse von Sequenzialität, Synchronizität und Simultaneität findet sich innerhalb dieses Ansatzes in späteren Arbeiten z. B. bei Fetzer (2010). Die ethnografischen Forschungsansätze, die videobasiert arbeiten, nehmen im Sinne Dinkelakers und Herrles (2009) vor allem Verhältnisse sequenzieller Simultaneität in den Blick. Hier findet im Feld eine Fokussierung auf bestimmte Interaktionskonstellationen mit ihrer spezifischen Gleichzeitigkeit unterschiedlicher Ausdrucksmedien statt. Die Polysequenzialität der Interaktion im Sinne Dinkelakers (2010) kommt durch die Selektionsentscheidungen im Feld in den ethnografischen Ansätzen in der Regel nicht in den Blick (vgl. Tuma et al. 2013; als Beispiel für die ethnografische Unterrichtsforschung vgl. z. B. Rabenstein und Reh 2008; Rabenstein und Steinwand 2016).

nur partiell miteinander verbunden sind" (Dinkelaker und Herrle 2008, S. 50, Hervorh. i. O.; vgl. auch Dinkelaker 2010).

Da sich in unserer Forschungspraxis herausgestellt hat, dass sich die Analyse von Unterrichtsvideografien auf die beschriebene Sequenzialität und Simultaneität zu beziehen hat, die sich aus der Interaktion selbst ergibt, orientieren sich unsere weiteren methodologischen und methodischen Überlegungen an der für die dokumentarische Interpretation verbaler Daten üblichen sequenziellen Gesprächsanalyse (vgl. Przyborski 2004; Bohnsack 2014), die wir im Rahmen der dokumentarischen Unterrichtsforschung zu einer multimodalen Interaktionsanalyse ausgebaut haben: Die Videografien als Erhebungsinstrumente ermöglichen überhaupt erst, dass die komplexen Zeitverhältnisse, durch die die verbalen und nonverbalen Bezüge zwischen den Akteurinnen und Akteuren (Sprache, Gestik, Mimik, Bewegungen und Positionierungen der Körper im Raum, Interaktion mit den Dingen) geordnet sind, berücksichtigt werden können. Der traditionelle Ansatz der sequenziellen Gesprächsanalyse stellt u. E. wiederum eine geeignete Grundlage für die Entwicklung einer erweiterten Interaktionsanalyse dar, um diese temporalen und multimodalen (Kress 2010) Ordnungen zu berücksichtigen. Die dokumentarische Analyse der Interaktionsorganisation des Unterrichts zielt damit nicht nur auf die Rekonstruktion des konjunktiven Wissens der beteiligten Akteurinnen und Akteure (vgl. Bohnsack 2014), sondern weitergehend auch auf die Rekonstruktion der *inkorporierten Habitus* der Lehrpersonen und der Schülerinnen und Schüler (vgl. Bohnsack 2011; Martens et al. 2015a; dazu auch die Ausführungen in den folgenden Unterkapiteln). Indem wir die sequenzielle Analyse der Unterrichtsvideografien an dem Verfahren der dokumentarischen Gesprächsanalyse orientieren, kann die – vor allem für die Analyse fachlicher Vermittlungs- und Aneignungsprozesse relevante – Analyse der verbalen Kommunikation im Unterricht problemlos vollzogen werden.[24]

Im Folgenden wollen wir unseren forschungspraktischen Umgang mit den komplexen Zeitverhältnissen des Unterrichts etwas ausleuchten: Die Videografien haben einen zentralen Stellenwert im Forschungsprozess, da nur durch sie die über die Sequenzialität hinausgehenden Zeitverhältnisse und die Multimodalität der Interaktion erfasst werden können. Daraus ergibt sich auch ihre zentrale Bedeutung für die Auswahl von relevanten Interaktionskonstellationen und ihren sequenziellen Verläufen. Nach unserer Auffassung ist eine Sequenzauswahl überhaupt erst auf der Grundlage der Videografie möglich. Die unterrichtstheoretischen Ausführungen

---

24 Die Vorgehensweise der dokumentarischen Interpretation von Gesprächen, also auch der verbalen Anteile der videografierten Unterrichtsinteraktion, haben wir in Kapitel 3 ausführlich erläutert.

und die vertiefenden Darstellungen zur Zeitlichkeit des Unterrichts haben deutlich gemacht, dass es eine unverhältnismäßige Reduktion der Komplexität darstellen würde, Unterricht forschungspraktisch als ein sequenzielles Protokoll der verbalen Unterrichtskommunikation zu repräsentieren. Dabei ist nicht nur die Dominanz der sequenziellen Strukturierung problematisch, sondern auf der Ebene der Gegenstandskonzeption auch die Vorstellung, Unterricht ließe sich eindimensional als klassenöffentlich geführtes Lehrer-Schüler-Gespräch fassen. Gleichzeitig wäre es aber auch nicht angemessen, die Analyse der nonverbalen Anteile des Unterrichts allein auf Fotogramme bzw. Standbilder zu beschränken. Dieses Vorgehen würde die Situativität der Interaktionskonstellationen zulasten von deren charakteristischer Sequenzialität überbetonen.

Das unten abgebildete Fotogramm (Abb. 4.1) stellt als Stillstellung des Verlaufs der simultanen und synchronen Interaktionskonstellationen lediglich eine Behelfslösung dar, um Auswahlprozesse im Rahmen der dokumentarischen Unterrichtsforschung zu veranschaulichen und in der Retrospektive zu erklären. Das Fotogramm zeigt einen Ausschnitt einer Schulklasse. Bedingt durch die Erhebungssituation (Raumgröße, Kameraaufstellung usw.) haben wir es bei der Ausschnitthaftigkeit mit einer *irreversiblen Selektivität* zu tun, die bestimmte Interaktionen mit ihren simultanen und sequenziellen Ordnungsstrukturen ausblendet (in unserem Fall besteht allerdings die Möglichkeit, über die andere Kameraperspektive aus der gegenüberliegenden Raumecke diese Selektivität zumindest ansatzweise zu reduzieren).

Abb. 4.1   Gleichzeitigkeit von Schülerinnen- und Schülerhandlungen

Gleichzeitig lässt sich über dieses Fotogramm aber bereits eine ganze Reihe von komplexen synchronen und simultanen Interaktionskonstellationen erfassen, die über die verschiedenen Kameras in den Raumecken und die Audioaufnahmegeräte auf den Tischen der Schülerinnen und Schüler in ihrer jeweiligen Verlaufsförmigkeit weiterverfolgt werden können (s. Kap. 5.1.2). Vor dem Hintergrund eines Forschungsinteresses an der Adaptivität von Unterricht (Corno und Snow 1986; Klieme und Warwas 2011) richtete sich der Analysefokus in dieser Sequenz auf die sich wenige Sekunden später ereignende wechselseitige Bezugnahme der Lehrperson und der Schülerinnen am Gruppentisch in der Bildmitte (Abb. 4.2) (vgl. Martens 2015, Beispielanalyse in Kap. 5.3.3).

Abb. 4.2   Interaktion am Gruppentisch

Auf der verbalen Ebene der Unterrichtsinteraktion hatte sich eine Schülerin aus der Tischgruppe, ohne sich zu melden, stellvertretend für ihre Mitschülerin an den Lehrer gewandt (Ef: Aber die Af hatte noch ne Frage, Min. 01:17:53). Da diese Interaktion Ausgangspunkt einer kurzen klassenöffentlichen Aushandlung über die Platzierung der betreffenden Frage war und schließlich in einer lehrerseitigen Beratung eines Teils der Schülerinnengruppe über das in der Frage aufgeworfene fachliche Problem mündete, war es sinnvoll, die vorgängige, parallel zum Unterricht stattfindende Interaktion in der Schülerinnengruppe in den Daten aufzusuchen, um nachvollziehen zu können, unter welchen Umständen die Frage emergierte und auf die Ebene des klassenöffentlichen Gesprächs gehoben wurde.

Verbaler Anteil		Nonverbaler Anteil
Klassenöffentliches Gespräch	**Gespräch Tischgruppe III**	
Lm [..] Km 01:17:07		
	?f °Ja aber dann dauert das doch richtig lange bis man das alles ausgerechnet (hat) oder?°	
	?f °Ja. (ach)° 01:17:12	
Km Ja ich wollt fragen, bei diesem- also ich hatte zwei Fragen, einmal ähm zu diesen zwei Punkte-Dingsbums da 01:17:22 also das wird dann äh dadurch kriegt man dann den Durchschnitt raus 01:17:25	Af °Toll und meine Frage wird jetzt wieder nicht beantwortet° 01:17:20	
	Df °Meld dich doch° 01:17:21	
Lm Ja irgendnen Mittelwert, 01:17:26	Af °Mit den Winkeln- Ja darf ich doch nicht hat er doch am Anfang gesagt ich soll's am Ende machen° 01:17:25	
Km Okay und dann wollt ich noch fragen bei der Tangente is also- also bei der Tangente muss man die halt einfach so ungefähr machen wie sie gerade irgendwie ( ) 01:17:35	Bf °Ach mit den Winkeln gena=u bei der Aufgabe (Winkel)° 01:17:28	
	Af └°ja° 01:17:27	
	Cf °Was mit den Winkeln° 01:17:28	
	Af °Dreizehn° 01:17:29	(01:17:32)
	Bf °Da hat der Herr T. [Vertretungslehrer] gesagt das könn wir nicht machen° 01:17:34	
	Af °Ja könn wir auch nicht wenn wir nich Sinus Cosinus und das andere da° 01:17:38	
	Bf °ja okay° 01:17:39	
	Df °Ja das machen wir auch nicht° 01:17:40	
	Bf °Frag das bitte° 01:17:41	
Lm Ja also theoretisch ist die Tangente eine Linie die nur genau in diesem Punkt die Kurve berührt, also nur genau in diesem Punkt; nicht davor und nicht danach, 01:17:46	Af °Ich darf doch nicht hab am Anfang wollt ich doch schon fragen° 01:17:45	
Lm - und jetzt würd ich eigentlich vorschlagen, dass wir vielleicht die Pause vorziehen, ja? 01:17:51	Bf °Okay (dann warte noch)° 01:17:47	
Df Aber die Af hatte noch ne Frage 01:17:53		
Af Ich hab noch ne Frage von dem andern Blatt		
Lm └ Ja () von welchem andern Blatt 01:17:57		
Ef Müssen wir die dreizehn können?		
Af └ Das was wir gekriegt ham zum Üben 01:18:00 weil da is noch was drauf was wir noch gar nicht hatten 01:18:02	?f °Er weiß jetzt auch voll was das is ne° 01:18:00	(01:17:54)
Lm Lkönn wir gleich mal gucken 01:18:02	Ef °Dieses mit dem @Sinus-Teil@° 01:18:03	
?f Cosinus 01:18:04		

Abb. 4.3 Transkription simultaner Interaktionssysteme

Der durch die Videografie zugängliche Zusammenhang von Verlauf und Gleichzeitigkeit der verbalen und nonverbalen Interaktion muss auch in den Arbeitstexten (Transkription, formulierende Interpretation, reflektierende Interpretation), die wesentlicher Bestandteil des Interpretationsprozesses sind, darstellbar sein. Nur so wird es möglich, simultane Interaktionskonstellationen als selbstreferenzielle Interaktionssysteme (vgl. Luhmann 2002) zu untersuchen. Die Transkription (Abb. 4.3), die verbale und nonverbale Anteile der aufgezeichneten Interaktion anhand eines Zeitcodes aufeinander bezieht, macht zwei sich überlagernde Interaktionssysteme, die jeweils füreinander Umwelten bzw. Kontexte sind, unterscheidbar und interpretierbar: zunächst das klassenöffentliche Gespräch (linke Spalte), hier hauptsächlich zwischen Km und der Lehrperson (Lm), in dem der Lehrer eine fachliche Frage beantwortet und anschließend, die gesamte Klasse adressierend, ansetzt, um in die Pause überzuleiten. Diese Interaktion ist Kontext für die Interaktion am Gruppentisch der Schülerinnen (mittlere Spalte). Dass die Lehrperson Fragen eines anderen Schülers beantwortet, wird zum Anlass genommen, gruppenintern über die eigene Frage ins Gespräch zu kommen und deren Beantwortung einzufordern (s. die ausführlichen Analysen in Kap. 5.1.3).

Mit dieser durch das Forschungsinteresse begründeten Fokussierung auf die Interaktionen am Tisch der Schülerinnen werden die anderen simultan und synchron stattfindenden Interaktionskonstellationen und deren Verläufe (vorläufig) ausgeblendet. Ein entscheidender Vorteil der Videografie mit statischen Kameras und totalen Einstellungen auf den Unterrichtsraum sowie dezentralen Audioaufnahmen liegt in einer weitgehenden, wenn auch nie vollständigen „reversiblen Selektivität" (Dinkelaker 2010, S. 92ff.) So ist es im Forschungsprozess immer wieder möglich, die bisher nicht berücksichtigten Interaktionskonstellationen und deren Verläufe im Material aufzusuchen und zu analysieren. Im Forschungsprozess kann auf diese Weise also den komplexen Zeitverhältnissen des Unterrichts annäherungsweise Rechnung getragen werden, auch wenn selbstverständlich durch das Erkenntnisinteresse begründbare Auswahlen notwendig sind und Unterricht als simultanes, synchrones und sequenzielles Geschehen nie vollständig in den Arbeitstexten repräsentiert und analysiert werden kann (aufgrund der unumgehbaren, irreversiblen Selektionen durch die Datenerhebung und aufgrund des nicht leistbaren Forschungsaufwands, alle in den Daten repräsentierten Interaktionskonstellationen und ihre Verläufe aufzubereiten und zu interpretieren).

4.3.2 Körperlicher Ausdruck, Bewegungen und Positionierungen im Raum

Multimodalität (Kress 2010) ist ein zentrales Kennzeichen sozialer Interaktion, wohingegen „unimodale Mitteilungen [...] äußerst selten" (Scherer 1979a, S. 19) sind und in Face-to-Face-Interaktionen kaum vorkommen dürften. Lange Zeit hat die Unterrichtsforschung auch aus technischen Gründen auf die sprachliche Kommunikation zwischen Lehrpersonen und Schülerinnen und Schülern fokussiert, obwohl unstrittig ist, dass körperliche Bezugnahmen, Gestik, Mimik und Bewegungen und Positionierungen der Körper im Raum einen wesentlichen Anteil an der sozialen Interaktion im Klassenzimmer und in der Schule ausmachen (vgl. z. B. Knapp 1979; Mühlen-Achs 1983; Kaiser 1998; Rosenbusch und Schober 2000; Wagner-Willi 2005; Langer 2008; Alkemeyer 2009; Kellermann und Wulf 2011; Bohnsack und Lamprecht 2015).

Die praxistheoretisch fundierte ethnografische Unterrichtsforschung hat mit Schatzki (2002) schon früh darauf verwiesen, dass die untersuchten Praktiken immer als ein eng miteinander verwobenes „set of doings and sayings" (Schatzki 2002, S. 73) zu verstehen sind. Sprachlicher Ausdruck, körperliche Bewegungen und Positionierungen, wechselseitige gestische und mimische Bezugnahmen der Akteurinnen und Akteure sowie der Bezug auf Dinge werden mit dieser Perspektive als gleichermaßen konstituierende Aspekte des Sozialen betrachtet.[25] Die Verbindung aus Gesagtem und Getanem, die eine Praktik konstituiert, wird in dieser Vorstellung als der eigentliche „Ort des Sozialen" (Reckwitz 2003, S. 289) definiert. So werden soziale Praktiken mit Bezug auf Schatzki „verstanden als know-how abhängige und von einem praktischen ‚Verstehen' zusammengehaltene Verhaltensroutinen, deren Wissen einerseits in den Körpern der handelnden Subjekte ‚inkorporiert' ist, die andererseits regelmäßig die Form von routinisierten Beziehungen zwischen Subjekten und von ihnen ‚verwendeten' materialen Artefakten annehmen" (ebd.).

Für die Erforschung von Schule und Unterricht ist die Perspektive auf den Erwerb und die Aufführung solcher Praktiken zentral, insbesondere weil sich Schulunterricht durch die Etablierung und routinierte Aufführung kulturspezifischer Formen der nonverbalen Interaktion in Praktiken auszeichnet. Der Körper der Lehrperson oder

---

25 Es lassen sich Verbindungen zu kommunikationswissenschaftlichen Befunden herstellen, durch die schon früh darauf aufmerksam gemacht wurde, dass Kommunikation ein mehrkanaliges System aus „gesprochener Sprache und Körperbewegungssprache" (Birdwhistell 1979, S. 193) darstellt. Kommunikation wird als ein „kontinuierlicher Interaktionsprozeß, bestehend aus vielschichtigen, einander überlappenden und diskontinuierlichen Verhaltenssegmenten" (ebd.; vgl. auch Wallbott 1979, S. 104) verstanden, der kulturspezifisch erlernt wird.

einer Schülerin/eines Schülers fungiert dabei in der Interaktionen „als Vermittler, als ‚Zeichenträger', der neben und/oder jenseits sprachlicher Instrumente permanent Informationen über das Individuum vermittelt" (Kellermann und Wulf 2011, S. 28). In einer praxistheoretischen Perspektive werden somit Lehr-Lernprozesse allgemein als eine Wiederholung bestimmter institutionell gerahmter und routinierter sozialer Praktiken beschrieben (vgl. Kolbe et al. 2008). So wurde beispielsweise im Rahmen der Erforschung von Ritualen und Ritualisierungen die körperlich-materielle Seite des Lernprozesses als mimetisches Lernen konzeptualisiert (vgl. Wulf 2008, S. 69). In mimetischen Prozessen werden durch ein verbales und nonverbales sowie die Dinge des Unterrichts einbeziehendes intendiertes und nicht intendiertes Zeigen, Vormachen und Nachmachen „Bilder, Schemata, Vorstellungen von anderen Menschen, von sozialen Situationen, Ereignissen und Handlungen inkorporiert und in die mentale Bilderwelt eingegliedert. Dadurch wird ein praktisches Wissen erworben, das Kinder fähig macht, gemeinsam zu lernen und zu handeln, zu leben und zu sein" (ebd.). Wichtige theoretische Grundannahme für das mimetische Lernen ist die Performativität von Erziehungs- und Lernprozessen (vgl. ebd., S. 73). Damit ist gemeint, dass die Praktiken, die mimetisch gelernt werden, körperlich zur Darstellung bzw. zur „Aufführung" gebracht werden. Alkemeyer (2009) definiert Lernen als „körperlich-mentale[s] Agieren gesellschaftlicher Akteure in materiell eingebetteten, lokal situierten Praktiken" (ebd., S. 121). In Anlehnung an Bourdieus Habitustheorie wird Lernen hier ebenfalls als ein mimetischer Prozess aufgefasst, bei dem zusammen mit dem Einüben „von Haltungen, Bewegungen, Mimiken und Gesten zugleich spezifische Weltsichten" (ebd., S. 120) erworben werden.

Kellermann und Wulf (2011) definieren unter Bezugnahme auf Mead (1973) „Körperbewegungen, Mimik und Stimmvariation als gestische Ausdrucks- und Darstellungsformen […], wenn sie in einem zirkulierenden Austauschprozess eine bedeutungsgenerierende Wirkung erzielen und damit zu einem signifikanten Symbol werden" (Kellermann und Wulf 2011, S. 28). In der Unterrichtsforschung stoßen wir schnell auf „schulspezifische Ausdrucksformen" (ebd., S. 27), die als solche erlernt werden, in den Bestand des schulbezogenen Alltagswissens von Lehrpersonen und Schülerinnen und Schüler übergehen und „spezifische Handlungsweisen als institutionelle erkennbar werden" (ebd.) lassen.

Abb. 4.4   Melden

Abb. 4.5   Handgeste der Lehrerin, Erwiderung durch die Schülerinnen und Schüler

Die Abbildungen 4.4 und 4.5 zeigen beispielhaft solche schulspezifischen Ausdrucksformen, die außerhalb von (Schul-)Unterricht eher untypisch sind (wenn sie, wie z. B. das Melden, auch in Gesprächssituationen außerhalb des Unterrichts auftreten, wird mit ihrem Gebrauch aber das in der Schule mimetisch Gelernte aktualisiert). Das Melden (Abb. 4.4) und das Handzeichen (Abb. 4.5) sind im Unterricht „konventionalisierte Gesten" (Kellermann und Wulf 2011, S. 27), die die Funktion haben, Komplexität und Unsicherheit in der Interaktion zu reduzieren und gleichzeitig zur Identifikation mit der Gruppe beizutragen (vgl. ebd., S. 29; Ellgring 2000, S. 16). In iterativen Prozessen werden diese Gesten zum einen erlernt, zum anderen trägt ihre wiederholte Verwendung zur Stabilisierung des Interaktionssystems bei. Insbesondere für das Melden wurden diese Zusammenhänge schon häufig beschrieben: Durch den nonverbalen Akt des Meldens wird das schulspezifische Problem bearbeitet, „daß mehrere Sprecher zum gleichen Zeitpunkt reden wollen, während im lehrerzentrierten Unterrichtsdiskurs fast jeder Schülerbeitrag in den Aufmerksamkeitsbereich des Lehrers fallen muß und durch den Lehrer kontrolliert wird" (Mazeland 1983, S. 84). Die Schülerinnen und Schüler melden sich im Unterricht, weil sie die Bedeutung dieser Handlung als Bewerbung um das Rederecht in der Klasse kennen und durch die Ausführung der Handlung die damit verbundenen sozialen Ordnungen gleichzeitig anerkennen. Gelernt haben sie dabei auch, dass die Bewerbung um das Rederecht nicht gleichzeitig auch dessen Erteilung bedeutet. Das Melden zeigt die Internalisierung unterrichtlicher Ordnung an, die im Sinne der Asymmetrie der Sozialstruktur des Unterrichts durch eine doppelte Auswahl gekennzeichnet ist: „derjenige, der sich [durch Melden, M.M. & B.A.] selbst auswählt, um den turn zu erhalten, hat diesen noch nicht, sondern muss noch vom Lehrer ausgewählt werden, um den turn zu übernehmen oder nicht" (Mazeland 1983, S. 84; vgl. auch McHoul 1978). Vergleichbare Prozesse der Ordnungsbildung liegen auch der Geste „Handzeichen" zugrunde. Sie ist im Sinne Kellermanns und Wulfs ebenfalls eine konventionalisierte Geste, die den Prozess der Aufmerksamkeitsausrichtung auf die Lehrperson initiiert. Ihre Nonverbalität ist in hohem Maße funktional, da sie performativ aufführt und vorwegnimmt (nicht zu Sprechen und aufmerksam zu sein), was vonseiten der Schülerinnen und Schüler noch zu etablieren ist. Stärker als das Melden ist diese Geste auf Reziprozität angewiesen – die Schülerinnen und Schüler, denen eine Aufmerksamkeitsausrichtung auf die Lehrperson gelungen ist, spiegeln die Geste. Für die Lehrerin und die Schülerinnen und Schüler wird die (Un-)Aufmerksamkeit der Mitschülerinnen und Mitschüler so sichtbar. Beide Gesten (Melden und Handzeichen) können im Sinne Ekmans und Friesens als Embleme bezeichnet werden. Damit sind kulturspezifisch erlernte nonverbale Akte definiert, die „(a) direkt verbal übersetzt werden können; deren (b) präzise Bedeutung den meisten oder allen Angehörigen einer Gruppe, Klasse, Subkultur oder Kultur bekannt ist; die (c) meistens mit der bewussten Absicht, eine bestimmte Botschaft an eine andere Person (oder an andere Personen) zu senden, verwendet wird; bei denen (d) die Person, die das Emblem sieht, gewöhnlich nicht nur die Botschaft erkennt, sondern auch weiß, dass sie speziell an sie gesandt wurde; und (e) für deren Aussendung der Sender gewöhnlich Verantwortung übernimmt" (Ekman und Friesen 1979, S. 111f.).

Diese eindeutige Klassifizierung (auf der Ebene der Interaktion und auf der Ebene der wissenschaftlichen Beschreibung) ist freilich nicht für alle unterrichtlichen Formen körperlichen Ausdrucks möglich. Gestik, Mimik, Bewegungen und Positionierungen der Körper sind in der Regel mehrdeutig und bieten in der Interaktion verschiedene „Bedeutungsmöglichkeiten" und „Interpretationsmöglichkeiten" (Ellgring 2000, S. 9) an. Diese Eigenschaft der nonverbalen Ebene der Interaktion macht eine kontextsensible Erforschung notwendig, die es ermöglicht, die unterschiedlichen Bedeutungsebenen und die in der Interaktion situativ gewählten Anschlüsse zu rekonstruieren. Dies setzt voraus, dass der Zusammenhang von verbaler und nonverbaler Ausdrucksweise und Bezugnahme in der sozialen Interaktion in den aufgezeichneten Daten repräsentiert ist und detailliert beschrieben werden kann. Die Schwierigkeit, diesem Anspruch gerecht zu werden, ergibt sich einerseits aus der sprachlich-begrifflichen Fassung der komplexen nonverbalen Ausdrucksweisen in Forschungstexten (ein Beschreibungsvokabular für das mimische und gestische Geschehen, das wir selbst in Alltagsinteraktionen vor allem vorreflexiv wahrnehmen, muss häufig erst entwickelt werden). Andererseits ergibt sich die Schwierigkeit daraus, dass die nonverbalen Ausdrucksweisen sehr schnell ablaufen und teilweise von sehr kurzer Dauer sind (vgl. Ellgring 2000, S. 27). Ohne technische Unterstützung durch audiovisuelle Aufnahmen ist diese Ebene der Unterrichtsinteraktion für den Forschungsprozess also kaum zugänglich zu machen.

Mit dem Blick auf die Bedeutung der nonverbalen Anteile der Interaktion haben Heath und Hindmarsh (2002) auf die Vorzüge der technischen audiovisuellen Aufzeichnungen gegenüber den in der Ethnografie üblichen teilnehmenden Beobachtungen aufmerksam gemacht. So sei es „not possible to recover the details of talk through field observations alone, and if it is relevant to consider how people orient bodily, point to objects, grasp artefacts, and in other ways articulate an action or produce an activity, it is unlikely that one can grasp little more than a passing sense of what happened" (Heath und Hindmarsh 2002, S. 102). Gesten, Mimik, körperliche Bewegungen werden häufig unbewusst ausgeführt und wahrgenommen. Sie strukturieren soziale Interaktionen auf der Ebene des atheoretischen, inkorporierten Wissens (vgl. Bohnsack 2011). Dieser Charakter des körperlichen Ausdrucks macht ihn trotz Allgegenwärtigkeit und Bedeutsamkeit für das Soziale zu der am schwierigsten methodisch erfassbaren Komponente der sozialen Interaktion. Heath und Hinmarsch konstatieren, dass im Forschungsprozess zusätzliche Ressourcen mobilisiert werden müssten, um diesem Aspekt des Sozialen gerecht zu werden: „The tacit ‚seen but unnoticed' character of human activity and social organisation, coupled with the complexity of action and interaction, suggests that we need additional resources if we hope to explicate the details of human conduct in its ‚naturally occurring' environments" (Heath und Hindmarsh 2002, S. 103). Die Videografie ermöglicht also im Gegensatz zur teilnehmenden Beobachtung eine zuverlässigere, weil methodisch kontrollierte bzw. kontrollierbare „Rekonstruktion reziproken Gestenverhaltens, das aufgrund seiner besonderen Eigenschaften auch vom Beobachter in situ oft nur vorreflexiv wahrgenommen wird" (Kellermann und Wulf 2011, S. 29).

Für die Analyse der Multimodalität im Rahmen der Film- und Videoanalyse hat Bohnsack (2011) einen Vorschlag erarbeitet. Analog zu unseren Ausführungen zur Berücksichtigung der komplexen Zeitstruktur in der Videografieanalyse (s. Kap. 4.3.1) möchten wir uns auf diesen, für die Entwicklung einer dokumentarischen Unterrichtsforschung einschlägigen Ansatz Bohnsacks beziehen und zugleich auch hier die methodologischen und forschungspraktischen Unterschiede zwischen dessen Film- und Videoanalyse und unserem Ansatz der Videografieanalyse im Kontext der Unterrichtsforschung aufzeigen. Für Bohnsack sind Fotogramme (Standbilder/Stills) aus den zu analysierenden Videos und Filmen eine geeignete Datengrundlage, um mit der oben skizzierten Komplexität des Zusammenhangs von verbalen und nonverbalen Aspekten der Interaktion, vor allem aber mit der komplexen Simultaneität von Ereignissen umzugehen. Grundsätzlich betont er, dass ein interpretativer Zugang zu komplexen simultanen Relationen, „welcher intersubjektiv überprüfbar und das bedeutet auch: immer wieder reproduzierbar ist" (Bohnsack 2011, S. 153), eine Analyse von Fotogrammen notwendig voraussetzt.

Um die Bedeutung der Analyse von Fotogrammen für Bohnsacks Ansatz nachvollziehen zu können, ist ein Exkurs in die Grundlagen der dokumentarischen Bildinterpretation notwendig. Die Bedeutung des Bildes für die Erziehungs- und Sozialwissenschaft begründet sich demnach dadurch, dass die alltägliche Kommunikation durch Bilder und auch die Wahrnehmung sozialer Interaktion durch mentale innere Bilder konstituiert wird. Diese inneren Bilder bestimmen die Bedeutung, die wir der nonverbalen Interaktion beimessen (ebd., S. 28f.). Bohnsack betont, dass die visuelle Wahrnehmung, die durch innere Bilder bestimmt ist, vor allem auf der Ebene des konjunktiven Wissens zu suchen ist: „Die bildhafte Verständigung ist eingelassen in die stillschweigenden oder ‚atheoretischen' Wissensbestände, wie sie bei Karl Mannheim (1980) genannt werden. Diese Wissensbestände strukturieren vor allem das habituelle, das routinemäßige Handeln [...]" (ebd., S. 29). Dabei bezieht sich Bohnsack im Blick auf die Frage, wie dieses atheoretische Wissen angeeignet wird, auf das Konzept der mimetischen Aneignung Wulfs (vgl. ebd.).

Für die dokumentarische Bildinterpretation rekurriert Bohnsack auf den Kunsthistoriker Panofsky (1975), der sich als Zeitgenosse Mannheims auf dessen Wissenssoziologie bezogen hat (vgl. Bohnsack 2011, S. 15). Panofsky unterscheidet zwischen der ikonografischen und der ikonologischen Bedeutungsebene des Bildes und meint damit dieselbe Unterscheidung wie die auf Mannheim zurückgehende Leitdifferenz von immanentem Sinn und Dokumentsinn. Mit der *Ikonografie* bezeichnet Panofsky das, *was* auf einem Bild im Sinne der Commonsense-Theorien zu sehen ist, die *Ikonologie* betrifft die Frage, *wie* die soziale Wirklichkeit im Bild *hergestellt* wird (vgl. ebd., S. 30). Den ikonologischen Sinn bezeichnet Panofsky (1975) auch als ‚Habitus‘ und meint damit den Habitus der *abbildenden* Bildproduzenten bzw. -produzentinnen, das sind diejenigen, die ein Bild gemalt oder fotografiert haben (vgl. Bohnsack 2011, S. 31). Neben dem Rekurs auf Panofskys Unterscheidung zwischen ikonografischer und ikonologischer Sinnebene des Bildes beruht Bohnsacks Verfahren der Bildinterpretation wesentlich auf Imdahls Theorie der Bildanalyse (vgl. ebd., S. 32f.). Dieser betont die formale Gestaltung des Bildes, deren Analyse er als *ikonische* Interpretation bezeichnet, die sich auf die formale Komposition des Bildes bezieht. Bohnsack präferiert den Begriff der *vor-ikonografischen* Beschreibung. Dabei geht es darum, die Eigensinnigkeit *des Bildes* bei der Interpretation zu berücksichtigen und von Sinnzuschreibungen im Sinne des Commonsense abzusehen, die auf der *ikonografischen* Ebene als Vorwissen der Interpretierenden über das, was dem Bild abgebildet ist, für die Interpretation bedeutsam sind (vgl. ebd.). Kurz gefasst bedeutet das: Die Interpretation auf der ikonografischen Ebene beschreibt, „was Thema oder Sujet des Bildes ist" (ebd., S. 19), die vor-ikonografische Beschreibung „formuliert, was auf dem Bild zu sehen ist" (ebd.). Ikonografisches Vorwissen, das bei der Interpretation von Bildern bedeutsam ist, ist zum einen kommunikatives Wissen der Interpretierenden über die Institutionen, die im Bild abgebildet sind (Bohnsacks Erläuterungen beziehen sich auf das Beispiel eines Familienbildes und entsprechend auf die Institution Familie, vgl. ebd., S. 34f.), zum anderen konjunktives Wissen z. B. über die eigene Familie, die auf einem Foto zu sehen ist. Im Anschluss an Imdahl (2006) identifiziert Bohnsack (2011, S. 38f.) drei Dimensionen der Formalstruktur des Bildes als relevant für die dokumentarische Bild- bzw. Fotogrammanalyse: die *perspektivische Projektion*, die *planimetrische Ganzheitsstruktur* und die *szenische Choreografie*. Die Perspektivität bestimmt die Räumlichkeit und die Anordnung der Körper im Raum. Die planimetrische Komposition bezieht sich auf die Frage, wie die Fläche des Bildes gestaltet ist, und die szenischen Choreografie „betrifft die Bewegungen der abgebildeten Bildproduzent(inn)en, ihre räumliche Positionierung zueinander ebenso wie den Bezug ihrer Gebärden, aber auch Blicke, aufeinander" (ebd., S. 39).

Von der dokumentarischen Bild- und Filminterpretation, wie sie Bohnsack entwickelt hat, unterscheidet sich die von uns vorgeschlagene Vorgehensweise grundlegend dadurch, dass wir die Unterrichtsvideos und die Fotogramme nicht als Filme bzw. als Bilder auffassen, die von abbildenden und abgebildeten Bildproduzentinnen und -produzenten hergestellt wurden und als Film oder als Bild eine in sich abgeschlossene Bedeutung hätten. Vielmehr handelt es sich um technische, selektive Aufzeichnungen von situativen Ausschnitten einer sozialen Interaktion. Insofern liegt eine andere methodologische Bestimmung der Forschungsgrundlage vor, die Einfluss auf die Reichweite der in der dokumentarischen Bild- und

Filmanalyse entwickelten Begrifflichkeiten und Analyseschritten für die Analyse von Unterrichtsvideografien und den Forschungsgegenstand Unterricht hat.[26] Die Berücksichtigung der Multimodalität der Interaktion wird bei der Analyse von Unterrichtsvideografien in allen Forschungsschritten gewährleistet. Die Transkripte enthalten neben der Verschriftlichung der Unterrichtskommunikation auch eine Auswahl von Fotogrammen aus den Unterrichtsvideografien, auf denen die zentralen körperlichen Ausdrucksformen sowie Positionierungen und Bewegungen der Körper im Raum sichtbar werden. In der formulierenden Interpretation wird zusätzlich zur Frage, *welche* Themen besprochen werden, auch danach gefragt, *welche Tätigkeiten oder Aktionen* ausgeführt werden. Auf der Ebene der reflektierenden Interpretation geht es neben der Frage, *wie* die Themen in der sprachlichen Auseinandersetzung des Unterrichts bearbeitet werden, auch darum, *wie körperlich interagiert* wird. Während die Gesprächsanalyse ausschließlich sprachliche Elaborationen von Propositionen in den Blick nimmt, wird in der Analyse unterrichtlicher Interaktionen im Rahmen der reflektierenden Interpretation auch berücksichtigt, wenn Propositionen nonverbal gesetzt werden und auf sie nonverbal reagiert wird (in Bezug auf die unterrichtliche Ordnung z. B. das Handzeichen der Lehrperson zu Unterrichtsbeginn, mit dem signalisiert wird, dass Ruhe und Aufmerksamkeit sowie das reziproke Einkehren von Ruhe und Ausrichten der Blicke auf die Lehrperson erwartet werden) oder wenn auf verbale Propositionen durch nonverbales Verhalten reagiert wird (z. B. wenn die Schülerinnen und Schüler ihre Schulbücher hervorholen und sie aufschlagen, nachdem die Lehrperson sie dazu verbal aufgefordert hat).

Mit Bohnsack (2011) möchten wir für die Analyse der Multimodalität der Interaktion die Fotogrammanalyse als zentralen Schritt im Forschungsprozess betonen. Diese erfolgt ergänzend zur sequenziellen Analyse der Unterrichtsverläufe, die sich auf die Videografien stützt. Die unterschiedliche methodologische Bestimmung der Forschungsdaten legt es allerdings nahe, den Schritt der formalen Bildanalyse, den Bohnsack bei Imdahl entlehnt hat und der auf die Rekonstruktion der Habitus der abbildenden und abgebildeten Bildproduzentinnen und -produzenten zielt, in der Analyse von Fotogrammen nicht vorzunehmen (s. Kap. 5.2.3). Die Analyse der Fotogramme (es werden immer mehrere Fotogramme zu einer Sequenz analysiert) leistet eine genauere Beschreibung der körperlichen Ausdrucksformen und der Bezugnahmen der Akteurinnen und Akteure untereinander und ermöglicht damit die

---

26 Die Analyse der Habitus der abbildenden Bildproduzentinnen und -produzenten von Unterrichtsvideografien würde sicherlich interessante Aufschlüsse über die Orientierungen von Unterrichtsforscherinnen und -forschern hervorbringen. Solche Forschungsvorhaben wären aber der Wissenschaftsforschung und nicht einer erziehungswissenschaftlichen oder fachdidaktischen Unterrichtsforschung zuzurechnen.

Analyse der Interaktionskonstellationen und der sich in ihnen dokumentierenden inkorporierten Habitus.

Grundsätzlich kann in der Forschungspraxis zwischen der Beschreibung von Interaktionen als operativen Handlungen und als Gebärdenkomplexen unterschieden werden (Bohnsack 2011, S. 145). Beide Beschreibungsebenen haben unterschiedliche Auflösungsgrade und können im Rahmen der formulierenden Interpretation der Fotogramme und der sequenziellen Verläufe Anwendung finden (vgl. Martens et al. 2015a). Mit der Beschreibung von operativen Handlungen werden den Akteuren häufig Handlungsentwürfe und damit Intentionen und Motive unterstellt (Bohnsack 2011, S. 56). Dies ist mit den Standards der Dokumentarischen Methode nur in Kontexten zu vereinbaren, in denen Personen in gesellschaftlichen oder institutionellen Rollen handeln und ihre Handlungen mit „kommunikativ-generalisierenden Bedeutungen" (ebd.) versehen sind. Die Handlungen werden dann in der Erwartung ausgeführt, dass alle anderen (anwesenden) Akteure ihre Bedeutung verstehen und sich wiederum erwartungsgemäß dazu verhalten. Gerade im sprachlich dominierten Unterricht der Sekundarstufe sind Handlungen in hohem Maße durch die institutionalisierte, symbolisch bzw. emblematisch geordnete Praxis von Schule und Unterricht geprägt. In diesem Sinne handelt es sich beim Melden um eine operative Handlung, die im institutionellen Kontext des Unterrichts mit einer eindeutigen Bedeutung versehen ist. Darum ist es nicht zwingend notwendig, diese Handlung innerhalb der formulierenden Interpretation in ihren einzelnen Gebärden zu beschreiben, allerdings kommt dann in der Interpretation nur das rollenförmige Handeln der Akteure in den Blick, nicht aber eine möglicherweise milieu- oder habitusspezifische Art und Weise der Ausführungen der operativen Handlungen. Auch kommt in der Benennung des beobachteten Gebärdenkomplexes als „Melden" Commonsense-Wissen der Unterrichtsforscherinnen und -forscher über unterrichtliche Praktiken ins Spiel, beispielsweise alltagstheoretische oder normative Vorannahmen über die Funktion des Meldens für die Interaktion. Es besteht die Gefahr, dass diese Commonsense-Theorien die rekonstruktive Perspektive auf die Unterrichtsinteraktion überlagern.

Soll die Fotogrammanalyse dazu beitragen, jenseits des Vorwissens des/der Forschenden den Habitus des Schülers bzw. einer Schülergruppe zu rekonstruieren, muss sie zunächst quasi unterhalb des Commonsense-Wissens darüber, was auf dem Fotogramm sichtbar ist (ein Schüler meldet sich, weil er etwas zum Unterrichtsgespräch beitragen möchte; er hält sich an die vereinbarten Klassenregeln), auf die Ebene einer detaillierten Beschreibung der Gebärdenkomplexe vordringen, die zu sehen sind (ein Schüler streckt den Arm mit ausgestrecktem Zeigefinger in Richtung Lehrperson, dabei lehnt er sich mit dem Oberköper nach vorne; Daumen und Mittelfinger werden mit großer Geschwindigkeit aneinander gerieben, so dass akustisch ein Schnippen zu hören ist; die Augen sind weit geöffnet, die Lippen fest geschlossen, die Gebärden werden durch wiederholtes leises Stöhnen begleitet). In einem weiteren Schritt, im Rahmen der reflektierenden Interpretation, kann dann danach gefragt werden, welcher Habitus sich darin dokumentiert, dass dieser Schüler in diesem Moment des sequenziellen Verlaufs der Unterrichtsinteraktion auf diese Art und Weise diesen Gebärdenkomplex aufführt.

Bedingung für das Vordringen auf die Bedeutungsebene des Dokumentsinns der operativen Handlungen ist die Zerlegung der Gebärdenkomplexe in ihre einzelnen Bestandteile. Bohnsack beschreibt dies vor dem Hintergrund der Kinesik von Birdwhistell (1952). Gebärden (bei Bridwhistell Kinemorpheme) ergeben sich aus diachronen Bewegungsabläufen, aus Mustern von aufeinander folgenden Kinemen, den elementaren Einheiten der Gebärden. Insofern sei es im Analyseprozess hinnehmbar, dass Gebärden, die Bewegungen einschließen, z. B. Kopfnicken oder Kopfschütteln, bei der Zerlegung des Films in Fotogramme nur in einer bestimmten Position abgebildet werden, die möglicherweise dem semantischen Gehalt der Gebärde nicht angemessen ist (vgl. Bohnsack 2011, S. 151f.). Andererseits betont Bohnsack die Bedeutung des synchronen und simultanen Kontextes einer Bewegung oder einer Geste, die in der Fotogrammanalyse erfasst werden kann (ebd., S. 152f., im Anschluss an Heath 1997). „Es ist also der Vorteil und die Chance des Fotogramms, dass dieses uns nicht an die Rekonstruktion von ikonografischen Einheiten bindet, also nicht auf der Ebene von Handlungen verbleibt, sondern uns vielmehr den Zugang zu den ‚Kinomorphemen' im Sinne von Birdwhistell eröffnet – und als dessen Grundlage – den Zugang zum simultanen Zusammenspiel von Kinemen und somit zum modus operandi der Herstellung von Kinomorphemen und Gebärden" (ebd., S. 154). Die Analyse von Fotogrammen stellt somit eine wichtige Möglichkeit dar, in der systematischen Unterscheidung von immanentem und Dokumentsinn auf der Ebene des Visuellen die Bedeutung der Unterrichtsinteraktion auf der habituellen Ebene – jenseits der (unterstellten) Um-zu-Motive der Akteure – rekonstruieren zu können.

Aus der Forschung zu nonverbalem Verhalten ist in den vergangenen Jahrzehnten eine Vielzahl von Heuristiken und Modellen hervorgegangen, die das nonverbale Verhalten bis in sehr hohe Auflösungsgrade beschreibbar machen (vgl. z. B. Scherer 1979b). Zwar sind nonverbale Interaktionen für Unterricht, wie für alle anderen Face-to-Face-Situationen, von hoher Relevanz. Forschungspraktisch handelt es sich dabei allerdings nur um eine Ebene des Geschehens und so muss im Forschungsprojekt in Abhängigkeit von der Fragestellung und forschungsökonomischen Gesichtspunkten immer wieder neu entschieden werden, auf welchem Auflösungsgrad das nonverbale Verhalten zu beschreiben ist, inwiefern es neue, zusätzliche Erkenntnis liefert bzw. zur Erkenntnis über die untersuchte Situation beitragen kann.

4.3.3   Mensch-Ding-Assoziationen

Ausgangspunkt für unsere methodologischen und methodischen Überlegungen zur Materialität des Unterrichts ist der empirische Befund, dass Unterricht ein durch und durch materielles Geschehen ist und die Dinge eine große Bedeutung in fachlichen Lehr-Lernprozessen und in der interaktiven (Re-)Produktion sozialer Ordnungen des Unterrichts einnehmen (vgl. auch empirische Studien von Fetzer 2010; Kalthoff und Roehl 2011; Röhl 2012, 2013; Rabenstein und Wieneke 2013; Breidenstein 2015; Breidenstein und Rademacher 2017; theoretisch: Langeveld 1955; Meyer-Drawe 1999; Parmentier 2001; Stieve 2008; Nohl 2011). Aus diesem Befund ergab sich im Forschungsprozess die Frage, wie die Mitwirkung der Dinge am Unterrichtsgeschehen angemessen theoretisch beschrieben und schließlich auch im Rahmen einer dokumentarischen Videografieanalyse methodisch erfasst werden kann. Wir haben daher für die methodologische Grundlegung der dokumentarischen Unterrichtsforschung die Wissenssoziologie Mannheims mit Aspekten aus der Akteur-Netzwerk-Theorie Latours kombiniert (vgl. Asbrand et al. 2013; Martens et al. 2015b). Mannheim (1980, S. 164ff.) und Latour (2002, S. 7ff.) verbindet eine Vorstellung des Nicht-Getrenntseins von Menschen und Dingen. Mannheim hat, komplementär zum Begriff der Konjunktion (s. Kap. 2.1), der das unmittelbare Verstehen zwischen den Menschen meint, den Begriff der Kontagion geprägt, der ein unmittelbares Berührtsein zwischen Menschen und zwischen Menschen und der Natur bzw. den Dingen als Eingehen einer nichtreflexiven, nicht kommunikativen Verbindung beschreibt.[27] Latour (2002) beschäftigt sich, vor allem in ethnografischen Studien der Wissenschafts- und Technikforschung, mit Verbindungen zwischen Menschen und Dingen, die mit einer Ausweitung von Handlungsmöglichkeiten für die Menschen einhergehen, die ohne sie nicht gegeben wären. Vor dem Hintergrund dieser Beobachtung vertritt Latour die These, dass durch das Miteinander-Interagieren von Menschen und Dingen neue Akteure entstehen. Dabei ist allerdings zu beachten, dass Dinge Latour zufolge nicht unabhängig von den menschlichen Akteurinnen und Akteuren agieren, sondern nur dann Teil der Interaktionskonstellation werden, wenn sie von Menschen *rekrutiert* bzw. *mobilisiert* wurden (vgl. ebd.).

Solche Prozesse lassen sich auch vielfach im Unterricht beobachten. Erst der Umgang mit Dingen ermöglicht Lehrpersonen und Schülerinnen und Schülern bestimmte Handlungsweisen, z. B. bei der Veranschaulichung in Vermittlungs-

---

27   Die theoretische Verknüpfung von Mannheim und Latour, auch hinsichtlich der Bedeutung des Begriffs der Kontagion, wurde bereits von Schäffer (2001) und Nohl (2011) herausgearbeitet, allerdings nicht in Bezug auf Unterricht.

prozessen oder in fachlichen Aneignungsprozessen. In Dingen wie Büchern, Arbeitsblättern, von Schülerinnen und Schülern beschriebenen Zetteln, Filmen oder Anschauungsobjekten materialisieren sich fachliche Inhalte. Die Dinge bestimmen also die Konstruktion sowie Vermittlung und Aneignung fachlichen Wissens (mit): Arbeitsergebnisse lassen sich häufig nur in Assoziation mit Stiften und Papier festhalten, ohne Schulbibliothek ist keine Recherche in Sachbüchern und Lexika möglich, naturwissenschaftliche Experimente bedürfen entsprechender Gerätschaften, chemischer Substanzen oder biologischer Präparate, ohne Computer kann keine Internetrecherche durchgeführt werden. Genauso werden die sozialen Ordnungen des Unterrichts in materiellen Artefakten repräsentiert. Tische, Stühle, Garderobenständer, Regale und Schränke, Eigentumsfächer der Schülerinnen und Schüler oder Tafeln mit Klassendiensten und Gesprächsregeln unterstützen die Etablierung und die Reproduktion der unterrichtlichen Ordnung – ebenso ist zu beobachten, dass z. B. persönliche Dinge der Schülerinnen und Schüler an der Entstehung und Stabilisierung peerkultureller Ordnungen beteiligt sind.

Forschungspraktisch ist es mit den Latour'schen Begriffen möglich, im Rahmen der formalen Analyse der Interaktionsordnung zu beschreiben, auf welche Weise sich die Menschen und die Dinge in Situationen verbinden, und zu rekonstruieren, was sich im Gebrauch und im Umgang mit den Dingen dokumentiert. Im Forschungsprozess wird in der formulierenden Interpretation in Bezug auf die am Unterricht beteiligten Dinge danach gefragt, *welche* Artefakte in die Interaktion rekrutiert werden und *was* die Menschen mit ihnen tun (s. Kap. 5.2.2). Im Rahmen der reflektierenden Interpretation geht es darum, *wie die neuen Aktanten (Mensch-Ding-Assoziationen)* entstehen, *wie* sie miteinander agieren und was sich darin auf der Ebene der inkorporierten, habituellen Praktiken dokumentiert (s. Kap. 5.2.3).

In unserer Forschungspraxis hat es sich als praktikabel erwiesen, die von Latour (2002, S. 211 ff.) beschriebenen *Formen der Assoziation* von Menschen und Dingen in die sequenzielle Analyse der Dokumentarischen Methode zu integrieren, um die Bezugnahme und Interaktion der am Unterricht beteiligten Menschen mit Dingen aller Art in der empirischen Rekonstruktion der Interaktionsorganisation des Unterrichts zu berücksichtigen.

In der *Interferenz*, einer von vier möglichen Vermittlungsformen von Mensch und Ding, geschieht eine Veränderung des Handelns in Form einer Übersetzung. Darunter versteht Latour „eine Verschiebung, Drift, Vermittlung und Erfindung, es ist die Schöpfung einer Verbindung, die vorher nicht da war und die beiden ursprünglichen Elemente oder Aktanten in bestimmtem Maße modifiziert" (ebd., S. 217f.). Dabei ist die Interferenz bzw. Übersetzung diejenige Vermittlungsform, die prozesshaft in der Interaktion entsteht, beispielsweise wenn sich ein Schüler mit einem Stift assoziiert und mit dem Aufschreiben eines Arbeitsergebnisses einen Gruppenarbeitsprozess konkludiert. Mit diesem einfachen Beispiel wird deutlich, dass die Mensch-Ding-Assoziation aus Schüler und Stift in Form eines „Schreibenden" zu einem neuen Akteur im Unterrichtsgeschehen wird. Im Sinne Latours legt der Stift zum einen eine bestimmte Benutzung nahe, die durch seine Rekrutierung auch enaktiert wird. Zum anderen wird hier deutlich, dass der Stift die Handlungsmöglichkeiten des Schülers ausweitet und ihm die Erledigung der schulischen Aufgaben in der vorgesehenen Form erst ermöglicht.

Eine weitere Form der Assoziation, die nicht prozesshaft in der Interaktion entsteht, sondern der Interaktion vorausgeht, und die, wie sich empirisch zeigt, für die Analyse von Unterricht sehr relevant ist, ist die *Delegation* (vgl. ebd., S. 219ff.). In Prozessen der Delegation wird das „Handlungsprogramm" (ebd., S. 229) von abwesenden Personen auf Dinge übertragen, die an der aktuellen Interaktion beteiligt sind. Somit ermöglichen Delegationen zeitliche und räumliche Verschiebungen menschlichen Handelns auf stellvertretend handelnde Dinge (vgl. ebd.). Mit der Rekonstruktion von Delegationen kann die Bedeutung der Interaktion zeitlich vorausgegangener und nicht anwesender Mensch-Ding-Assoziationen herausgearbeitet werden, z. B. das Erstellen eines Arbeitsblattes im Rahmen der Unterrichts*vorbereitung.* Eine im Unterricht sehr häufige Form der Assoziation mit Dingen ist die Delegation von fachlichem Wissen, Unterrichtsinhalten und Aufgabenstellungen an Unterrichtsmaterialien oder Schulbücher. Die delegierenden Menschen sind dann häufig nicht die Lehrpersonen, die im Unterricht agieren, sondern (abwesende) Schulbuchautorinnen und -autoren oder eine Kollegin, die z. B. in der Parallelklasse unterrichtet und von der eine Lehrperson ein Arbeitsblatt übernommen hat. Sofern die unterrichtende Lehrperson das Arbeitsmaterial selbst hergestellt hat, trifft zumindest das Kriterium der zeitlichen Verschiebung von Bedeutungsgebung und Teilhabe des Artefakts an der Interaktion zu. In der Analyse der Unterrichtsvideografien zeigt sich, dass Interferenz und Delegation auch häufig gemeinsam auftreten, so auch in den unten dargestellten Beispielen. Als Interferenz lässt sich z. B. die Beschäftigung von Schülerinnen und Schülern mit einem Arbeitsblatt in der Unterrichtsinteraktion verstehen. Die Delegation besteht darin, dass Aufgabenstellungen und fachliche Inhalte mit propositionalem Gehalt vor Beginn der Unterrichtsinteraktion durch den Autor oder die Autorin der Unterrichtsmaterialien mit dem Papier assoziiert wurden. Diese häufig zu beobachtende Form der Delegation, beispielsweise auch in der Sequenz „Fragen formulieren" (s. Kap. 5.3.2), hat die Funktion, die Unterrichtssituation von ausführlichen Erläuterungen der Lehrperson zu den Aufgabenstellungen und/oder den unterrichtlichen Inhalten zu entlasten (zur Funktion von Arbeitsblättern im Unterricht vgl. z. B. auch Huf 2006; Budde 2013).

Blackboxing bedeutet, dass Handlungen durch Maschinen ermöglicht werden, deren Arbeitsweise nicht durchschaubar ist (Latour 2002, S. 222ff.). Im Unterricht tritt Blackboxing zum Beispiel beim Einsatz von Overheadprojektoren, Beamern und Whiteboards, bei jeglicher Benutzung von Computern, aber auch in Form von Durchsagen der Schulleitung in die Klassenräume oder beim Läuten des Pausengongs auf. Die Mensch-Ding-Assoziation, die den neuen Akteur generiert hat, liegt im Fall des Blackboxing in der Vergangenheit und zumeist außerhalb der beobachteten Interaktion, nämlich dort, wo ein Ingenieur z. B. die Technik eines Overheadprojektors entwickelt bzw. das Gerät in einer Fabrik hergestellt wurde. In der Analyse der Unterrichtsinteraktion interpretieren wir die zweifellos durch die Mensch-Ding-Assoziation des Blackboxing erweiterten Handlungsmöglichkeiten allerdings in der Regel als Interferenz, nämlich als Benutzung eines Overheadprojektors durch eine Lehrperson oder als Interaktion von Schülerinnen und Schülern mit einem Computer. Denn die „Blackbox" Computer wird für die Unterrichtsinteraktion erst relevant, wenn sie in diese rekrutiert wurde. Die Assoziation mit den Dingen ist also in verschiedenen Interaktionskonstellationen relevant, alle Akteurinnen und Akteure des Unterrichts, Lehrpersonen wie Schülerinnen und Schüler rekrutieren Artefakte in die Interaktion und in vielen Fällen macht die Berücksichtigung des Dinggebrauchs in der Interpretation einen wesentlichen Unterschied bei der Rekonstruktion der habituellen Praktiken der Beteiligten (Asbrand et al. 2013, Martens et al. 2015a, b).

Im Folgenden werden wir Formen der Assoziation anhand von Beispielen aus der dokumentarischen Interpretation von Unterrichtsvideografien illustrieren. Unseres Erachtens machen die Beispiele deutlich, wie notwendig es ist, die Dinge und den Umgang der menschlichen Akteurinnen und Akteure mit den Artefakten in ihrer Bedeutung für die Interaktionskonstellationen bei der Interpretation zu berücksichtigen.

Ein Beispiel für eine *Interferenz* und eine *Delegation* ist die Assoziation der Lehrerin mit dem Bewertungsbogen in der Sequenz „Feedback" (s. Interpretationsbeispiel in Kap. 5 3.1). In dieser Sequenz stehen ein Bewertungsbogen sowie die Ausführungen der Lehrerin zu gegenseitigem Feedback, das sich die Schülerinnen und Schüler im Anschluss an die von ihnen gehaltenen Referate geben sollen, sowohl thematisch als auch performativ im Mittelpunkt der Interaktion. In der Analyse der Sequenz zeigt sich für die Lehrerin eine Inkonsistenz zwischen Orientierungsschema und -rahmen. Auf der Ebene der Schemata bzw. des kommunikativen Wissens wird eine Orientierung an Eigenverantwortung und Selbsttätigkeit der Schülerinnen und Schüler deutlich. Diese steht in Widerspruch zu einer instruktivistischen und transmissiven Orientierung, die sich auf der Ebene der Rahmen bzw. des inkorporierten Habitus dokumentiert. Dieses Spannungsverhältnis zeigt sich auch in dem Bewertungsbogen und dem Umgang der Lehrerin mit diesem: Der Bogen ist vordergründig, auf der Ebene des kommunikativen Wissens, ein methodisches Hilfsmittel für eine selbstständige Feedbackpraxis der Schülerinnen und Schüler, die auf deren Verantwortung für den Lernprozess setzt.

Abb. 4.6   Assoziation der Lehrerin mit dem Feedbackbogen im Modus der Interferenz

In der dokumentarischen Interpretation des Umgangs der Lehrerin mit dem Bogen lässt sich allerdings auf der Ebene der habitualisierten Handlungen eine lehrerzentrierte Praxis rekonstruieren, in der die Bewertungskriterien der Lehrerin und die schulischen Erwartungen an die Leistungsbewertung an den Bogen *delegiert* sind: Die Handhabung des Bogens wird durch die Lehrerin kleinschrittig erläutert und das Verfahren für die bevorstehende Bewertung der Referate wird durch sie bestimmt. Von den Schülerinnen und Schülern wird lediglich die Ausführung der Vorgaben erwartet. Schließlich wird auf einer abstrakteren Ebene die gegenseitige Bewertung der Schülerinnen und Schüler mithilfe des Feedbackbogens wiederum zum Gegenstand der Leistungsbewertung durch die Lehrerin, womit die traditionelle asymmetrische Struktur des Unterrichts (hier in der Ausprägung einer Lehrpersonenzentrierung) aufrechterhalten wird. Mit dem Feedbackbogen, der all das repräsentiert, was das ambivalente Orientierungsmuster der Lehrerin ausmacht, geht die Lehrerin in der Sequenz eine enge körperliche Verbindung ein, indem sie ihn über einen längeren Zeitraum vor ihrem Körper hält und sich immer wieder, während sie spricht, mit Blicken und Gesten darauf bezieht (s. Abb. 4.6; die detaillierte Interpretation des Fotogramms ist in Kap. 5.3.1 abgedruckt). In der Verbindung der Lehrerin mit dem Bogen und in der Positionierung ihres Körpers und des Bogens im Zentrum des Raumes dokumentiert sich auch auf der Ebene des Körperlichen und in der Assoziation mit dem Ding der instruktivistische Habitus der Lehrerin. Sie ist mit dem Blatt Papier für die Dauer der Sequenz mehr oder weniger unbeweglich an einem zentralen Platz im Raum positioniert, das Papier befindet sich auf Kopfhöhe der Schülerinnen und Schüler und ist somit für diese gut sichtbar, während die Schülerinnen und Schüler eine gleichförmige körperliche Haltung einnehmen, sitzend an Tischen und Stühlen, in Reihen angeordnet, und – von einer Ausnahme abgesehen – in die gleiche Richtung blickend. Die Positionierung der Körper im Raum, die sich durch die Anordnung der Tische und die Positionierung der Mensch-Ding-Assoziation, die die Lehrerin mit dem Papier eingegangen ist, ergibt, dokumentiert eine Differenz zwischen den Schülerinnen und Schülern und der Lehrerin. Letztere ist die einzige Person im Raum, die von allen anderen Personen angeschaut werden kann, und die einzige Person, die in die Gesichter von allen anderen Personen schauen kann. Dies verschafft ihr eine hervorgehobene Position in der Interaktionskonstellation und die Möglichkeit, die Kommunikation im Raum zu bestimmen.

In der Analyse der Sequenz „Fragen formulieren" (s. Kap. 5.3.2) wird die Relevanz des Dinggebrauchs für das fachliche Lernen der Schülerinnen und Schüler offensichtlich. Es zeigt sich, wie wichtig es für die Interpretation ist, den Umgang mit den Artefakten in der Interpretation zu berücksichtigen. Auch in dieser Sequenz sind u. a. Mensch-Ding-Assoziationen beobachtbar, bei denen eine Aufgabenstellung und die inhaltliche Strukturierung des Unterrichtsgegenstands an ein Arbeitsblatt und weitere Arbeitspapiere für die Hand der Schülerinnen und Schüler delegiert sind. In dem Interpretationsbeispiel wird die Interaktion einer Schülergruppe während einer Gruppenarbeitsphase analysiert. Bei der Analyse des Transkripts der verbalen Kommunikation ist zunächst augenfällig, dass die Schüler sehr viel Zeit auf peerbezogene Interaktionen verwenden, auf Späße und gegenseitige Neckereien, die in einer Nebenbeschäftigung mit dem Aufnahmegerät ihren Ausgang haben. Auf den ersten Blick und bei vorrangiger Analyse der verbalen Kommunikation, d. h. unter der Bedingung der Nichtbeachtung des Umgangs mit den Dingen, scheint es fraglich, ob die Schüler überhaupt dazu kommen, die Aufgabenstellung zu bearbeiten. Unter Hinzuziehung der Analyse der nonverbalen Aktionen im Rahmen der sequenziellen formulierenden Beschreibung und reflektierenden Interpretation des Videos zeigt sich allerdings, dass in der Zeit, in der die Schüler auf der Ebene der sprachlichen Kommunikation beinahe ausschließlich die Späße rund um das

Aufnahmegerät vorantreiben, die Mehrheit der Gruppenmitglieder über einen ebenso langen Zeitraum mit den Arbeitsblättern beschäftigt ist. Ein Schüler kümmert
sich zunächst um das Verteilen und Sortieren der Blätter (Abb. 4.7), anschließend
sind die Gruppenmitglieder mehrheitlich über mehrere Minuten mit den Köpfen
über die Tische gebeugt, auf denen die Blätter liegen, in denen sie offensichtlich
lesen (Abb. 4.8). Erst unter Berücksichtigung der im Video beobachtbaren Mensch-
Ding-Assoziationen lässt sich also verstehen, weshalb diese Gruppe, die auf den
ersten Blick vollständig durch die peerbezogene Interaktionen abgelenkt scheint,
am Ende der Gruppenarbeitsphase dennoch zu einem Arbeitsergebnis kommt.

Abb. 4.7   Sortieren und Verteilen der Blätter

Abb. 4.8   Beschäftigung mit dem Arbeitsblatt

Mit dem folgenden Unterrichtsbeispiel möchten wir die Bedeutung und die Analyse
der *Materialität unterrichtlicher Ordnung* veranschaulichen. Eine weitere Form der
Delegation, die im Unterricht immer wieder zu beobachten ist, ist *die Delegation*

lernkultureller Ordnungen an die Dinge. Die Anwesenheit der tatsächlich ordnenden Personen bzw. ordnende Maßnahmen der anwesenden Personen ist durch die Delegation an die Dinge nicht zwingend erforderlich und die delegierten Ordnungen bleiben zeitlich und von den konkreten Akteurinnen und Akteuren unabhängig wirksam. Die Dinge unterstützen in diesem Sinne also den reproduktiven und stabilisierenden Charakter von Ordnungsbildungen. Die folgenden Fotogramme repräsentieren Mensch-Ding-Assoziationen, die jeweils spezifische Formen unterrichtlicher bzw. lernkultureller Ordnung erzeugen. Sie stammen aus dem fünften Jahrgang eines Gymnasiums und einer Gemeinschaftsschule (ausführliche Interpretationen vgl. Martens et al. 2015a; Petersen 2015).

Abb. 4.9 Sitzordnung „Morgenkreis" am Gymnasium

Das erste Fotogramm zeigt eine Szene aus dem Unterricht in einem Gymnasium (Abb. 4.9). Dinge und Menschen haben sich in einer Sitzordnung zu einer dauerhaften sozialen Ordnung verbunden, die – das zeigen längerfristige Beobachtungen in dieser Klasse (vgl. Petersen 2015) – nicht an jedem Morgen aufs Neue ausgehandelt werden muss, sondern die sich unabhängig von der konkreten Schulstunde, vom jeweiligen Unterrichtsfach oder von der gerade unterrichtenden Lehrperson aktualisiert. Das Video, aus dem das Fotogramm ausgeschnitten wurde, wurde aufgenommen, als in der Klasse gerade ein Gesprächskreis abgehalten wurde, in dem die Schülerinnen und Schüler an einem Montagmorgen von ihren Erlebnissen am Wochenende erzählen sollten. Die auf Dauer angelegten Mensch-Ding-Konfigurationen machen in diesem Fall eine Unterscheidung von Unterrichtsphasen auf der visuellen Ebene unmöglich, Morgenkreise finden in dieser Klasse im selben Setting statt wie fachliche Unterrichtsgespräche oder Lehrer/in-Vorträge. Sitzordnungen und die in ihnen eingelagerte soziale Ordnung erweisen sich damit als ein lernkulturell entscheidender Faktor. Anhand zweier Aspekte lässt sich die lernkulturelle Rahmung, die sich in den Mensch-Ding-Assoziationen dieses Unterrichts zeigt, zusammenfassen:

1. *Vereinzelung:* Die Tische der Kinder sind als Einzeltische konstruiert, deren Arbeitsfläche in der Höhe sowie im Neigungswinkel verstellt werden kann; dadurch legt das Möbel eine Anpassung an individuelle Bedürfnisse des daran Sitzenden nahe. Durch die Umsetzung dieser Möglichkeit (vgl. der Tisch in der Bildmitte) entfaltet der Tisch seine volle Funktionalität als Einzelarbeitsplatz und die dadurch entstandene Mensch-Ding-Assoziation wird zeitlich auf Dauer gestellt. Zwar ist durch die Möblierung des Klassenraums mit Einzeltischen Mobilität und Flexibilität möglich, gleichzeitig machen es die individuellen Einstellungen der Tische notwendig, dass die Kinder immer „ihren" Tisch zurückerhalten. Die verbindliche, langfristige Assoziation zwischen Kind und Tisch schränkt die Flexibilität insgesamt ein – wie auch die Beibehaltung der Sitzordnung während des Morgenkreises zeigt.

2. *Ambivalente Sitzordnung:* Die Einzeltische sind in U-Form angeordnet, allerdings sind aufgrund der Raumgröße einige Tische auch innerhalb des U aufgestellt und auf die Tafel ausgerichtet. Dadurch werden die Möglichkeiten der Kommunikation und des Blickkontakts, die eine U-Aufstellung den Schülerinnen und Schülern untereinander ermöglicht, eingeschränkt. Die Modifizierung der U-Form zeigt die Inkonsistenzen von Orientierungsschema und Orientierungsrahmen der Mensch-Ding-Assoziation zwischen der Lehrerin und dem Mobiliar innerhalb der unterrichtlichen Ordnung: Die auch durch die Lehrperson explizit formulierte pädagogisch-didaktische Intention der U-Aufstellung, eine Reziprozität des Blicks zu ermöglichen (alle sollen sich „gut angucken können"), wird in dieser Sitzordnung nicht performativ umgesetzt, sondern verbleibt auf der kommunikativen Ebene. Während für die Schülerinnen und Schüler, die die U-Form bilden, noch multiple Bezugspunkte innerhalb des Raums möglich sind, dokumentiert sich in der Abweichung von dieser Sitzordnung durch die Tischaufstellung innerhalb des U die klare Dominanz eines einzelnen Bezugspunkts: die Tafel und die Lehrperson. Dieser Bezugspunkt kann damit auch als zentral für die gesamte Lerngruppe angesehen werden.

Abb. 4.10 Morgenkreis an der Gemeinschaftsschule mit Puppe „Herbert"

An einer Gemeinschaftsschule, in der dieses Fotogramm (Abb. 4.10) aufgenommen wurde, sind Prozesse der Delegation der unterrichtlichen Ordnung an das Mobiliar ebenfalls zu beobachten. Die Morgenkreissituation wird hier anders als an dem beobachteten Gymnasium durch die Umgestaltung bzw. Neuordnung der die Sitzordnungen bildenden Mensch-Ding-Assoziationen allerdings immer wieder neu hergestellt. Charakteristisch ist der den Unterrichtsphasen entsprechende Wechsel der Mensch-Ding-Konstellationen und der damit hergestellten Kongruenz von Unterrichtsarrangement und dessen pädagogisch-didaktischer Funktion. Auch hier können zwei Aspekte der lernkulturellen Rahmung bereits auf der Ebene der beobachteten Mensch-Ding-Konfigurationen rekonstruiert werden:

1. *Herstellen von Gemeinschaft*: An die Aufgabe und die Performanz, einen Stuhlkreis herzustellen, in dem sich alle gegenseitig ansehen können, ist das lernkulturelle Moment der Vergemeinschaftung delegiert. Dies zeigt sich homolog auch in anderen Unterrichtssequenzen aus dieser Schule. Die Kind-Stuhl-Assoziationen stabilisieren hier die soziale Ordnung für die Phase des Sitzkreises, die auch kommunikativ durch den Lehrer eingefordert wurde. Die Konstituierung des Sitzkreises schafft die Bedingungen der Möglichkeit, dass sich Lehrer und Schülerinnen und Schüler aufeinander beziehen bzw. sich einem bestimmten Ereignis innerhalb des Kreises zuwenden können (vgl. Martens et al. 2015a; Petersen 2015).

2. *Routinierung sozialer Regeln:* Die Aufmerksamkeit der Schülerinnen und Schüler ist während der Einführung der Gesprächsregeln und der Funktion der kleinen Stoffpuppe „Herbert" durch die Lehrperson ganz auf die Puppe gerichtet, die der

Lehrer in der Hand hält. Zwar erläutert er die Regeln für die Kommunikation im Gesprächskreis (sprechen darf nur, wer die Puppe Herbert in der Hand hat, wer Rückfragen oder Kommentare zum Erzählten hat, muss sich melden) – diese Explizitheit deutet darauf hin, dass sich die Gesprächsregeln erst etablieren –, gleichzeitig aber wird die Funktion von „Herbert" innerhalb der Gesprächsordnung nicht ausführlich thematisiert. Der Lehrer rekurriert auf die Puppe, um die Möglichkeit von deren Nichtgebrauch zu skizzieren, indem man „Herbert" nämlich weitergibt, wenn man nicht erzählen möchte. Dies und auch der nachfolgende Umgang mit der Puppe zeigen an, dass die Funktion der Puppe als Markierung für das Rederecht in der Runde bekannt und anerkannt ist. Sobald sich ein Schüler bzw. eine Schülerin mit der Puppe im Modus der *Interferenz* assoziiert, wird er oder sie innerhalb des Gesprächskreises zu einem legitimen Sprecher/einer legitimen Sprecherin. In der beobachteten Gesprächssituation zeigt sich, dass diese Regel nicht nur für die Schülerinnen und Schüler gilt: In dem Moment, in dem der Lehrer mit seinen einleitenden Worten einsetzt, nimmt er „Herbert" und hält ihn sichtbar in der Hand, entsprechend beendet er seine Ausführungen in dem Moment, in dem er die Puppe weitergibt. Insofern lässt sich in diesem Arrangement ein hohes Maß an Konsistenz zwischen kommunikativer und performativer Ebene bzw. zwischen Orientierungsschema und -rahmen im Handeln des Lehrers feststellen. In der Verwendung der Puppe durch die Schülerinnen und Schüler zeigt sich, dass die delegierte Bedeutung der Puppe enaktiert wird, indem die Gesprächsregeln nonverbal durch die Weitergabe, die jeweilige Neuassoziation zwischen Puppe und Schülerin/Schüler, aktualisiert werden und nicht immer wieder verbal in Erinnerung gerufen werden müssen (vgl. Martens et al. 2015a; Petersen 2015).

4.3.4 Passungsverhältnisse

Den theoretischen und empirischen Hintergrund für dieses Kapitel bildet die besondere Sozialstruktur des Unterrichts und die besondere Form der Unterrichtsinteraktion, die durch eine asymmetrische und komplementäre Rollenverteilung zwischen der Lehrperson einerseits und den Schülerinnen und Schülern andererseits gekennzeichnet ist (s. Kap. 4.2.1). Die Asymmetrie und Komplementarität der Unterrichtsinteraktion ist uns in unseren eigenen empirischen Analysen der Interaktionsorganisation des Unterrichts als Auffälligkeit immer wieder bewusst geworden. In einem Prozess der abwechselnden empirischen und theoretischen Reflexion (vgl. z. B. Jackson 1968; McHoul 1978; Mehan 1979; Rehbock 1981; Streeck 1983; Voigt 1984; Kalthoff 1995; Meyer und Jessen 2000; Luhmann 2002;

Breidenstein 2006; Huf 2006) haben wir für die Analyse von Unterricht mit der Dokumentarischen Methode eine Umgangsweise mit diesem strukturierenden Phänomen der Unterrichtsinteraktion erarbeitet. Diese Weiterentwicklung betrifft vor allem die formale Analyse der Interaktionsorganisation, hat aber auch weitere methodische und unterrichtstheoretische Implikationen.

In unserer Forschungspraxis der dokumentarischen Interpretation von Unterrichtsvideografien wurde deutlich, dass die bisher eingeführten Modi der Interaktionsorganisation (Przyborski 2004, s. dazu Kap. 3.2.3) nicht ausreichen, um die Interaktionskonstellationen, die sich empirisch im Material zeigen, angemessen zu beschreiben. In der Unterrichtsinteraktion zeigen sich immer wieder Muster, die im Rahmen der dokumentarischen Gesprächsanalyse methodologisch so noch nicht beschrieben wurden. Wiederholt begegneten wir in der formalen Analyse der Interaktionsorganisation in den Unterrichtsvideografien Sequenzen, die auf den ersten Blick den Eindruck eines antithetischen Verlaufs machten, aber es konnten keine Synthesen gefunden werden, in denen sich ein geteilter Orientierungsrahmen der Beteiligten hätte dokumentieren können. Als divergente oder gar oppositionelle Interaktionen ließen sich die Interaktionseinheiten allerdings auch nicht einordnen, obwohl sich für Lehrpersonen und Schülerinnen und Schüler offensichtlich differente Orientierungsrahmen rekonstruieren ließen, denn die Interaktionen verliefen reibungslos und typische rituelle Konklusionen (Themenverschiebungen, Metakommunikationen) fanden wir auch nicht. Stattdessen werden die Interaktionseinheiten einvernehmlich abgeschlossen, dies sind üblicherweise Hinweise auf einen geteilten Orientierungsrahmen der Beteiligten. Die Einvernehmlichkeit der Interaktion lässt es unangemessen erscheinen, die hier aufeinandertreffenden Orientierungsrahmen als inkongruent, d. h. als einander ausschließend zu bezeichnen. Solche Interaktionen, die nicht auf geteilten Orientierungsrahmen basieren, aber auch nicht durch Rahmeninkongruenzen, durch Abbrüche der Interaktion, Fremdrahmungen und rituelle Konklusionen gekennzeichnet sind, die mögliche Rahmeninkongruenzen verschleiern würden, nennen wir *komplementär* und schlagen zur Bezeichnung des Verhältnisses der unterschiedlichen, aber aufeinander bezogenen Orientierungsrahmen den Begriff der *Rahmenkomplementarität* vor (Martens und Asbrand 2017). Den *komplementären Interaktionsmodus*, der u. E. der Spezifik der institutionell gerahmten und asymmetrisch organisierten Interaktionsstruktur des Unterrichts Rechnung trägt, rechnen wir den exkludierenden Modi zu, da für die Beteiligten kein gemeinsamer Orientierungsrahmen rekonstruiert werden kann (ebd.).

Die empirischen Analysen in den unterschiedlichen Forschungsprojekten unserer Arbeitsgruppe haben gezeigt, dass die *Differenz von Lehrer- und Schülerhabitus* als eine Grundstruktur von Unterricht betrachtet werden kann. Dies ist der

Wirksamkeit unterschiedlicher konjunktiver Erfahrungsräume im Unterricht und ihrer polykontexturalen Überlagerung geschuldet (vgl. ebd.). Die unterschiedlichen Orientierungsrahmen von Lehrpersonen einerseits und Schülerinnen und Schülern andererseits emergieren in geteilten und nicht geteilten konjunktiven Erfahrungsräumen und überlagern sich in der Unterrichtsinteraktion mehrdimensional. Beispiele für solche Erfahrungsräume, die auch für die Unterrichtsforschung relevant werden können, sind Milieu, Generation oder Geschlecht. Eher auf einer mittleren Ebene der Abstraktion liegen Erfahrungen, die Schülerinnen und Schülern bzw. Lehrpersonen in einer bestimmten Fachkultur oder in Schulformen gemeinsam sind. Darüber hinaus können auch spezifische kollektive Erfahrungen einer bestimmten Lerngruppe mit bestimmten Lehrpersonen oder Lehr-Lernarrangements (z. B. Projektunterricht) rekonstruiert werden. Diese potenziell unterrichtsrelevanten Erfahrungsräume oder auch „Kontexturen" (Vogd 2011, S. 29) schließen sich gegenseitig nicht aus, sondern überlagern sich im Sinne einer *Polykontexturalität* (Luhmann 1984; Vogd 2011) mehrdimensional. Die soziale Realität, z. B. die eines Schülers bzw. einer Lehrperson im Unterricht, kann als „Schnittmenge mehrerer gleichzeitig wirkender genetischer Prinzipien begriffen werden" (Vogd 2011, S. 41). Neben dem Umstand, dass sich die konjunktiven Erfahrungen selbstverständlich im Blick auf einzelne Personen oder Gruppen mehrdimensional überlagern und zwischen den Individuen und Gruppen unterscheiden (vgl. Bohnsack 2013; 2014; s. Kap. 2.3), ist eine Besonderheit des Unterrichts die notorische Differenz zwischen den Habitus von Lehrpersonen und Schülerinnen und Schülern, die sich aus der Polykontexturalität der Interaktion ergibt. Zwar sind verschiedene Erfahrungsräume sowohl für Lehrpersonen als auch für Schülerinnen und Schüler relevant, aber nicht zwangsläufig als von Lehrpersonen *und* Schülern bzw. Schülerinnen *geteilte* Erfahrungen, sondern vielmehr als in *unterschiedlicher Weise* bedeutsam. Lehrpersonen und Schüler bzw. Schülerinnen haben zu den Kontexturen, die die Unterrichtsinteraktion strukturieren, u. U. *andere* bzw. *begrenzte* Zugänge auf der Ebene der konjunktiven Erfahrungen. Beispielsweise ist die Unterrichtsinteraktion u. a. durch peerkulturelle Kontexturen strukturiert, die für Schülerinnen und Schüler(-gruppen) sehr relevant sein können, zu denen Lehrpersonen aber keinen Erfahrungszugang haben. Umgekehrt sind die für den Unterricht relevanten Habitus der Lehrpersonen beispielsweise durch spezifische konjunktive Erfahrungen der Lehrerprofession, durch einzelschulspezifische Besonderheiten der Kooperation im Kollegium oder durch ihren fachwissenschaftlichen, fachdidaktischen oder bildungswissenschaftlichen Hintergrund bestimmt (vgl. auch Bremer und Lange-Vester 2014) – Erfahrungen, die Schülerinnen und Schüler nicht teilen. Manche für die Unterrichtsinteraktion relevante Kontexturen können zwar sowohl für Lehrpersonen als auch für Schülerinnen und Schüler bedeutsam sein, allerdings auf *unterschiedliche*, je spezifische Weise. Zum Beispiel können die Zugehörigkeit zum „Organisationsmilieu" (Nohl 2007) einer Einzelschule oder schulformspezifische Erfahrungen für Lehrpersonen Aspekte des Erfahrungsraums „Profession" darstellen (vgl. auch Nohl und Somel 2016, S. 108ff.). Für Schülerinnen und Schüler bestimmen schulformenspezifische Erfahrungen den Erfahrungsraum Unterricht eher im Sinne einer „Lernkultur", das Organisationsmilieu der Einzelschule wird für sie möglicherweise durch die Erfahrung schulkulturell geprägter pädagogischer Ordnungen (vgl. Helsper 2008; Helsper und Hummrich 2008) bedeutsam, aber nicht als Kontext für professionelles Handeln. Sowohl Lehrpersonen als auch Schülerinnen und Schüler verfügen über gegenstandsbezogene konjunktive Erfahrungen in Bezug auf die fachlichen Unterrichtsgegenstände (vgl. Asbrand und Nohl 2013), aber es ist für Unterricht und das fachliche Lernen geradezu notwendig, dass sich diese unterscheiden.

Zwar stellt auch der Unterricht selbst einen Raum für die Genese konjunktiver Erfahrungen dar und kann ein geteilter gruppenspezifischer Erfahrungsraum für die Lehrpersonen und Schülerinnen und Schüler werden (vgl. Wagner-Willi und Sturm 2012). Allerdings sind in Abhängigkeit vom wissenschaftlichen Erkenntnisinteresse, insbesondere wenn die fachlichen Aneignungsprozesse oder andere (fach-)didaktische Fragestellungen im Fokus der Forschung stehen, immer auch differente, sich mehrdimensional überlagernde konjunktive Erfahrungen der Lehrpersonen und der unterschiedlichen Schülerinnen und Schüler relevant. Insbesondere wenn auch die Fachlichkeit des Unterrichts bzw. die fachlichen Lernprozesse der Schülerinnen und Schüler untersucht werden, ist es wichtig, zwischen den Orientierungsrahmen der Lehrpersonen und der Schülerinnen und Schüler, zwischen Aneignung und Vermittlung bzw. den unterschiedlichen fachlichen bzw. gegenstandsbezogenen konjunktiven Erfahrungen, zu differenzieren.

Empirisch zeigt sich, dass sich die differenten Orientierungsrahmen von Lehrpersonen einerseits und Schülerinnen und Schülern andererseits in der Unterrichtsinteraktion häufig nicht divergent oder oppositionell, also einander ausschließend, zueinander verhalten, sondern ein komplementäres Verhältnis bilden, wobei sich die Komplementarität als *Passung* oder als *Rekontextualisierung* rekonstruieren lässt. Was das bedeutet, soll im Folgenden anhand des Interpretationsbeispiels der Sequenz „Fragen formulieren" (s. Kap. 5.3.2) illustriert werden.

Der Unterricht ist in Form selbstständigen Arbeitens an einer längerfristigen Aufgabe strukturiert, bei der die Schülerinnen und Schüler eine fachliche Problemstellung bearbeiten, sich zu dem Unterrichtsgegenstand fachliche Expertise erarbeiten und schließlich für das Problem eine Lösung entwickeln sollen (vgl. Martens 2014; Kater-Wettstädt 2015). Am Beginn der Sequenz formuliert die Lehrerin den Arbeitsauftrag für die nachfolgende Gruppenarbeitsphase und bezieht sich dabei auf ein Arbeitsblatt, das, während die Lehrerin spricht, an die Schülerinnen und Schüler ausgeteilt wird. Da die Schülerinnen und Schüler gleichzeitig einige fotokopierte Fachtexte und eine Linkliste für die sich anschließende Recherchephase erhalten, gilt es, einen größeren Stapel ungehefteter Blätter zu verteilen. Der Arbeitsauftrag besteht darin, Leitfragen zu formulieren, die die nachfolgende eigenständige Erarbeitung fachlicher Inhalte in einer Recherchephase strukturieren sollen, für die die Schülerinnen und Schüler mehrere Unterrichtsstunden Zeit haben.

Bereits in der Analyse der ersten Interaktionsbewegungen zeigt sich eine Divergenz zwischen dem Habitus der Lehrerin und dem propositionalen Gehalt, der an das Arbeitsblatt delegiert ist. Für die Lehrerin konnte ein Habitus rekonstruiert werden, wonach sie sich als Moderatorin des Unterrichts versteht und Wissensaneignung als Aktivität der Schülerinnen und Schüler auffasst, womit hohe Erwartungen der Lehrerin an die Eigenständigkeit der Schülerinnen und Schüler und Zutrauen in ihre Fähigkeiten einhergehen (vgl. auch Martens et al. 2012; Kater-Wettstädt 2015; Martens und Asbrand 2017). Dagegen ist die Aufgabe, Fragen zu formulieren, auf dem Arbeitsblatt klar vorstrukturiert: Mehrere leere Zeilen, in denen die Fragen notiert werden sollen, fordern dazu auf, das Arbeitsergebnis als schriftliches Arbeitsprodukt festzuhalten. In dieser Logik erhält das Formulieren der Fragen einen Selbstzweck, losgelöst von der eigentlichen Rechercheaufgabe. Die vorrangige Orientierung am Arbeitsprodukt, die sich in der Gestaltung des Arbeitsblattes dokumentiert, zeigt sich homolog in der Anleitung für die Gestaltung der Ergebnispräsentation, die in den Arbeitsunterlagen ebenfalls enthalten ist (s. Interpretationsbeispiel in Kap. 5.3.2).

Die weitere Analyse der Sequenz fokussiert die Interaktion einer Gruppe von sechs Schülern, die während der Gruppenarbeitsphase zusammenarbeiten. Für diese Schülergruppe kann eine Orientierung an Aufgabenerledigung rekonstruiert werden, die sich komplementär zu dem propositionalen Gehalt des Arbeitsblattes verhält. Als eine erste *komplementäre Proposition*, die sich in *Passung* zum Orientierungsrahmen des Arbeitsblattes befindet, kann der Beginn der Gruppenarbeitsphase interpretiert werden (Minute 26:00-27:40, s. die reflektierende Interpretation in Kap. 5.3.2): Die Schüler beginnen unverzüglich, ihren Arbeitsprozess zu organisieren. Sie finden sich an einem Tisch zusammen, verteilen und sortieren die Arbeitsunterlagen und sorgen dafür, dass alle Gruppenmitglieder mit den Arbeitsblättern versorgt sind. Es dokumentiert sich, dass die Schüler die Aufgabe vor allem als eine Bearbeitung der Arbeitsblätter verstehen, denn in inhaltlicher Hinsicht, in Bezug auf die Aufgabe, aus Expertensicht Leitfragen zu entwickeln, wird der von der Lehrerin proponierte Arbeitsauftrag nicht aufgenommen. Das Zusammenspiel von Einführung in eine Gruppenarbeitsphase mittels schriftlich fixiertem Arbeitsauftrag und Organisation der Gruppenarbeit durch die Schüler im Rahmen ihrer Orientierung an Aufgabenerledigung funktioniert reibungslos und lässt darauf schließen, dass hier ein *Passungsverhältnis* vorliegt, das auf habitualisierten Praktiken sowohl auf der Seite der Lehrerin als auch bei den Schülern basiert, die hier wie Schlüssel und Schloss ineinandergreifen.

Im weiteren Fortgang der Sequenz, im Anschluss an eine Interaktionseinheit, in der sich die Schüler im Rahmen einer Nebentätigkeit mit dem Aufnahmegerät und peerbezogenen Späßen und Neckereien beschäftigen (Minute 26:35-29:02), folgt eine weitere *komplementäre Anschlussproposition*, die wir als *Rekontextualisierung* auffassen (Minute 29:02-29:06). Nun verhandeln die Schüler, was eigentlich die Aufgabe ist. Die Gruppe ist sich in dieser Frage nicht sicher, interpretiert die Aufgabenstellung aber im Wesentlichen dahingehend, dass Fragen formuliert werden sollen. Auf die weitergehende Aufgabenstellung, die von der Lehrerin erläutert wurde und auch auf dem Arbeitsblatt schriftlich fixiert ist, gehen die Schüler nicht ein. Diese besteht darin, eine bestimmte fachliche Perspektive einzunehmen und in diesem Bereich Expertise zu entwickeln. Als Vorbereitung auf die längerfristige Rechercheaufgabe in den folgenden Stunden sollen Fragen formuliert werden, die innerhalb des jeweiligen Expertisebereichs sinnvoll sind. Die beobachtete Gruppe agiert aber nicht in der Expertenrolle, sondern formuliert Fragen, die sich auf der Ebene des Alltagsproblems bewegen, das Ausgangspunkt der Unterrichtseinheit ist.[28] Im Video sieht man, wie einzelne Mitglieder der Gruppe immer wieder den Blick auf eine Pinnwand richten. Dort sind die Arbeitsergebnisse einer vorangegangenen Gruppenarbeitsphase angepinnt, nämlich ebenfalls von den Schülerinnen und Schülern formulierte allgemeinere Fragen zum Unterrichtsgegenstand. Die Aufgabe der beobachteten Gruppenarbeitsphase bezieht sich allerdings darauf, diese Fragen weiter zu spezifizieren und Fragen aus der Perspektive eines bestimmten Expertisebereichs zu formulieren. Mit den häufigen Blicken der Schüler zur Pinnwand und der Struktur des Arbeitsblatts, das mit den leeren Zeilen zum Aufschreiben der Arbeitsergebnisse eine Orientierung an Aufgabenerledigung proponiert, erklärt sich, dass die beobachtete Schülergruppe am Ende der Gruppenarbeitsphase zwar Fragen formuliert hat, diese aber keine neuen, von den Schülern weiterentwickelte Fragen sind, sondern eine Reproduktion der bereits bekannten Fragen aus der vorangegangenen Arbeitsphase. Die Schüler haben die Arbeitsergebnisse der vor-

---

28 Diese Interpretation basiert auf dem Fallvergleich mit einer anderen Arbeitsgruppe, die aus vier Schülerinnen besteht, welche eine Expertenperspektive einnehmen und eigenständig fachliche Fragen konstruieren. Für die Mädchengruppe konnte im Unterschied zu der Schülergruppe eine forschende Haltung rekonstruiert werden, die sich in Passung zur Orientierung der Lehrerin befindet, die Aneignung von Expertise der Eigenverantwortung der Schülerinnen und Schülern zu überlassen (vgl. Martens und Asbrand 2017).

angegangenen Gruppenarbeitsphase von der Pinnwand abgeschrieben und können somit auch aus dieser zweite Gruppenarbeitsphase ein schriftliches Arbeitsergebnis abliefern, die weitergehende Erwartung der Lehrerin, Fragen aus der Perspektive der relevanten Expertisebereiche zu formulieren, ist für die Schüler in der beobachteten Sequenz nicht anschlussfähig. Die Schüler nehmen damit eine eigenständige Interpretation des Arbeitsauftrags im Sinne einer Rekontextualisierung vor, indem sie die Aufgabe an ihren eigenen Orientierungsrahmen der Aufgabenerledigung anpassen, wonach es ausreichend ist, Fragen zu formulieren und diese als schriftliches Arbeitsergebnis festzuhalten. Damit stellen sie eine Passung zwischen der Proposition des Unterrichtsarrangements und ihrem Orientierungsrahmen her.

Als Rekontextualisierung interpretieren wir solche komplementären Interaktionsbewegungen, in denen die Passung der komplementären Rahmenorientierungen erst in der Interaktion interaktiv und in situ hergestellt wird. Wir verwenden hier im Anschluss an Fend (2008) den Begriff der „Rekontextualisierung", da die Herstellung von Passung auf Übersetzungs- bzw. Interpretationsleistungen basiert, die Fend für die Kommunikation zwischen den Ebenen des Bildungssystems beschrieben hat (ebd., S. 174ff.). In Fends Schultheorie geht es darum, dass bildungspolitische Maßnahmen von den verschiedenen Akteuren des Mehrebenensystems in Abhängigkeit von ihren jeweiligen Kontexten unterschiedlich verstanden werden. Im Prozess der Rekontextualisierung entwickeln z. B. Lehrkräfte je eigene Vorstellungen von bildungspolitisch initiierten Maßnahmen und stellen durch Interpretation, Reformulierung und Adaption Anschlussmöglichkeiten zwischen den bildungspolitischen Vorgaben und ihrem schulischen Kontext sowie ihren handlungspraktischen Erfahrungen her (vgl. ebd.). Wenn Unterricht, wie wir es tun, als Mehrebenensystem verstanden wird (s. Kap. 5.2.5), in dem Lehrpersonen und Schülerinnen bzw. Schüler unterschiedliche institutionalisierte Rollen einnehmen, ist es aus unserer Sicht angemessen, den schultheoretischen Begriff Fends in die Unterrichtsforschung einzuführen, um die Übersetzungsleistungen und Adaptionsprozesse zu beschreiben, mithilfe derer in der Unterrichtsinteraktion Passung zwischen den verschiedenen institutionalisierten Ebenen und Kontexten hergestellt wird.

Im Fall von Passung ist die Komplementarität der Orientierungsrahmen bereits gegeben und wird nicht erst in der beobachteten Interaktion hergestellt. In diesen Fällen könnten spezifische Formen der Passung, d. h. habitualisierte Umgangsweisen mit komplementären Habitus, möglicherweise in bestimmten Organisations- oder Unterrichtsmilieus emergieren (vgl. Nohl 2007; Sturm und Wagner-Willi 2015). Sicherlich stellen Schule und Unterricht einen organisational und institutionell gerahmten Ort dar, an dem der Umgang mit den asymmetrischen Rollen in der Interaktion gelernt und eingeübt wird und die damit verbundenen komplementären

Orientierungsrahmen entstehen. Gleichwohl lässt sich empirisch rekonstruieren, dass Rahmenkomplementarität zwischen Lehrpersonen und Schülerinnen und Schülern auch unabhängig von der Zugehörigkeit zur Organisation Schule existiert. In dem Forschungsprojekt von Dorthe Petersen zum Übergang von der Grundschule in die Sekundarstufe zeigt sich, dass Schülerinnen und Schüler, die aus derselben Grundschulklasse in unterschiedliche weiterführende Schulen wechseln, sehr unterschiedliche Anpassungsleistungen erbringen müssen. So befindet sich der in der Grundschule erworbene produkt-, präsentations- und ergebnisorientierte Habitus der untersuchten Schülerinnen und Schüler beim Übertritt in ein Gymnasium in Passung zu den Orientierungsrahmen der Gymnasiallehrer und -lehrerinnen, deren Unterricht untersucht wurde. Bereits in Unterrichtsinteraktionen, die in den ersten Wochen an der neuen Schule, im fünften Schuljahr unmittelbar nach den Sommerferien, videografiert wurden, ließen sich jene Passungsverhältnisse zwischen den Habitus von Lehrpersonen und Schülerinnen und Schülern rekonstruieren, die zu dem beschriebenen reibungslosen Verlauf der Unterrichtsinteraktion führen. Dagegen konnte im Unterricht von Schülerinnen und Schülern, die an eine Gemeinschaftsschule wechselten, beobachtet werden, wie sie durch die an Beziehungen und Lernprozessen orientierten Habitus der Lehrpersonen irritiert sind und Passung in der Unterrichtsinteraktion erst hergestellt werden muss (vgl. ausführlich Petersen 2015).

Es ist sicher kein Zufall, dass unsere intensive Beschäftigung mit der dokumentarischen Interpretation von Unterrichtsinteraktionen dazu geführt hat, praxeologisch, d. h. auf empirischen Rekonstruktionen basierend, einen komplementären Interaktionsmodus zur empirischen Rekonstruktion unterrichtlicher Passungsverhältnisse zu entwickeln. Schließlich ist das auch (unterrichts-)theoretisch plausibel und korrespondiert mit einschlägigen Befunden der qualitativ-empirischen Unterrichtsforschung. Der Zusammenhang zwischen asymmetrisch strukturierten, komplementären Interaktionen und den institutionalisierten Regeln und Normen der Institution Schule zeigt sich in der dokumentarischen Interpretation komplementärer Interaktionseinheiten auch empirisch auf der Ebene der Interaktionsorganisation. Die Einvernehmlichkeit und Störungsfreiheit der Interaktion basiert auf der Akzeptanz der institutionalisierten kommunikativen Regeln und Normen der Schule, die alle Beteiligten, Lehrpersonen wie Schülerinnen und Schüler, teilen. Trotz differierender Orientierungsrahmen werden komplementäre Interaktionseinheiten einvernehmlich abgeschlossen, indem sich die Beteiligten entweder explizit auf kommunikative Regeln des Unterrichts beziehen, z. B. indem das Ende einer Gruppenarbeitsphase oder der Beginn der Pause angesprochen werden, oder diese performativ umsetzen. Wir nennen diese Interaktionsbewegungen deshalb *kommunikative Konklusionen*. Im Fall des Beispiels der Sequenz „Fragen formulieren" besteht der Abschluss der oben dargestellten komplementären Interaktionseinheit darin, dass die Schüler ihr Arbeitsergebnis auf dem Arbeitsblatt schriftlich festhalten und damit das entsprechend der Regeln des Unterrichts geforderte Arbeitsprodukt abliefern. Sie werden damit dem Arbeitsauftrag, so wie er von der Gruppe interpretiert wird, auf einer formalen Ebene gerecht.

Weil trotz einvernehmlichem, reibungslosem Verlauf und Abschluss der Interaktionseinheiten im Rahmen kommunikativer Konklusionen in komplementären Interaktionen die differenten Orientierungsrahmen von Lehrpersonen und Schülerinnen bzw. Schülern bestehen bleiben, rechnen wir den komplementären Modus den *exkludierenden Interaktionsmodi* zu. Abschließend lässt sich festhalten, dass mit der komplementären Verhältnisbestimmung die sinnhafte Fortsetzung der Interaktion und die Prozessierung von Übersetzungs- und Anpassungsleistungen organisationaler Vorgaben, Regelungen und Erwartungen ohne gegenseitiges Verstehen im Sinne Mannheims (1980) empirisch rekonstruiert werden kann (vgl. Vogd 2011). Der Begriff der Rahmenkomplementarität stellt eine Möglichkeit dar, die Qualität der empirischen Anschlüsse „nicht aufeinander abbildbarer und nicht miteinander harmonisierbarer Perspektiven" (ebd., S. 33) zu beschreiben.

Literaturverzeichnis

Die Literaturangaben zu Büchern oder Aufsätzen, die wir zum Weiterlesen und Vertiefen empfehlen, sind fett gedruckt. Mit einem Sternchen (*) sind die Veröffentlichungen markiert, in denen die in diesem Kapitel verwendeten Beispiele ausführlich dargestellt sind.

Alkemeyer, T. (2009). Lernen und seine Körper: Habitusformungen und -umformungen in Bildungspraktiken. In B. Friebertshäuser, M. Rieger-Ladich & L. Wigger (Hrsg.), *Reflexive Erziehungswissenschaft. Forschungsperspektiven im Anschluss an Pierre Bourdieu* (S. 119-141). Wiesbaden: VS Verlag für Sozialwissenschaften.
Amann, K., & Hirschauer, S. (1997). Die Befremdung der eigenen Kultur: Ein Programm. In S. Hirschauer & K. Amann (Hrsg.), *Die Befremdung der eigenen Kultur. Zur ethnographischen Herausforderung soziologischer Empirie* (S. 7-52). Frankfurt am Main: Suhrkamp.
Asbrand, B., Martens, M., & Petersen, D. (2013). Die Rolle der Dinge in schulischen Lehr-Lernprozessen. In A.-M. Nohl & C. Wulf (Hrsg.), *Mensch und Ding. Die Materialität pädagogischer Prozesse. Beiheft der Zeitschrift für Erziehungswissenschaft 16*(2), 171-188.
Asbrand, B., & Nohl, A.-M. (2013). Lernen in der Kontagion: Interpretieren, konjunktives und aktionistisches Verstehen im Aufbau gegenstandsbezogener Erfahrungsräume. In P. Loos, A.-M. Nohl, A. Przyborski & B. Schäffer (Hrsg.), *Dokumentarische Methode. Grundlagen – Entwicklungen – Anwendungen* (S. 155-169). Opladen: Barbara Budrich.

Bauersfeld, H. (1983). Kommunikationsverläufe im Mathematikunterricht. Diskutiert am Beispiel des Trichtermusters. In K. Ehlich & J. Rehbein (Hrsg.), *Kommunikation in Schule und Hochschule. Linguistische und ethnomethodologische Analysen* (S. 21-28). Tübingen: Narr.

Baurmann, J., Cherubim, D., & Rehbock, H. (1981) (Hrsg.). *Neben-Kommunikationen. Beobachtungen und Analysen zum nichtoffiziellen Schülerverhalten innerhalb und außerhalb des Unterrichts*. Braunschweig: Westermann.

Birdwhistell, R. L. (1952). *Introduction to Kinesics. An Annotation System für Analysis of Body Motion and Gesture*. Washington D. C.: Department of State.

Birdwhistell, R. L. (1979). Kinesik. In K. R. Scherer & H. G. Wallbott (Hrsg.), *Nonverbale Kommunikation. Forschungsberichte zum Interaktionsverhalten* (S. 192-202). Weinheim: Beltz.

Blumer, H. (1969). *Symbolic Interactionism*. Englewood Cliffs, NJ: Prentice Hall.

Bohnsack, R. (1989). *Generation, Milieu und Geschlecht. Ergebnisse aus Gruppendiskussionen mit Jugendlichen*. Opladen: Leske + Budrich.

Bohnsack, R. (2005). Standards nicht-standardisierter Forschung in den Erziehungs- und Sozialwissenschaften. *Zeitschrift für Erziehungswissenschaft 8*(4), 63-81.

Bohnsack, R. (2011). *Qualitative Bild- und Videointerpretation*. 2. durchges. und aktualisierte Aufl. Opladen: Barbara Budrich.

Bohnsack, R. (2013). Typenbildung, Generalisierung und komparative Analyse. Grundprinzipien der dokumentarischen Methode. In R. Bohnsack, I. Nentwig-Gesemann & A.-M. Nohl (Hrsg.), *Die dokumentarische Methode und ihre Forschungspraxis. Grundlagen qualitativer Forschung* (S. 241-270). 3. Aufl. Wiesbaden: Springer VS.

Bohnsack, R. (2014). *Rekonstruktive Sozialforschung. Einführung in qualitative Methoden*. 9. überarb. und erweiterte Aufl. Opladen: Barbara Budrich.

Bohnsack, R., & Lamprecht, J. (2015). Das Unterleben in der Pause: die Aneignung von Territorien und Artefakten. Eine dokumentarische Videointerpretation. In R. Bohnsack, B. Fritzsche & M. Wagner-Willi (Hrsg.), *Dokumentarische Video- und Filminterpretation. Methodologie und Forschungspraxis* (S. 235-266). Opladen: Barbara Budrich.

Breidenstein, G. (2002). Interpretative Unterrichtsforschung – eine Zwischenbilanz und einige Zwischenfragen. In G. Breidenstein, A. Combe, W. Helsper & B. Stelmaszyk (Hrsg.), *Forum qualitative Schulforschung 2. Interpretative Unterrichts- und Schulbegleitforschung* (S. 11-27). Opladen: Leske + Budrich.

Breidenstein, G. (2006). *Teilnahme am Unterricht. Ethnographische Studien zum Schülerjob*. Wiesbaden: VS Verlag für Sozialwissenschaften.

Breidenstein, G. (2008a). Schulunterricht als Gegenstand ethnographischer Forschung. In B. Hühnersdorf, C. Maeder & B. Müller (Hrsg.), *Ethnographie und Erziehungswissenschaft. Methodologische Reflexionen und empirische Annäherungen* (S. 107-117). Weinheim: Juventa.

Breidenstein, G. (2008b). Allgemeine Didaktik und praxeologische Unterrichtsforschung. In M. A. Meyer, M. Prenzel & S. Hellekamps (Hrsg.), *Perspektiven der Didaktik. Zeitschrift für Erziehungswissenschaft*, Sonderheft 9, 201-218.

Breidenstein, G. (2010). Überlegungen zu einer Theorie des Unterrichts. *Zeitschrift für Pädagogik 56*(6), 869-887.

Breidenstein, G. (2015). Vincent und die „Apotheke" – oder: die Didaktik des Materials. *Zeitschrift für Interpretative Unterrichtsforschung 4*, 15-31.

Breidenstein, G., & Kelle, H. (2002). Die Schulklasse als Publikum. Zum Verhältnis von Peer Culture und Unterricht. *Die Deutsche Schule 94*(3), 318-329.

Breidenstein, G., & Meier, M. (2004). „Streber" – Zum Verhältnis von Peer Kultur und Schulerfolg. *Pädagogische Rundschau 58*(5), 549-563.

Breidenstein, G., Menzel, C., & Rademacher, S. (2013). Legitime und illegitime Differenzen im individualisierten Unterricht: Beobachtungen aus einer Montessori-Schule. In J. Budde (Hrsg.), *Unscharfe Einsätze: (Re-)Produktion von Heterogenität im schulischen Feld* (S. 153-167). Wiesbaden: Springer VS.

Breidenstein, G., Hirschauer, S., Kalthoff, H., & Nieswand, B. (2015). *Ethnographie. Die Praxis der Feldforschung*. 2. Aufl. Konstanz: UVK Verlagsgesellschaft.

Breidenstein, G., & Rademacher, S. (2017). *Individualisierung und Kontrolle. Empirische Studien zum geöffneten Unterricht in der Grundschule*. Wiesbaden: Springer VS.

Bremer, H., & Lange-Vester, A. (2014). Die Pluralität der Habitus- und Milieuformen bei Lernenden und Lehrenden. Theoretische und methodologische Überlegungen zum Verhältnis von Habitus und sozialem Raum. In W. Helsper, R.-T. Kramer & S. Thiersch (Hrsg.), *Schülerhabitus. Theoretische und empirischer Analysen zum Bourdieuschen Theorem der kulturellen Passung* (S. 56-81). Wiesbaden: Springer VS.

Budde, J. (2011). Heterogenität und Homogenität aus der Perspektive von Lehrkräften. In D. Krüger (Hrsg.), *Genderkompetenzen und Schulwelten. Alte Ungleichheiten – neue Hemmnisse* (S. 111-127). Wiesbaden: VS Verlag für Sozialwissenschaften.

Budde, J. (2012). Problematisierende Perspektiven auf Heterogenität als ambivalentes Thema der Schul- und Unterrichtsforschung. *Zeitschrift für Pädagogik 58*(4), 522-540.

Budde, J. (2013). Didaktische Regime – Zettelwirtschaft zwischen Differenzstrukturen, Homogenisierung und Individualisierung. In J. Budde (Hrsg.), *Unscharfe Einsätze: (Re-) Produktion von Heterogenität im schulischen Feld* (S. 169-185). Wiesbaden: VS Verlag für Sozialwissenschaften.

Caruso, M. (2016). Erwachsene(r)/Kind als Leitdifferenz. Zur Entstehung der modernen Unterrichtsordnung für die Massen im 19. Jahrhundert. In C. Groppe (Hrsg.), *Bildung und Differenz* (S. 65-91). Wiesbaden: Springer VS.

Corno, L., & Snow, R. E. (1986). Adapting teaching to individual differences among learners. In M. C. Wittrock (Ed.), *Handbook of research on teaching* (pp. 605-629). 3rd Ed. New York: McMillan.

Dinkelaker, J. (2010). Simultane Sequenzialität. Zur Verschränkung von Aktivitätssträngen in Lehr-Lernveranstaltungen und zu ihrer Analyse. In M. Corsten, M. Krug & C. Moritz (Hrsg.), *Videographie praktizieren. Herangehensweisen, Möglichkeiten und Grenzen* (S. 91-117). Wiesbaden: VS Verlag für Sozialwissenschaften.

Dinkelaker, J., & Herrle, M. (2009). *Erziehungswissenschaftliche Videographie. Eine Einführung.* **Wiesbaden: VS Verlag für Sozialwissenschaften.**

Ekman, P., & Friesen, W. V. (1979). Handbewegungen. In K. R. Scherer & H. G. Wallbott (Hrsg.), *Nonverbale Kommunikation. Forschungsberichte und zum Interaktionsverhalten* (S. 108-123). Weinheim: Beltz.

Ellgring, H. (2000). Nonverbale Kommunikation. Einführung und Überblick. In H. S. Rosenbusch & O. Schober (Hrsg.), *Körpersprache in der schulischen Erziehung. Pädagogische und fachdidaktische Aspekte nonverbaler Kommunikation* (S. 9-53). Baltmannsweiler: Schneider Verlag Hohengehren.

Emmerich, M., & Hormel. U. (2013). *Heterogenität – Diversity – Intersektionalität. Zur Logik sozialer Unterscheidungen in pädagogischen Semantiken der Differenz*. Wiesbaden: Springer VS.

Fend, H. (2008). *Neue Theorie der Schule. Einführung in das Verstehen von Bildungssystemen.* Wiesbaden: VS Verlag für Sozialwissenschaften.

Fetzer, M. (2010). Reassembling the Social Classroom. Mathematikunterricht in einer Welt der Dinge. In B. Brand, M. Fetzer & M. Schütte (Hrsg.), *Auf den Spuren Interpretativer Unterrichtsforschung in der Mathematikdidaktik* (S. 267-290). Münster: Waxmann.

Fritzsche, B., & Wagner-Willi, M. (2015). Dokumentarische Interpretation von Unterrichtsvideografien. In R. Bohnsack, B. Fritzsche & M. Wagner-Willi (Hrsg.), *Dokumentarische Video- und Filminterpretation. Methodologie und Forschungspraxis* (S. 131-152). Opladen: Barbara Budrich.

Geier, T., & Pollmanns, M. (Hrsg.) (2015). *Was ist Unterricht? Zur Konstitution einer pädagogischen Form.* Wiesbaden: Springer VS.

Geier, T., & Pollmanns, M. (2015). Kein gemeinsamer Nenner – Systematisierender Vergleich der Antworten auf die Frage, was Unterricht ist. In T. Geier & M. Pollmanns (Hrsg.), *Was ist Unterricht? Zur Konstitution einer pädagogischen Form* (S. 225-248). Wiesbaden: Springer VS.

Gellert, U., & Hümmer, A.-M. (2008). Soziale Konstruktion von Leistung im Unterricht. *Zeitschrift für Erziehungswissenschaft 11*(2), 288-311.

Glaser, B. G., & Strauss, A. L. (1979). Die Entdeckung gegenstandsbezogener Theorie: eine Grundstrategie qualitativer Sozialforschung. In C. Hopf & E. Weingarten (Hrsg.), *Qualitative Sozialforschung* (S. 91-111). Stuttgart: Klett.

Goffman, E. (1959). *The Presentation of Self in Everyday Life.* Garden City, NY: Doubleday Anchor Books.

Gruschka, A. (2009). *Erkenntnis in und durch Unterricht. Empirische Studien zur Bedeutung der Erkenntnis- und Wissenschaftstheorie für die Didaktik.* Wetzlar: Büchse der Pandora.

Gruschka, A. (2013). *Unterrichten. Eine pädagogische Theorie auf empirischer Basis.* Opladen: Barbara Budrich.

Gruschka, A. (2015). „Nationalsozialismus/Swing Kids" – Ist das Unterricht? – Was ist hier Unterricht? In: T. Geier & M. Pollmanns (Hrsg.), *Was ist Unterricht? Zur Konstitution einer pädagogischen Form* (S. 23-43). Wiesbaden: Springer VS.

Hackbarth, A. (2017). *Inklusionen und Exklusionen in Schülerinteraktionen.* Bad Heilbrunn: Klinkhardt.

Haußer, K. (1980). *Die Einteilung von Schülern. Theorie und Praxis schulischer Differenzierung.* Weinheim: Beltz.

Heath, C. (1997). The Analysis of Activities in Face to Face Interaction Using Video. In D. Silverman (Ed.), *Qualitative Research. Theory, Method and Practice* (pp. 183-200), London: Sage.

Heath, C. (2004). Analysing Face-to-Face Interaction. Video, the Visual and Material. In D. Silverman (Ed.), *Qualitative Research. Theory, Method and Practice* (pp. 266-282). London: Sage.

Heath, C., & Hindmarsh, J. (2002). Analysing Interaction. Videography, Ethnography and Situated Conduct. In T. May (Ed.), *Qualitative Research in Action* (pp. 99-121). London: Sage.

Heath, C., Hindmarsh, J., & Luff, P. (2010). *Video in Qualitative Research.* London Sage.

Heinze, T. (1980). *Schülertaktiken.* München: Urban und Schwarzenberg.

Heinzel, F. (2009). Methoden der Erforschung schulischer Mikroprozesse (mit Schwerpunkt Ethnografie). In S. Blömeke, T. Bohl, L. Haag, G. Lang-Wojtasik & W. Sacher (Hrsg.), *Handbuch Schule. Theorie – Organisation – Entwicklung* (S. 149-152). Bad Heilbrunn: Klinkhardt.

Helmke, A. (2010). *Unterrichtsqualität und Lehrerprofessionalität. Diagnose, Evaluation und Verbesserung des Unterrichts.* Seelze-Velber: Kallmeyer.

Helsper, W. (1996). Antinomien des Lehrerhandelns in modernisierten pädagogischen Kulturen. Paradoxe Verwendungsweisen von Autonomie und Selbstverantwortung. In A. Combe & W. Helsper (Hrsg.), *Pädagogische Professionalität. Untersuchungen zu einem Typus pädagogischen Handelns* (S. 521-569). Frankfurt am Main: Suhrkamp.

Helsper, W. (2008). Schulkulturen – die Schule als symbolische Sinnordnung. *Zeitschrift für Pädagogik 54*, 63-80.

Helsper, W., & Hummrich, M. (2008). Arbeitsbündnis, Schulkultur und Milieu. Reflexionen zu Grundlagen schulischer Bildungsprozesse. In G. Breidenstein & F. Schütze (Hrsg.), *Paradoxien in der Reform der Schule. Ergebnisse qualitativer Sozialforschung* (S. 43-72). Wiesbaden: VS Verlag für Sozialwissenschaften.

Helsper, W., & Hummrich, M. (2009). Lehrer-Schüler-Beziehung. In K. Lenz & F. Nestmann (Hrsg.), *Handbuch Persönliche Beziehungen* (S. 605-630). Weinheim: Juventa.

Henry, J. (1975). Lernziel Entfremdung. Analyse von Unterrichtsszenen in Grundschulen. In J. Zinnecker (Hrsg.), *Der Heimliche Lehrplan. Untersuchungen zum Schulunterricht* (S. 35-51). Weinheim: Beltz.

Hollstein, O., Meseth, W., & Proske, M. (2015). Was ist (Schul)unterricht? Die systemtheoretische Analyse einer Ordnung des Pädagogischen. In T. Geier & M. Pollmanns (Hrsg.), *Was ist Unterricht? Zur Konstitution einer pädagogischen Form* (S. 43-76). Wiesbaden: Springer VS.

Hopf, D. (1974). *Differenzierung in der Schule.* Stuttgart: Klett.

Huf, C. (2006). *Didaktische Arrangements aus der Perspektive von Schulanfängerinnen. Eine ethnographische Feldstudie über Alltagspraktiken von SchülerInnen der Eingangsstufe der Bielefelder Laborschule.* Bad Heilbrunn: Klinkhardt.

Imdal, M. (2006). Ikonik. Bilder und ihre Anschauung. In G. Boehm (Hrsg.), *Was ist ein Bild?* (S. 300-324). München: Fink.

Jackson, P. W. (1968). *Life in Classrooms.* New York: Holt, Rinehart and Winston.

Jackson, P. W. (1973). Die Welt des Schülers. In W. Edelstein & D. Hopf (Hrsg.), *Bedingungen des Bildungsprozesses. Psychologische und pädagogische Forschungen zum Lehren und Lernen in der Schule* (S. 13-27). Stuttgart: Klett.

Jackson, P. W. (1975). Einübung in eine bürokratische Gesellschaft: Zur Funktion der sozialen Verkehrsformen im Klassenzimmer. In J. Zinnecker (Hrsg.), *Der Heimliche Lehrplan. Untersuchungen zum Schulunterricht* (S. 19-34). Weinheim: Beltz.

Jewitt, C., Kress, G., Ogborn, J., & Tsatsarelis, C. (2000). Materiality as an Aspect in Learning. *Zeitschrift für Erziehungswissenschaft 3*(2), 267-284.

Kaiser, C. (1998). *Körpersprache der Schüler. Lautlose Mitteilungen erkennen, bewerten, reagieren.* Neuwied: Luchterhand.

Kalthoff, H. (1995). Die Erzeugung von Wissen. Zur Fabrikation von Antworten im Schulunterricht. *Zeitschrift für Pädagogik 41*(6), 925-939.

Kalthoff, H., & Roehl, T. (2011). Interobjectivity and Interactivity: Material Objects ans Discourse in Class. *Human Studies 34*(4), 451-469.

Kampshoff, M. (2013). Doing difference im Unterricht als Unterricht. In J. Budde (Hrsg.), *Unscharfe Einsätze: (Re-)Produktion von Heterogenität im schulischen Feld* (S. 249-274). Wiesbaden: Springer VS.

* Kater-Wettstädt, L. (2015). *Unterricht im Lernbereich Globale Entwicklung – der Kompetenzerwerb und seine Bedingungen.* Münster: Waxmann.

Kellermann, I., & Wulf, C. (2011). Gesten in der Schule. Zur Dynamik körperlicher Ausdrucksformen. In C. Wulf, B. Althans, G. Blaschke, N. Ferrin, I. Kellermann, R. Mattig & S. Schinkel (Hrsg.), *Die Geste in Erziehung, Bildung und Sozialisation. Ethnographische Feldstudien* **(S. 27-82). Wiesbaden: VS Verlag für Sozialwissenschaften.**

Klieme, E., & Warwas, J. (2011). Konzepte der Individuellen Förderung. *Zeitschrift für Pädagogik 57*(6), 805-818.

Knapp, M. L. (1979). Nonverbale Kommunikation im Klassenzimmer. In K. R. Scherer & H. G. Wallbott (Hrsg.), *Nonverbale Kommunikation. Forschungsberichte zum Interaktionsverhalten* (S. 320-330). Weinheim: Beltz.

Knoblauch, H., & Schettner, B. (2012). Videography. Analyzing Video-Datas in ,Focussed' Ethnocraphic and Hermeneutical Exercise. *Qualitative Research 12*(3), 334-356.

Kolbe, F.-U., Reh, S., Fritzsche, B. Idel, T.-S., & Rabenstein, K. (2008). Lernkultur. Überlegungen zu einer Grundlegung qualitativer Unterrichtsforschung. *Zeitschrift für Erziehungswissenschaft 11*(1), 125-143.

Kress, G. (2010). Multimodality. *A Social Semiotic Approach to Contempory Communication.* New York: Routhledge.

Krummheuer, G. (1992). *Lernen mit „Format". Elemente einer interaktionistischen Lerntheorie. Diskutiert an Beispielen mathematischen Unterrichts.* Weinheim: Deutscher Studienverlag.

Krummheuer, G. (1997). *Narrativität und Lernen. Mikrosoziologische Studien zur sozialen Konstruktion schulischen Lernens.* Weinheim: Beltz.

Krummheuer, G. (2000). Kinder im Unterricht. Ein Blick auf den Unterrichtsalltag aus Sicht der interpretativen Unterrichtsforschung. In F. Heinzel (Hrsg.), *Methoden und Zugänge der Kindheitsforschung. Ein Lehr- und Studienbuch* (S. 323-336). München: Juventa.

Krummheuer, G., & Naujok, N. (1999). *Grundlagen und Beispiele Interpretativer Unterrichtsforschung.* Opladen: Leske + Budrich.

Krummheuer, G., & Voigt J. (1991). Interaktionsanalysen von Mathematikunterricht. In H. Maier & J. Voigt (Hrsg.), *Interpretative Unterrichtsforschung* (S. 13-32). Köln: Aulis.

Langer, A. (2008). *Disziplinieren und entspannen. Körper in der Schule – eine diskursanalytische Ethnographie.* Bielefeld: Transkript.

Langeveld, M. J. (1955). Das Ding in der Welt des Kindes. *Zeitschrift für Pädagogik 1*, 69-83.

Latour, B. (2002). *Die Hoffnung der Pandora.* **Frankfurt am Main: Suhrkamp.**

Lenzen, D. (Hrsg.) (2004). *Irritationen des Erziehungssystems. Pädagogische Resonanzen auf Niklas Luhmann.* Frankfurt: Suhrkamp.

Luhmann, N. (1984). *Soziale Systeme. Grundriß einer allgemeinen Theorie.* Frankfurt am Main: Suhrkamp.

Luhmann, N. (2002). *Das Erziehungssystem der Gesellschaft.* **Frankfurt am Main: Suhrkamp.**

Luhmann, N., & Schorr, K. E. (1988). *Reflexionsprobleme im Erziehungssystem.* Frankfurt am Main: Suhrkamp.

Lüders, C. (2012). Beobachten im Feld und Ethnographie. In U. Flick, E. v. Kardorff & I. Steinke (Hrsg.), *Qualitative Forschung. Ein Handbuch* (S. 384-401). Reinbek bei Hamburg: Rowohlt.

Mannheim, K. (1980). *Strukturen des Denkens.* Frankfurt am Main: Suhrkamp.

Martens, M. (2014). Kompetenzorientierter Unterricht im Lernbereich Globale Entwicklung – Perspektiven der Allgemeinen Didaktik. *Zeitschrift für internationale Bildungsforschung und Entwicklungspädagogik 37*(3), 16-21.

* Martens, M. (2015). Differenz und Passung. Differenzkonstruktionen im individualisierenden Unterricht der Sekundarstufe. *Zeitschrift für qualitative Forschung 16*(2), 211-230.
* Martens, M., & Asbrand, B. (2017). Passungsverhältnisse. Methodologische und theoretische Reflexionen zur Interaktionsordnung des Unterrichts. *Zeitschrift für Pädagogik 63*(1), 72-90.
* Martens, M., Asbrand, B., & Wettstädt, L. (2012). Die Reflexion von Lehrerhandeln anstoßen. Beobachtungsergebnisse zu Lehrhaltungen in Unterrichtssituationen. *Lernende Schule 15*(60), 46-52.
* Martens et al. 2015a = Martens, M., Petersen, D., & Asbrand, B. (2015). Die Materialität von Lernkultur: Methodische Überlegungen zur dokumentarischen Analyse von Unterrichtsvideografien. In R. Bohnsack, B. Fritzsche & M. Wagner-Willi (Hrsg.), *Dokumentarische Video- und Filminterpretation. Methodologie und Forschungspraxis* (S. 179-206). Opladen: Barbara Budrich.
Martens et al. 2015b = Martens, M., Asbrand, B., & Spieß, C. (2015). Lernen mit Dingen – Prozesse zirkulierender Referenz im Unterricht. *Zeitschrift für Interpretative Schul- und Unterrichtsforschung 4*, S. 48-65.
Mazeland, H. (1983). Sprecherwechsel in der Schule. In K. Ehlich & J. Rehbein (Hrsg.), *Kommunikation in Schule und Hochschule. Linguistische und ethnomethodologische Analysen* (S. 77-101). Tübingen: Narr.
McHoul, A. W. (1978). The Organization of Turns at Formal Talk in the Classroom. *Language in Society 7*(2), 183-213.
McHoul, A. W. (1990). The Organization of Repair in Classroom Talk. *Language in Society 19*, 349-377.
Mead, G. H. (1973). *Geist, Identität und Gesellschaft aus der Sicht des Sozialbehaviorismus.* Frankfurt am Main: Suhrkamp.
Mehan, H. (1979). *Learning Lessons: Social Organization in the Classroom.* Cambridge: Harvard University Press.
Meseth, W., Proske, M., & Radtke, F. O. (Hrsg.) (2011). *Unterrichtstheorien in Forschung und Lehre*. Bad Heilbrunn: Klinkhardt.
Meseth, W., Proske, M., & Radkte, F. O. (2011). Was leistet eine kommunikationstheoretische Modellierung des Gegenstandes „Unterricht"? In W. Meseth, M. Proske & F. O. Radtke (Hrsg.), *Unterrichtstheorien in Forschung und Lehre* (S. 223-240). Bad Heilbrunn: Klinkhardt.
Meyer, M. A., & Jessen S. (2000). Schülerinnen und Schüler als Konstrukteure ihres Unterrichts. *Zeitschrift für Pädagogik 46*(5), 711-730.
Meyer-Drawe, K. (1999). Herausforderung durch die Dinge. Das Andere im Bildungsprozess. *Zeitschrift für Pädagogik 45*(3), 329-342.
Mühlen-Achs, B. (1983). Non-verbale Kommunikation in der Schule. In K. Ehlich & J. Rehbein (Hrsg.), *Kommunikation in Schule und Hochschule. Linguistische und ethnomethodologische Analysen* (S. 77-101). Tübingen: Narr.
Nentwig-Gesemann, I., & Wagner-Willi, M. (2007). Rekonstruktive Kindheitsforschung. Zur Analyse von Diskurs- und Handlungspraxis bei Gleichaltrigen. In C. Wulf & J. Zirfas (Hrsg.), *Pädagogik des Performativen. Theorien, Methoden, Perspektiven* (S. 213-223). Weinheim: Beltz.
Nohl, A.-M. (2007). Kulturelle Vielfalt als Herausforderung für pädagogische Organisationen. *Zeitschrift für Erziehungswissenschaft 10*(1), S. 61-74.
Nohl, A.-M. (2011). *Pädagogik der Dinge.* Bad Heilbrunn: Klinkhardt.

Nohl, A.-M. (2016). Grundbegriffe und empirische Analysen als wechselseitige Spiegel: Potentiale eines reflexiven Verhältnisses zwischen Grundlagentheorie und rekonstruktiver Empirie. In R. Kreitz, I. Miethe & A. Tervooren (Hrsg.), *Theorien in der qualitativen Bildungsforschung – Qualitative Bildungsforschung als Theoriegenerierung* (S. 105-122). Opladen: Barbara Budrich.

Nohl, A.-M. (2017). *Interview und Dokumentarische Methode: Anleitungen für die Forschungspraxis.* 5. Aufl. Wiesbaden: Springer VS.

Nolda, S. (2014). Hinterbühne – Vorderbühne. In J. Kade, S. Nolda, J. Dinkelaker & M. Herrle (Hrsg.), *Videographische Kursforschung. Empirie des Lehrens und Lernens Erwachsener* (S. 283-299). Stuttgart: Kohlhammer.

Oevermann, U., Allert, T., Konau, E., & Krambeck, J. (1979). Die Methodologie einer „Objektiven Hermeneutik" und ihre allgemeine forschungslogische Bedeutung in den Sozialwissenschaften. In H.-G. Soeffner (Hrsg.), *Interpretative Verfahren in den Sozial- und Textwissenschaften* (S. 352-433). Stuttgart: Metzler.

Panofsky, E. (1975). Ikonographie und Ikonologie. Eine Einführung in die Kunst der Renaissance. In E. Panofsky, *Sinn und Deutung in der bildenden Kunst* (S. 36-67). Köln: DuMont Schauberg.

Parmentier, M. (2001). Der Bildungswert der Dinge, oder: Die Chance des Museums. *Zeitschrift für Erziehungswissenschaft 4*(1), 39-50.

* Petersen, D. (2015). *Anpassungsleistungen und Konstruktionsprozesse beim Grundschulübergang.* Wiesbaden: Springer VS.

Pollmanns, M. (2014). Vom Widerspruch des Unterrichtens und des Aneignens. Wie in der unterrichtlichen Vermittlung auch die Differenz von Sein und Sollen vermittelt wird. *Pädagogische Korrespondenz 50*, 86-100.

Pollmanns, M. (2016). „Was wirklich passiert". Zur Rekonstruktion der pädagogischen Logik der Vermittlung anhand von Transkripten des Unterrichts sowie von Interviews mit Schülern. *Pädagogische Rundschau 6*, 715-732.

Proske, M. (2009). Das soziale Gedächtnis des Unterrichts: Eine Antwort auf das Wirkungsproblem der Erziehung? *Zeitschrift für Pädagogik 55*(5), 796-814.

Przyborski, A. (2004). *Gesprächsanalyse und dokumentarische Methode. Qualitative Auswertung von Gesprächen, Gruppendiskussionen und anderen Diskursen.* Wiesbaden: VS Verlag für Sozialwissenschaften.

Rabenstein, K. (2010). Was ist Unterricht? Modelle im Vergleich. In C. Schelle, K. Rabenstein & S. Reh (Hrsg.), *Unterricht als Interaktion. Ein Fallbuch für die Lehrerbildung* (S. 25-42). Bad Heilbrunn: Klinkhardt.

Rabenstein, K., & Reh, S. (2008). Über die Emergenz von Sinn in pädagogischen Praktiken: Möglichkeiten der Videographie im ‚Offenen Unterricht'. In H.-C. Koller (Hrsg.), *Sinnkonstruktion und Bildungsgang. Zur Bedeutung individueller Sinnzuschreibungen im Kontext schulischer Lehr-Lern-Prozesse* (S. 137-156). Opladen: Barbara Budrich.

Rabenstein, K., Reh, S., Ricken, N., & Idel, T.-S. (2013). Ethnographie pädagogischer Differenzordnungen. Methodologische Probleme einer ethnographischen Erforschung der sozial selektiven Herstellung von Schulerfolg im Unterricht. *Zeitschrift für Pädagogik 59*(5), 668-689.

Rabenstein, K., & Steinwand, J. (2013). Heterogenisierung: Subjektkonstruktion im Heterogenitätsdiskurs in Deutschland. In J. Budde (Hrsg.), *Unscharfe Einsätze: (Re-) Produktion von Heterogenität im schulischen Feld* (S. 81-97). Wiesbaden: Springer VS.

Rabenstein, K., & Steinwand, J. (2016). Praktiken der Differenz(re)produktion im indivi-dualisierten Unterricht. Ethnographische Videobeobachtungen. In U. Rauin, M. Herrle & T. Engartner (Hrsg.), *Videoanalysen in der Unterrichtsforschung. Methodische Vorge-hensweisen und Anwendungsbeispiele* (S. 242-262). Weinheim: Beltz Juventa.

Rabenstein, K., & Wieneke, J. (2013). Der Blick auf die Dinge des Lernens. In H. de Boer & S. Reh (Hrsg.), *Beobachtung in der Schule – Beobachten lernen* (S. 189-202). Wiesbaden: Springer VS.

Reckwitz, A. (2003). Grundelemente einer Theorie sozialer Praktiken. Eine soziologische Perspektive. *Zeitschrift für Soziologie 32*(4), 282-301.

Reh, S. (2011). Individualisierung und Öffentlichkeit. Lern-Räume und Subjektivationspro-zesse im geöffneten Grundschulunterricht. In S. K. Amos, W. Meseth & M. Proske (Hrsg.), *Öffentliche Erziehung revisited* (S. 33-52). Wiesbaden: VS Verlag für Sozialwissenschaften.

Reh, S., & Ricken, N. (2012). Das Konzept der Adressierung. Zur Methodologie einer qualitativ-empirischen Forschung von Subjektivation. In I. Miethe & H.-R. Müller (Hrsg.), *Qualitative Bildungsforschung und Bildungstheorie* (S. 35-53). Opladen: Barbara Budrich.

Rehbock, H. (1981). Nebenkommunikationen im Unterricht: Funktionen, Wirkungen, Wertungen. In J. Baurmann, D. Cherubim & H. Rehbock (Hrsg.), *Neben-Kommunikati-onen. Beobachtungen und Analysen zum nichtoffiziellen Schülerverhalten innerhalb und außerhalb des Unterrichts* (S. 35-89). Braunschweig: Westermann.

Reichertz, J., & Englert, C. J. (2011). *Einführung in die qualitative Videoanalyse. Eine herme-neutisch-wissenssoziologische Fallanalyse.* Wiesbaden: VS Verlag für Sozialwissenschaften.

Roehl, T. (2012). From witnessing to recording – material objects and the epistemic config-uration of science classes. *Pedagogy, Culture & Society 20*(1), 49-70.

Röhl, T. (2013). *Dinge des Wissens. Schulunterricht als sozio-materielle Praxis.* Stuttgart: Lucius & Lucius.

Rosenbusch, H. S., & Schober, O. (Hrsg.) (2000). *Körpersprache in der schulischen Erziehung.* Baltmannsweiler: Schneider Verlag Hohengehren.

Sacks, H., Schegloff E. A., & Jefferson, G. (1978). A Simplest Systematics for the Organiszation of Turn Taking for Conversation. In J. Schenkein (Ed.), *Studies in the Organization of Conversational Interaction* (pp. 7-55). New York: Academic Press.

Schäffer, B. (2001). „Kontagion" mit dem Technischen. Zur generationsspezifischen Ein-bindung in die Welt medientechnischer Dinge. In R. Bohnsack, I. Nentwig-Gesemann, A.-M. Nohl (Hrsg.), *Die dokumentarische Methode und ihre Forschungspraxis. Grundlagen qualitativer Forschung* (S. 51-74). Opladen: Leske + Budrich.

Schatzki, T. R. (2002). *The Site of the Social. A Philosophical Account of the Constitution of Social Life and Change.* University Park: Pennsylvania State University Press.

Scherer, K. R. (1979a). Kommunikation. In K. R. Scherer & H. G. Wallbott (Hrsg.), *Non-verbale Kommunikation. Forschungsberichte und zum Interaktionsverhalten* (S. 14-23). Weinheim: Beltz.

Scherer, K. R. (1979b). Die Funktion des nonverbalen Verhaltens im Gespräch. In K. R. Scherer & H. G. Wallbott (Hrsg.), *Nonverbale Kommunikation. Forschungsberichte und zum Interaktionsverhalten* (S. 25-32). Weinheim: Beltz.

Scheunpflug, A. (2001). *Evolutionäre Didaktik. Unterricht aus system- und evolutionstheo-retischer Perspektive.* Weinheim: Beltz.

Scheunpflug, A. (2004). Das Technologiedefizit – Nachdenken über Unterricht aus system-theoretischer Perspektive. In D. Lenzen (Hrsg.), *Irritationen des Erziehungssystems. Pädagogische Resonanzen auf Niklas Luhmann* (S. 65-87). Frankfurt am Main: Suhrkamp.

Schratz, M., Schwarz, J. F., & Westfall-Greiter, T. (2011). Personale Bildungsprozesse in heterogenen Gruppen. *Zeitschrift für Bildungsforschung* 1, 25-39.

Spieß, C. (2014). *Quellenarbeit im Geschichtsunterricht. Die empirische Rekonstruktion von Kompetenzerwerb im Umgang mit Quellen.* Göttingen: V+R unipress.

Streeck, J. (1983). Lehrerwelten – Kinderwelten. Zur vergleichenden Ethnographie von Lernkommunikation innerhalb und außerhalb der Schule. In K. Ehlich & J. Rehbein (Hrsg.), *Kommunikation in Schule und Hochschule. Linguistische und ethnomethodologische Analysen* (S. 203-214). Tübingen: Narr.

Stieve, C. (2008). *Von den Dingen lernen. Die Gegenstände unserer Kindheit.* München: Wilhelm Fink.

Sturm, T. (2015). Herstellung und Bearbeitung von Differenzen im inklusiven Unterricht. Rekonstruktionen mithilfe der dokumentarischen Videointerpretation. In R. Bohnsack, B. Fritzsche & M. Wagner-Willi (Hrsg.), *Dokumentarische Video- und Fotointerpretation. Methodologie und Forschungspraxis* (S. 153-178). Opladen: Barbara Budrich.

Sturm, T., & Wagner-Willi, M. (2015). ,Leistungsdifferenzen' im Unterrichtsmilieu einer inklusiven Schule der Sekundarstufe I in der Schweiz. *Zeitschrift für qualitative Forschung* 16(2), 231-248.

Trautmann, M., & Wischer, B. (2013). *Heterogenität in der Schule. Eine kritische Einführung.* Wiesbaden: Springer VS.

Tuma, R., Schnettler, B., & Knoblauch, H. (2013). *Videographie. Einführung in die interpretative Videoanalyse sozialer Situationen.* Wiesbaden: Springer VS.

Tyagunova, T., & Breidenstein, G. (2015). Was ist Unterricht. Die Perspektive der Ethnomethodologie. In T. Geier & M. Pollmanns (Hrsg.), *Was ist Unterricht? Zur Konstitution einer pädagogischen Form* (S. 77-102). Wiesbaden: Springer VS.

Väth-Szusdziara, R. (1981). Leistungsdifferenzierung und soziales Lernen. In K. Haußer (Hrsg.), *Modelle schulischer Differenzierung* (S. 50–64). München: Urban & Schwarzenberg.

Vogd, W. (2011). *Systemtheorie und rekonstruktive Sozialforschung. Eine Brücke.* 2. Aufl. Opladen: Barbara Budrich.

Voigt, J. (1984). *Interaktionsmuster und Routinen im Mathematikunterricht. Theoretische Grundlagen und mikroethnographische Falluntersuchungen.* Weinheim: Beltz.

Wagner-Willi, M. (2001). Videoanalysen des Schulalltags. Die dokumentarische Interpretation schulischer Übergangsrituale. In R. Bohnsack, I. Nentwig-Gesemann & A.-M. Nohl (Hrsg.), *Die dokumentarische Methode und ihre Forschungspraxis. Grundlagen qualitativer Sozialforschung* (S. 121-142). Opladen: Leske + Budrich.

Wagner-Willi, M. (2004). Videointerpretation als mehrdimensionale Mikroanalyse am Beispiel schulischer Alltagsszenen. *Zeitschrift für qualitative Bildungs-, Beratungs- und Sozialforschung* 5(1), 59-66.

Wagner-Willi, M. (2005). *Kinder-Rituale zwischen Vorder- und Hinterbühne. Der Übergang von der Pause zum Unterricht.* Wiesbaden: VS Verlag für Sozialwissenschaften.

Wagner Willi, M. (2006). On the Multidimensional Analysis of Video-Data. Documentary Interpretation of Interaction in Schools. In H. Knoblauch, B. Schnettler, J. Raab & H. G. Soeffner (Eds.), *Video-Analysis. Methodology and Methods* (S. 143-153). Frankfurt am Main: Peter Lang.

Wagner-Willi, M. (2008). Die dokumentarische Videointerpretation in der erziehungs-wissenschaftlichen Ethnographieforschung. In B. Hünersdorf, C. Maeder & B. Müller (Hrsg.), *Ethnographie in der Erziehungswissenschaft. Methodologische Reflexionen und empirische Annäherungen* (S. 221-231). Weinheim: Juventa.

Wagner-Willi, M., & Sturm, T. (2012). Inklusion und Milieus in schulischen Organisationen. *Zeitschrift für Inklusion.* Verfügbar unter: http://www.inklusion-online.net/index.php/inklusion-online/article/view/32/32. Zugegriffen: 03. August 2017.

Wallbott, H. G. (1979). Gestik. Einführung. In K. R. Scherer & H. G. Wallbott (Hrsg.), *Nonverbale Kommunikation. Forschungsberichte und zum Interaktionsverhalten* (S. 103-107). Weinheim: Beltz.

Wenning, N. (1999). *Vereinheitlichung und Differenzierung. Zu den „wirklichen" gesellschaftlichen Funktionen des Bildungswesens im Umgang mit Gleichheit und Verschiedenheit.* Opladen: Leske + Budrich.

Wernet, A. (2009). *Einführung in die Interpretationstechnik der Objektiven Hermeneutik.* Wiesbaden: VS Verlag für Sozialwissenschaften.

Willis, P. (1979). *Spaß am Widerstand. Gegenkultur in der Arbeiterschule.* Gütersloh: Syndikat.

Wischer, B. (2013). Konstruktionsbedingungen von Heterogenität im Kontext organisierter Lernprozesse. Eine schul- und organisationstheoretische Problemskizze. In J. Budde (Hrsg.), *Unscharfe Einsätze: (Re-)Produktion von Heterogenität im schulischen Feld* (S. 99-126). Wiesbaden: Springer VS.

Wulf, C. (2008). Rituale im Grundschulalter: Performativität, Mimesis und Interkulturalität. *Zeitschrift für Erziehungswissenschaft 11*(1), 67-83.

Wulf, C., & Zirfas, J. (2007) (Hrsg.). *Pädagogik des Performativen. Theorien, Methoden, Perspektiven.* Weinheim: Beltz.

Zinnecker, J. (1975) (Hrsg.). *Der Heimliche Lehrplan. Untersuchungen zum Schulunterricht.* Weinheim: Beltz.

Zinnecker, J. (1978). Die Schule als Hinterbühne oder Nachrichten aus dem Unterleben der Schüler. In J. Zinnecker & G.-B. Reinert (Hrsg.), *Schüler im Schulbetrieb. Berichte und Bilder vom Lernalltag, von Lernpausen und vom Lernen in den Pausen* (S. 29-121). Reinbek bei Hamburg: Rohwohlt.

Analyse von Unterrichtsvideografien 5

Zusammenfassung

Dieses Kapitel knüpft an die unterrichtstheoretischen Ausführungen des vorangegangenen Kapitels an und beschreibt darauf aufbauend typische forschungspraktische Anforderungen, die sich in der Unterrichtsforschung ergeben, und stellt methodische Überlegungen vor, wie diesen Anforderungen im Forschungsprozess begegnet werden kann. Einige der Unterkapitel sind zum Teil komplementär zum Kapitel 3 „Analyse von Gesprächen" formuliert. Das bedeutet einerseits, dass auf bestimmte methodische Aspekte, die für die dokumentarische Interpretation allgemein gelten, lediglich noch einmal verwiesen wird. Andererseits wird ergänzend ausgeführt, welche Besonderheiten des methodischen Vorgehens sich konkret für die Erforschung von Unterricht und die Interpretation von Unterrichtsvideografien ergeben. In diesem Kapitel wird immer wieder auf Beispiele aus den Forschungsprojekten (Spieß 2014; Kater-Wettstädt 2015; Petersen 2015; Hackbarth 2017; Martens 2015; in Druck) Bezug genommen, anhand derer auch das in diesem Buch vorgestellte methodische Vorgehen erarbeitet und erprobt wurde.

5.1 Der Forschungsprozess

5.1.1 Forschungsdesign

Wenn Sie dieses Buch ausgewählt haben, um damit zu arbeiten, haben Sie bereits eine Vielzahl von methodologischen und forschungspraktischen Entscheidungen getroffen (vgl. Przyborski und Wohlrab-Sahr 2014, S. 1ff.; Flick 2012a, S. 258ff.). Sie

© Springer Fachmedien Wiesbaden GmbH, ein Teil von Springer Nature 2018
B. Asbrand und M. Martens, *Dokumentarische Unterrichtsforschung*,
https://doi.org/10.1007/978-3-658-10892-2_5

haben ein Erkenntnisinteresse und eine Fragestellung formuliert, dem bzw. der sie im Rahmen einer empirischen Studie nachgehen wollen. Sie haben sich dafür entschieden, dass grundsätzlich ein qualitativ-rekonstruktives Verfahren Ihrer Fragestellung angemessen ist und haben sich damit methodologisch positioniert. Ziel Ihrer Arbeit ist die empirische Theoriebildung zu Ihrem Untersuchungsgegenstand im Sinne einer „Grounded Theory" (Glaser und Strauss 1979). Sie haben Unterricht als ein zentrales Forschungsfeld ausgemacht, in dem Sie für Ihre Fragestellung geeignete und ertragreiche Informationen gewinnen können und schließlich haben Sie sich entschieden, zumindest unter anderem, Videoaufzeichnungen als Erhebungsverfahren zu verwenden (vgl. Przyborski und Wohlrab-Sahr 2014, S. 1).

Im Folgenden sollen mit den Themen „Triangulation von Datenerhebungsverfahren", „Untersuchungsfokus" und „Sampling" zentrale Aspekte des Forschungsdesigns in den Blick genommen werden, die bereits auf eine konkretere Ebene von Planung und Durchführung der Untersuchung verweisen. Zentrale Punkte, die dabei beachtet werden sollten, sind: Welche Datenerhebungsverfahren und -instrumente sind notwendig bzw. praktisch einsetzbar, um den Untersuchungsgegenstand inhaltlich und forschungsökonomisch angemessen zu erfassen? Welche konkreten Aspekte oder Situationen des Unterrichts sind für das Erkenntnisinteresse relevant? Auf welche Einheiten des Unterrichts (z. B. zeitliche oder didaktische Strukturen, Unterrichtsinhalte, soziale Konstellationen usw.) richtet sich der Fokus der Datenerhebung? Welche Beobachtungsdauer ist angemessen? Welche Fallvergleiche werden möglicherweise relevant? Schließlich muss geklärt werden, ob die forschungspraktischen Entscheidungen, die in Bezug auf diese Fragen getroffen werden, mit den zur Verfügung stehenden zeitlichen, finanziellen, technischen und personellen Ressourcen auch umzusetzen sind (vgl. Flick 2012a, S. 262).

Insgesamt ist zu beachten, dass der Forschungsprozess einer qualitativ-empirischen Studie grundsätzlich dem Prinzip der Offenheit folgt, da er durch Anpassungen von Fragestellung und Vorgehen an den Untersuchungsgegenstand, d. h. an die im Feld gegebenen Bedingungen, gekennzeichnet ist (vgl. ebd.). Aus diesem Grund ist zwischen dem geplanten und dem realisierten Forschungsdesign zu unterscheiden (vgl. ebd., S. 257): Die im Vorfeld der Untersuchung getroffenen Entscheidungen erweisen sich gelegentlich als im Feld nicht praktikabel bzw. als inhaltlich nicht angemessen und erfordern situative Anpassungen. Dass häufig eine Differenz zwischen Vorentscheidungen und den tatsächlich umgesetzten Alternativen existiert, ist nicht auf handwerkliche Fehler qualitativ-empirisch Forschender zurückzuführen, sondern folgerichtig, da qualitativ-empirische Forschung die Eigenlogik der im Feld beobachtbaren Interaktionsprozesse vor die Eigenlogik bestimmter wissenschaftlicher Erkenntnisprozesse stellt. Wichtig ist, dass die Differenz zwischen geplantem und realisiertem Design dokumentiert und reflektiert wird, da sich in dem Verhältnis bereits erste Erkenntnisse über den Untersuchungsgegenstand zeigen können.

5.1.1.1 Triangulation von Erhebungsverfahren

Bei Unterricht handelt es sich – wie wir in Kapitel 4 gezeigt haben – um ein ausgesprochen komplexes Interaktionsgeschehen. Um der Komplexität in der Forschungspraxis gerecht zu werden, ist es häufig angebracht, sich bei der Datenerhebung nicht allein auf die videogestützte Beobachtung von – wie auch immer definierten – Ausschnitten des Unterrichts zu beschränken. Die Triangulation von Erhebungsverfahren ermöglicht es, das Forschungsinteresse und den Forschungsgegenstand multiperspektivisch zu betrachten und z. B. unter Einbezug von Voraussetzungen, Prozessen und Ergebnissen des Unterrichts zu einem tieferen Verständnis und ggf. zu einer differenzierteren Theoriebildung zu gelangen (vgl. Flick 2011; 2012b).

Grundsätzlich stellt die Videografie an sich bereits einen triangulativen Zugang dar, da hierbei visuelle und verbale Daten entstehen, die im Forschungsprozess aufeinander bezogen werden müssen. Über die Aufzeichnung mithilfe der Videokameras hinaus ist in der Regel eine zusätzliche *Audioaufzeichnung* des Unterrichts notwendig, weil die Kameramikrofone lediglich die klassenöffentliche Kommunikation aufzeichnen können – oft stellt man bei der Datenaufbereitung sogar fest, dass über die Kameramikrofone nur die Äußerungen der Lehrperson versteh- und damit transkribierbar sind. Über zusätzliche Audioaufnahmegeräte, die im Klassenraum, z. B. auf den Schülertischen, verteilt werden, wird die unterrichtsbezogene Kommunikation und auch die nicht auf Unterricht bezogene Kommunikation der Schülerinnen und Schüler untereinander aufgezeichnet, die einer vom klassenöffentlichen Unterrichtsgeschehen zu unterscheidenden Logik folgt und ebenfalls einer Relationierung gegenüber den über die Kamera erzeugten Daten bedarf (zur Selbstreferenzialität unterschiedlicher Interaktionssysteme *im* Unterricht s. Kap. 4.3.1).

Außerdem ist es notwendig, die im Unterricht verwendeten oder hergestellten „Alltagsdokumente" (Bohnsack 2011, S. 117), beispielsweise Arbeitsmaterialien und Arbeitsprodukte der Schülerinnen und Schüler, zu sammeln und in die Auswertung einzubeziehen. In der Regel beziehen sich Schülerinnen und Schüler untereinander oder aber die Lehrperson im Gespräch mit einzelnen Schülerinnen oder Schülern in einer situativen Selbstverständlichkeit auf die vorliegenden Arbeitsmaterialien und -produkte. Dies erzeugt ein hohes Maß an Indexikalität der videografierten oder audioaufgezeichneten Interaktion, da durch den gemeinsamen Bezug auf z. B. ein Arbeitsblatt die darauf abgedruckten Aufgaben oder Abbildungen im Gespräch nicht noch einmal explizit thematisiert werden müssen. Häufig reichen den Akteurinnen und Akteuren deiktische (z. B. das Zeigen auf eine bestimmte Stelle des

Arbeitsblattes) Verweise, die für die nicht beteiligten Zuschauerinnen und Zuschauer bzw. Zuhörerinnen und Zuhörer jedoch kryptisch und unverständlich bleiben, wenn das Arbeitsblatt im Interpretationsprozess nicht vorliegt. Dies ist mit Latour dadurch zu erklären, dass die Forschenden außerhalb des Kollektivs und damit außerhalb des Interaktionssystems stehen, in das die menschlichen Akteurinnen und Akteure des Unterrichts die unterrichtstypischen Dinge wie Arbeitsblätter oder Schulbücher rekrutiert haben (vgl. Latour 2002; 2010; vgl. auch Kap. 4.3.3).

Über die Daten hinaus, die in direktem Zusammenhang mit der beobachteten Unterrichtssituation erhoben bzw. gesammelt werden, kann es relevant sein, weitere Daten aus dem Unterrichtskontext zu erheben. Je nach Fragestellung können dies Daten von den bzw. über die relevanten Akteurinnen und Akteure des Unterrichts (Schülerinnen und Schüler, Lehrpersonen) sein oder auch Daten von weiteren Mitgliedern der Organisation Schule (Funktionsstelleninhaber oder -inhaberinnen, Schulleitung etc.) oder aus dem familiären bzw. sozialen Umfeld der Schülerinnen und Schüler (Eltern, Geschwister, Freunde und Freundinnen). In einigen der für die Erarbeitung des Buchs zugrundeliegenden Forschungsprojekten wurden beispielsweise ergänzend zu den Unterrichtsaufzeichnungen Gruppendiskussionen mit den Schülerinnen und Schülern (Kater-Wettstädt 2015; Petersen 2015; Martens 2015) oder Interviews mit den unterrichtenden Lehrpersonen (Martens 2015) durchgeführt. Mit den ergänzenden Gruppendiskussionen mit Schülerinnen und Schülern sollten deren Orientierungen in Bezug auf die erlebten Unterrichts- und Lernprozesse bzw. ihre fachlichen Orientierungen in Bezug auf die im Unterricht verhandelten Themen erfasst werden. Bei den Interviews mit den Lehrpersonen ging es hingegen um deren Orientierungen zu Lehren und Lernen im Unterricht.

Die Triangulation der im Unterricht erhobenen visuellen und verbalen Daten mit den gesammelten Felddokumenten und den ergänzenden Interviews oder Gruppendiskussionen erlaubt es, für das Erkenntnisinteresse relevante Aspekte über die situativen und teilweise hochgradig indexikalen Thematisierungen im Unterricht hinaus zu berücksichtigen. Für die Unterrichtsforschung gilt in dieser Hinsicht Ähnliches wie für die Ethnografie. Die Triangulation unterschiedlicher Methoden schafft die Möglichkeit, „das Verhaftetsein [...] im hier und jetzt des Beobachtbaren durch eine Erweiterung der Perspektiven auf über die Beobachtungssituation hinausreichende Thematisierungen [...] zu ergänzen" (Flick 2011, S. 57). Unterricht als Interaktion unter Anwesenden ist – wie wir in Kapitel 4.2 dargestellt haben – in hohem Maße gekennzeichnet von den wechselseitigen erwartungsgemäßen Reaktionen auf implizit und explizit geäußerte Erwartungshaltungen. Die institutionell vorgegebenen Rollenstrukturen und die sich darin entfaltenden und durch iterative Prozesse verfestigten Orientierungsmuster bieten den Akteurinnen und Akteuren des Unterrichts, insbesondere den Schülerinnen und Schülern, nur einen bestimmten

Spielraum, sich zu verhalten und zu äußern (vgl. Luhmann 2002). Ihnen ist es im Unterricht nur sehr eingeschränkt möglich, sich nicht-erwartungsgemäß zu den an sie gerichteten Erwartungen zu verhalten bzw. eine übergeordnete Perspektive auf die im Unterricht laufenden Prozesse und ihre Involvierung darin einzunehmen. Unterricht als durch die Akteurinnen und Akteure wahrgenommene *Bedingung* für bestimmtes Handeln oder bestimmte Äußerungen kommt allenfalls in den Blick, wenn sich die Akteurinnen und Akteure außerhalb des Unterrichts, z. b. in einer Gruppendiskussion oder einem Interview, äußern können.

Bei der hier skizzierten Form der Triangulation von Datenerhebungsmethoden gehen wir von einem Verbleib innerhalb des qualitativ-rekonstruktiven Paradigmas aus. Das bedeutet, dass die gewählten ergänzenden Methoden und die durch sie fokussierten unterschiedlichen Gegenstände in ihrer je spezifischen Eigenlogik wahrgenommen und unter Berücksichtigung der Gütekriterien für die Datenerhebung in qualitativ-rekonstruktiven Forschungsprozessen (vgl. z. b. Bohnsack 2005; Steinke 2012; Przyborski und Wohlrab-Sahr 2014) in das Forschungsdesign integriert werden. Die Triangulation verschiedener Datenformen mit dem Ziel eines multiperspektivischen Zugangs auf das untersuchte Phänomen und einer tieferen, differenzierteren Erkenntnis der unterrichtlichen Prozesse verspricht dann erfolgreich zu werden, wenn die unterschiedlichen Daten unter derselben methodologischen Rahmung erhoben und ausgewertet werden. Nur so ist gewährleistet, dass die unterschiedlichen Ergebnisse vergleichbar sind und im Rahmen der Theoriebildung konsistent aufeinander bezogen werden können (vgl. Bohnsack 2011, S. 116). Eine solche Form der Triangulation stellt Herausforderungen an den Forscher oder die Forscherin, sich mit unterschiedlichen Datenerhebungsverfahren und deren Gütekriterien sowie ggf. den Abwandlungen bzw. spezifischen Ausprägungen der Auswertungsmethode für die einzelnen Datenformen vertraut zu machen. Für die Durchführung und Auswertung von Interviews sollte ergänzend das Buch von Nohl (2017), für die Durchführung und Auswertung von Gruppendiskussionen das Buch von Loos und Schäffer (2001) bzw. von Bohnsack (2014) konsultiert werden. Visuelle Daten im Sinne von Alltagsdokumenten der Erforschten, z. B. Bilder, Filme, Unterrichtsmaterialien können mithilfe des Ansatzes der dokumentarischen Bild- und Videointerpretation (Bohnsack 2011) analysiert werden. Darüber hinaus ist eine Kooperation mit Kolleginnen und Kollegen ratsam – z. B. in Form einer Diskussion der Interpretationen mit Expertinnen und Experten für die jeweiligen Methoden in der Forschungswerkstatt.

Neben den innerhalb des rekonstruktiven Paradigmas erhobenen und ausgewerteten Daten kann es auch ein Interesse an einer Integration weiterer methodologischer Perspektiven geben. In der Erforschung von Unterricht können Fragen der Wirksamkeit der Unterrichtsprozesse auf die Schülerinnen und Schüler von

Bedeutung sein. Während es mit der Dokumentarischen Methode möglich ist, z. B. Kompetenzen der Lehrpersonen und der Schülerinnen und Schüler als anforderungsspezifischen Zusammenhang von theoretischen und handlungspraktischen Wissensbeständen empirisch zu beschreiben (vgl. Martens und Asbrand 2009) und Lernprozesse als Veränderung von Orientierungen zu rekonstruieren (vgl. Asbrand und Nohl 2013), besteht jedoch nicht die Möglichkeit, vergleichende Daten zur Entwicklung von Lernen und Leistung bzw. von Einstellungen, Wissen oder Kompetenzen zu erzeugen und auszuwerten. Die Verknüpfung einer dokumentarischen Interpretation der Unterrichtsprozesse mit quantitativen Verfahren der Kompetenz- oder Leistungsmessung kann in so genannten Mixed-Method-Designs realisiert werden (Tashakkori und Teddlie 2010; Flick 2011; Brymen 2012). Triangulation in Mixed-Method-Designs geht von der Unterschiedlichkeit, aber prinzipiellen Gleichrangigkeit der beteiligten qualitativen und quantitativen Forschungsparadigmen aus. Es geht dabei nicht, wie ältere Ansätze es vorgesehen hatten, um die wechselseitige Validierung der Forschungszugänge und ihrer Ergebnisse, sondern um gegenseitige Ergänzung und mithin die Vertiefung der Erkenntnis über den Untersuchungsgegenstand (vgl. Kelle und Erzberger 2012, S. 303). Mit einer Kombination von quantitativen und qualitativ-rekonstruktiven Perspektiven können somit eine gemeinsame Fragestellung, deren unterschiedliche Facetten oder aber unterschiedliche Forschungsgegenstände, die in der Ergebnisdarstellung zu einem Gesamtbild zusammengefügt werden, bearbeitet werden. Voraussetzung für die Kombination unterschiedlicher Ergebnisfacetten ist jedoch, dass „ein theoretischer Rahmen besteht, in welchem die Einzelergebnisse sinnvoll aufeinander bezogen werden können" (Kelle und Erzberger 2012, S. 306). Im Falle der Kombination von rekonstruktiver Prozessanalyse und quantitativ-empirischer Leistungsmessung wäre dieser gemeinsame theoretische Rahmen z. B. das Angebots-Nutzungsmodell des Unterrichts (vgl. Helmke 2010), das auch Anschlüsse an systemtheoretische Perspektiven auf Unterricht erlaubt (Kap. 4.2.1). Methodologisch herausfordernd ist diese Form der Triangulation vor allem darum, weil Daten auf der Individualebene (z. B. Ergebnisse der Leistungsdiagnostik, demografische Angaben, Angaben zu Lernvoraussetzungen) mit Daten kombiniert werden, die kollektive Orientierungsmuster und deren Genese fokussieren. Insgesamt stellt die Kombination qualitativ-rekonstruktiver sowie quantitativ-empirischer Zugänge ein bisher noch kaum bearbeitetes Feld in der Unterrichtsforschung dar.

5.1.1.2 Untersuchungsfokus und -dauer

Nachdem in einem Forschungsprojekt Entscheidungen zum Einsatz bzw. zur Kombination von Datenerhebungs- und Datenauswertungsmethoden getroffen wurden, geht es in weiteren Überlegungen zum Untersuchungsdesign darum, den Untersuchungsfokus festzulegen. Das gewählte Erkenntnisinteresse bzw. die leitende Forschungsfrage ist dabei nicht nur maßgeblich für die Wahl des Erhebungsinstruments, sondern auch für die Ausgestaltung der Datenerhebung. Ein Forschungsinteresse an selbstständigen oder kooperativen Lernformen zieht z. B. ganz andere forschungspraktische Entscheidungen in der Untersuchungsplanung und im Feld nach sich als beispielsweise ein Interesse an bestimmten fachlichen Lernprozessen (z. B. dem Umgang mit historischen Quellen im Geschichtsunterricht oder dem Umgang mit Fragen des Globalen Lernens im Biologieunterricht). Am Beispiel der Forschungsprojekte, anhand derer die hier vorgestellten methodischen Überlegungen entwickelt wurden, werden im Folgenden unterschiedliche Forschungsdesigns sowie die in diesem Zusammenhang getroffenen Entscheidungen über Fokus und Dauer der Datenerhebung dargestellt.

Alle Projekte beschäftigen sich mit unterrichtlichen Lernprozessen von Schülerinnen und Schülern und deren Bedingungen, setzen dieses Interesse je nach Untersuchungsfokus jedoch auf ganz unterschiedliche Weise forschungspraktisch um: Im Projekt „Quellenarbeit im Geschichtsunterricht" (Spieß 2014) besteht die Fragestellung darin, wie Schülerinnen und Schüler im alltäglichen Geschichtsunterricht mit Quellen umgehen und welche Merkmale die diese Prozesse rahmenden Lehr-Lernarrangements aufweisen. Die Forschungsfragen zielen auf die theoretische Beschreibung von unterrichtlichen Lern- bzw. Kompetenzerwerbsprozessen im Fach Geschichte und deren Bedingungen. Mit „Quellenarbeit" fokussiert die Studie auf ein zentrales *fachdidaktisches Prinzip* unterrichtlicher Geschichtsvermittlung, das jahrgangs- und themenunabhängig den Unterricht im Fach Geschichte strukturiert (vgl. z. B. Pandel 2006; Sauer 2015). Das Erkenntnisinteresse an der Quellenarbeit als *einem* Aspekt von Geschichtsunterricht erlaubt eine bestimmte forschungspraktische Selektivität: Im konkreten Projekt wurden in elf Klassen an Gymnasien und Gesamtschulen in unterschiedlichen Jahrgangsstufen jeweils vier Einzel- bzw. zwei bis drei Doppelstunden aufgezeichnet, in denen mit historischen Quellen (in der Regel Textquellen) gearbeitet wurde. Die Aufzeichnungen des Unterrichts – realisiert mit zwei statischen Kameras sowie dezentralen Audioaufnahmegeräten auf den Tischen der Schülerinnen und Schüler – fokussierten also Episoden (vgl. Luhmann 2002, Kap. 4.2.3), in denen das fachdidaktische Unterrichtsprinzip zur Anwendung kam. Die größeren thematischen oder didaktischen Zusammenhänge der Unterrichtseinheit, in die die Quellenarbeit jeweils eingebettet war, wurden nicht aufgezeichnet (vgl. Spieß 2014, S. 90f.).

Das Projekt „Unterricht im Lernbereich Globale Entwicklung" (Kater-Wettstädt 2015; Wettstädt und Asbrand 2013, 2014) bearbeitete ein ähnliches Erkenntnisinteresse wie die Studie von Spieß, auch hier ging es um die Frage, welche fachlichen Kompetenzerwerbsprozesse sich im Unterricht ereignen und inwiefern diese durch das Lehr-Lernarrangement bedingt sind. Im Fokus stand hier allerdings nicht ein bestimmtes fachdidaktisches Prinzip, sondern Themen globaler und nachhaltiger Entwicklung als *fachlicher Unterrichtsgegenstand*. Mit dem Ziel einer grundlegenden Theoriebildung zur Domäne wurde in diesem Projekt der fachliche Kompetenzerwerb themenunabhängig in unterrichtlichen Anforderungssituationen in seiner Mehrdimensionalität untersucht. Es ging darum, zu rekonstruieren, welche fachspezifischen Kompetenzen von den Schülerinnen und Schülern in der Auseinandersetzung mit globalen Fragen überhaupt aktualisiert bzw. erworben werden (Kater-Wettstädt 2015, S. 59ff.). Forschungspraktisch führte das Forschungsinteresse sowie der fächerübergreifende Charakter des Globalen Lernens dazu, dass Thematisierungen globaler Zusammenhänge in verschiedenen Fächern aufgesucht und insgesamt zehn ganze Unterrichtseinheiten von vier bis 34 Unterrichtsstunden Länge in unterschiedlichen Schulformen und Klassenstufen videografiert wurden. Auch hier wurde die Datenerhebung über zwei statische Kameras in den Raumdiagonalen sowie über Audiogeräte auf den Tischen der Schülerinnen und Schüler technisch umgesetzt. Mit dem Fokus auf die fachlichen Lehr- und Lernprozesse folgte die Datenerhebung hier der Logik didaktischer Inszenierung der thematischen Zusammenhänge durch die Lehrpersonen, von der Einführung in das Thema über die Erarbeitungsphasen bis zur Ergebnissicherung (vgl. ebd., S. 80ff.).

Aus einer ganz anderen Perspektive ist das Projekt „Kinder erklären Kindern Sachverhalte" (Hackbarth 2015a,b; 2017) an den Lernprozessen von Schülerinnen und Schülern interessiert. Fokussiert wurde die gemeinsame Aufgabenbearbeitung im jahrgangsübergreifenden Unterricht einer inklusiven Grundschule und einer Förderschule. Im Fokus standen dabei Ermöglichungen und Behinderungen von Lernprozessen bzw. Inklusionen und Exklusionen der Schülerinnen und Schüler in unterrichtlichen und peerkulturellen Bedingungsgefügen. Offen ist die Untersuchung in Bezug auf die Frage der fachlichen Gegenstände des Lernens, vielmehr wird auf eine bestimmte *Form der Interaktion* fokussiert und das wechselseitige Erklären bzw. die aufgabenbezogene Zusammenarbeit zwischen Schülerinnen und Schülern in unterschiedlichen fachlichen Zusammenhängen untersucht. Mit diesem Untersuchungsfokus korrespondiert die forschungspraktische Entscheidung, lediglich Interaktionssituationen zu filmen, in denen das Gesuchte sich ereignet. Die Datenaufzeichnung folgt hier in Bezug auf Kameraführung und Dauer vor allem den (spontanen) Schülerinteraktionen und deren Eigenlogik. So entstanden innerhalb längerer Aufenthalte in den untersuchten Schulklassen sehr viele Videosequenzen, in denen in der Regel zwei, gelegentlich auch mehrere Kinder gemeinsam an Aufgaben arbeiten, die jedoch von kurzer Dauer, teilweise nur wenigen Minuten lang sind.

Im Projekt „Passung von Lehr- und Lernkompetenzen im individualisierenden und differenzierenden Unterricht der Sekundarstufe" (Martens 2015, in Druck) geht es ebenfalls um die fachlichen Lernprozesse der Schülerinnen und Schüler, auch hier ist der Gegenstand des Lehrens und Lernens durch das Erkenntnisinteresse der Studie nicht vorab festgelegt. Über den Begriff der „Passung" wird vielmehr ein bestimmter *Modus der Interaktion* in den Blick genommen, der eine Bedingung für die Lernprozesse darstellt (vgl. dazu theoretisch Martens und Asbrand 2017; s. auch Kap. 4.3.4). Da der Modus der Interaktion nicht ohne Weiteres beobachtbar, sondern vielmehr Gegenstand der Rekonstruktion ist, war es nicht sinnvoll, während der Datenerhebung auf bestimmte thematische oder interaktive Konstellationen des Unterrichts zu fokussieren. Stattdessen wurde in drei Klassen einer Schule der gesamte Unterricht über einen Zeitraum von einer Schulwoche aufgezeichnet und die für das Erkenntnisinteresse relevanten Interaktionen im Nachhinein in den technischen Aufzeichnungen aufgesucht. Aufgrund der Offenheit des Untersuchungsgegenstands wurde der Unterricht auch hier mit zwei statischen Kameras und mehreren Audioaufnahmegeräten aufgezeichnet. Dieses Vorgehen ermöglicht es, unterschiedliche simultane und synchrone Interaktionskonstellationen und -verläufe in den Blick zu nehmen. Da im untersuchten individualisierenden Unterricht räumliche Ausweitungen und Verlagerungen der Schüler-Schüler- bzw. Schüler-Lehrerinteraktionen üblich waren, wurden zusätzlich mobile Handkameras eingesetzt. Eine derartige Mobilität im Unterricht erforderte das Mitwirken von Lehrpersonen und Schülerinnen und Schülern bei der Datenerhebung, das sich vor allem in der Verantwortungsübernahme für die Audiogeräte zeigte.

Das Projekt „Anpassungsleistungen und Konstruktionsprozesse beim Grundschulübergang" (Petersen 2015; Petersen und Asbrand 2013) schließlich ist an *Lernkulturen* interessiert, die eine Bedingung für Lernprozesse der Schülerinnen und Schüler darstellen. Der Fokus der Untersuchung liegt auf den Praktiken der Herstellung und Perpetuierung schulischer Ordnungen unter den Bedingungen des Wechsels von Erfahrungsräumen am Übergang von der Grundschule in unterschiedliche Sekundarschulen. Vergleichbar mit Passungsverhältnissen lassen sich auch Lernkulturen nicht einfach beobachten und sind ebenfalls nicht an das Vorkommen bestimmter Themen, didaktischer Prinzipien, Arbeits- oder Sozialformen des Unterrichts gebunden. Aus diesem Grund wurden auch hier, unabhängig von den didaktischen und thematischen Zusammenhängen auf der Gegenstandsebene des Unterrichts, im Rahmen einer qualitativen Längsschnittstudie ganze Schulwochen vor und nach dem Übergang von der Grundschule in weiterführende Schulen videografiert und im Nachhinein für die Analyse geeignete Sequenzen im Material aufgesucht (vgl. Petersen 2015).

In Bezug auf die Festlegung der Dauer des Feldaufenthalts in einer Schulklasse ist es von großer Bedeutung, das Vorgehen im Feld auf die Alltagspraxis bzw. das Alltagswissen der Forschungspartnerinnen und -partner auszurichten. Die eingesetzten Verfahren der Datenerhebung und die Dauer des Aufenthalts müssen es gewährleisten, dass die Erforschten ihre Alltagspraxis zeigen und ihr Alltagswissen zum Ausdruck bringen können (vgl. Flick et al. 2012, S. 23f.). Die Datenerhebung mit Kameras und Audioaufnahmegeräten ist (z. B. im Vergleich zur teilnehmenden Beobachtung) relativ invasiv. Die Forschungspartnerinnen und -partner benötigen daher in der Regel Zeit, sich an die Anwesenheit der Geräte und der Forscherin bzw. des Forschers zu gewöhnen und ggf. zu einer alltäglichen, routinierten Interaktion zurückzufinden. Sehr kurzfristige Feldaufenthalte und die Aufzeichnung nur einzelner Unterrichtsstunden sind aus diesem Grund grundsätzlich nicht empfehlenswert.

5.1.1.3 Sampling

Der qualitative Forschungsprozess verläuft nicht linear, sondern zirkulär (vgl. Flick 2007). Ausgangspunkt ist ein unbekanntes oder unerforschtes Phänomen, das sich z. B. aus dem Schul- und Unterrichtsalltag ergibt und zu dem ein wissenschaftliches Erkenntnisinteresse formuliert wird. Ziel ist es, die bestehenden Vorannahmen zum Untersuchungsgegenstand, die die Forscherinnen und Forscher in die Untersuchung mitbringen, im Laufe der Forschung auszudifferenzieren, ggf. aber auch zu irritieren oder zu ersetzen und zu einer Theorie auf empirischer Grundlage zu verdichten (Glaser und Strauss 1979). Die Anzahl und die Dauer der Feldphasen, d. h. der für das Projekt insgesamt notwendigen Datenerhebung, ist in der Regel durch vorgängige Planung nicht endgültig festzulegen. Vielmehr sind immer neue Feldaufenthalte während der gesamten Projektlaufzeit typisch und sollten im Planungsprozess als ungewisse bzw. nicht vollends planbare Notwendigkeit berücksichtigt werden. Durch fallvergleichendes, kontrastives Vorgehen im Rahmen des „theoretischen Samplings" (Glaser und Strauss 2010, S. 53ff., s. Kap. 2.3) sollen „alle Fälle und Daten erhoben werden, die für eine vollständige analytische Entwicklung sämtlicher Eigenschaften und Dimensionen der in der jeweiligen gegenstandsbezogenen Theorie relevanten Konzepte und Kategorien erforderlich sind" (Strübing 2008, S. 32). In diesem Zusammenhang ist an die Notwendigkeit der vorgängigen grundlagentheoretischen Klärung des Untersuchungsgegenstands (s. Kap. 4.2) zu erinnern, denn das Sampling erfordert eine klare Vorstellung darüber, was Gegenstand der Datenerhebung sein soll. Auch wenn das Sampling theoretisch gerahmt und auf Vollständigkeit angelegt ist, beginnt die Feldphase idealtypisch zunächst mit ersten Datenerhebungen an z. B. *einer* Schule bzw. in *einer* Klasse. Die Entscheidung, diese Schule bzw. Klasse mit ihren spezifischen institutionellen, organisationalen, sozialen oder pädagogischen Bedingungen auszuwählen, kann dabei einerseits aus rein pragmatischen Gründen resultieren (z. B. aus der Möglichkeit des Feldzugangs aufgrund persönlicher Kontakte) oder aber aus den vorgängigen grundlagentheoretischen oder normativen Annahmen der Forscherinnen und Forscher über das Untersuchungsfeld – z. b. die Auswahl einer Schule aufgrund eines besonderen Profils im Bereich des jahrgangsübergreifenden Lernens (vgl. Hackbarth 2017), in der Bildung für Nachhaltige Entwicklung bzw. des Globalen Lernens (vgl. Kater-Wettstädt 2015) oder aber einer starken Tradition im Bereich der Förderung von Selbstständigkeit bzw. der Individualisierung von Unterricht (vgl. Martens in Druck). Herausfordernd an dieser Art des ersten Feldzugangs ist es, dass die von der Schule, z. B. in Schulprogrammen oder Selbstdarstellungstexten auf Schulwebseiten, oder auch von einzelnen Lehrpersonen im persönlichen oder Unterrichtsgespräch formulierten pädagogischen Ziele gelegentlich auf der Ebene der Handlungspraxis nicht rekonstruierbar sind. Hier wird die grundsätzliche Unterscheidung zwischen Programmatik und Praxis relevant, die (auch) für das Feld Schule typisch ist (zum Verhältnis von Orientierungsrahmen und -schema s. Kap. 2.1.4). Ziel des weiteren Samplings ist dann, dass sich die Forscherin bzw. der Forscher sukzessive von der Logik der eigenen, vorgängigen theoretischen Vorannahmen bzw. von den normativen Rahmungen des Feldes weg auf die Eigenlogik des spezifischen Feldes und der hier realisierten Handlungspraxis hin orientiert. Aufgrund der häufig anzutreffenden und wissenssoziologisch begründbaren Differenz von pädagogischer bzw. (fach-)didaktischer Programmatik und unterrichtlicher Praxis (s. Kap. 2.2.1) muss diese Logik durch kluge, vergleichende Fallauswahl allerdings erst entdeckt werden und ist dann selbst bereits zentrales Ergebnis der Forschung (vgl. Glaser und Strauss 2010). Das Sampling als Teil des Forschungsprozesses und die „grounded theory" als Forschungsergebnis stehen also in einem unauflöslichen Zusammenhang.

Die zuerst erhobenen Daten werden aufbereitet, interpretiert und in der Forschungswerkstatt (s. Kap. 5.1.4) diskutiert. Im Zuge der ersten Analysen und der Reflexion des erhobenen Materials, des Vorgehens im Feld und der damit realisierten Erkenntnismöglichkeiten kommt es zu inhaltlichen und methodischen Entscheidungen für den weiteren Forschungsprozess. Zum einen stehen forschungspraktisch-technische Reflexionen im Vordergrund:

Reflexionsfragen: forschungspraktisch-technische Aspekte

- War die Platzierung der Kameras und der Audioaufnahmegeräte optimal?
- Wie kann die Qualität der Aufzeichnungen verbessert werden?
- Haben die Forschungspartnerinnen und -partner das Vorgehen bzw. die Anwesenheit der technischen Geräte und der Forschenden im Klassenraum als störend empfunden?
- Welche Auswirkungen hatte die Erhebungssituation auf die Normalvollzüge des Unterrichts?
- Wie können Störungen weiter reduziert werden?
- Welches Unterrichtsverständnis der Forscherin bzw. des Forschers dokumentiert sich in der Kameraaufstellung und den so produzierten Bildern des Unterrichts?
- Wird die durch die Kameraaufstellung eingenommene Perspektive auf Unterricht der konkret stattfindenden Interaktion in ihrer Eigenlogik gerecht?
- Müssen ggf. weitere, mobile Kameras eingesetzt werden?
- Wurden alle wichtigen Dokumente (Unterrichtsmaterialien und -produkte, Tafelbilder etc.) gesichert? usw.

Zum anderen ist inhaltlich zu entscheiden, welche Daten sich für einen kontrastierenden Fallvergleich eignen. Diese Überlegungen können sich auf bereits erhobene Daten beziehen, vor allem aber müssen Entscheidungen getroffen werden, welche Unterrichtssituationen in der folgenden Datenerhebung aufgesucht und aufgezeichnet werden sollen. In Reaktion auf die ersten Analysen und deren Reflexion sollten Annahmen bzw. Kriterien formuliert werden, nach denen weitere Feldzugänge organisiert werden können:

Reflexionsfragen: inhaltliche Aspekte

- Soll etwa die gleiche Lehrperson mit anderen Klassen oder die gleiche Klasse mit anderen Lehrpersonen beobachtet werden, um beispielsweise über die unterschiedlichen Konstellationen die Spezifik der Passungsverhältnisse von Lehr- und Lernhabitus zu erklären?
- Sollte Unterricht in anderen Schulformen oder Jahrgangsstufen aufgezeichnet werden, um bildungsmilieutypische Merkmale unterschiedlicher Schulformen oder das Entwicklungstypische von Sechstklässlern im Vergleich zu Zehntklässlern zu ermitteln?

- Ist es notwendig, Unterricht aufzusuchen, in dem Schülerkooperation auf unterschiedliche Weise initiiert und praktiziert wird, um beispielsweise den Einfluss pädagogischer Strukturierung oder aber asymmetrischer Peerbeziehungen auf die Schülerpraxis genauer zu fassen?
- Ist es sinnvoll, den Einsatz unterschiedlicher Quellengattungen im Geschichtsunterricht zu untersuchen, um den Einfluss von Medialität und Materialität auf die Lernprozesse zu klären?
- Sollten auch auf freiwilliger Teilnahme beruhende fachliche Lehr-Lernprozesse in außerschulischen Lernorten erforscht werden, um den schulischen Charakter des fachlichen Lernens und Lehrens genauer fassen zu können?
- Ist es ggf. sogar notwendig, pädagogisch-didaktische Fortbildungen oder Interventionen zu initiieren oder zu begleiten, um ein bestimmtes Maß an fachdidaktischer bzw. fachlicher Qualität des Unterrichts bzw. bestimmte fachliche Thematisierungen überhaupt erst herzustellen? usw. usf.

Der Prozess des theoretischen Samplings ist abgeschlossen, sobald sich im vorhandenen und neu erhobenen Material keine neuen Aspekte mehr zeigen, die zur gegenstandsbezogenen Theoriebildung beitragen. Dabei geht es in der qualitativen Forschung nicht um die Repräsentativität von bestimmten Phänomenen des Unterrichts im Sample, sondern um die Repräsentanz möglichst aller für die Bearbeitung der Fragestellung relevanten Phänomene (vgl. Przyborski und Wohlrab-Sahr 2014, S. 178).

Die Erzeugung qualitativ hochwertiger Forschungsergebnisse ist in besonderem Maße von der Güte des Samplings abhängig, die sich vor allem in seinem Kontrastreichtum zeigt. Häufig ergibt es sich in der Praxis der Unterrichtsforschung allerdings, dass bereits erhobene Daten re-analysiert werden sollen. Auch kommt es häufig vor, dass zu Beginn von Projekten größere Mengen an Daten quasi „auf Vorrat" erhoben werden: Hat man einmal die Forschungsgenehmigung für eine Schule und die Zustimmung der Beteiligten erhalten, ist es nachvollziehbar, diese Gelegenheit möglichst umfangreich für die Datenerhebung nutzen zu wollen. Auf keinen Fall sollte aber das Vorhandensein von Daten die Offenheit und Flexibilität der Forscherinnen und Forscher reduzieren. Maßgeblich sollten die Erfordernisse für eine qualitätsvolle Theoriebildung zum Untersuchungsgegenstand bleiben und nicht forschungsökonomische Gegebenheiten. So kann es im Interpretationsprozess eine sinnvolle Entscheidung sein, größere Mengen von Daten, die mühevoll erhoben wurden, trotz allem nicht auszuwerten, wenn sich in der Analyse zeigt, dass daraus keine weiterführenden Erkenntnisse im Sinne der Theoriebildung zu erwarten sind. Dies ist vor allem dann der Fall, wenn das vorliegende Datenmaterial nicht kontrastreich, d. h. der videografierte bzw. audioaufgezeichnete Unterricht nicht vielfältig ist, man also viel ‚vom Gleichen' erhoben hat. Leider bemerkt man häufig erst im Forschungsprozess, dass das Sample nicht kontrastreich genug ist, auch wenn am Beginn des Forschungsprojekts Unterricht in verschiedenen Jahrgängen und Schulformen videografiert wurde. Denn es stellt sich in der Regel erst im Prozess des Interpretierens nach und nach heraus, welche Kontraste zwischen den Fällen für die komparative Analyse relevant sind. Ist das Sample nicht vielfältig in Hinsicht auf die relevanten Vergleichshorizonte, ist es nicht sinnvoll, viel vom Gleichen zu interpretieren, sondern es müssen gezielt weitere Daten erhoben werden. Da methodische oder inhaltliche Neuausrichtungen des Forschungsprojekts in der Regel mit Konsequenzen für alle Ebenen des Forschungsprozesses einhergehen, sollten auch im Falle von Forschungsprojekten, in denen Re-Analysen vorhandener Unterrichtsvideografien geplant sind, zeitliche und personelle Ressourcen für zusätzliche Datenerhebungen eingeplant werden.

5.1.2 Datenerhebung

5.1.2.1 Feldzugang und Forschungsgenehmigungen

Vor der Datenerhebung muss zunächst ein Zugang zum Forschungsfeld hergestellt werden. Im Bereich Schule und Unterricht ist dies auf unterschiedlichen Ebenen herausfordernd: Schulleitungen, insbesondere von Schulen im Einzugsgebiet von Universitätsstädten, erhalten wöchentlich eine Vielzahl von Forschungsanfragen, so dass es nicht unwahrscheinlich ist, dass die eigene Anfrage gar nicht erst über den Schreibtisch der Schulleitung hinaus an die Lehrpersonen gelangt, die man gerne für eine Teilnahme an der Studie gewinnen möchte. Die größten Aussichten auf Erfolg hat der Feldzugang, wenn ein persönlicher Kontakt direkt zu Lehrpersonen besteht oder hergestellt werden kann. Geeignete Multiplikatoren und Multiplikatorinnen, insbesondere für fachdidaktische Fragestellungen, sind Fachleiter und Fachleiterinnen bzw. Vorsitzende der Fachkonferenzen. Wenn die angesprochenen Lehrpersonen das Erkenntnisinteresse des geplanten Projektes relevant finden und sich aus der Teilnahme am Forschungsprojekt und den Ergebnisrückmeldungen an sie Impulse für die eigene Arbeit versprechen, können meist auch die anderen Entscheidungsträger (Schulleitung, Schulkonferenz, Gesamtkonferenz, Eltern, Schülerinnen und Schüler), deren Einverständnis notwendig ist, von einer Unterstützung des Forschungsprojekts überzeugt werden. Wichtig ist dabei, dass das Vorhaben gegenüber den unterschiedlichen Adressatinnen und Adressaten angemessen thematisiert wird. Die Eltern und die Schülerinnen und Schüler sind an anderen Informationen interessiert als etwa die Lehrpersonen und die Schulleitung. Ratsam ist es, neben schriftlichen Informationen, das persönliche Gespräch mit den teilnehmenden Lehrpersonen, mit den Eltern (am besten im Rahmen eines Elternabends) und mit den Schülerinnen und Schülern zu suchen.

Konnte eine Schule für die Teilnahme gewonnen werden, muss in der Regel beim zuständigen Ministerium oder einer zuständigen untergeordneten Behörde eine offizielle Forschungsgenehmigung für das Vorhaben beantragt werden. Die Bundesländer haben hierfür unterschiedliche Vorgaben und Antragsverfahren entwickelt, über die die jeweils gültigen Schulgesetze bzw. Verordnungen Auskunft geben. Im Folgenden stellen wir die Voraussetzungen für die Genehmigung von Forschungsprojekten am Beispiel des Bundeslandes Hessen dar. In Hessen wird der Antrag auf Durchführung eines Forschungsprojekts im Kultusministerium formal und inhaltlich geprüft, die Antragstellung ist hier also bei weitem keine Formsache. Nach aktueller Rechtslage ist die Schulkonferenz der teilnehmenden Schule zu hören und das Einverständnis der Schulleiterin bzw. des Schulleiters notwendig, damit das Hessische Kultusministerium eine Forschungsgenehmigung erteilt (vgl. Hessisches Schulgesetz, § 84, HKM 2017). Darüber hinaus sind schriftliche Einverständniserklärungen der teilnehmenden Lehrpersonen sowie der Erziehungsberechtigten aller Schülerinnen und Schüler einer Klasse einzuholen. Dabei ist es sinnvoll, die Bereitschaft zur Teilnahme an unterschiedlichen Datenerhebungsformen (z. B. Unterrichtsvideografien, Gruppendiskussionen, Interviews) von den Teilnehmenden bzw. deren Erziehungsberechtigten gesondert erklären zu lassen. Die Einverständniserklärung sollte darüber hinaus beinhalten, dass bzw. welche Daten (z. B. anonymisierte Transkriptausschnitte und Fotogramme aus den Videografien) für den wissenschaftlichen Gebrauch (z. B. in Vorträgen oder in Publikationen) veröffentlicht werden dürfen. In den Einverständniserklärungen darf der Hinweis nicht fehlen, dass die Teilnahme an der Studie freiwillig erfolgt, für die Zukunft widerrufbar ist und dass weder die Teilnahme an der Studie noch die Verweigerung des Einverständnisses negative Folgen für die Schülerinnen und Schüler oder die Lehrpersonen haben dürfen. Die Einverständniserklärungen müssen zusammen mit den Daten aufbewahrt werden.

Der organisatorische Aufwand ist erheblich, aber aufgrund der Sensibilität der erhobenen Daten und der Invasivität der Forschung für den unterrichtlichen Alltag angemessen. Selbst wenn der Feldzugang insgesamt reibungslos verläuft, müssen Forscherinnen und Forscher für diesen Abschnitt des Forschungsprozesses viel Zeit einplanen.

5.1.2.2 Datenschutz

Die Wahrung der Datenschutzrechte der Forschungspartnerinnen und -partner ist ein zentraler Grundsatz guter wissenschaftlicher Praxis. Für die Berücksichtigung des Datenschutzes bei Forschungsvorhaben an Schulen haben die Bundesländer jeweils Verordnungen erlassen, die während der Planung eines Forschungsprojekts zu konsultieren sind. Grundsätzlich bieten aber auch die Richtlinien und Codices der Deutschen Forschungsgemeinschaft (vgl. DFG 2013) und der Deutschen Gesellschaft für Erziehungswissenschaft (vgl. DGfE 2005, 2010) Orientierung. Da die qualitative Unterrichtsforschung ein Interesse an der Eigenlogik der sozialen Praxis der Forschungspartnerinnen und -partner hat und auf der Grundlage von Audio- und Videoaufnahmen deren detaillierte Beschreibung und Analyse anstrebt, ist die Wahrung der Datenschutzrechte der Beteiligten, insbesondere das Recht am eigenen Bild und das Recht auf die Wahrung des Schutzes der Persönlichkeit hier von besonders hoher Relevanz (vgl. DGfE 2005, 2010). Datenschutzrechtliche und forschungsethische Probleme werden in der Unterrichtsforschung besonders virulent, da die erforschten Kinder und Jugendlichen ihre Datenschutzrechte nicht selbst wahrnehmen oder vertreten können, sondern die Erziehungsberechtigten für sie entscheiden. Zudem kann die Einbindung in asymmetrische Beziehungskonstellationen zu den Lehrpersonen, die der Datenerhebung aus ganz eigenen Motivationen zugestimmt haben, dazu führen, dass die Schülerinnen und Schüler ihre eigenen Vorbehalte gegenüber der Datenaufzeichnung nicht artikulieren (können). Dies kann insbesondere dann problematisch werden, wenn im Rahmen von Unterrichtsforschung auch die nicht-klassenöffentliche Kommunikation der Schülerinnen und Schüler aufgezeichnet wird. Die Forschenden dringen auf diese Weise auch in die peerkulturellen Beziehungen ein und erfassen Prozesse des Unterlebens (Goffman 1959) des Unterrichts, die normalerweise vor den Lehrpersonen verborgen gehalten werden sollen. Dies macht es notwendig, nicht nur den Lehrpersonen und Eltern, sondern auch den Schülerinnen und Schülern (ggf. auch in Abwesenheit der Lehrperson) über die Ziele, die Methoden, das Vorgehen und die Verwendung der Daten sowie deren Anonymisierung Auskunft zu geben.

Grundsätzlich gilt für die Durchführung von Forschungsprojekten das Prinzip des „informed consent" (DGfE 2005). Dieser beinhaltet, dass sich *alle* Forschungspartnerinnen und -partner aufgrund der notwendigen Informationen und in Kenntnis möglicher Risiken und Konsequenzen freiwillig zu einer Teilnahme an dem Forschungsprojekt bereit erklären. Gleichzeitig muss durch das Vorgehen sichergestellt werden, dass den Teilnehmenden durch die Studie keinerlei Nachteile entstehen (vgl. DGfE 2010).

Der Datenschutz und die vertrauliche Behandlung der personenbezogenen Informationen sind von allen am Forschungsprozess beteiligten Personen einzuhalten. Die Projektleiterinnen bzw. -leiter sind dafür verantwortlich, Projektmitarbeitende und Hilfskräfte, die die Datenerhebung begleiten oder Transkripte anfertigen, sowie Mitglieder der Kolloquien und Forschungswerkstätten, die mit nicht anonymisiertem Material arbeiten, über den Datenschutz und die Vertraulichkeit aufzuklären (vgl. DGfE 2010, S. 3).

Vor der Veröffentlichung in Präsentationen und Publikationen ist eine Anonymisierung bzw. Maskierung der empirischen Daten erforderlich. In Bezug auf die verwendeten Fotogramme müssen die Gesichter sowie andere Personenmerkmale unkenntlich gemacht werden, die eine Identifizierung der Abgebildeten ermöglichen könnten. In der Regel reichen hierfür die Retuschierfunktionen aus, die die gängigen Bildbearbeitungsprogramme bereitstellen. Darüber hinaus müssen ggf. auch andere Bildinformationen (abgebildetes Mobiliar, Bilder und Zeichnungen im Klassenraum o. Ä.), die zu einer Identifizierung der Schule beitragen könnten, anonymisiert werden. Dies kann z. B. durch die Wahl eines Bildausschnitts erfolgen, manchmal kann hierfür schon ein Abdruck eines Fotogramms in Schwarz-Weiß statt in Farbe ausreichend sein. Namen und Verweise auf Örtlichkeiten, aber auch Begriffe, die auf schultypische pädagogische Konzepte oder Arbeitsmaterialien hinweisen, müssen in Transkripten der Unterrichtskommunikation maskiert werden. Die Verwendung von anonymisierten Originaldaten in wissenschaftlichen Präsentationen und Publikationen sollte darüber hinaus grundsätzlich sparsam erfolgen. Die Frage, was wie anonymisiert oder maskiert werden muss, damit die Persönlichkeitsrechte der Erforschten gewahrt bleiben, setzt eine intensive Kenntnis des konkreten Forschungsfeldes voraus. Die Weitergabe von Videodaten an andere Forschende, etwa zur Re-Analyse, kann daher problematisch sein und setzt forschungsethische Reflexionen und intensive Absprachen mit den Datenproduzentinnen und -produzenten voraus.

In der Regel dürfen öffentlich keine Unterrichtsvideos gezeigt werden, da sich diese nur mit großem Aufwand oder nicht vollständig anonymisieren lassen. Die Darstellung von Forschungsergebnissen wird sich also auf anonymisierte Fotogramme und Transkriptausschnitte beziehen müssen. Dabei sollten nur diejenigen Text-, Bild- und Kontextinformationen mitgeteilt werden, die für den Nachvollzug der Interpretationen unverzichtbar sind. Wenn also zum Beispiel das Unterrichtsfach, die Schulform oder die Jahrgangsstufe für das Verständnis der Zusammenhänge nicht unbedingt erforderlich sind, sollten diese Informationen auch nicht auftauchen. Gegebenenfalls kann es aber auch notwendig sein, diese Informationen in

einer deutlich maskierten Form zu veröffentlichen, um die Identität der Teilnehmenden absichtlich zu verschleiern. Darüber hinaus sollte „soweit dies angemessen
ist, eine abstraktere Theoriesprache zur Formulierung der Ergebnisse verwendet
werden, die es schwieriger macht, auf konkrete Fälle bzw. Personen (auch Dritte)
rückzuschließen" (DGfE 2005).

Die Daten, auf deren Grundlage die Ergebnisse formuliert werden und die nur
in kleinen Ausschnitten anonymisiert veröffentlicht werden können, sollen nach
den Richtlinien guter wissenschaftlicher Praxis der DFG zehn Jahre lang in der
Institution aufbewahrt werden, in der sie entstanden sind. Die Datenspeicherung
soll auf haltbaren und gesicherten Datenträgern erfolgen, die ein Zugreifen von
Unberechtigten nicht zulassen (vgl. DFG 2013, S. 21).

5.1.2.3 Technische und organisatorische Aspekte der Datenaufzeichnung

Ein Schuljahr folgt einem bestimmten Rhythmus aus Unterricht, Leistungsüberprü-
fungen, Projekten, Klassenfahrten, Ausflügen und Ferien. Dieser Rhythmus passt
nur bedingt zu den universitären Abläufen, in die die Forscherinnen und Forscher
eingebunden sind, und erfordert vor allem Anpassung letzterer an die schulischen
Gegebenheiten. Für Unterrichtsforschung muss allein aus diesem Grund viel Zeit
eingeplant werden. Im Falle qualitativer Forschung ist dieser Umstand allerdings
nicht unbedingt nachteilig, da das theoretische Sampling ohnehin eine gestaffelte
Datenerhebung und die Gleichzeitigkeit bzw. das wechselseitige Nacheinander von
Datenerhebung und Datenauswertung vorsieht. Die Datenerhebung kann sich aus
organisatorischen, aber auch aus methodologischen Gründen daher leicht über den
gesamten Projektzeitraum erstrecken.

Hat man einen Zeitraum bzw. Termine für die Datenerhebung festgelegt, stehen
konkrete Vorbereitungen für die Datenaufzeichnungen an. Viele technisch-orga-
nisatorische Fragen lassen sich häufig erst vor Ort, in Kenntnis der spezifischen
Gegebenheiten des Klassenraums klären (vgl. auch Krummheuer und Naujok 1999,
S. 62ff.; Dinkelaker und Herrle 2009):

Checkliste: technische Aspekte der Datenerhebung

- Wo sollen die Kameras positioniert werden?
- Wie viele zusätzliche Audioaufnahmegeräte werden benötigt?
- Wie sind die akustischen und die optischen Verhältnisse im Klassenraum beschaffen?
- Wie ist der Lichteinfall durch die Fenster, können diese ggf. verdunkelt werden?

- Ist die Sitzordnung statisch oder muss mit Veränderungen gerechnet werden? Ist die Akkulaufzeit und Speicherkapazität der Geräte (insbesondere der Kameras) ausreichend?
- Müssen Ersatzakkus beschafft werden?
- Sind Steckdosen in der Nähe der Kamerastandorte verfügbar?
- Werden Verlängerungskabel benötigt? usw. usf.

Zur Vorbereitung empfehlen sich neben Absprachen mit den Lehrpersonen über die Gegebenheiten vor Ort auch Unterrichtshospitationen im Vorfeld der Datenerhebung.

Während der Datenaufzeichnung müssen mehrere technische Geräte koordiniert werden (nach den Erfahrungen in den diesem Buch zugrundeliegenden Forschungsprojekten in der Regel zwei bis drei Kameras und vier bis sechs Audioaufnahmegeräte). Die Aufbereitung und Auswertung der Daten wird deutlich erleichtert, wenn die Geräte zur selben Zeit gestartet werden. Eine Person alleine kann dies in der Regel nicht bewerkstelligen. Eine vollständige Synchronizität aller Video- und Audioaufnahmen wird man allerdings auch unter Mithilfe weiterer Personen nicht immer erreichen können. Es empfiehlt sich daher, ein akustisches Signal zu setzen (z. B. Händeklatschen), wenn alle Geräte eingeschaltet sind, um eine nachträgliche technische Synchronisation der Audio- und Videodateien anhand des Signals zu erleichtern. Darüber hinaus ist es empfehlenswert, die Geräte einzuschalten und sie erst danach im Raum zu verteilen. Diese Vorgehensweise verringert die Zeitdifferenz zwischen den zeitlichen Codierungen der verschiedenen Aufnahmen.[29]

Für die Datenerhebung empfehlen wir die Verwendung von zwei statischen Kameras (ggf. mit Weitwinkelobjektiven), die so aufgestellt werden, dass möglichst große Teile der Unterrichtsinteraktionen aufgezeichnet werden können. Eine Kameraaufstellung in den Raumdiagonalen ermöglicht es beispielsweise, im öffentlichen Klassenunterricht sowohl die Lehrperson als auch die Schülerinnen und Schüler von vorne zu filmen (vgl. Abb. 5.1).

---

29 Die nachträgliche technische Synchronisation erfolgt im Zuge der Datensicherung bzw. am Beginn der Interpretation (vor der Erstellung des Transkripts) mithilfe einer Transkriptions- oder Videobearbeitungssoftware. Dabei werden alle Dateien, die gleichzeitig erhoben wurden, am Timecode einer ausgewählten Referenzdatei ausgerichtet. Für die technische Synchronisation unterschiedlicher Daten eignen sich beispielsweise Transkriptionsprogramme, die von unterschiedlichen Herstellern vorliegen, z. B. das am Institut für Pädagogik der Naturwissenschaften (IPN) entwickelte Programm „Videograph" (Rimmele 2015).

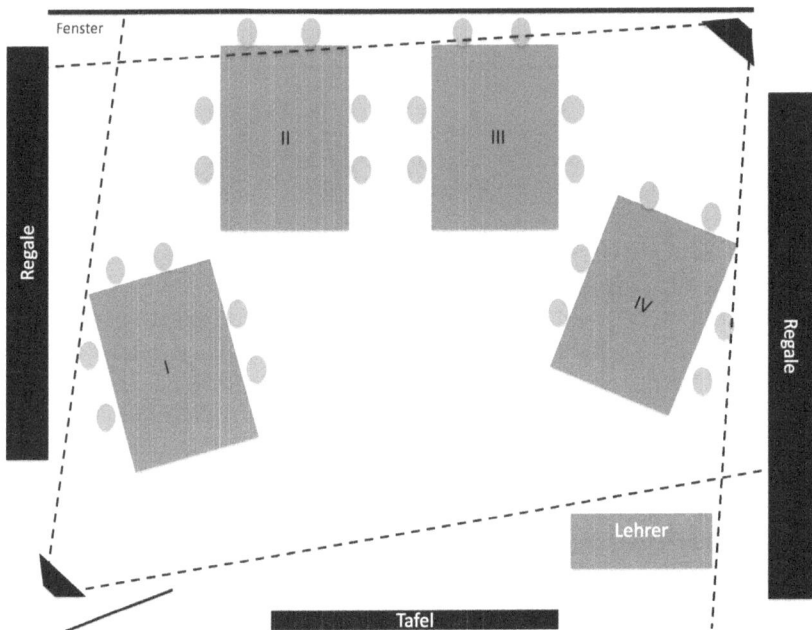

Abb. 5.1   Kamerapositionierung in den Raumdiagonalen

Wir schlagen vor, Perspektive, Einstellung, Winkel usw. während der Aufzeichnungen nach Möglichkeit nicht zu verändern. Ein solches Vorgehen hat zwei entscheidende Vorteile: Zum einen muss auf diese Weise die Reflexion der Standortgebundenheit und der Perspektive der Forschenden auf den beobachteten Unterricht nicht für jede analysierte Sequenz bzw. jedes Fotogramm neu vorgenommen werden (Kap. 5.2.3). Zum anderen kann über die statischen Kameras mit jeweils totalen Einstellungen auf den Interaktionsraum eine Offenheit gewährleistet werden, die auch in der nachträglichen Analyse die Rekonstruktion der Eigenlogik des Unterrichts zulässt.

Jede Perspektive auf Unterricht, auch die vorgeschlagene, ist notwendig selektiv. Eine vollständige (standortungebundene) Abbildung des unterrichtlichen Geschehens mittels technischer Aufzeichnung ist grundsätzlich nicht möglich. Dennoch sollte man sich bewusst sein, dass jede Entscheidung bei der Datenerhebung, z. B. Schwenks mit der Kamera oder Fokussierungen bestimmter Handlungen durch Zoom, eine zusätzliche Selektivität erzeugen, die sich unmittelbar auf die Erkenntnismöglichkeiten auswirkt. Schwenks und Zooms fokussieren Interaktionen, die situativ bedeutsam erscheinen, schließen aber alle anderen Interaktionen unwiederbringlich aus. Da die Forscherin bzw. der Forscher (wie alle anderen Anwesenden im Raum auch) nicht vollständig überblickt, was im Unterricht vor sich geht (vgl. Luhmann 2002), können sich die situativen, irreversiblen Selektionen später in der Datenauswertung als hinderlich erweisen (vgl. auch Dinkelaker und Herrle 2009, S. 21). Gleichwohl bestimmen letztlich das Erkenntnisinteresse sowie die situativen sozialen und raum-zeitlichen Konstellationen und Abläufe, welche Entscheidungen in der Aufnahmesituation getroffen werden müssen, so dass auch ein vollständiger Verzicht auf statische Kameras angemessen sein kann. Hat man sich für statische Kameras entschieden, ist es aufgrund der Unvorhersehbarkeit von Unterricht dennoch ratsam, über eine mobile (dritte) Kamera zu verfügen, um diese flexibel z. B. bei zeitlich begrenzten, räumlichen Ausweitungen oder Verlagerungen des Interaktionsgeschehens einsetzen zu können.

Die Unterrichtskommunikation wird über die Kameramikrofone hinaus mithilfe von Audioaufnahmegeräten aufgezeichnet, die im Klassenraum verteilt werden. Eine dezentrale Video- und Audioaufzeichnung ist u. a. für Gruppenarbeitsphasen oder individualisierte Arbeitsformen des Unterrichts unerlässlich. Im Rahmen der Datenaufbereitung müssen ggf. Audio- und Videodaten aus unterschiedlichen Quellen technisch synchronisiert werden.

Während der Datenerhebung ist es ratsam, ein Forschungs- bzw. Feldtagebuch zu führen. Dieses sollte Skizzen enthalten, auf denen die Positionierung der Kameras und Aufnahmegeräte im Raum sowie der Sitzplan der Schülerinnen und Schüler eingezeichnet ist (vgl. Abb. 5.1). Dabei sollten unbedingt die Namen der Schülerinnen und Schüler mitnotiert werden, damit auch mit etwas zeitlichem Abstand während Transkription und Analyse der Daten die Zuordnung der Sprecherinnen und Sprecher noch verlässlich möglich ist. Des Weiteren empfiehlt es sich, je nach Erkenntnisinteresse, den Verlauf der Unterrichtsstunden, die Abfolge von Unterrichts-, Arbeits- und Sozialformen oder der angesprochenen Themen zu notieren. Außerdem sollten für das Erkenntnisinteresse bedeutsame Beobachtungen protokolliert werden. Während der Auswertungen erleichtern diese Aufzeichnungen die Orientierung im insgesamt umfangreichen Datencorpus und das Aufsuchen der zu transkribierenden und zu analysierenden Sequenzen enorm.

Schließlich ist es zur Rekonstruktion des Geschehens notwendig, Materialien, die im Unterricht eingesetzt werden oder entstehen, zu sammeln. Häufig sind die Lichtverhältnisse im Raum oder aber die Auflösung der Kameras nicht geeignet, z. B. alle Tafelanschriften oder Projektionen mit Beamern oder Tageslichtprojektoren aufzuzeichnen. Außerdem ist die mündliche Kommunikation zwischen Lehrperson und Schülerinnen und Schülern über Arbeitsmaterialien oder Aufgabenstellung häufig so indexikal, dass nur schwer oder gar nicht zu rekonstruieren ist, über was gesprochen wird, wenn die Texte oder Abbildungen nicht bekannt sind, die den Sprechenden vorliegen und auf die sie sich beziehen. So ist es beispielsweise für die Rekonstruktion fachlicher Lernprozesse von großer Bedeutung, ob eine fachliche Äußerung einer Schülerin eigenlogisch entsteht oder ob sie aus einem Schulbuchtext oder einer Aufgabenstellung vorgelesen wird. Der Unterschied ist häufig nur in Kenntnis der jeweiligen Unterrichtsmaterialien, Arbeitsblätter, Lern- und Arbeitspläne, bearbeiteten Schulbuchseiten, Overheadfolien, Powerpointfolien, Tafel- bzw. Whiteboardbilder und -anschriebe und der entstandenen Arbeitsprodukte festzustellen. Aus diesem Grund sollten die genannten Alltagsdokumente während des Unterrichts kontinuierlich mitprotokolliert, abfotografiert oder kopiert und für die spätere Verwendung archiviert werden.

Die Datenerhebung im Unterricht ist insgesamt ein facettenreiches und komplexes Unterfangen. Insbesondere für die ersten Termine empfiehlt es sich daher, mit einer Checkliste zu arbeiten und ggf. eine weitere Person zur Unterstützung mitzunehmen. Die Datenerhebung sollte in der Regel durch den Wissenschaftler bzw. die Wissenschaftlerin selbst durchgeführt werden, der bzw. die das Forschungsprojekt federführend bearbeitet und auch das empirische Material interpretieren wird. Eine vollständige Delegation der Datenerhebung an Dritte, z. B. studentische Hilfskräfte, ist aus zwei Gründen hingegen nicht ratsam: Zum einen sind im Feld permanent situative Entscheidungen zu treffen, die nur die Forscherin bzw. der Forscher vor dem Hintergrund des Erkenntnisinteresses verantwortlich treffen kann. Zum anderen erhält man als Forscherin oder Forscher allein aufgrund der Teilhabe am Unterricht, durch den Kontakt mit den handelnden Personen, aber auch durch das Protokollieren des Unterrichtsverlaufs (s. o.), einen Eindruck der Situationen, dessen Qualität durch das reine Ansehen der Videografien nicht ersetzt werden kann. Dieser eigene Eindruck des aufgezeichneten Unterrichts (insbesondere wenn in mehreren Schulklassen bzw. Lerngruppen Daten erhoben wurden) ist jedoch für den Überblick über das erhobene Datenmaterial und die Entscheidungen darüber, welche Sequenzen transkribiert und analysiert werden sollen, ungemein hilfreich, wenn nicht sogar notwendig.

5.1.3 Datenaufbereitung

5.1.3.1 Datensicherung

Die Datensicherung sollte unmittelbar nach der Datenerhebung und auf einem Gebrauchs- sowie einem Backup-Datenspeicher erfolgen. Der Dateiname sollte das jeweilige Datum und das Kürzel für die Schule und die Schulklasse oder Lerngruppe sowie die Datenquelle (Kamera bzw. Audioaufnahmegerät) enthalten. Die Daten sollten als Rohdaten gespeichert werden; eine ggf. notwendige Konvertierung in andere Dateiformate (z. B. für die Verwendung von bestimmten Videoplayern oder Transkriptionsprogrammen) sollte nur für die Dateien vorgenommen werden, die auch ausgewertet werden sollen. Zu beachten ist, dass mit Konvertierungen u. U. ein Verlust an Datenqualität einhergeht.

In der Forschungspraxis hat sich gezeigt, dass Digitalkameras je nach Modell die Aufzeichnungen in Dateien von festgelegter Größe abspeichern (z. B. bei den von uns verwendeten Modellen in Dateien von etwa zwei Gigabyte, was einer Aufzeichnung von ca. 30 Minuten Unterrichtszeit entspricht). Für die Aufzeichnung von Unterrichtsstunden bedeutet dies, dass die Geräte für 45-Minuten-Stunden bis zu zwei, für 90-Minuten-Stunden bis zu drei einzelne Videodateien ausgeben. Bei Audioaufnahmen entstehen in 45 oder 90 Minuten hingegen Daten, die von den Geräten in der Regel in nur einer Datei gespeichert werden können. Um die Videospur und die Spuren aus den Audiogeräten für die Transkription synchronisieren, d.h. einen einheitlichen Timecode für den jeweils aufgezeichneten Zeitraum zuweisen zu können, ist es daher ratsam, die entstandenen Videodateien zu einer Datei zusammenzufügen. Bevor mit der Transkription begonnen wird, müssen alle Dateien, die zu der ausgewählten Sequenz aufgezeichnet wurden, technisch synchronisiert werden, sodass in allen Dateien der Timecode identisch ist. Dies ist z. B. mit dem im Institut für Pädagogik der Naturwissenschaften (IPN) entwickelten Programm „Videograph" leicht zu bewerkstelligen.

Das Schneiden von Videosequenzen ist nicht empfehlenswert und sollte nur in Ausnahmefällen und reflektiert erfolgen. Im Forschungsprozess kann es immer wieder zur Verschiebung der Grenzen kommen, an denen eine für die Interpretation ausgewählte Sequenz sinnvollerweise beginnt oder endet (s. dazu Kap. 5.2.1). Eine bereits vorgenommene Einteilung kann dann nur noch mit sehr viel Aufwand revidiert werden. Das durch das Schneiden entstandene neue Video erhält etwa einen eigenen Timecode, der ebenfalls nur mit viel Aufwand mit den Timecodes anderer Dateien synchronisiert werden kann. Insbesondere wenn von geschnittenen Videos bereits Transkripte angefertigt wurden, ist eine Veränderung des Beginns oder des Abschlusses einer Sequenz nur noch möglich, indem alle Timecodes erneuert werden.

Analog zur Anlage eines Feldtagebuchs empfiehlt sich das Führen eines Auswertungstagebuchs, in dem die Sequenzen notiert werden, die für eine Transkription in Frage kommen und in dem Entscheidungen, die im Auswertungsprozess getroffen wurden (Festlegung der Sequenzgrenzen, Anonymisierungen, mögliche Fallvergleiche usw.), festgehalten werden.

5.1.3.2 Auswahl von Sequenzen

In Unterrichtsforschungsprojekten entstehen große Mengen von Daten. Durch die unterschiedlichen Datenquellen (mehrere Kameras und Audioaufnahmegeräte), die jeweils gänzlich Unterschiedliches oder Gleiches aus unterschiedlichen Perspektiven aufzeichnen, kann sich das Verhältnis von beobachteten Unterrichtsstunden zu aufgezeichneten Audio- und Videodaten leicht vervier- bis versechsfachen. Dabei ist der Forscherin bzw. dem Forscher nur ein kleiner Teil dessen, was sich im Unterricht ereignet, durch die eigenen Beobachtungen während der Datenerhebung transparent – dies gilt insbesondere für Gespräche und Handlungen außerhalb der Klassenöffentlichkeit, die z. B. zwischen Tischnachbarinnen und -nachbarn oder in Arbeitsgruppen ablaufen oder aber absichtlich vor der Klassenöffentlichkeit bzw. vor den anwesenden Erwachsenen verborgen gehalten werden.

Im Rahmen der Datenaufbereitung ist es daher häufig notwendig, ergänzend zu den Aufzeichnungen des Feldtagebuchs, thematische Verläufe der Audio- und Videoaufzeichnungen anzufertigen. Sicher ist es je nach Datenmenge nicht sinnvoll, thematische Verläufe aller vorhandenen Daten zu verfassen. Im Projekt „Passung von Lehr- und Lernkompetenzen im differenzierenden und individualisierenden Unterricht der Sekundarstufe" (vgl. Martens 2015) wurden z. B. pro Klasse ca. 30 Stunden Unterricht aus zwei Kameraperspektiven aufgezeichnet. Hinzu kamen jeweils insgesamt ca. 10 Stunden Videomaterial, die aufgrund räumlicher Verlagerung von Interaktionszentren innerhalb und außerhalb des Klassenraums entstanden sind und mit einer dritten, mobilen Kamera aufgezeichnet wurden. Während der Datenaufzeichnungen waren zusätzlich in der Regel fünf Audiogeräte im Einsatz, die die Kommunikation an Gruppentischen und am Lehrertisch aufzeichneten. Insgesamt sind so aus den 30 Stunden Unterrichtszeit pro Klasse ca. 210 Stunden Datenmaterial entstanden. Bei vier untersuchten Klassen in einer Schule wird deutlich, dass es zeitlich nicht zu organisieren ist, alle aufgezeichneten Daten systematisch durchzusehen und -zuhören und davon Verlaufsprotokolle anzufertigen. Aus Gründen der Forschungsökonomie ist es daher ratsam, sich bei der Anfertigung von Verlaufsprotokollen zu beschränken, z. B. auf die unterrichtlichen Kontexte bzw. die Einbettung der für die Transkription und Analyse ausgewählten Sequenzen.

Auf der Grundlage der gesammelten und systematisierten Informationen über das Datenmaterial sowie formaler Kriterien, wie sie für die Analyse von Gesprächen entwickelt wurden (vgl. Bohnsack 2014, S. 123, vgl. auch Kap. 3), kann dann eine Auswahl von Sequenzen für die Transkription und Analyse erfolgen. Als Sequenz definieren wir einen Abschnitt einer Video- oder Audioaufnahme; formal handelt es sich um eine „Handlungseinheit, [...] die sich durch ein Handlungskontinuum von anderen Handlungseinheiten unterscheidet" (Bohnsack 2011, S. 160). Dabei fokussieren wir in der Sequenzanalyse allerdings, anders als Bohnsack (2011), auf die Leistungen der Unterrichtsakteure, also deren verbalen und nonverbalen Interaktionen. Analog zur „Passage" in der Analyse von Interviews oder Gruppendiskussionen ist auch die Sequenz als Interaktionseinheit so definiert, dass „hinreichend Kontext [besteht], um den immanenten Sinngehalt [...] zu rekonstruieren. Es könnte sonst allzu leicht etwas als konjunktive Bezugnahme gelten, was bei der Betrachtung des Kontextes auf einer ganz allgemein verständlichen Ebene liegt" (Przyborski 2004, S. 50f.). Außerdem können wir in abgeschlossenen Interaktionseinheiten analog zu thematisch abgeschlossenen Passagen davon ausgehen, dass die drei Interaktionsbewegungen (Proposition, Elaboration, Konklusion), „die zur Rekonstruktion von Orientierungen notwendig sind, vollständig vorliegen" (ebd., S. 51; vgl. auch Bohnsack 2014, S. 126f.).

Es ist nicht ratsam oder notwendig, ganze Unterrichtsstunden für eine Transkription und Analyse auszuwählen. Im Material werden Sequenzen aufgesucht, die sich auf verbaler und/oder nonverbaler Ebene durch ein hohes Maß an Fokussierung bzw. eine große interaktive Dichte (vgl. Przyborski 2004, S. 51) bzw. ein hohes Maß an körperlicher Aktivität oder besonderer Präsenz von Dingen auszeichnen. Außerdem sind, bezogen auf das jeweilige Erkenntnisinteresse, thematisch-inhaltliche Kriterien für die Auswahl von Sequenzen relevant. Interaktive Dichte und besonderes Engagement der Beteiligten deuten dabei darauf hin, dass hier die Relevanzen der Akteurinnen und Akteure des Unterrichts zum Ausdruck kommen. Zur Rekonstruktion der Eigenlogik der Interaktion kann es notwendig sein, diese Sequenzen zu analysieren, auch wenn dort Themen verhandelt werden, die nicht im Fokus des Erkenntnisinteresses des Forschers oder der Forscherin stehen (vgl. auch Bohnsack 2014, S. 137). Ein weiteres formales Auswahlkriterium können Diskontinuitäten des Unterrichtsverlaufs sein, beispielsweise abrupte Wechsel von Unterrichtsepisoden oder -perioden. Dabei ist relevant, ob die Wechsel durch die Lehrpersonen oder die Schülerinnen und Schüler initiiert sind – eEsteres ist nach unserer Erfahrung der Regelfall und unterrichtstheoretisch aufgrund der Asymmetrien zwischen Lehrpersonen und Schülerinnen und Schülern auch plausibel begründbar. Daher dürfte es umso bedeutender sein, Sequenzen zu fokussieren, in denen Wechsel und Brüche durch die Schülerinnen und Schüler hervorgerufen werden. Bei Forschungsinteressen an fachlichen Lernprozessen kann z. B. die Initiierung einer Aufgabenbearbeitung ein sinnvolles Auswahlkriterium für eine Sequenz sein oder aber eine Schülerfrage, die zu einem markanten Themenwechsel in der Interaktion führt.

Ist eine Sequenz ausgewählt worden, ist es sehr sinnvoll, den Kontext der Sequenz zu kennen, da die Bestimmung der Sequenzgrenzen, d. h. deren Anfang und Ende, nicht ganz einfach ist. In Kapitel 4 (Kap. 4.2.3 und 4.3.1) wurde die Sequenzialität als ein zentrales Merkmal der komplexen Zeitstruktur von Unterricht dargestellt.

Eine für die Analyse bestimmte Sequenz kann sich in mehrere Untersequenzen oder aber in aufeinander bezogene oder voneinander unabhängige Interaktionskonstellationen aufgliedern, die in den Verlauf einer oder mehrerer Unterrichtsstunden eingewoben sind. Die Festlegung von Sequenzen erfordert eine gute Kenntnis des Materials. Auswahlprozesse bedeuten immer auch ein Eintauchen in die als besonders identifizierten Situationen und ihre Kontexte (vgl. auch Kap. 5.2.1).

5.1.3.3 Transkription verbaler und nonverbaler Interaktion

In unserer Forschungspraxis haben wir eine tabellarische Form der Darstellung von Transkriptionen entwickelt, in der die spezifische Relationierung von verbalen und nonverbalen Daten übersichtlich dargestellt werden kann (vgl. Forschungsbeispiele in Kap. 5.3). In der linken Spalte stellen wir das Transkript der verbalen Kommunikation im Klassenraum dar, in die rechte Spalte werden ausgewählte Fotogramme aus dem sequenziellen Verlauf der Interaktion aufgenommen. Gelegentlich kann es sinnvoll sein, mehrere Spalten für die Transkription des verbalen Geschehens anzulegen, wenn sich mehrere Interaktionssysteme aufeinander beziehen (vgl. z. B. Kap. 5.3.3).

Die Transkription der Audiodateien erfolgt nach dem für die dokumentarische Interpretation üblichen Notationssystem „Talk in Qualitative Research" (TiQ) (vgl. Bohnsack 2014; Przyborski und Wohlrab-Sahr 2014) (Abb. 5.2).

Transkriptionsnotationen	
⌐ ja	Beginn einer Überlappung (gleichzeitiges Sprechen von zwei oder mehr Sprechenden)
ja-ja	schneller Anschluss, Zusammenziehung
(3)	Pause; Dauer in Sekunden
(.)	Kurzes Absetzen, etwa eine Sekunde
Jaaa	Dehnung, je mehr Vokale aneinander gereiht sind, desto länger die Dehnung
Nein	Betonung
Nein	laut gesprochen
°Text°	leise gesprochen
vie-	Abbruch
(kein)	Unsicherheit bei der Transkription
( )	Äußerung ist unverständlich; Länge der Klammer entspricht ungefähr der Dauer der unverständlichen Äußerung
[räuspern]	parasprachliche Äußerungen
@Text@	Text wird lachend gesprochen
@(.)@	Kurzes Auflachen
@(3)@	3 Sekunden Lachen

Verwendung von Satzzeichen	
.	stark sinkende Intonation
;	schwach sinkende Intonation
?	stark steigende Intonation
,	schwach steigende Intonation
Abkürzungen/Anonymisierungen	
Lm/f	Abkürzung und Anonymisierung für die Lehrperson (m = mask.; f = femin.)
Am; Bf	Abkürzung und Anonymisierung für die Schülerinnen und Schüler (m = mask.; f = femin.)

Abb. 5.2 Transkriptionsnotationen für Gespräche (TiQ) nach Bohnsack 2014, S. 235f.

Ein Verbaltranskript ist ein Text, der versucht, die spezifische Organisation der gesprochenen Sprache – die im Fall der Unterrichtsforschung in Form multimodaler Kommunikation einer relativ großen Gruppe von Personen technisch aufgezeichnet wurde – wiederzugeben. Auch wenn wir mit der Transkription im Medium Sprache bleiben, stellt die Übertragungen von gesprochener in geschriebene Sprache bereits eine deutliche Interpretation dar (vgl. Przyborski und Wohlrab-Sahr 2014, S. 164). Die Verwendung von Zeichen bzw. Notationen, die z. B. Überlappungen mehrerer Sprecher, schnell aufeinanderfolgende Anschlüsse, bzw. Wortzusammenziehungen, Wortabbrüche, Dehnungen, Betonungen, Variationen in der Lautstärke usw. berücksichtigen sowie die Transkription parasprachlicher aber bedeutungstragender Äußerungen, also z. B. Lachen oder Räuspern, ermöglicht es, den Charakter der gesprochenen Sprache in der Verschriftlichung zu bewahren und den Anteil der vorgängigen Interpretationen gering zu halten (ebd.). Anders als in der Schriftsprache werden Satzzeichen hierbei nicht in ihrer grammatikalischen Funktion, sondern zur Markierung sinkender und steigender Intonationen verwendet. Diese Verwendung der eigentlichen Satzzeichen hat zur Konsequenz, dass nach Punkten klein weitergeschrieben wird, im Transkript insgesamt also lediglich Substantive großgeschrieben werden (vgl. Bohnsack 2014, S. 254).

Es gehört zur Spezifik gesprochener Sprache – auch der Unterrichtssprache von Lehrpersonen –, dass Sätze unvollständig bzw. unabgeschlossen bleiben oder syntaktisch nicht den grammatikalischen Standards der Schriftsprache entsprechen. Der mündliche Sprachgebrauch ist schließlich häufig durch dialektale Färbungen oder/und durch Ideosynkrasien auf der Ebene der Lexik, der Intonation oder Modulation gekennzeichnet (vgl. Przyborski und Wohlrab-Sahr 2014, S. 165). Es kommt auf die Fragestellung des jeweiligen Projekts an, in welchem Auflösungsgrad insbesondere letztere Spezifika im Transkript notiert werden. Wenn nicht z. B. das „code-switching" im Unterricht, also der Wechsel vom Dialekt in die Hochsprache (oder umgekehrt) und dessen Funktion im Unterrichtsgespräch für das Erkenntnisinteresse der Forschenden relevant ist, kann es durchaus ratsam sein, eine Dialekt sprechende Lehrperson aus Datenschutzgründen als Hochdeutsch sprechende zu maskieren.

Als Grundlage für die dokumentarische Analyse der Interaktion ist es unerlässlich, die im Unterricht getätigten Äußerungen im Transkript zuverlässig den jeweiligen Sprecherinnen und Sprechern zuzuordnen. Gleichzeitig ist es, wie weiter oben ausgeführt wurde, notwendig, die Namen der Sprecherinnen und Sprecher und alle weiteren personen- oder ortsgebundenen Bezeichnungen zu anonymisieren oder zu maskieren. Dabei bleibt es dem eigenen Belieben überlassen, ob die Sprecherinnen und Sprecher mit anderen Namen oder aber mit Abkürzungen bezeichnet werden (z. B. Lm bzw. Lf für eine männliche bzw. eine weibliche Lehrperson oder z. B. Am, Bf, Cf, Dm … für die Schülerinnen und Schüler). Die Anonymisierung mit Abkürzungen ist vollständiger und damit „sicherer", die Verwendung von anderen Namen erleichtert allerdings das Lesen der Transkripte und der Ergebnisdarstellungen. Die den Klarnamen zugeordneten Anonymisierungen sollten unabhängig von den Daten (Videografien/Audioaufzeichnungen und Transkripten) aufbewahrt werden.

Auch die Frage, zu welchem Zeitpunkt anonymisiert wird, sollte Gegenstand der Abwägung im eigenen Forschungsprozess sein. Eine frühzeitige Anonymisierung, also bereits während der Transkription, kann aus Datenschutzgründen ratsam sein. Für eine Anonymisierung zu einem späteren Zeitpunkt, z. B. nur für Daten, die Bestandteil einer wissenschaftlichen Präsentation oder Publikation sind, sprechen zwei Gründe: Zum einen kann es im Interpretationsprozess zu Konfusionen und ggf. auch zu Zuordnungsfehlern kommen, wenn in den Transkripten konsequent andere Namen verwendet werden als in den Videografien des Unterrichts; zum anderen ist es bei einer Anonymisierung erst für die Zwecke der Veröffentlichung möglich, gewissermaßen „ökonomisch" zu anonymisieren: Es müssen dann nicht mehr alle Schülerinnen und Schüler einer Klasse anonymisiert werden, sondern ggf. nur die wenigen, die in der für die zur Veröffentlichung ausgewählten Sequenz zu Wort kommen bzw. auf die hierin Bezug genommen wird. Bei der Suche nach alternativen Namen für die unterrichtlichen Akteurinnen und Aktreue gilt es, neutrale Namen auszuwählen. Vermieden werden sollten Namen, die bei den Interpretierenden oder bei den Lesenden Assoziationen in Bezug auf die Charaktereigenschaften der so Benannten auslösen (z. B. Frau Strenge, Herr Fromm usw.). Bohnsack (2014) schlägt vor, bei der Umbenennung der Akteurinnen und Akteure jeweils auf „Namen aus dem entsprechenden Kulturkreis" (ebd., S. 254; vgl. auch Przyborski und Wohlrab-Sahr 2014, S. 170) zurückzugreifen. So könnte man in einer Anonymisierung eines Klassengesprächs z. B. Meltem Dilek nennen oder Beverly Samantha. Da allerdings davon auszugehen ist, dass in Abhängigkeit von kulturellen Kontexten Vornamen mit sozialen Stereotypen assoziiert sind, ist dieses Vorgehen nicht unproblematisch und kann zu unbeabsichtigten Differenzerzeugungen durch die Forschenden führen. Je nach Fragestellung kann es daher auch sinnvoll sein, auf eine derartige Anonymisierung gänzlich zu verzichten.

Während in Transkriptionen von Interviews oder Gruppendiskussionen in der Regel Zeilennummern eingefügt werden, um ein Wiederauffinden von Äußerungen zu gewährleisten, auf die sich formulierende und reflektierende Interpretation beziehen, arbeiten wir in der Unterrichtsforschung mit Timecodes. Dies ist dem Umstand geschuldet, dass im Transkript verbale und visuelle/nonverbale Ebene der Interaktion aufeinander bezogen werden müssen. Außerdem wird die formulierende Interpretation nicht ausschließlich auf der Basis des Transkripts erstellt, sondern während der Interpretation immer wieder auch die Videoaufnahme(n) hinzugezogen, um bei der Beschreibung der körperlichen Handlungen, der Bewegungen im Raum und den Umgang mit den Dingen deren Verlaufsförmigkeit angemessen zu berücksichtigen. Über die Zuordnung verbaler Äußerungen, körperlicher Handlungen im Video und einzelnen Fotogrammen auf der Basis des Zeitcodes ist es möglich, der Simultaneität des Unterrichts gerecht zu werden. Im Prozess der Datenaufbereitung werden die beiden Kameraperspektiven (mit Audio- und Videospur) sowie die Audiospuren der Aufnahmegeräte technisch synchronisiert. Dabei orientiert sich die Synchronisation in der Regel am Zeitcode einer der beiden Videoaufzeichnungen, der dann zum Referenzcode der übrigen Video- und Audiodateien und für die Transkription wird.

Die Markierung der sprachlichen Äußerungen mit einem Zeitcode kann in unterschiedlich hoher Frequenz erfolgen: In unserem Beispiel haben wir uns für Zeitcodes am Ende jeder Zeile entschieden. Hierbei liegt kein inhaltliches oder formales Kriterium für die Zuordnung des Codes zugrunde, sondern richtet sich nach den Bedingungen des entsprechenden Textverarbeitungsprogramms. Es wird jeweils anhand der Zeilenlänge entschieden, wann der Zeilenumbruch erfolgen muss, damit der Zeitcode noch in die Zeile passt. Alternativ kann der Zeitcode auch jeweils nur unmittelbar vor einem Sprecherwechsel gesetzt werden. Bei dieser Variante ist es allerdings notwendig, in längeren Äußerungen eines Sprechers weitere Zeitangaben zu ergänzen (z. B. alle zwei bis drei Zeilen einen Timecode). Die Zeitcodes können mithilfe von Transkriptionsprogrammen gesetzt werden. In der ersten von uns beschriebenen Variante, in der die Zeitcodes am Ende der Zeile angefügt sind, ist in der Regel ein Nachjustieren der Platzierung notwendig. Zur Markierung einer Transkriptstelle in der Interpretation wird dann als Beginn einer Interaktionsbewegung der Timecode am Ende der vorherigen Zeile herangezogen.

Da die Unterrichtskommunikation häufig aus einer Vielzahl von Gesprächen besteht, die gleichzeitig ablaufen und einander in einer Video- bzw. Audioaufnahme überlappen, kann es bereits auf der Ebene der Transkription sinnvoll sein, entweder Einzelaussagen den entsprechenden Gesprächen zuzuordnen, indem man sie grafisch (z. B. durch Einrücken) voneinander absetzt oder eine weitere Spalte im Verbaltranskript für simultane Interaktionen einfügt. Möglich ist auch, schon bei der Transkription Auswahlentscheidungen zu treffen und synchron bzw. parallel verlaufende, aber für das Erkenntnisinteresse (aktuell) nicht relevante Gespräche gar nicht oder in einem separaten Dokument zu transkribieren. Umgekehrt ist es gelegentlich notwendig, kommunikative Zusammenhänge aus unterschiedlichen Datenquellen (Audiospuren der Kameras und der verschiedenen Aufnahmegeräte) zusammenzusetzen, z. B. zur Rekonstruktion eines klassenöffentlichen Unterrichtsgesprächs zwischen Lehrperson und den Schülerinnen und Schülern, bei dem die Schüleräußerungen allerdings nicht über die Kameramikrophone verstehbar sind. Insgesamt gilt es zu unterscheiden, an welche Adressatinnen und Adressaten sich die einzelnen Aussagen richten, und dies im Transkript und auch in den nachfolgenden Interpretationsschritten zu vermerken (klassenöffentliche oder peeröffentliche Interaktionen z. B. innerhalb der Tischgruppe oder zwischen Sitznachbarn). Die von uns vorgeschlagenen Maßnahmen zur Organisation des Transkripts stellen Interpretationsprozesse dar, die an dieser Stelle im Forschungsprozess unter Umständen etwas verfrüht und vorgreifend erscheinen. Aus Gründen der Komplexität und interaktiven Vielschichtigkeit von Unterrichtskommunikation ist dieses Vorgehen aus unserer Perspektive aber notwendig und methodisch vertretbar; insbesondere, weil im Falle der Unterrichtsanalyse die Originaldaten (hier die Videos) in den Interpretationsprozess eingebunden werden und eine Revision der getroffenen Entscheidungen im Interpretationsprozess jederzeit möglich ist.

Die visuellen Daten werden ebenfalls im Transkript repräsentiert, indem sie in der rechten Spalte der Tabelle in Form ausgewählter Fotogramme aus den Videografien abgedruckt werden. Anders als beim Transkriptionssystem für die gesprochene Sprache erwies sich die Verwendung des für die dokumentarische Filminterpretation üblichen Transkriptionssystems MoViQ (vgl. Bohnsack 2011, S. 179ff.; Hampl 2010, 2015) für die Analyse von Unterrichtsprozessen als nicht praktikabel. Wesentliche Gründe, ein alternatives System zu entwickeln, ergaben sich aus der Beschaffenheit des Untersuchungsgegenstands sowie aus der spezifischen Zielsetzung der Forschungsvorhaben: Im Vergleich zur Filmanalyse haben wir es im Unterricht mit einer hohen Anzahl von Sprecherinnen und Sprechern zu tun. Deren Wortbeiträge in der von Hampl u. a. vorgeschlagenen Form unter den Fotogrammen zu notieren, würde das Transkript unübersichtlich werden lassen. Darüber hinaus müssen in der Unterrichtsanalyse umfangreichere Sequenzen interpretiert werden, um fachliche Lern- oder Kompetenzerwerbsprozesse rekonstruieren zu können. Technisch erstellte Videotranskripte aus (z. B. sekündlichen) Abfolgen von Einzelbildern würden zu einem nicht bearbeitbaren Umfang des Transkripts führen.

In dem von uns vorgeschlagenen Vorgehen werden nur ausgewählte Fotogramme in das Transkript aufgenommen. Auswahlkriterium ist, dass die Fotogramme diejenigen Interaktionskonstellationen abbilden, die als typisch für die nach dem Kriterium der interaktiven Dichte und der Fokussierung ausgewählten Sequenz gelten können. Die Abfolge der Fotogramme stellt den Interaktionsverlauf in seinen zentralen Situationen dar und gibt einen Einblick in die Kontinuität und den Wandel der Unterrichtsinteraktion.

5.1.4 Organisation und Ablauf der Interpretation

5.1.4.1 Verfassen von Arbeitstexten

Die Interpretation der so aufbereiteten Daten erfolgt im Rahmen der Dokumentarischen Methode in zwei Arbeitsschritten, der formulierenden und der reflektierenden Interpretation. Beide Interpretationsschritte werden im folgenden Kapitel (5.2) ausführlich und mit Beispielen illustriert dargestellt, in Kapitel 5.3. sind die Arbeitstexte zu drei Interpretationsbeispielen abgedruckt. Im Folgenden werden lediglich einige allgemeine Angaben zum Verfassen der Arbeitstexte vorgestellt (vgl. Abb. 5.3).

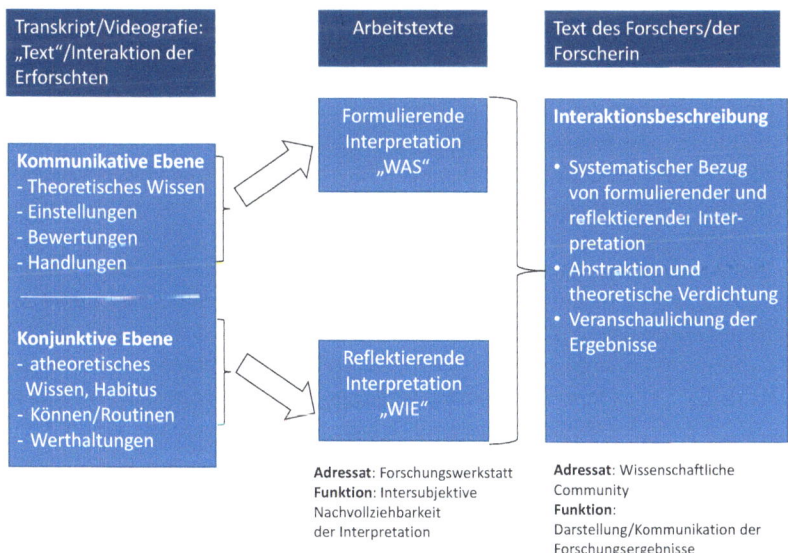

Abb. 5.3 Funktion der Forschungstexte im Forschungsprozess

Das Transkript, das die verbale und nonverbale Ebene der Interaktion verknüpft, stellt den grundlegenden Arbeitstext für den Interpretationsprozess dar. Im Zuge dieses Prozesses entstehen zwei weitere Arbeitstexte zur formulierenden und reflektierenden Interpretation, in denen die in den verbalen und visuellen Daten enthaltenen kommunikativen und konjunktiven Wissensbestände analytisch voneinander getrennt werden. Im Unterschied zur dokumentarischen Interpretation verbaler Daten (Gruppendiskussionen, Interviews) (s. Kap. 3.2) basiert die formulierende Interpretation in der videobasierten Unterrichtsforschung nicht nur auf dem Transkript, sondern auch auf den Videografien der zu interpretierenden Unterrichtssequenz. Im Rahmen der formulierenden Interpretation werden auch die Fotogramme für das Transkript ausgewählt (oder es finden in diesem Arbeitsschritt Ergänzungen zu einer bereits getroffenen Auswahl statt). Die formulierenden Interpretationen der verbalen und der nonverbalen Anteile der Interaktion orientieren sich am gemeinsamen Timecode einer Referenzvideografie und werden analog zum Transkript ebenfalls in tabellarischer Form aufeinander bezogen dargestellt. Für die Anordnung der formulierenden Interpretation der verbalen Interaktion ist in der Regel der Timecode des Transkripts ausreichend, für die formulierende Interpretation der nonverbalen Interaktion ist es notwendig, das Video hinzuzuziehen. Beim Schreiben der formulierenden Interpretation werden die verbalen und nonverbalen Anteile der Interaktion getrennt beschrieben. In unserer Forschungspraxis hat es sich bewährt, beides in Spalten nebeneinander anzuordnen.

Auch für die reflektierende Interpretation wird ein Arbeitstext verfasst. Dieser Interpretationstext erfolgt auf der Grundlage des Transkripts, der ausgewählten Fotogramme, der formulierenden Interpretationen sowie der Unterrichtsvideografien. Anders als in der formulierenden Interpretation werden die verbale und nonverbale Ebene bei der reflektierenden Interpretation von Anfang an in einen Arbeitstext integriert.

Im Forschungsprozess ergeben sich immer wieder Anlässe, die entstandenen Arbeitspapiere zu überarbeiten: Ein solcher Anlass sind die Rückmeldungen aus den Forschungswerkstätten, in denen die Interpretationen diskutiert werden (s. u.); ein anderer Anlass ergibt sich aus der kontinuierlichen komparativen Analyse unterschiedlicher Sequenzen. Erst im Fallvergleich lässt sich die Spezifik der Sequenz herausarbeiten. Im Vergleich ergeben sich neue Blickwinkel auf das Material und Perspektiven für die Interpretation. Transkript, formulierende und reflektierende Interpretation sind als Arbeitstexte also Gegenstand der Bearbeitung während des gesamten Forschungsprozesses. Abgeschlossen sind die Interpretationen der einzelnen Sequenzen erst am Ende des Forschungsprozesses, wenn das Ergebnis der Analysen als „grounded theory" im Rahmen einer Interaktionsbeschreibung für wissenschaftliche Publikationen niedergeschrieben wird. Für diesen letzten Schritt bilden die Arbeitstexte eine entscheidende Vorarbeit: Je mehr Mühe man sich bei der Ausformulierung der Interpretationen gegeben hat, desto leichter fällt es, aus den Arbeitstexten einen Darstellungstext zu erstellen. Für die Publikation der Forschungsergebnisse werden Interaktionsbeschreibungen erstellt, in denen die Ergebnisse der formulierenden und der reflektierenden Interpretation zusammengefasst dargestellt werden. Dies erfordert etwas mehr als ein schlichtes Zusammenkopieren der Arbeitstexte, sondern stellt noch einmal eine Kondensierung und Verdichtung der bestehenden Texte dar.

Während es sinnvoll ist, das Transkribieren an Schreibbüros oder studentische Mitarbeiterinnen und Mitarbeiter abzugeben, ist die Anfertigung der formulierenden und reflektierenden Interpretationen Angelegenheit der verantwortlichen Forscherinnen und Forscher. Sie erfolgen in teilweise sehr mühsamen und langwierigen Arbeitsschritten, wobei festzustellen ist, dass die Interpretationen mit zunehmender Erfahrung und Routine immer leichter von der Hand gehen.

5.1.4.2 Teilnahme an Forschungswerkstätten

Die im Interpretationsprozess entstehenden Arbeitspapiere werden regelmäßig für die Diskussion in der Forschungswerkstatt aufbereitet und in Form einer „Vorlage" zusammengefasst. Hierfür müssen Auswahlen getroffen werden, da in der Regel nicht alle interpretierten Sequenzen bzw. die bearbeiteten Sequenzen nicht im vollen Umfang in die Forschungswerkstatt eingebracht werden können. Während der kontinuierlichen Teilnahme an einer Forschungswerkstatt sollte man allerdings versuchen, nach und nach die für die Ergebnisdarstellung zentralen Sequenzen zu präsentieren und zu diskutieren. Im Falle der dokumentarischen Unterrichtsforschung gehören folgende Dokumente zu einer Vorlage für die Forschungswerkstatt:

Die Dokumente einer Vorlage verstehen sich als Arbeitspapiere. Bei der Zusammenstellung empfiehlt es sich, die einzelnen Bestandteile der Vorlage als jeweils einzelne Dokumente anzulegen bzw. sie jeweils auf einer neuen Seite beginnen zu lassen und für jeden Bestandteil eine eigene Seitennummerierung einzufügen. Dies erleichtert den Mitgliedern der Forschungswerkstatt bei der Vorbereitung das Nebeneinander-Lesen der Dokumente und den Nachvollzug der Interpretationen anhand des Transkripts. In der Forschungswerkstatt selbst ist es üblich, die zur Vorlage gehörende Videosequenz zu zeigen. Das Zurverfügungstellen der Videografie für die Vorbereitung der anderen Mitglieder ist hingegen nicht ratsam bzw. muss vor dem Hintergrund des Datenschutzes gründlich abgewogen werden.

Bestandteile einer Vorlage für die Forschungswerkstatt

Ein kurzer Text an die anderen Mitglieder der Forschungswerkstatt gibt einige Hintergrundinformationen zum Forschungsprojekt und nennt die Fragestellung/ das Erkenntnisinteresse der Studie. Außerdem wird kurz in das ausgewählte Material eingeführt. Dazu gehört z. B. die Erläuterung der Kriterien für die Auswahl der Sequenz, deren Stellenwert im aktuellen Forschungsprozess bzw. innerhalb des theoretischen Samplings, ggf. erfolgen Hinweise auf den Fallvergleich und die Einordnung in bereits in der Forschungswerkstatt diskutierte Sequenzen.

Weitere Dokumente enthalten die Transkription der verbalen Kommunikation des Unterrichts sowie ausgewählte Fotogramme, die formulierende und die reflektierende Interpretation der verbalen und nonverbalen Interaktion sowie, ggf. in einem separaten Dokument, formulierende und reflektierende Interpretationen einzelner fokussierter Fotogramme. Darüber hinaus ist es in der Regel notwendig, die im Unterricht verwendeten Alltagsdokumente (Powerpointpräsentationen, Arbeitsblätter usw.) in die Vorlage zu integrieren.

Für Forschungswerkstätten ist ein konstruktives Diskussionsklima erforderlich. Für die eigene Teilnahme ist es zentral, das vorgestellte Arbeitsergebnis als ein vorläufiges und unfertiges zu verstehen und zu präsentieren. Nur wenn man die eigene Interpretation als optimierbar begreift, kann man von den Rückmeldungen der Forschungswerkstatt auch profitieren. Statt sich also zu bemühen, „fertige" Interpretationen vorzulegen, ist es sinnvoller, die Zeit und das Engagement der anderen Teilnehmenden zu nutzen, um echte Fragen und problematische Sequenzen zu besprechen. Das konstruktive Klima in der Forschungswerkstatt basiert auch auf der Gegenseitigkeit der Beratungen. Obwohl es in der Regel einen Leiter oder eine Leiterin der Forschungswerkstatt gibt und die einzelnen Mitglieder unterschiedlich fortgeschrittene Methodenanwenderinnen und -anwender sind bzw. sich in verschiedenen Stadien des Forschungsprozesses befinden, sind sie alle abwechselnd in der Rolle der Feedbackgebenden und -nehmenden.

Die zentralen Funktionen von Forschungswerkstätten zur Dokumentarischen Methode sind erstens die Einsozialisierung in die wissenschaftliche Praxis und der Erwerb von methodischem Handlungswissen durch Teilhabe an Forschungspraxis (vgl. Bohnsack 2014) sowie zweitens die intersubjektive Überprüfung der Interpretationen und ihrer Triftigkeit und Schlüssigkeit sowie der Kontrolle der eigenen Standortgebundenheit durch die gemeinsame Diskussion der Interpretationsergebnisse. Gegenstand dieser gemeinsamen Kontrolle sind die Auswahl der Sequenzen bzw. das Festlegen von deren Grenzen, die Auswahl der Fotogramme und damit die Frage, ob die gewählten Fotogramme tatsächlich auch Fokussierungen des Interaktionsverlaufs darstellen und damit die Kontinuitäten und Diskontinuitäten der Sequenz auf der visuellen Ebene sichtbar gemacht werden können, der Standort, den die Forscherin oder der Forscher durch die Realisierung der Datenerhebung gegenüber dem Unterrichtsgeschehen einnimmt, sowie schließlich die Triftigkeit der Interpretationen selbst. In Bezug auf den letzten Punkt ist zu überprüfen, ob z. B. normative Annahmen der Interpretin bzw. des Interpreten in die Analyse eingeflossen sind und ggf. Äußerungen und Handlungen der Akteurinnen und Akteure des Unterrichts (implizit oder explizit) bewertet oder ihnen Motive unterstellt wurden. Da die Unterrichtsforscherinnen und -forscher in der Regel über umfangreiche eigene Unterrichtserfahrungen, Einstellungen und Haltungen sowie wissenschaftliches Wissen zum Untersuchungsgegenstand verfügen, ist es eine wichtige Aufgabe der Forschungswerkstatt zu überprüfen, dass diese nicht als implizite Bewertungsmaßstäbe in die Interpretation einfließen (Kap. 2.2.1).

5.2 Schritte der Interpretation

Während im vorangegangenen Kapitel grundlegende methodische, formale, technische und organisatorische Aspekte des Forschungsprozesses beschrieben wurden, wenden wir uns in den folgenden vier Unterkapiteln dem konkreten methodischen Vorgehen zu, wie wir es für die dokumentarische Interpretation von Unterrichtsvideografien auf der Basis der dokumentarischen Gesprächsanalyse (s. Kap. 3) entwickelt haben. Zweck dieses Kapitels ist es zu zeigen, welches methodische Vorgehen sich vor dem Hintergrund der in Kapitel 4 formulierten Herausforderungen der Erforschung von Unterricht ergeben hat. Die Weiterentwicklungen sollen in der Folge mithilfe der ausführlichen Interpretationsbeispiele, die in Kapitel 5.3 als Arbeitstexte dargestellt sind, veranschaulicht werden.

5.2.1 Auswahl der zu interpretierenden Sequenzen

Für die Auswahl der zu interpretierenden Sequenzen aus einem großen Datencorpus können verschiedene formale und inhaltliche Kriterien herangezogen werden. Gängige Kriterien sind interaktive Dichte (Beteiligung einer Vielzahl von Akteurinnen und Akteuren, dichte verbale und nonverbale Interaktion usw.), Fokussierung der Interaktion (z. B. in Form sprachlich-metaphorischer, gestisch-deiktischer und/oder materieller Verdichtungen), Diskontinuitäten im Interaktionsverlauf (z. B. Wechsel der Interaktionskonstellationen, Themenwechsel, (Ab-)Brüche in der Interaktion usw.) sowie schließlich thematische Relevanz der Interaktion für die Forschungsfrage (vgl. Bohnsack 2014, S. 123). Ist der Forschungsprozess weiter fortgeschritten, ergeben sich weitere Kriterien für die Auswahl der zu interpretierenden Sequenzen aus der komparativen Analyse. Sobald im Rahmen der dokumentarischen Interpretation ausgewählter Sequenzen erste sinngenetisch typisierbare Orientierungsrahmen evident werden, gilt es, aus dem empirischen Material Sequenzen auszuwählen, die auf Grund der Vergleichsdimensionen für die Weiterentwicklung der Typiken vielversprechend erscheinen. Dabei geht es zunächst darum, Sequenzen zu finden, in denen sich die bereits rekonstruierten Orientierungsrahmen homolog zeigen. Sodann werden Fälle im empirischen Material gesucht, in denen kontrastierende Orientierungsrahmen rekonstruiert werden können.

Vor allem am Beginn des Forschungsprozesses dienen die zuerst genannten Kriterien thematische Relevanz, interaktive Dichte, Fokussierung und Diskontinuität dazu, aus der enorm großen Zahl an Ereignissen und Abläufen, die durch die audio-visuelle Aufzeichnung des Unterrichts entstanden sind, auswählen zu können. Sie reduzieren die Komplexität, indem sie inhaltliche und formale Anhaltspunkte für die im Forschungsprozess notwendig zu treffende Auswahl bieten, ohne aber dadurch die Auswahlmöglichkeiten unangemessen einzuschränken (zum Problem der Entscheidungsmöglichkeit und -notwendigkeit vgl. auch Dinkelaker und Herrle 2009, S. 42). Im Folgenden soll das Vorgehen bei der Auswahl von Sequenzen an einem Beispiel aus der Forschungspraxis im Projekt „Passung von Lehr- und Lehrkompetenzen im individualisierenden und differenzierenden Unterricht der Sekundarstufe" (vgl. Martens 2015), der Sequenz „Vorbereitung der Klassenarbeit", erläutert werden. Ein Transkript der Sequenz sowie die ausführliche formulierende und reflektierende Interpretation zu dieser Sequenz findet sich in Kapitel 5.3.3.

Grundsätzlich strukturiert die Forschungsfrage – in diesem Fall die Frage, welche Lehrkompetenzen Lehrpersonen bei der Gestaltung individualisierenden und differenzierenden Unterrichts aktualisieren und welche Lernkompetenzen die Schülerinnen und Schüler bei der Nutzung der Unterrichtsangebote zeigen – die Wahrnehmung von Situationen und Sequenzen in besonderer Weise. Vor dem Hintergrund der Forschungsfrage wurden in dem genannten Forschungsprojekt schon während der Datenerhebung Situationen im Feldtagebuch protokolliert, die für eine spätere Analyse aussichtsreich erschienen. Eine dieser schon während der Datenerhebung identifizierten Situationen erstreckte sich fast über einen ganzen Schulvormittag (zweimal 90 Minuten). Diese umfangreiche Sequenz ist dadurch gekennzeichnet, dass differenzierendes Unterrichtsmaterial (eine Kompetenzliste) eingesetzt wurde, die Lehrperson an unterschiedlichen Stellen im Unterrichtsgespräch die Differenzierung der fachlichen Anforderungen explizit thematisierte, die Schülerinnen und Schüler eigene fachliche Fragen entwickelten, zwischenzeitlich auf die Schülerfragen abgestimmte Übungsaufgaben bearbeitet und besprochen wurden, sich während der klassenöffentlichen Erklärungen und der Bearbeitung der Übungsaufgaben fachbezogene Gespräche in den Tischgruppen ergaben (dies konnte der Forscher von seinem Standpunkt im Klassenraum verfolgen), die dann wiederum neue Impulse in das klassenöffentliche Unterrichtsgespräch einbrachten. Schließlich wurde nach der ersten klassenöffentlichen Phase (ca. 90 Minuten) von der Lehrperson eine zweite Arbeitsphase initiiert, in der die Schülerinnen und Schüler individuell an ihren Aufgaben weiterarbeiten und dabei Beratungen der Lehrperson in Anspruch nehmen konnten.

Aus der Perspektive der teilnehmenden Beobachtung während der Datenerhebung erschien diese Unterrichtssequenz vielversprechend und wurde anschließend, am Beginn des Interpretationsprozesses in den Videoaufzeichnungen aufgesucht. Damit war eine erste Auswahl aus einem größeren Datencorpus nach dem Kriterium der thematischen Relevanz erfolgt. Diese Auswahl erwies sich allerdings als zu grob, da sie einerseits schulorganisatorisch (Schulstunden als durch die Organisation festgelegte Zeiträume) und pädagogisch-didaktisch (durch die Lehrperson gestaltete fachliche Einheit) strukturiert und mit 180 Minuten deutlich zu umfangreich für eine Interpretation war. Der nächste Schritt bezog sich nun darauf, Sequenzen innerhalb dieser Episode auszuwählen, die im Rahmen einer dokumentarischen Interpretation bearbeitbar waren. Da davon ausgegangen wird, dass sich zentrale Orientierungen der Akteurinnen und Akteure homolog in verschiedenen Sequenzen des empirischen Materials dokumentieren, sind grundsätzlich mehrere kurze Sequenzen ausreichend, um die habituellen Orientierungen herausarbeiten zu können.

Die bereits während der Datenerhebung als interessant identifizierte Unterrichtssequenz besteht einerseits aus einem klassenöffentlichen Gespräch, in dem die Lehrperson die gesamte Klasse adressiert bzw. einzelne Schülerinnen und Schüler anspricht oder sich einzelne Schülerinnen und Schüler mit Fragen an die Lehrperson wenden. Gleichzeitig ist ein Verhalten der meisten anderen Schülerinnen und Schüler zu beobachten, das als stille Partizipation an der klassenöffentlichen Interaktion bezeichnet werden kann. Daneben fallen – über den Verlauf der vier Unterrichtsstunden ungleichmäßig verteilt – eine Vielzahl gleichzeitig und parallel zum klassenöffentlichen Unterrichtsgespräch ablaufender Interaktionen zwischen Schülerinnen und Schülern in den Tischgruppen ins Auge. Im Anschluss an die Ausführungen in Kapitel 4 sind hier unterschiedliche Interaktionssysteme nach Luhmann (2002) zu beobachten. Für die Interpretation sollte eine Sequenz ausgewählt werden, in der verschiedene Interaktionen, die klassenöffentliche Ansprache des Lehrers, die an alle Schülerinnen und Schüler gerichtet ist, und die Interaktion an einem Gruppentisch, miteinander verknüpft sind. Das Hin- und Herwechseln zwischen zwei Interaktionssystemen zeigt eine besondere Dichte der Interaktion an. Als weiteres Auswahlkriterium wurde das Kriterium der Diskontinuität wirksam. Hier fielen insbesondere die thematischen Setzungen der Schülerinnen ins Auge, die an dem zentral im Klassenraum angeordneten Gruppentisch sitzen. Die Schülerinnen versuchten zu zwei Zeitpunkten im Unterrichtsverlauf ihr Thema (Probleme bei der Lösung von Aufgaben aus dem Zusatzmaterial) in das klassenöffentliche Gespräch einzubringen. Dies wurde durch die Lehrperson jeweils zurückgewiesen. Es zeigt sich hier eine Diskontinuität zwischen den Erwartungen der Lehrperson an Unterricht und den Versuchen der Schülerinnen, den Unterricht in seinem thematischen Ablauf zu verändern. Als thematisch fortgeschrittene Schülerinnen sehen sie sich in ihren Bedürfnissen und fachlichen Problemen nicht durch das vom Lehrer vorgeschlagene und durchgesetzte systematische Vorgehen (vom Leichten zum Schweren) hinreichend repräsentiert. Es zeigt sich darin eine Explizierung und Verhandlung differenter Leistungspositionen im Unterricht. Insofern weist die aus den 180 videografierten Unterrichtsminuten ausgewählte Sequenz auch im Blick auf die Forschungsfrage eine hohe Relevanz auf. Die erste dieser thematischen Setzungen durch die Schülerinnengruppe erfolgte bereits zu einem frühen Zeitpunkt im Unterricht (in Min. 00:07:32), wurde aber von der Lehrperson zurückgewiesen. Die zweite Thematisierung erfolgte dann über eine Stunde später (01:17:51) und mündet in einer inhaltlich-fachlichen Auseinandersetzung der Mädchen mit der Lehrperson, die sich auch in die sich anschließende Pause fortsetzt. Beide Ausschnitte aus dem Unterrichtsverlauf wurden als derselben Sequenz zugehörig für die Interpretation ausgewählt.

In der Beispielsequenz wird die ganze Komplexität von Unterricht sichtbar, die in seiner Verwobenheit von sequenziellen Abläufen, seiner Synchronizität und Simultaneität der Interaktionskonstellationen und der Multimodalität begründet ist. Dies hat auch Auswirkungen auf die Auswahl der zu interpretierenden Sequenzen: Begreifen wir beide Thematisierungen, die im zeitlichen Abstand von über einer Stunde erfolgen, als Teil einer Sequenz, wird die Komplexität der unterrichtlichen Zeitstruktur noch einmal deutlich. Um die Grenzen einer Sequenz festzulegen, ist es also in der Regel notwendig, die Interaktionen quer zu den Inszenierungen des Unterrichts durch die Lehrperson zu lesen. Die beiden Thematisierungen durch die Schülerinnen fanden auf der Ebene der klassenöffentlichen Interaktion statt. Das bedeutet, sie können als Teil eines Interaktionssystems betrachtet werden, in dem die Lehrperson aufgrund der für Schule konstitutiven asymmetrischen Rollenstrukturen seine Deutungsmacht der Situation umsetzen kann und auch umsetzt. Für Unterrichtssituationen ist es allerdings typisch, dass Interaktionen nicht nur auf der Ebene des klassenöffentlichen Interaktionssystems stattfinden, sondern auch in simultan ablaufenden Interaktionssystemen, z. B. als Tischgruppengesprächen. Diese weiteren Interaktionssysteme können mit dem klassenöffentlichen Unterrichtsgespräch in einem Wechselverhältnis stehen. Es handelt sich bei dem hier beispielhaft ausgewählten Unterricht um einen einigermaßen typischen Unterricht, der, was seine Sequenzialität, Synchronizität und Simultaneität angeht, ausgesprochen komplex ist. Es zeigt sich, dass diese Komplexität der zeitlichen Strukturierung, die für die gesamte Unterrichtsstunde von hier 90 Minuten konstatiert werden muss, durch die Auswahl von einer zu interpretierenden, kurzen Sequenz nicht unbedingt reduziert wird.

An diesem Beispiel wird darüber hinaus deutlich, wie herausfordernd die Aufgabe ist, den Anfang und das Ende einer zu interpretierenden Sequenz zu bestimmen. Tatsächlich entscheidet sich letztlich erst in der reflektierenden Interpretation, wo eine Interaktionseinheit beginnt – abhängig davon, welche Äußerung als Proposition interpretiert wurde und wo sie mit einer Konklusion beendet wird. Deshalb ist es empfehlenswert, die formulierende und reflektierende Interpretation einige Sekunden vor dem vermuteten Beginn einer Sequenz zu beginnen und über ihren vermeintlichen Abschluss hinaus um einige Sekunden hinaus fortzusetzen. Damit kann – nach dem Ausschlussprinzip – sichergestellt werden, dass der frühere Beginn einer Sequenz nicht übersehen wurde und die ausgewählte Interaktionseinheit tatsächlich mit einer Konklusion endet. Da in der Unterrichtsinteraktion sowohl Propositionen als auch Konklusionen nonverbal erfolgen oder sich auf einer anderen Interaktionsebene befinden können (und deshalb noch eher übersehen werden können als in einer transkribierten Gruppendiskussion), ist es bei der Analyse von Unterrichtsvideografien in besonderer Weise notwendig, sich hinsichtlich der Frage, wo eine ausgewählte Sequenz beginnt und endet, nicht zu früh festzulegen und im Verlauf der Interpretation flexibel zu bleiben.[30]

Die Komplexität von Unterricht und die Eigenart von Videoaufzeichnungen haben auch Auswirkungen auf die Anwendung der oben dargestellten Kriterien für die Auswahl von Sequenzen: Während in der Gesprächsanalyse interaktive Dichte vor allem durch die Schnelligkeit des Gesprächs, die Anzahl der beteiligten SprecherInnen und Sprecher und die Häufigkeit der Überlappung der Redebeiträge zu beschreiben ist, kann sich interaktive Dichte in der Unterrichtsforschung auf unterschiedliche, zeitgleich ablaufende Interaktionen beziehen. Ein interaktiv dichtes Geschehen kann auch jenseits der Hauptinteraktion zwischen der Lehrperson und den Schülerinnen und Schülern stattfinden, muss von Letzterer aber nicht

---

30 Aus diesem Grund raten wir davon ab, die Videoaufzeichnungen zu schneiden, um Videos von Sequenzen oder Episoden zu erstellen, sondern empfehlen, mit den Originalaufnahmen und einem fortlaufenden Timecode zu arbeiten (s. Kap. 5.1.3).

unabhängig sein. Aufgrund der Möglichkeit, die Multimodalität der Interaktion aufzuzeichnen, beziehen sich die Kriterien der Fokussierung und der interaktiven Dichte auch und insbesondere auf die körperlichen Bewegungen, die Gestik und Mimik, sowie die Bezugnahme auf die Dinge des Unterrichts.

In der Beispielsequenz „Vorbereitung der Klassenarbeit" ergab sich die interaktive Dichte aus der Gleichzeitigkeit mehrerer Interaktionsebenen. Diese Verflechtung der klassenöffentlichen Interaktion mit dem Gespräch am Gruppentisch der Schülerinnen und die damit verbundene Diskontinuität sind auch auf der visuellen Ebene auf den ersten Blick auffällig. Sie zeigt sich auch in der Bewegung des Lehrers im Raum, der immer wieder zwischen einer zentralen Position in der Mitte des Klassenraums und der (auch körperlichen) Hinwendung zu dem Tisch der Schülerinnengruppe hin- und herpendelt.

Die Auswahl der Sequenz „Feedback", die ebenfalls als Beispielinterpretation mit Transkript, formulierender und reflektierender Interpretation in Kapitel 5.3.1 vorgestellt wird, war zunächst durch den Fallvergleich geleitet. Zuvor war in der Interpretation einer anderen Sequenz die Relevanz der Körpersprache der Lehrperson für die Interaktion herausgearbeitet worden; nun wurde eine Sequenz gesucht, in der sich eine andere Lehrperson in Bezug auf die Positionierung im Raum und die Gestik im maximalen Kontrast zu der Lehrperson in der zuvor analysierten Sequenz befand. Die Sequenz „Feedback" wurde also ausgewählt, weil sie hinsichtlich der Positionierung und der Körpersprache der Lehrerin fokussiert ist. Die Sequenz fiel bei der Sichtung des empirischen Materials wegen des auffälligen Zeigens eines Bewertungsbogens durch die Lehrerin auf, den sie über längere Zeit eng am Körper sowie zwischen sich und den Schülerinnen und Schülern festhält. Beide Auswahlkriterien, thematische Relevanz und Fokussierung, ergaben sich ausschließlich auf der visuellen Ebene, nämlich durch die Assoziation der Lehrerin mit einem Ding. Bei dieser Sequenz zeigte sich im Verlauf der reflektierenden Interpretation, dass sich der Beginn der Sequenz nur durch die Analyse der Assoziation mit den Dingen und die Konklusionen vor allem auf der Ebene der nonverbalen Interaktion bestimmen ließen. Dies ist in diesem Fall der für klassenöffentlichen, lehrerzentrierten Unterricht typischen, eher passiven Partizipation der Schülerinnen und Schüler am Unterrichtsgeschehen geschuldet.

Bei der Sequenz „Fragen formulieren", dem dritten Interpretationsbeispiel des Kapitels 5.3.2, waren ausschließlich Kriterien des Fallvergleichs für die Auswahl der Sequenz ausschlaggebend. Zuvor war die Gruppenarbeitsphase einer Gruppe von Schülerinnen aus derselben Unterrichtsstunde dokumentarisch interpretiert worden. Für die weitere Interpretation sollte nun die Gruppenarbeitsphase einer männlichen Schülergruppe ausgewählt und im kontrastierenden Fallvergleich der Frage nachgegangen werden, ob die für die Mädchengruppe rekonstruierten Orientierungen als geschlechtstypisch interpretiert werden können. Da die Interpretation der Sequenz „Fragen formulieren" gezielt auf die Interaktion der Jungengruppe gerichtet war, wurden alle anderen im Klassenraum synchron und simultan stattfindenden Interaktionen absichtlich nicht berücksichtigt.

5.2.2 Formulierende Interpretation der verbalen und nonverbalen Interaktion

Die für die Dokumentarische Methode grundlegende Unterscheidung zwischen dem immanenten Sinn und dem Dokumentsinn von Äußerungen oder Handlungen der Erforschten findet ihre forschungspraktische Entsprechung in der Differenzierung von formulierender und reflektierender Interpretation (vgl. Bohnsack 2011, S. 56; vgl. auch Kap. 2 und 3). Analog zur Darstellung des Transkripts unterscheiden wir auch bei der formulierenden Interpretation zwischen verbaler und nonverbaler Ebene. In der Forschungspraxis hat sich auch für die formulierende Interpretation eine tabellarische Darstellung (Querformat, DIN A4) bewährt (Beispiele in Kap. 5.3).

In der linken Spalte stellen wir die formulierende Interpretation der *verbalen Kommunikation* dar, die der für die Analyse verbaler Daten üblichen Form entspricht (vgl. Bohnsack 2014, S. 136f.) und auf der wörtlichen Transkription der Tonspur der Videoaufnahme(n) und/oder der Audioaufnahme(n) basiert. Welche der Aufzeichnungen der verbalen Kommunikation im Klassenraum Grundlage für die Interpretation ist, wird durch das Transkript festgelegt (s. Kap. 5.1.3). Allerdings ist es empfehlenswert, auch in dieser Frage flexibel zu bleiben und ggf. das Transkript im Verlauf der Interpretation zu erweitern, wenn sich herausstellt, dass eine bisher nicht transkribierte Audioaufnahme oder Tonspur für die Interpretation relevant sein könnte. Worauf bei der formulierenden Interpretation der verbalen Kommunikation zu achten ist, haben wir in Kapitel 3 ausführlich erläutert. Der einzige Unterschied zur formulierenden Interpretation von Gruppendiskussionen oder anderen transkribierten Gesprächen besteht in der sequenziellen Analyse von Unterrichtsvideografien darin, dass die formulierende Interpretation der verbalen Kommunikation in eine Tabellenspalte notiert wird, die daneben Platz lässt für die Beschreibung der nonverbalen Interaktion.

In der rechten Spalte stellen wir die formulierende Interpretation der *nonverbalen Interaktion* des Unterrichts dar. Dabei kann es aufgrund der Komplexität der Unterrichtsinteraktion sinnvoll sein, mehrere Spalten für die formulierende Interaktion der nonverbalen Ebene zu verwenden – vor allem dann, wenn viele Akteure und Akteurinnen an der Interaktion beteiligt sind oder mehrere gleichzeitig stattfindende Interaktionen analysiert werden. Denn es zeigt sich zum einen, dass es das

Anfertigen, aber auch das Lesen der Interpretation erleichtert, wenn auf diese Weise die Komplexität der Interaktion durch die Interpretation strukturiert wird. Zum anderen vereinfacht es auch die anschließende sequenzielle Analyse im Rahmen der reflektierenden Interpretation, wenn die Aktionen, die sich in der Unterrichtsinteraktion *gleichzeitig* ereignen, mit den gleichzeitig stattfindenden sprachlichen Äußerungen in der Tabelle in mehreren Spalten *nebeneinander* notiert werden (dies kann ganz einfach durch das Einfügen von Tabellenzeilen erreicht werden). Unsere Lesegewohnheiten legen es nahe, Dinge, die nebeneinander platziert sind, als gleichzeitig stattfindend wahrzunehmen, während eine Anordnung von Beschreibungen untereinander eine sequenzielle Abfolge suggeriert. Würden also in der formulierenden Interpretation alle gleichzeitig stattfindenden nonverbalen Aktionen und Äußerungen in *einer* Spalte untereinander notiert, würde dies den Eindruck einer zeitlichen Abfolge vermitteln, die nicht dem Interaktionsverlauf entsprechen würde. Die Entscheidung, mehrere Spalten für die formulierende Interpretation der nonverbalen Interaktion vorzusehen, dient allerdings ausschließlich dazu, viele verschiedene, gleichzeitig beobachtbare Aktionen übersichtlich nebeneinander notieren zu können. Es ist keinesfalls intendiert, dass stets die gestisch-mimischen oder körperlichen Aktivitäten von Lehrpersonen auf der einen und die der Schülerinnen und Schülern auf der anderen Seite in jeweils eigene Spalten notiert und analytisch getrennt werden sollten. Vielmehr sollte je nach Verlauf einer Sequenz im Prozess der Interaktion entschieden werden, welche Interaktionssysteme sich empirisch zeigen, welche Akteure und Akteurinnen daran beteiligt sind und welche Aktionen jeweils in einer Spalte zusammengefasst bzw. in zwei oder mehr Spalten nebeneinander notiert werden sollten. Die Zuordnung der Akteure und Akteurinnen zu den einzelnen Spalten einer formulierenden Interpretation kann sich ebenso wie die Anzahl der Spalten im Verlauf einer Interpretation, entsprechend der Sequenzialität und Simultaneität der jeweiligen Interaktion, verändern.

Bei der Interpretation der Sequenz „Feedback", die aus inhaltlichen Gründen auf das Verhalten der Lehrerin fokussiert war (s. o.), wurden die nonverbalen Aktionen der Lehrerin in einer Spalte notiert (Spalte 1) und für die Schülerinnen und Schüler zwei weitere Spalten verwendet. Dabei wurde vorrangig zwischen Aktionen der Schülerinnen und Schüler, die auf das Unterrichtsgespräch bezogen sind (Spalte 2), und peerbezogenen Aktivitäten (Spalte 3) unterschieden. Des Weiteren wird in der Sequenz sowohl durch die Lehrerin als auch durch die Schülerinnen und Schüler mit der Anwesenheitsliste interagiert. Für diese Aktionen hätte eine vierte Spalte eingefügt werden können; in dieser wären dann Aktionen von Lehrperson *und* Schülerinnen und Schülern mit der Anwesenheitsliste festgehalten worden. Weil vier Spalten sehr schmal und deshalb schlechter lesbar gewesen wären, haben wir entschieden, die Interaktionen mit der Anwesenheitsliste, die insgesamt auch nicht umfangreich und für die Interpretation der Sequenz von nachgeordneter Bedeutung sind, nicht in einer eigenen Spalte, sondern als „eingeschobene Aktionen" in den anderen drei Spalten zu notieren (s. Kap. 5.3.1).

In der formulierenden Interpretation der Sequenz „Fragen formulieren" (s. Kap. 5.3.2) wurde für die ersten zwei Minuten der Sequenz, hier findet klassenöffentlicher Unterricht statt, ebenfalls je eine Spalte für die Aktionen der Lehrerin und für die Aktionen der in der Analyse fokussierten Schüler vorgesehen. Für den Teil der Sequenz, der sich ausschließlich auf die Gruppenarbeit der Schülergruppe bezieht, wurden dagegen in *beiden* Spalten Aktionen *derselben* sechs Schüler notiert, die an der Gruppenarbeit beteiligt sind. Dabei wurden peerbezogene Interaktionen und Aktionen, die der Auseinandersetzung der Schüler mit dem fachlichen Gegenstand zuzuordnen sind, in einer Spalte, Handlungen im Zusammenhang mit der Organisation der Gruppenarbeit in der zweiten Spalte beschrieben. In dieser Interpretation wurde also die Möglichkeit, mehrere gleichzeitige nonverbale Aktionen in zwei Spalten nebeneinander zu notieren, genutzt, um die vielfältigen simultanen Interaktionen weniger Personen möglichst detailliert zu beschreiben.

Die formulierende Interpretation der nonverbalen Interaktion basiert – anders als die formulierende Interpretation der verbalen Kommunikation – nicht nur auf dem Transkript, sondern erfolgt unter Hinzuziehung der Videoaufnahmen. Beim Schreiben der formulierenden Interaktion werden hierfür immer wieder die Videoaufnahme angeschaut und die dort sichtbaren Aktionen mit eigenen Worten beschrieben. Auf der Grundlage der Videografie erfolgt hier die Beschreibung von Interaktionskonstellationen und -verläufen, d. h. die Beschreibung, was die Akteure tun, welche Gesten sie zeigen, wie sie sich im Raum bewegen und welche Dinge an welchen Interaktionen beteiligt sind, sowie eine Beschreibung der Veränderung der Interaktionskonstellationen und -bedingungen. Die Strukturierung erfolgt über die Benennung und Beschreibung von Aktionen, die in Relation zueinander gesetzt werden, als Oberaktion (OA), Unteraktion (UA) oder eingeschobene Aktion. Eine Relationierung der verbalen und nonverbalen Ebene in der formulierenden Interpretation erfolgt anhand der Zeitcodes und durch das Nebeneinander-Notieren von Äußerungen und Aktionen, die sich gleichzeitig ereignen (s. o.).

Gegenstand der formulierenden Interpretation der nonverbalen Unterrichtsinteraktion sind überwiegend operative Handlungen, die im Falle unterrichtlicher Interaktionen häufig institutionell gerahmt sind. Ihre Deutung durch die Akteure unterliegt deren Commonsense-Verständnis (vgl. Bohnsack 2011, S. 56). Operative Handlungen sind komplexe Einheiten, die „mehrere Gebärden in ihrer Sequenzialität" (ebd., S. 146) zusammenfassen. Mit der Beschreibung von operativen Handlungen werden den Akteurinnen und Akteuren zwar häufig Handlungsentwürfe und damit Intentionen und Motive unterstellt (ebd.). Dies ist mit den Standards der Dokumentarischen Methode eigentlich nicht zu vereinbaren, weshalb wir mit Bohnsack (2011) eine vorausgehende detaillierte Beschreibung der beobachtbaren Gebärden und körperlichen Positionierungen bzw. Bewegungen vorschlagen. Allerdings ist es in Kontexten wie z. b. der Schule, in denen Personen in gesellschaftlichen oder institutionellen Rollen handeln und ihre Handlungen mit „kommunikativ-generalisierenden Bedeutungen" (ebd., S. 56) versehen sind, vertretbar, die nonverbalen Aktionen auf der Ebene der institutionell gerahmten operativen Handlungen zu beschreiben (ebd.). In diesen Kontexten werden Handlungen in der Erwartung ausgeführt, dass alle anderen (anwesenden) Akteure und Akteurinnen ihre Bedeutung verstehen und sich wiederum erwartungsgemäß dazu verhalten (z. B. das Melden, s. Kap. 4.3.2). Nicht alle beobachtbaren Gebärdenkomplexe im Unterricht sind jedoch als institutionell gerahmte operative Handlungen zu interpretieren. Dies trifft auf nicht unterrichtsbezogene Interaktionen von Schülerinnen und Schülern zu, aber auch auf Situationen, in denen Schülerinnen und Schüler unbekannten Unterrichtsgegenständen oder -anforderungen begegnen und nicht auf routinierte, institutionell gerahmte Handlungsmuster zurückgreifen können. Solche beobachteten Gebärdenkomplexe beschreiben wir im Rahmen der formulierenden Interpretation als eine Abfolge einzelner Gebärden (vgl. ebd., S. 60). Als Grundlage für die reflektierende Interpretation kann es darüber hinaus auch erforderlich sein, institutionell gerahmte operative Handlungen wie das Melden in seinen Gebärden zu beschreiben, nämlich wenn beispielsweise die Analyse des spezifischen modus operandi des Meldens zur Rekonstruktion des Habitus einzelner Schülerinnen oder Schüler oder aber der Passungen von Lehr- und Lernhabitus in bestimmten Interaktionskonstellationen beiträgt. Werden operative Handlungen nur als solche beschrieben, kann in der reflektierenden Interpretation nur der institutionell gerahmte Sinn dieser Handlungen erfasst werden, nicht aber die je milieuspezifische Art und Weise der Ausführung z. B. des Meldens und die damit verbundenen konjunktiven Erfahrungen und habituellen Orientierungen.

Gegenstand der Beschreibung im Rahmen der formulierenden Interpretation der nonverbalen Interaktion sind auch der Umgang mit Dingen sowie die Positionierungen und Bewegungen der Personen und Dinge im Raum, z. B. auch das Kommen und Gehen von Personen, die Körperbewegungen und Gesten. In der formulierenden Interpretation der Sequenz „Feedback" wird eine Aktion der Lehrerin beispielsweise folgendermaßen beschrieben:

„Die Lehrerin nimmt mehrere Blätter vom Lehrertisch, stellt sich nach vorne in die Mitte des Raums und hält die Blätter vor ihren Oberkörper mit der Vorderseite zu den Schülerinnen und Schülern. Während sie spricht, dreht sie die

Blätter um und schaut darauf (0:40). Anschließend hält sie die Blätter vor sich etwa in Brusthöhe mit beiden Händen fest und blickt im Raum umher (0:50). Dabei bleiben beide Arme eng am Körper, die Unterarme sind nach oben angewinkelt; gelegentlich macht sie mit einer der Hände zeigende Bewegungen auf der Vorderseite der Blätter und Gesten, mit denen sie das Gesagte unterstützt, dabei bleibt der Oberarm eng am Körper, vor allem der Unterarm vollzieht die Bewegungen.

Während die Lehrerin über den Mail-Versand des Bogens spricht, blickt sie auf die Vorderseite der Blätter (01:03). Als es um das Austeilen des Bogens geht, zeigt sie auf Schülerinnen bzw. Schüler, die am Fenster sitzen (1:10). Während sie ausführt, dass der Bogen im Portfolio abgeheftet werden soll, hält sie die Blätter mit beiden Händen rechts neben ihrem Körper und schaut auf die Vorderseite."

Hier wird beschrieben, wo sich die Lehrerin im Raum platziert, dass sie mit einem Stapel Blätter interagiert und was sie damit macht, wohin sie ihren Blick richtet und inwiefern sie die Blickrichtung ändert. Dabei sind in der Beschreibung sowohl operative Handlungen enthalten (z. B. „zeigende Bewegungen" und „Gesten, mit denen sie das Gesagte unterstützt"), die eine weitgehende Interpretation der Gebärden der Lehrerin darstellen, als auch detaillierte Beschreibungen ihres Tuns in einzelnen Gebärden, die auf die Art und Weise des Zeigens der Blätter gerichtet sind (z. B. „Dabei bleiben beide Arme eng am Körper, die Unterarme sind nach oben angewinkelt."). Die dargestellten Handlungen beschreiben eine Unteraktion (UA), die als „Zeigen des Bewertungsbogens" bezeichnet wurde und zu der Oberaktion (OA) „Ansprache der Schülerinnen und Schüler" gehört. Anhand dieses Beispiels wird deutlich, dass diese Form der formulierenden Interpretation – im Gegensatz zu einer formulierenden Interpretation allein auf der Basis von Fotogrammen (vgl. Interpretationsbeispiel in Kap. 5.3.1) – geeignet ist, den sequenziellen Charakter der Unterrichtsinteraktion abzubilden, indem die Zeitlichkeit der Videoaufnahme und damit die Sequenzialität der sozialen Interaktion in die Beschreibung einfließt. Die Synchronisierung mit der sprachlichen Interaktion wird, wie das Beispiel verdeutlicht, durch explizite Verweise auf das Sprechen der Lehrerin und die eingefügten Timecodes hergestellt.

Die Darstellung der Interaktionskonstellationen und -verläufe in dieser Form weist Ähnlichkeiten zu Protokollen der teilnehmenden Beobachtung auf. In zwei wesentlichen Punkten ergeben sich jedoch Unterschiede: Zum einen verzichten wir weitgehend auf Narrativierungen und auf damit verbundene Sinn- und Kohärenzbildungen, wie sie in der Ethnografie im Zusammenhang mit teilnehmenden Beobachtungen beispielsweise in Form von „dichten Beschreibungen" (Geertz 2003) vorgenommen werden. Zum anderen lässt sich im Rahmen der Videoforschung die

Datenerhebung von der Interpretation eindeutig trennen. Eine Wiederholung der Beobachtung ist möglich – und damit auch das Zugänglichmachen der Grunddaten für die Beobachtung und intersubjektive Nachvollziehbarkeit durch andere. Dies stellt die Voraussetzung dar, um die formulierende Interpretation während des Analyseprozesses zu korrigieren oder zu ergänzen. Die Vorteile der Arbeit mit Videografien gegenüber der teilnehmenden Beobachtung bestehen nach Heath und Hindmarsh (2002; vgl. auch Heath 2004) darin, dass die audiovisuelle Aufzeichnung einen hohen Detaillierungsgrad bei der Erforschung von Kommunikation und Interaktion, d. h. körperlicher Bewegung und Umgang mit Objekten ermöglicht: „Video recordings [...] allow us to capture versions of conduct and interaction in everyday settings and subject them to repeated scrutiny using slow motion facilities and the like. Thus, they provide access to the fine details of conduct, both talk and bodily comportment. [...] They also provide the opportunity to show the data on which observations are based to other researchers and subject their analysis to the scrutiny by members of the academic community, a problem which has long haunted more conventional ethnographic research" (Heath und Hindmarsh 2002, S. 103; vgl. dazu auch Wagner-Willi 2013).

Parallel zur formulierenden Interpretation der nonverbalen Interaktion findet die Auswahl von Fotogrammen statt, die jetzt – d. h. erst mit zeitlichem Abstand zum Transkribieren der verbalen Kommunikation – in die rechte Spalte des Transkripts eingefügt werden. Da das Schreiben der formulierenden Interpretation der nonverbalen Aktionen dazu dient, sich über diese einen Überblick zu verschaffen und – analog zum Schritt der formulierenden Interpretation der verbalen Kommunikation (s. Kap. 3.2) – als Forscher oder Forscherin zu verstehen, was in der Sequenz getan wird, und weil die Videoaufnahme der Sequenz bei diesem Arbeitsschritt wieder und wieder angeschaut wird, ist dies nach unserer Erfahrung der geeignete Zeitpunkt für die Auswahl der Fotogramme. Ausgewählte Fotogramme sollen für die Sequenz wesentliche Interaktionskonstellationen, nonverbale Aktionen und Positionierungen im Raum sowie Wechsel und Diskontinuitäten der Interaktionskonstellationen und -verläufe wiedergeben. Im Fall der Sequenz „Vorbereitung der Klassenarbeit" sollen die Fotogramme beispielsweise das Hin- und Herpendeln des Lehrers zwischen der zentralen Position vor der Tafel und dem Gruppentisch der Schülerinnen nachvollziehbar machen. Im Transkript der Sequenz „Feedback" bilden die Fotogramme das Zeigen des Bewertungsbogens durch die Lehrerin, aber auch die peerbezogenen Aktivitäten der Schülerinnen und Schüler und ihre Körperbewegungen, das Sich-einander- und der Lehrerin-Zuwenden, ab.

Wir ordnen die Fotogramme dem wörtlichen Transkript der verbalen Kommunikation zu, auch wenn sie erst während der Interpretation ausgewählt werden, da sie genauso wie die Transkription den Originaldaten zuzuordnen sind, während die Beschreibung der nonverbalen Interaktion in einem Dokument mit der formulierenden Interpretation der verbalen Kommunikation ihren Platz hat. Denn hierbei handelt es sich im Gegensatz zu den Fotogrammen immer bereits um eine Interpretation des sozialen Geschehens durch die Wissenschaftlerinnen und Wissenschaftler. Für das Lesen der Arbeitstexte und für den Arbeitsschritt der reflektierenden Interpretation scheint es auf den ersten Blick praktischer, die Transkription der verbalen Kommunikation und die Beschreibung der nonverbalen Anteile der Interaktion in einem Dokument zu vereinen. Damit würde u. E. aber eine nicht angemessene Vermischung von Daten und Interpretation erfolgen. Wir lösen das Problem im Forschungsprozess, indem wir Transkript und formulierende Interpretation ausdrucken und beide Papiere nebeneinander legen, so dass das wörtliche Transkript der gesprochenen Sprache und die formulierende Interpretation der nonverbalen Aktionen parallel gelesen werden können.

5.2.3 Interpretation der Fotogramme

In Bezug auf Unterricht haben wir bereits ausführlich die Bedeutung der körperlichen Ausdrucksformen und des Umgangs mit Dingen für die soziale Interaktion und damit für die Lehr- und Lernprozesse der Beteiligten erläutert (s. Kap. 4). Hieraus leitet sich die Relevanz der Fotogramm-Analyse für die dokumentarische Unterrichtsforschung ab. Um empirisch erfassen zu können, in welcher Weise beispielsweise die Körpersprache einer Lehrperson die Lernumgebung der Schülerinnen und Schüler auf der Ebene der habituellen Handlungspraxis bzw. des atheoretischen, konjunktiven Wissens bestimmt, ist es notwendig, die körperlichen Ausdrucksformen der Lehrperson, ihre Gestik und ihre Positionierung und Bewegung im Raum, dokumentarisch zu interpretieren.

Bei der Analyse der Fotogramme schließen wir an die von Bohnsack (2011) entwickelte dokumentarische Bild- und Filminterpretation an, allerdings in einer modifizierten Variante. Bei der Analyse von Unterrichtsvideografien und Fotogrammen, die diesen entnommen wurden, werden keine Bilder oder Filme interpretiert, die hergestellt, d. h. fotografiert oder gefilmt wurden und als Bild oder Film ein mediales oder künstlerisches Produkt darstellen. Bei Unterrichtsvideografien und Standbildern aus diesen Unterrichtsvideos handelt es sich dagegen um eine technische Aufzeichnung der Alltagsinteraktion, die im Mittelpunkt der empirischen Rekonstruktionen steht und deren Analyse sich von der Bild- und Filmanalyse notwendigerweise unterscheidet. Dabei ist der wichtigste Unterschied, dass die videobasierte Unterrichtsforschung nur auf die Rekonstruktion der habituellen Handlungspraxis derjenigen ausgerichtet ist, die auf den Bildern zu sehen sind,

dies sind die Schülerinnen und Schüler, die Lehrpersonen und ggf. andere an der
Unterrichtsinteraktion beteiligte Personen sowie die Artefakte. Der Habitus derjenigen, die die Videos produziert haben, ist dagegen nicht Gegenstand der Forschung.
Anders als für die dokumentarische Bildinterpretation vorgeschlagen, verzichten wir
deshalb auf die Analyse der Perspektivität und der planimetrischen Komposition,
da diese beiden Gestaltungsmittel des Bildes lediglich Aufschlüsse über den Habitus
derjenigen erlauben, die die Bilder und Videos hergestellt oder ausgewählt haben
(vgl. ebd., S. 165, s. Kap. 4.3.2). Da wir die Sequenzialität und Simultaneität der
Interaktion als vorrangig für die Analyse von Unterrichtsvideografien ansehen, ist
die Sequenzialität der „Film-Narration" (ebd.) für die Interpretation von Videos, die
zu Datenerhebungszwecken aufgezeichnet wurden, nicht relevant. Deshalb ist die
Fotogrammanalyse nur als eine *Ergänzung* zur sequenziellen Analyse der videografierten Interaktion im Rahmen der reflektierenden Interpretation (s. u. Kap. 5.2.4)
zu sehen, wobei sich die reflektierende Interpretation der verbalen und nonverbalen
Interaktion auf das Verfahren der dokumentarischen Gesprächsanalyse stützt. Wir
verzichten deshalb auf die komparative Analyse der Kompositionsvarianten, die
Bohnsack für die dokumentarische Bildinterpretation vorschlägt (ebd., S. 42ff.).
Im Unterschied zur dokumentarischen Filminterpretation (vgl. ebd., S. 177ff.)
zerlegen wir das Video nicht in eine große Zahl einzelner Fotogramme, sondern
interpretieren eine vergleichsweise geringe Zahl ausgewählter Fotogramme, weil die
Sequenzialität der Bilder, die einen Film auszeichnet, bei der Analyse eines Videos,
das zu Datenerhebungszwecken aufgenommen wurde, u. E. vernachlässigt werden
kann. Die Analyse der Fotogramme nur als Ergänzung zur sequenziellen Interaktionsanalyse aufzufassen, bedeutet auch, dass wir nicht zwischen reflektierenden
Interpretationen der Einzelbilder und der Sprachebene differenzieren, die in einem
weiteren Schritt in einer reflektierenden Gesamtinterpretation relationiert werden
(vgl. ebd.). Vielmehr schreiben wir – wie bei der dokumentarischen Interpretation
von Gesprächen – *eine* reflektierende Interpretation, die sich an der Sequenzialität
der Videoaufnahme orientiert und sich auf das Video und die formulierende Interpretation der verbalen und nonverbalen Interaktion stützt.

Die Analyse ausgewählter Fotogramme stellt einen zusätzlichen Zwischenschritt
zwischen den beiden Interpretationsschritten der formulierenden und reflektierenden
Interpretation einer Videosequenz dar, enthält formulierende und reflektierende
Anteile und erfolgt parallel zum Schreiben der formulierenden und reflektierenden Interpretation, die sich auf das Unterrichtsvideo bezieht. Für die detaillierte
Interpretation ausgewählter Fotogramme wird aus den Fotogrammen, die für das
Transkript ausgewählt wurden, eine nochmalige Auswahl getroffen. Dabei sind
wieder die Auswahlkriterien thematische Relevanz, interaktive Dichte, Fokussierung
und Diskontinuität leitend, wobei sich in der Regel aus der formulierenden oder

der reflektierenden Interpretation der Interaktion ergibt, welche körperlich-räumlichen Interaktionskonstellationen für die Sequenz besonders repräsentativ sind. Oder es erweisen sich in der intensiven Beschäftigung mit den Unterrichtsvideos Szenen oder Gebärden als in besonderer Weise interpretationsbedürftig, z. B. weil sich ihre Bedeutung dem Interpreten bzw. der Interpretin nicht erschließen will. Im Fall der Sequenz „Feedback" wurde ein Fotogramm für die Interpretation ausgewählt, anhand dessen das Zeigen des Feedbackbogens durch die Lehrerin genauer analysiert werden konnte (Fokussierung und thematische Relevanz), sowie zwei Fotogramme aus der Aufzeichnung der auf die Schülerinnen und Schüler ausgerichteten Kamera, die mit Blick auf die wechselnden Aufmerksamkeitsfoki der Schülerinnen und Schüler interpretiert wurden (Diskontinuität). Bei der Auswahl der Fotogramme ist es wichtig, die Sequenzialität der Interaktionen durch eine Abfolge von mindestens zwei Fotogrammen pro Sequenz zu berücksichtigen.

Für die Fotogrammanalyse beschreiben wir zunächst – auf der Ebene der formulierenden Interpretation – die operativen Handlungen und die Dinge, die auf den Bildern zu sehen sind. In einem nächsten Schritt werden diese Beschreibungen in detaillierte deskriptive Beschreibungen der einzelnen Kineme, Gebärden und Gebärdenkomplexe ausdifferenziert. Diese bewegen sich jenseits des kommunikativen Wissens über im Unterricht institutionalisierte operative Handlungen und verzichten auf Motivunterstellungen, es wird also nicht darüber spekuliert, was die Akteure mit ihren Aktivitäten bezwecken könnten. Beschrieben wird, *was* auf dem Standbild zu sehen ist. (Dies ist vergleichbar mit der vor-ikonografischen Beschreibung der dokumentarischen Bildinterpretation, vgl. Bohnsack 2011.) Ferner analysieren wir, wie sich Körper und Dinge im Raum anordnen und zueinander in Beziehung setzen, z. B. durch Blicke oder Berührungen, oder wie sich die Akteure voneinander abgrenzen. (Diese Analyse der Interaktionskonstellationen schließt an die Analyse der szenischen Choreographie der dokumentarischen Bildinterpretation an, vgl. ebd.) Im nächsten Schritt – auf der Ebene der reflektierenden Interpretation – wird gefragt, welche habituellen Orientierungsrahmen sich in den beobachtbaren körperlichen Ausdrucksformen und Interaktionskonstellationen dokumentieren.

Die Fotogrammanalyse illustrieren wir im Folgenden anhand eines Beispiels aus der Sequenz „Feedback" (s. Kap. 5.3.1):

Abb. 5.4   Fotogramm 1 (00:46)

Die erste Beschreibung dessen, was auf dem Bild (Abb. 5.4) zu sehen ist, könnte z. B. lauten: „Die Lehrerin steht in der Mitte des Klassenraums und zeigt einen Bewertungsbogen." In dieser Formulierung ist das Wissen um operative Handlungen im Kontext des Unterrichts enthalten, hier das „Zeigen". Ebenfalls auf der Ebene des Commonsense bewegt sich die Einschätzung, dass es sich um einen Klassenraum handelt. Dass die Person die Lehrerin ist und das weiße Blatt in ihrer Hand ein Bewertungsbogen ist, ist Kontextwissen.

In der weiteren Ausdifferenzierung der formulierenden Interpretation des Fotogramms, werden die Beobachtung, dass in der Mitte des Bildes eine Person zu sehen ist, und das Wissen darum, dass es sich bei dieser Person um die Lehrerin handelt, differenziert. Dabei wird zunächst auch von der Annahme abgesehen, dass es sich bei der zentralen Positionierung um eine Positionierung in der Mitte des Raums handelt. Denn ohne die Kontrolle von Perspektivität und Einstellung kann lediglich festgehalten werden, dass die Person in der Mitte *des Bildes* zu sehen ist:

„Auf dem Fotogramm ist eine Person zu sehen, die mittig im Bild steht und in Richtung der Kamera schaut. Es handelt sich um die Lehrerin des videografierten Unterrichts."

Des Weiteren wird die o. g. operative Handlung des „Zeigens" in eine detaillierte Beschreibung des Gebärdenkomplexes überführt. Dabei geht es darum auszuformulieren, was auf dem Fotogramm zu sehen ist bzw. was die Person tut, ohne ihr Handlungsmotive zu unterstellen:

> „Die Lehrerin hält mit ihren beiden Händen ein weißes Papier in Größe eines DIN A4-Blattes. Die Arme sind angewinkelt, Oberarm und Ellenbogen liegen eng am Körper an und das Blatt, das sie in den Händen hält, befindet sich vor ihrem Oberkörper in Brusthöhe und verdeckt den größten Teil ihres Oberkörpers. Es ist trotz der schlechten Bildqualität gut sichtbar, da es sich von der dunklen Kleidung der Lehrerin abhebt."

In dieser Beschreibung ist bereits enthalten, dass auch ein Artefakt zu sehen ist. Im Rahmen der formulierenden Interpretation geht es allerdings zunächst nur darum, *dass* es offensichtlich ein weißes Papier ist und *was* die Lehrerin damit macht (vor ihrem Oberkörper festhalten). Ähnlich detailliert werden die anderen Personen, deren Rücken im Bildvordergrund zu sehen sind, und die anderen Dinge beschrieben, die auf dem Bild zu sehen sind (s. Kap. 5.3.1).

Die Analyse der Positionierungen im Raum bezieht sich bei diesem Fotogramm u. a. auf die zentrale Positionierung der Lehrerin. Dabei wird auch der Einfluss der Kameraposition und der Einstellung auf den Bildausschnitt reflektiert:

> „Die Lehrerin steht in dem Gang zwischen den Tischen, die am nächsten zur Wand mit den Leinwänden und Tafeln stehen. Sie befindet sich somit sowohl in der Horizontalen als auch in der Vertikalen im Zentrum des Bildes. Sie steht mittig vor der größeren der beiden weißen Leinwände, die wiederum in der Mitte der Wand an der Decke befestigt ist. Die dunkle Kleidung der Lehrerin bildet einen starken Kontrast zu dem weißen Hintergrund, wodurch sie zusätzlich hervorgehoben erscheint. (…)
>
> Die vergleichende Analyse mit den Bildern der anderen Kamera (Fotogramm 2 und 3) zeigt, dass die Positionierung der Lehrerin im Zentrum des Raums kein Methodenartefakt ist, das durch Perspektive und Einstellung der hinteren Kamera entsteht. Vielmehr zeigen die Bilder der anderen Kamera, und zwar die dort sichtbaren Abstände der Tische zu den Seitenwänden des Raums, dass sich der freie Platz zwischen den beiden hintereinander aufgestellten Tischreihen ziemlich genau in der Mitte des Raums befindet. Das bedeutet, dass auch die auf Fotogramm 1 beobachtbare Positionierung der Lehrerin in diesem Zwischenraum zwischen den Tischen dem Zentrum des Raums entspricht (in der Vertikalen)."

In der Horizontalen befindet sich ihr Oberkörper und das Blatt Papier, das sie in ihrer rechten Hand hält, genau auf Höhe der Köpfe der sitzenden Schülerinnen und Schüler und damit genau in deren Blickfeld (s. Abb. 5.14).

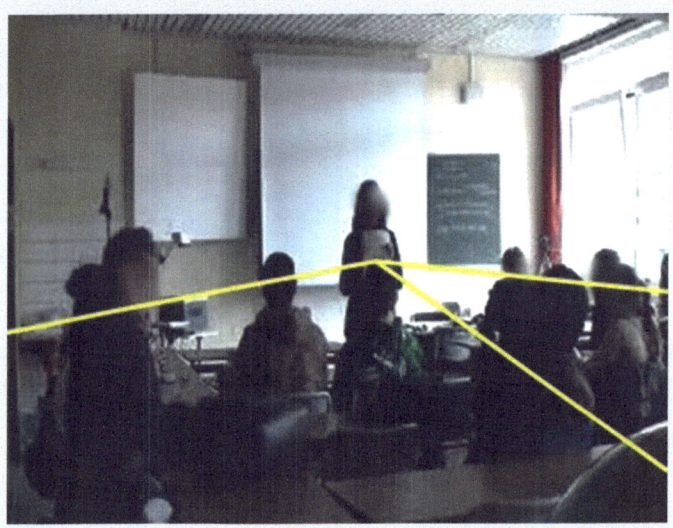

Abb. 5.14 Positionierung des Papiers im Zentrum des Raumes – Fotogramm 1 (00:46)"

Im Rahmen der reflektierenden Interpretation wird schließlich – in Relation zu der reflektierenden Interpretation des Unterrichtsvideos in seiner Sequenzialität – danach gefragt, was sich in den Gebärden und in der Anordnung der Körper und Dinge im Raum *dokumentiert*. Dabei ist hier vor allem die Analyse des räumlichen Verhältnisses der Lehrerin zu den Schülerinnen und Schülern ertragreich:

„Die Positionierung der Körper im Raum (s. Abb. 5.15) dokumentiert eine Differenz zwischen den Schülerinnen und Schülern und der Mensch-Ding-Assoziation, die die Lehrerin mit dem Papier eingegangen ist. Während die Schülerinnen und Schüler eine gleichförmige körperliche Haltung einnehmen, sitzend an Tischen und Stühlen, in Reihen angeordnet, und – von einer Ausnahme abgesehen – in die gleiche Richtung blickend, unterscheidet sich die Körperhaltung und Positionierung der mit dem weißen Papier assoziierten Lehrerin von der der Schülerinnen und Schüler deutlich. Sie ist die einzige Person im Raum, die steht, weshalb sich ihr Kopf in einer erhöhten Position befindet, und sie schaut in eine andere Richtung als die Schülerinnen und Schüler. Auf Grund der Positionierung, die sich durch die Anordnung der Tische einerseits und die Positionierung der Lehrerin mit der Wand im Rücken in der Mitte des Raums andererseits ergibt, ist die Lehrerin die einzige Person im Raum, die von allen anderen Personen angeschaut werden kann, und sie ist die einzige Person, die in die Gesichter von allen anderen Personen schauen kann. Dies verschafft ihr eine hervorgehobene Position in der Interaktionskonstellation in Bezug auf die Möglichkeit, mit den anderen Personen im Raum zu kommunizieren."

Die zentrale Bedeutung des weißen Papiers, mit dem die Lehrerin eine enge, auch körperliche Assoziation eingegangen ist, für die Interaktionseinheit erschließt sich allerdings nicht aus der Analyse des Fotogramms, da hierfür entscheidend ist, dass die Assoziation in dieser Form für einen sehr langen Zeitraum beibehalten wird. Dieses lässt sich allerdings nur auf der Basis des Videos und der sequenziellen Beschreibung und Rekonstruktion des Interaktionsverlaufs erkennen.

5.2.3.1 Methodische Kontrolle der Kameraposition, -bewegung und -einstellung

Es wurde bereits darauf hingewiesen, dass der Anteil derjenigen an der Gestalt des Bildes, die das Video gefilmt und das Fotogramm ausgeschnitten haben, zum Zweck der Kontrolle der Standortgebundenheit der Forscherinnen und Forscher in der Analyse der Fotogramme berücksichtigt werden muss, auch wenn ihr Habitus nicht Gegenstand der Forschung ist.

Beim Filmen der Unterrichtsinteraktion im Klassenraum mit der Videokamera bestimmen die Kameraposition und die Bewegung der Kamera, die wir im Übrigen bei der Datenerhebung zu vermeiden suchen (s. Kap. 5.1.2), die Perspektivität des Bildes und damit seine Wirkung auf die Betrachterinnen und Betrachter. Die Einstellung bestimmt den Ausschnitt des Bildes (vgl. Bohnsack 2011, S. 157) und damit die Selektivität der erhobenen Daten. Bei den Videoaufnahmen im Unterricht betrifft das vor allem die Frage, welcher Teil des Klassenraums im Video sichtbar ist und welche Personen auf den Bildern bzw. im Videofilm zu sehen bzw. nicht zu sehen sind.

Diese Beiträge der Forscherinnen und Forscher, die den Unterricht videografiert bzw. am Computer Standbilder ausgeschnitten haben, zum Charakter und zur Aussagekraft der aufgezeichneten Bilder müssen in der Interpretation Beachtung finden. Im Rahmen der Fotogrammanalyse wird deshalb danach gefragt, welcher Ausschnitt der Unterrichtsinteraktion durch die Wahl der Kameraposition und die

Einstellung in den Blick kommt und welche nicht. Interaktionskonstellationen, die aufgrund der Kameraposition und der Einstellung nicht gefilmt werden, müssen in der Interpretation der nonverbalen Interaktion als „missing data" behandelt werden. Da wir ohnehin nicht davon ausgehen, dass sich das Soziale in technisch aufgezeichneten Daten wie Video- oder Audioaufnahmen vollständig abbilden ließe, ist die Komplexitätsreduktion, die sich aus der Selektivität der Datenerhebung mittels Videokamera und Audioaufnahmegerät ergibt, ohnehin ein Tatbestand, der in der Interpretation berücksichtigt werden muss.

Da dies für den gesamten Prozess der dokumentarischen Interpretation von Unterrichtsvideografien in gleicher Weise gilt, kann mit der Fotogrammanalyse die methodische Kontrolle der Standortgebundenheit der Forscherinnen und Forscher bzw. der Selektivität der Daten, die durch die Perspektive und die Einstellung der Kamera entsteht, für eine ganze Videosequenz geleistet werden. Denn der gewählte Ausschnitt des Klassenraums und die Perspektive auf das soziale Geschehen, die sich in einem einzelnen Fotogramm niederschlagen, treffen genauso für die Videosequenz im Ganzen zu, sofern während der Aufnahme mit einer statischen Kamera gefilmt wurde, die nicht bewegt und deren Brennweite nicht geändert wurde. Die Funktion der Fotogrammanalyse für die gesamte Analyse eines Unterrichtsvideos, die darin besteht, die durch Kameraposition und Einstellung verursachte Perspektive auf das soziale Interaktionsgeschehen einmalig transparent zu machen und zu reflektieren, bekräftigt ihre Bedeutung für die dokumentarische Unterrichtsforschung.

5.2.4 Reflektierende Interpretation der verbalen und nonverbalen Interaktion

Die reflektierende Interpretation ist innerhalb der Dokumentarischen Methode der Ort, an dem ein Wechsel der Analyseeinstellung vollzogen wird. Anders als in der formulierenden Interpretation geht es nicht um die Frage, *was* in der Unterrichtssequenz gesagt und getan wird oder *welche* Artefakte rekrutiert werden, sondern darum, *in welcher Art und Weise* verbal, körperlich und in Assoziation mit den Dingen interagiert wird, *wie* Äußerungen und Handlungen innerhalb der Interaktionsstruktur gerahmt sind und *was sich* in der Spezifik des Zusammenhangs über den untersuchten Gegenstand *dokumentiert* (vgl. Bohnsack 2014, S. 137ff.). Für die dokumentarische Interpretation von Unterrichtsvideografien schlagen wir eine Form der reflektierenden Interpretation vor, die sich eng an der sequenziellen Gesprächsanalyse und dem für die dokumentarische Interpretation von Gruppendiskussionen und Gesprächen vorgeschlagenen Verfahren der formalen Analyse der Interaktionsorganisation orientiert (vgl. ebd.; vgl. auch Przyborski

2004).[31] Die wesentliche Begründung hierfür ist die Fokussierung auf die der Unterrichtsinteraktion eigenen Sequenzialität (s. Kap. 4.3). Wie in der Analyse von Gesprächen bleibt die formale Analyse der Interaktionsorganisation, die im Rahmen der reflektierenden Interpretation durchgeführt wird, auf Interaktionseinheiten bezogen. Für die Interpretation von Unterrichtsvideografien ergeben sich allerdings einige Erweiterungen und Modifikationen gegenüber der sequenziellen Analyse von Gesprächen:

1. Um der *Multimodalität* (vgl. z. B. Kress 2010) der Unterrichtsinteraktion (s. Kap. 4.3.2) und der *Bedeutung der Artefakte* für das Unterrichtsgeschehen (s. Kap. 4.3.3) gerecht zu werden, bezieht sich die reflektierende Interpretation von Beginn an systematisch auf die verbalen und nonverbalen Anteile der Interaktion, einschließlich des Umgangs mit den Dingen. Die reflektierende Interpretation erfolgt deshalb nicht nur auf der Grundlage des Transkripts und der formulierenden Interpretation der verbalen und nonverbalen Interaktion (s. Kap. 5.2.2), sondern auch auf der Basis der Unterrichtsvideos. Diese werden beim Interpretieren immer wieder angeschaut (ggf. auch in Zeitlupe), um Gesten und Gebärden, die Interaktion mit den Dingen sowie die Positionierung der Körper im Raum in ihrer Sequenzialität bzw. als Abfolge von Bewegungen und in ihrer Zeitlichkeit berücksichtigen zu können. Da verbale und nonverbale Anteile der Interaktion simultan miteinander verschränkt sind, integrieren wir die verbale und nonverbale Ebene von Beginn an in einen Arbeitstext. Im Unterschied zur dokumentarischen Filminterpretation (vgl. Bohnsack 2011, S. 117ff.) hat es sich u. E. in der Unterrichtsforschung, die auf die Analyse der videografierten Alltagsinteraktion im Unterricht in der ihr eigenen Sequenzialität, Simultaneität und Synchronizität der multimodalen Ordnungen fokussiert ist, nicht bewährt, die Bild- und Sprachebene in der reflektierenden Interpretation zunächst zu trennen und erst in einer reflektierenden Gesamtinterpretation zusammenzuführen. In der Unterrichtsinteraktion beziehen sich die Akteurinnen und Akteure sowohl nonverbal auf verbale Äußerungen (z. B. wird eine Antwort eines Schülers durch ein Nicken bestätigt) als auch mit Redebeiträgen auf Gesten oder Handlungen (z. B. wird das Zeigen eines Korbwurfs im Basketball durch einen Schüler vom Sportlehrer verbal kommentiert). Die unterschiedlichen Ausdrucksformen können dabei nicht nur wechselseitig, sondern auch gleich-

---

31 Wie verbale Kommunikation reflektierend interpretiert wird, haben wir in Kapitel 3.2.3 dieses Buches erläutert; in Kapitel 3.3 können mehrere Interpretationsbeispiele nachgelesen werden. Wir werden das dort Dargelegte hier nicht wiederholen, auch wenn es für die Analyse von Unterrichtsvideografien ebenso von Bedeutung ist.

zeitig bzw. parallel für den Verlauf einer Interaktionseinheit von Bedeutung sein
(z. B. wenn eine Lehrerin einen Arbeitsauftrag erläutert und ihre sprachliche
Äußerung dabei mit Gesten begleitet). Daher kann der Interaktionsverlauf und
der Dokumentsinn einer Interaktion nur angemessen erfasst werden, wenn die
Analyse der formalen Interaktionsorganisation der miteinander verflochtenen
und aufeinander bezogenen verbalen Äußerungen und nonverbalen Aktionen
in *einem* Interpretationsschritt erfolgt. Diese Notwendigkeit kann anhand
des Meldens plausibilisiert werden: In der Analyse eines klassenöffentlichen
Gesprächs ist es unbedingt notwendig, die Anschlüsse der einzelnen verbalen
Äußerungen richtig zu interpretieren. Bei Redebeiträgen von Schülerinnen bzw.
Schülern, die sich zuvor gemeldet hatten und erst sprechen, nachdem ihnen das
Rederecht erteilt wird, bezieht sich die Äußerung nicht (ausschließlich) auf den
vorangegangenen Gesprächsbeitrag, sondern es handelt sich wahrscheinlich um
einen Anschluss an eine Äußerung zum Zeitpunkt der Meldung. Insbesondere
in komplementären und divergenten Interaktionen, die im klassenöffentlichen
Unterricht hauptsächlich anzutreffen sind, macht die Frage, auf welche voran-
gegangene(n) Äußerung(en) sich eine Elaboration bezieht, einen wesentlichen
Unterschied. Das Unterrichtsgespräch lässt sich also ohne Berücksichtigung der
Meldungen nicht angemessen interpretieren. Um die nonverbalen Anteile der
Interaktion und den Umgang mit den Dingen in die reflektierende Interpretation
einbeziehen zu können, haben wir einige neue Begriffe in das Begriffsinventar der
formalen Analyse der Interaktionsorganisation eingeführt, die wir im Weiteren
anhand der Beispielinterpretationen erläutern (s. u.).
2. Die spezifische *Polysequenzialität* (Dinkelaker 2010) sowie *Simultaneität* und
   Synchronizität der Interaktionskonstellationen in der komplexen Unterrichtsinteraktion (s. Kap. 4.3.1) führen dazu, dass die sequenzielle Analyse von
   videografierten Unterrichtsinteraktionen um einiges komplizierter ist als die
   reflektierende Interpretation von Interviews, Gruppendiskussionen oder anderen Gesprächen.
   Im Blick auf die *Synchronizität* der Interaktion ist es zulässig und unserer Erfahrung nach praktikabel, die Komplexität durch eine Auswahl der gleichzeitig
   beobachtbaren, aber voneinander unabhängigen Interaktionskonstellationen
   zu reduzieren. Das bedeutet, aus der großen Zahl der Interaktionssysteme, die
   gleichzeitig in einem Klassenraum emergieren, einzelne Interaktionseinheiten
   getrennt zu interpretieren und andere bewusst auszublenden bzw. in einem zweiten Schritt oder zu einem späteren Zeitpunkt der reflektierenden Interpretation
   zu unterziehen. Beispielsweise können bei der Analyse von Gruppenarbeitsphasen die Interaktionen von unterschiedlichen Gruppen von Schülerinnen
   und Schülern, die gleichzeitig an Aufgaben arbeiten, getrennt voneinander

interpretiert werden, wie wir das etwa bei der Sequenz „Fragen formulieren" getan haben (s. das Interpretationsbeispiel in Kap. 5.3.2). Dies eröffnet im Übrigen die Möglichkeit, sich im Unterricht gleichzeitig ereignende, aber voneinander unabhängige Interaktionssysteme als voneinander unabhängige Sequenzen bzw. Fälle zu betrachten und fallvergleichend zu analysieren (z. B. im Hinblick auf die Frage, wie unterschiedliche Gruppen von Schülerinnen und Schülern in einer Gruppenarbeitsphase dieselbe Aufgabe bearbeiten).

Bei *simultan miteinander verflochtenen Interaktionen* ist diese Form der Komplexitätsreduzierung allerdings nicht angebracht, da sich die Sinnhaftigkeit von Interaktionseinheiten nicht erschließt, wenn Interaktionsbewegungen ausgeblendet werden, weil sie vermeintlich nicht dazugehören. Wenn also wie beispielsweise in der Sequenz „Fragen formulieren" eine Gruppe von Schülern in einer Gruppenarbeitsphase zusammenarbeitet und währenddessen einzelne Mitglieder der Gruppe mit Mitgliedern der Schülerinnengruppe interagieren, die am Nachbartisch arbeitet, kann das für die Interaktion der Gruppe, die im Fokus der Interpretation steht, nicht ohne Folgen bleiben und muss in der Interpretation berücksichtigt werden (s. das Interpretationsbeispiel in Kap. 5.3.2). Schwieriger wird es (und in vielen Fällen ist es leider unmöglich), die Relationierungen zwischen klassenöffentlichem Unterrichtsgespräch und den vielfältigen Nebengesprächen der Schülerinnen und Schüler bei der Analyse der Unterrichtsinteraktion zu berücksichtigen. In der Beispielinterpretation der Sequenz „Vorbereitung der Klassenarbeit" (s. Kap. 5.3.3) wurde die Verflechtung des klassenöffentlichen Unterrichtsgesprächs mit der peerbezogenen Interaktion an einem Gruppentisch analysiert. Dabei zeigt sich, dass das vermeintliche Nebengespräch keineswegs nebensächlich für die Auseinandersetzung der Schülerinnen mit dem Unterrichtsgegenstand ist, sondern dass die Schülerinnen zwar leise miteinander sprechen, während der Lehrer in die nachfolgende Arbeitsphase einführt, diese Interaktion am Gruppentisch aber auf die fachlichen Inhalte bezogen ist. An diesem Interpretationsbeispiel zeigt sich ferner, dass die Interaktion der Mädchen am Gruppentisch direkte Auswirkungen auf den inhaltlichen Verlauf des klassenöffentlichen Unterrichtsgesprächs hat. Sein Verlauf ohne Kenntnis des Gesprächs am Gruppentisch wäre also möglicherweise anders interpretiert worden.

Weitere Aspekte der Komplexität von Unterricht, die sich aus der Polysequenzialität (Dinkelaker 2010) der Unterrichtsinteraktion ergibt, sind das gleichzeitige Verhandeln unterschiedlicher Themen durch ein Interaktionssystem und die Bedeutsamkeit *einer* Interaktion für *unterschiedliche* Dimensionen des Unterrichts. Beispielsweise kann die Proposition der Lehrerin, mit der die Sequenz „Fragen formulieren" beginnt, sowohl hinsichtlich der unterrichtlichen

Ordnung interpretiert werden als auch im Blick auf ihren Orientierungsrahmen
in Bezug auf ihre Vorstellungen vom fachlichen Lernen der Schülerinnen und
Schüler. In der nachfolgenden Gruppenarbeitsphase wechseln die Schüler, deren
Gruppenarbeit in der Interpretation fokussiert wird, vor allem im ersten Teil
der Sequenz zwischen peerbezogenen und aufgabenbezogenen Interaktionen
hin und her. In der reflektierenden Interpretation ist es nicht anders möglich,
als diese beiden auf das Engste miteinander verflochtenen Interaktionseinheiten
parallel zu analysieren, wodurch die reflektierende Interpretation ebenfalls unübersichtlich wird (s. das Interpretationsbeispiel in Kap. 5.3.2). Anhand dieses
Beispiels wird deutlich, dass die Analyse der formalen Interaktionsorganisation
komplex bleibt trotz der Entscheidung, alle synchronen Interaktionen, die sich
im Klassenraum während der Gruppenarbeit der fokussierten Schülergruppe
außerdem ereignen, in der Interpretation der Sequenz nicht zu berücksichtigen.
Denn selbst innerhalb dieses relativ überschaubaren Interaktionssystems der
Gruppe von sechs Schülern während einer Gruppenarbeitsphase überlagern
sich verschiedene Interaktionseinheiten und sind miteinander verwoben (s.
Abb. 5.7 und 5.8).

3. Wie bereits in Kapitel 4.3.4 beschrieben, schlagen wir vor, für die Analyse der
   für Unterricht typischen *asymmetrischen,* institutionell gerahmten Interaktionen neben den etablierten Interaktionsmodi mit dem komplementären einen
   weiteren Modus einzuführen. Komplementäre Interaktionen rekonstruieren
   wir immer dann, wenn die Interaktion trotz unterschiedlicher Orientierungsrahmen von Lehrpersonen und Schülerinnen und Schülern einvernehmlich
   und reibungslos funktioniert. Dies ist dann der Fall, wenn sich die differenten
   Orientierungsrahmen in Passung befinden oder durch Rekontextualisierungen
   Passung in der Interaktion hergestellt wird, und wenn die Interaktionen auf der
   Akzeptanz der schulisch gerahmten Normen und Regeln durch alle Beteiligten
   basieren. Typische Passungsverhältnisse im Unterricht sind beispielsweise – und
   hier jetzt verkürzt benannt – ein instruktivistischer Habitus von Lehrpersonen
   und die Orientierung von Schülerinnen und Schülern an Aufgabenerledigung
   (z. B. in der Sequenz „Feedback", s. Kap. 5.3.1) oder die Leistungserwartungen
   von Lehrpersonen und eine komplementäre Leistungsbereitschaft von Schülerinnen und Schülern (z. B. in der Sequenz „Vorbereitung der Klassenarbeit",
   s. Kap. 5.3.3). Rekontextualisierungsprozesse können zum Beispiel beobachtet
   werden, wenn Lehrpersonen Aufgabenstellungen formulieren, in denen sich ihr
   Orientierungsrahmen in Bezug auf das fachliche Lernen der Schülerinnen und
   Schüler dokumentiert, und Schülerinnen und Schüler in einer sich anschließenden komplementären Interaktion darüber vergewissern, was von ihnen bei
   der Bearbeitung der Aufgabe erwartet wird und dabei die Aufgabenstellung für

sich reformulieren (z. B. in der Sequenz „Fragen formulieren", s. Kap. 5.3.2). Für die Analyse komplementärer Interaktionen schlagen wir zur Bezeichnung der Interaktionsbewegungen die Begriffe *komplementäre Proposition* (im Modus der *Passung* oder der *Rekontextualisierung)* und *kommunikative Konklusion* vor (s. u.).

In der Tabelle in Abb. 5.5 und 5.6 haben wir einen Überblick über die verschiedenen Interaktionsmodi erstellt (vgl. dazu Przyborski 2004) und den komplementären Interaktionsmodus dort eingeordnet. Dabei ist wichtig hervorzuheben, dass selbstverständlich alle anderen Interaktionsmodi in der Unterrichtsinteraktion auch vorkommen. Univoke und parallele sowie oppositionelle Interaktionen finden sich allerdings vor allem in Interaktionskonstellationen, an denen nur Schülerinnen und Schüler und keine Lehrpersonen beteiligt sind. Im Fall von Rahmeninkongruenzen zwischen Lehrpersonen und Schülern bzw. Schülerinnen kommt es in der Regel zu divergenten Interaktionen, da der Unterricht ein institutionalisierter und durch die Regeln der Organisation Schule bestimmter sozialer Zusammenhang ist. Die Akteurinnen und Akteure brechen in diesem Kontext die Kommunikation nicht ab, Orientierungsdifferenzen können nicht offen ausgetragen werden (zwischen den Schülerinnen und Schülern untereinander allerdings schon). Univoke und parallele Interaktionen zwischen Lehrpersonen und Schülerinnen und Schülern dürften im Unterricht äußerst selten zu rekonstruieren sein, da die Beteiligten auf Grund der institutionalisierten Rollen den konjunktiven Erfahrungsraum des Unterrichts und der Schule je unterschiedlich erleben und differente Erfahrungen damit verbinden. In Bezug auf die fachlichen Inhalte des Unterrichts sollten sich die gegenstandsbezogenen konjunktiven Erfahrungen von Schülerinnen und Schülern und Lehrpersonen, die in der Regel ein Universitätsstudium des jeweiligen Faches absolviert haben, ebenfalls unterscheiden (s. dazu Kap. 4.3.4).

Beim Schreiben der reflektierenden Interpretationen zu Unterrichtsvideografien und ihrer Diskussion in Forschungswerkstätten oder Interpretationsgruppen geht es ebenso wie bei der reflektierenden Interpretation von Gruppendiskussionen und Gesprächen vorrangig darum herauszuarbeiten, ob und inwiefern sich Orientierungsrahmen der Beteiligten homolog im empirischen Material, über mehrere Sequenzen oder Szenen hinweg, dokumentieren. Dabei besteht die Herausforderung der Unterrichtsforschung darin, dass wir es in den seltensten Fällen bei den Personen, die in einem Klassenraum miteinander und mit Artefakten interagieren, mit *einer* Gruppe zu tun haben, für die ein gemeinsamer Orientierungsrahmen rekonstruiert werden kann. Außerdem geht es im Unterricht, anders als in einer Gruppendiskussion, nicht nur um *ein* Thema, sondern mehrere Themen sowie mehrere Dimensionen des Unterrichts werden immer gleichzeitig verhandelt (vgl. Kolbe et al. 2008, s. Kap. 4.2). Daraus folgt, dass es sehr viel häufiger komplemen

Inkludierende Interaktionsmodi:		
Univoker Modus	**Paralleler Modus**	**Antithetischer Modus**
Verhältnis der Orientierungsrahmen:		
geteilte Rahmenorientierung	geteilte Rahmenorientierung	geteilte Rahmenorientierung
Dreischritt einer Interaktionseinheit:		
1. Proposition	1. Proposition	1.a) Proposition 1.b) Antithese (bringt eine weitere Orientierungskomponente oder einen Widerspruch auf der immanenten Ebene zum Ausdruck)
2. Elaborationen der Proposition	2. Elaborationen der Proposition	2. Elaborationen zu Proposition und Antithese
3. Konklusion (bestätigt die geteilte Orientierung)	3. Konklusion (bestätigt die geteilte Orientierung)	3. Synthese (fasst die verschiedenen Orientierungskomponenten zusammen und bestätigt die geteilte Orientierung)
Beziehungsstruktur der Akteurinnen und Akteure:		
Gruppe (mit identischen Erfahrungen)	Gruppe (mit strukturidentischen Erfahrungen)	Gruppe (mit strukturidentischen Erfahrungen)

Abb. 5.5   Übersicht Interaktionsmodi (1)

Exkludierende Interaktionsmodi:		
Komplementärer Modus	Divergenter Modus	Oppositioneller Modus
Verhältnis der Orientierungsrahmen:		
Rahmen-komplementarität	Rahmen-inkongruenz	Rahmen-inkongruenz
Dreischritt einer Interaktionseinheit:		
1.a) Proposition 1.b) komplementäre Proposition (in Passung zur proponierten Orientierung oder Herstellung von Passung durch Rekontextualisierung)	1.a) Proposition 1.b) Divergenz (bringt eine abweichende Orientierung zum Ausdruck, häufig als Fremdrahmung)	1.a) Proposition 1.b) Opposition (bringt eine abweichende Orientierung offen zum Ausdruck)
2. Elaborationen der propositionalen Gehalte der komplementären Propositionen	2. Elaborationen der propositionalen Gehalte der Proposition und der Divergenz	2. Elaborationen der propositionalen Gehalte der Proposition und der Opposition
3. kommunikative Konklusion (einvernehmlich auf der Basis institutionalisierter Regeln, differente Orientierungen bleiben bestehen)	3. rituelle Konklusion (als Metarahmung, Themenverschiebung oder Metakommunikation, Divergenz der Orientierungen ist verdeckt)	3. rituelle Konklusion (als expliziter Abbruch der Kommunikation oder Suspendierung des Themas, differente Orientierungen bleiben bestehen)
Beziehungsstruktur der Akteurinnen und Akteure:		
asymmetrische, institutionell bzw. organisational gerahmte Interaktion mit explizit definierten Normen und Regeln, die die Interaktion strukturieren (z. B. Unterricht)	asymmetrische, institutionell bzw. organisational gerahmte Interaktion, in der eine oder mehrere Personen die Interaktion dominieren bzw. bestimmen (z. B. Familien)	mindestens zwei Teilgruppen (mit differenten Erfahrungen) oder asymmetrische, institutionell bzw. organisational gerahmte Interaktion, in der sich keine Person oder Personengruppe mit ihrer Sichtweise oder Regeln durchsetzt

Abb. 5.6   Übersicht Interaktionsmodi (2)

täre, divergente oder antithetische Interaktionsverläufe gibt, die komplizierter zu entschlüsseln sind als parallele Interaktionen zu einem Thema, und dass verschiedene synchrone Interaktionseinheiten auch bei der reflektierenden Interpretation zu berücksichtigen sind. Wie wir damit forschungspraktisch umgehen, wird im Folgenden anhand der Sequenz „Fragen formulieren" (s. Kap. 5.3.2) erläutert:

a. Wenn sich eine Interaktionsbewegung auf verschiedene Dimensionen der Unterrichtsinteraktion bezieht bzw. sich an ihr Orientierungskomponenten zu unterschiedlichen Orientierungsrahmen rekonstruieren lassen, ist es sinnvoll, dieses in der reflektierenden Interpretation explizit zu machen:

„24:00-25:55 Proposition durch L. in Assoziation mit den Arbeitsblättern und dem Overheadprojektor
Die Proposition der Lehrerin bezieht sich auf zwei Ebenen. In Bezug auf die schulische Ordnung markiert sie erstens den Beginn einer Arbeitsphase und erläutert die Aufgaben, die die Schülerinnen und Schüler in den nächsten Stunden erledigen sollen. Zweitens formuliert sie Erwartungen an die Erledigung der Aufgaben durch die Schülerinnen und Schüler auf der Ebene des fachlichen Lernens. In der Betonung fundierter Recherche und der Erwartung, dass die Jugendlichen „als Experten (…) wirklich was leisten können", wie auch in dem Gegenhorizont des „Stammtischwissens" dokumentiert sich einerseits der fachliche Anspruch der Lehrerin, andererseits ihr Vertrauen in die Fähigkeiten der Schülerinnen und Schüler, sich eigenständig Fachwissen erarbeiten zu können. In inhaltlicher Hinsicht ist der Arbeitsauftrag relativ offen (…)."

b. Um nicht den Überblick zu verlieren, ist es hilfreich, die Synchronizität der Interaktionseinheiten in der formalen Analyse der Interaktionsorganisation ebenfalls explizit zu machen. Hierfür wird bei jeder Interaktionsbewegung, vor allem aber bei Elaborationen und Konklusionen bzw. Synthesen, notiert, auf welche Proposition, Divergenz oder Opposition sie sich bezieht (in unserem Beispiel in Klammern in der fett gedruckten formalen Analyse der Interaktionsorganisation, s. u.). Dies ist vor allem dann wichtig, wenn eine Interaktionseinheit erst mit deutlichem zeitlichen Abstand zur ersten Proposition mit einer Konklusion abgeschlossen wird, weil sich zwischendurch anderes ereignet, oder weil Aktionen und Äußerungen gleichzeitig stattfinden (beides wird durch die Notierung der Timecodes in der reflektierenden Interpretation nachvollziehbar):

„29:02-29:06 Transition (als komplementäre Proposition zum Arbeitsblatt im Modus der Rekontextualisierung), gleichzeitig Divergenz zu L. durch Hm und Me in Assoziation mit den Arbeitsblättern im Modus der Interferenz (...)

29:26-30:35 Divergenz durch Cm, Mm, ?m und Me, rituelle Konklusion durch Cm in Assoziation mit den Arbeitsblättern

Die eigentlich auf die Sache der Aufgabenbearbeitung bezogene Äußerung (die Bitte um einen Stift) geht über in eine durch viele Lacher unterbrochene und auf Grund ihrer Indexikalität kaum verständliche Kommunikation, die von der Aufgabenbearbeitung ablenkt und wieder wesentlich durch Cm und Mm bestimmt wird. Die zeigenden Gesten von Mm lassen darauf schließen, dass es um das Aufgezeichnetwerden durch die Videokameras geht. Das „So" von Cm und die gleichzeitige Aufmerksamkeit für die Arbeitsblätter können im Sinne einer Themen- bzw. Assoziationsverschiebung als rituelle Konklusion interpretiert werden. Auch Cm und Mm wenden sich nun der Aufgabe zu.

29:40-30:45 Enaktierung durch Dm und Hm in Assoziation mit den Arbeitsblättern (divergent zu Cm, Mm)

Insbesondere Dm (aber auch Hm) ist die ganze Zeit auf seine Blätter, die vor ihm auf dem Tisch liegen, fokussiert und scheint zu lesen. (...) Vorrangig ist die Bearbeitung der Arbeitsblätter, ein weiteres Dokument für die Aufgaben- und Produktorientierung der Gruppe.

30:13-30:15 Anschlussproposition durch Hm (komplementär zum propositionalen Gehalt des Arbeitsblatts)

Mit der offensichtlich an Lm gerichteten Frage bezieht sich Hm auf das Arbeitsblatt und versucht eine Klärung des Arbeitsauftrags herbeizuführen. Es zeigt sich, dass der Arbeitsauftrag der Lehrerin im Sinne des propositionalen Gehalts des Arbeitsblattes rekontextualisiert wird, nämlich als Aufforderung, Fragen aufzuschreiben. Allerdings ist sich Hm nicht sicher, er formuliert den vermuteten Arbeitsauftrag als Frage.

30:15-30:17 Divergenz durch Mm (divergent zu Hm)

Mm setzt die nicht aufgabenbezogene Interaktion fort, die schlecht verständlich ist, die aber von der Gruppe und auch von Cm nicht weiterverfolgt wird.

30:21-30:24 Antithese durch Cm (zu Anschlussproposition durch Hm)
Cm schließt an Hm an und erkundigt sich, wo die Fragen und welche Fragen
aufgeschrieben werden sollen. Diese Fragen zielen darauf ab, sich bezüglich des
Arbeitsauftrags zu versichern."

c. Im Fall von synchronen Interaktionen ist es u. U. möglich, zwei Interaktionseinheiten zu trennen und nacheinander zu analysieren, auch wenn sie sich im
   Unterrichtsvideo gleichzeitig ereignen und in der formulierenden Interpretation,
   die sich an der Sequenzialität des Videos orientiert, ebenfalls als gleichzeitige
   Äußerungen und Aktivitäten notiert sind:[32]

1) Interaktion: Anwesenheitsliste

**00:22-05:45 Proposition durch L in Assoziation mit der Anwesenheitsliste,
komplementäre Enaktierung durch Me**
Auf der sprachlichen Ebene rahmt die Lehrerin das Herumgeben und Ausfüllen
der Anwesenheitsliste als eine eingeschobene, nebensächliche Tätigkeit. Der
nebensächliche Charakter zeigt sich auf der performativen Ebene darin, dass
die Lehrerin, unmittelbar nachdem sie die Liste an den ersten Schüler (Rm)
weitergegeben hat, ein neues Thema anspricht und die Schülerinnen und Schüler die Liste ausfüllen, während die Lehrerin über ein anderes Thema spricht.
Die Schülerinnen und Schüler zeigen in dieser komplementären Enaktierung
der Aufforderung Routinen in der Aufmerksamkeitskoordination zwischen
Unterrichtsgespräch, Anwesenheitsliste und peerkulturellen Interaktionen.
(...)

06:17-06:20 kommunikative Konklusion durch Jm, Gf und L
Die Anwesenheitsliste wird der Lehrerin übergeben, die sie an sich nimmt und
auf ihrem Tisch ablegt. Indem der Vorgang von den Schülerinnen und Schülern
wieder an die Lehrerin zurückgegeben wird, wird die Kontrolle der Anwesenheit
abgeschlossen.

---

32 Dies verdeutlichen wir im Folgenden anhand eines Beispiels aus der Sequenz „Feedback"
    (s. Kap. 5.3.1).

2) Interaktion Feedbackbogen

00:41-01:58 Proposition durch L in Assoziation mit dem Bewertungsbogen im Modus der Interferenz und in Interaktion mit Em, Of und Af (s. u.)
Die Lehrerin nimmt mehrere Blätter von ihrem Tisch und stellt sich, diesen etwa in Brusthöhe vor sich haltend, den sitzenden Schülerinnen und Schülern gegenüber, mittig in den Klassenraum. In dieser asymmetrischen Positionierung eröffnet und strukturiert sie ein thematisches Unterrichtsgespräch, das sich inhaltlich auf die Gestaltung der in den kommenden Stunden zu haltenden Referate bezieht. (...)

Glossar

Am Ende dieses Buches (Kapitel 6) haben wir das Begriffsinventar zur formalen Analyse der Interaktionsorganisation von Gesprächen (vgl. Przyborski 2004, S. 61ff.) zusammen mit den spezifischen Analysekategorien für die Interpretation von Unterrichtsvideografien in einem Glossar zusammengestellt und die Begriffe dort erläutert. Für das Schreiben der reflektierenden Interpretationen empfehlen wir, den Glossar auf dem Schreibtisch griffbereit zu haben, um die Einzeläußerungen des Transkripts, die in der formulierenden Interpretation der nonverbalen Interaktion beschriebenen Aktionen sowie die körperlichen Ausdrucksformen und Assoziationen mit Dingen, die auf den Fotogrammen bzw. im Video beobachtbar sind, richtig einordnen zu können.

d. Dass sich in der reflektierenden Interpretation der Unterrichtsinteraktion keine geteilten Orientierungsrahmen aller Beteiligten rekonstruieren lassen, ist kein Defizit, sondern erwartbar, auch wenn es das zentrale Prinzip der dokumentarischen Interpretation ist, nach kollektiv geteilten, in sozialen Milieus verankerten Orientierungsmustern zu suchen (vgl. Bohnsack 2014). Für viele Fragestellungen der Unterrichtsforschung ist es dagegen sinnvoll und zielführend, zunächst die unterschiedlichen Orientierungsmuster der am Unterricht vielfältig beteiligten Personen bzw. Teilgruppen (z. B. Lehrpersonen oder einzelne Schüler oder Schülerinnen oder Schülergruppen) zu rekonstruieren und sodann miteinander zu relationieren. Auf diese Weise lässt sich beispielsweise empirisch rekonstruieren, welche Bedeutung die Gestaltung eines Lehr-Lernarrangements durch die Lehrperson, vor dem Hintergrund ihrer habituellen Orientierungen und Routinen, für die Auseinandersetzung mit den fachlichen Inhalten durch die Schülerinnen und Schüler hat (s. dazu Kap. 5.2.5 zur Typenbildung). Die Schwierigkeit besteht darin, dass sich die verschiedenen, teilweise differenten oder widerstreitenden Orientierungsmuster in ein und demselben empirischen Material dokumentieren. Für die reflektierende Interpretation von Unterrichtsvideografien bedeutet das, in der Rekonstruktion *einer* Unterrichtssequenz die *unterschiedlichen* geteilten, komplementären oder/und divergenten Orientierungsrahmen (oder Orientierungskomponenten) *mehrerer* Beteiligter herauszuarbeiten, die sich in den miteinander verschränkten häufig antithetischen, divergenten und meistens komplementären Interaktionen dokumentieren. Das heißt, in einer Interaktionseinheit eines exkludierenden Modus lassen sich immer mindestens zwei Orientierungsrahmen rekonstruieren, die zumeist beide für eine unterrichtstheoretische, fach- oder allgemeindidaktische Fragestellung – gerade auch in ihrer Relationierung – relevant sind. Wie sich diese Polysequenzialität und Polykontexturalität in der reflektierenden Interpretation der Beispielsequenz „Fragen formulieren" darstellt, zeigt die Tabelle in Abb. 5.7 und Abb. 5.8.

In dieser Sequenz wurde für die Lehrperson ein konstruktivistischer Lehrmodus rekonstruiert, d. h. eine Orientierung an der Lernerautonomie der Schülerinnen und Schüler und eine hohe Erwartung und gleichzeitig das Zutrauen in die Fähigkeit der Schülerinnen und Schüler, sich eigenständig Fachwissen anzueignen. Diese Orientierung konnte homolog auch in anderen Sequenzen des empirischen Materials rekonstruiert werden (vgl. Asbrand und Wettstädt 2014; Kater-Wettstädt 2015). In der Beispielsequenz „Fragen formulieren" verhält sich der Orientierungsrahmen der Lehrerin divergent zu dem propositionalen Gehalt, der (durch die Autoren bzw. Autorinnen) an das Arbeitsblatt delegiert ist, das die Lehrerin in der Sequenz einsetzt (mit dem sie sich im Modus der Interferenz assoziiert). Während also die Lehrerin an Eigenständigkeit der Schülerinnen und Schüler und an fachlichem Wissenserwerb orientiert ist, proponiert das Arbeitsblatt eine davon abweichende Produktorientierung. Denn in der Gestaltung des Arbeitsblattes dokumentiert sich, dass es vorrangig darum geht, am Ende der Gruppenarbeit ein Arbeitsprodukt abzuliefern. Zum Orientierungsrahmen, der in der Gestaltung des Arbeitsblattes zum Ausdruck kommt, komplementär verhält sich der Orientierungsrahmen der Schülergruppe G2, die im Fokus der Beispielinterpretation steht, nämlich deren Orientierung an Aufgabenerledigung. Dieser Orientierungsrahmen der Schüler befindet sich in einer Divergenz zur Orientierung der Lehrerin an Eigenständigkeit der Schülerinnen und Schüler und ihrer Erwartung an die selbstständige Aneignung von Fachwissen durch die Schüler. Im Rahmen der beispielhaft interpretierten Sequenz wird die Divergenz zwischen Lehrperson und Schülern nicht aufgelöst. Die komplementäre Interaktion zwischen der Schülergruppe und dem schriftlichen Arbeitsauftrag des Arbeitsblattes wird hingegen im Rahmen einer kommunikativen Konklusion abgeschlossen, die darin besteht, dass die Schüler am Ende der Gruppenarbeitsphase ein schriftliches Arbeitsprodukt vorweisen können und damit aus ihrer Sicht die Aufgabe als erledigt gilt. Parallel (simultan) zu den Interaktionen zwischen der Gruppe und der Lehrerin und der Gruppe mit dem Arbeitsblatt können in der Sequenz drei weitere Interaktionseinheiten innerhalb der Gruppe rekonstruiert werden. Dazu gehört vorrangig eine divergente zwischen Cm und Mm auf der einen und den anderen Mitgliedern der Gruppe auf der anderen Seite. Während letztere ausschließlich und vorrangig an Aufgabenerledigung orientiert sind und die Bearbeitung der Aufgabe zügig beginnen und im weiteren Verlauf voranbringen, interagieren Cm und Mm mit dem Aufnahmegerät und inszenieren mit dem Gerät aus ihrer Sicht amüsante Spielchen. Während diese Rahmeninkongruenz innerhalb der Gruppe G2 verdeckt bleibt, immer wieder mit Fremdrahmungen überspielt und deshalb als divergent interpretiert wird, ist die daran angelagerte Interaktion von Cm und Mm mit zwei Schülerinnen einer anderen Gruppe als oppositionell einzuschätzen, da die Mädchen ihre Ablehnung der Spielereien offen zum Ausdruck bringen und sich von den Jungen abwenden, die Kommunikation also abbrechen. Parallel dazu kann des Weiteren eine divergente Interaktion zwischen den Mädchen und der Gruppe G2 rekonstruiert werden, die sich auf die fachliche Aufgabe bezieht. Im Unterschied zu der Jungengruppe vollziehen die Mädchen die Aufgabenstellung der Lehrerin nach und zeigen die Bereitschaft, sich aus der in der Aufgabe angelegten Expertensicht eigenständig Fachwissen anzueignen. Dieser Orientierungsrahmen der Mädchengruppe, der sich von der ausschließlichen Orientierung der Gruppe G2 an Aufgabenerledigung unterscheidet und sich in Passung zum Orientierungsrahmen der Lehrerin befindet, lässt sich allerdings nicht allein auf der Basis der Beispielsequenz rekonstruieren, sondern wurde vor allem in der Analyse der gleichzeitig stattfindenden Interaktion der Gruppenarbeit der Mädchengruppe herausgearbeitet (vgl. Kater-Wettstädt 2015). Schließlich enthält die Beispielsequenz eine antithetische Interaktion innerhalb der Jungengruppe darüber, worin genau die an sie gestellte Aufgabe besteht. Diese Interaktion wurde als antithetisch interpretiert, weil darin zwar eine Unsicherheit zum Ausdruck kommt, die Orientierung an Aufgabenerledigung und die Notwendigkeit, auf jeden Fall ein Arbeitsprodukt liefern zu müssen, nicht in Frage stellt. Mit der Abbildung (5.7 und 5.8) möchten wir verdeutlichen, dass alle diese Interaktionen *gleichzeitig* in einer Gruppenarbeit von sechs Schülern ablaufen und wie sie miteinander verschränkt sind. Anhand der in Kapitel 5.3.2 abgedruckten reflektierenden Interpretation dieser Sequenz kann nachvollzogen werden, wie die verschiedenen synchronen und simultan miteinander verschränkten Interaktionseinheiten in einer Analyse interpretiert werden. Dabei ist zu beachten, dass einzelne Äußerungen für zwei oder mehrere Interaktionseinheiten

Komplementäre Interaktionseinheit:	Divergente Interaktionseinheit:	Antithetische Interaktion:
Komplementäre Orientierungsrahmen:	Divergente Orientierungsrahmen:	Geteilter Orientierungsrahmen:
Produktorientierung des **Arbeitsblattes** und Orientierung an Aufgabenerledigung der **Gruppe**	Erwartung der **Lehrerin** in Bezug auf die eigenständige Aneignung von Wissen durch die Schüler/innen vs. Orientierung an Aufgabenerledigung der **Gruppe**	Orientierung an Aufgabenerledigung der **Gruppe**, aber: Unsicherheit darüber, worin der Arbeitsauftrag besteht
24:00-25:55 **Proposition** durch Assoziation mit dem Arbeitsblatt	24:00-25:55 **Proposition** durch L.	
26:00-27:40 **komplementäre Proposition** durch Gm und Hm		
forlaufende Enaktierungen der komplementären Proposition		
	29:02-29:06 **Divergenz** durch Hm und Me (Gruppe)	
30:13-30:15 Anschlussproposition (komplementär zum Arbeitsblatt) durch Hm		30:21-30:58 **antithetische Interaktion** durch Cm, Hm, Lm und Dm, **Versuche einer Synthese**
		Fortsetzung der antithetischen Interaktion
32:48-33:15 **kommunikative Konklusion**	32:56-33:15 **rituelle Konklusion**	32:56-33:15 **Synthese**

Abb. 5.7 Interaktionsorganisation in der Sequenz „Fragen formulieren" (1)

Divergente Interaktions- einheit:	Divergente Interaktions- einheit:	Oppositionelle Interaktions- einheit:
Divergente Orientierungs- rahmen:	Divergente Orientierungs- rahmen:	Offen widersprüchliche Orientierungsrahmen:
Interesse an Späßen mit dem Aufnahmegerät bei **Cm und Mm** vs. Orientierung an Aufgaben- erledigung der **Gruppe**	Orientierung an fachlicher Expertise bei **Gf und Cf** vs. Orientierung an Aufgaben- erledigung der **Gruppe**	Interesse an Späße mit dem Aufnahmegerät bei **Cm und Mm** vs. Orientierung an fachlicher Expertise und Aufgaben- erledigung bei **Gf und Mf**
26:00-27:40 **Proposition** durch Gm und Hm 26:35-26:53 **Divergenz** durch Cm, **Fremd- rahmung zu Cm** durch Gm, **Elaboration zu Cm** durch Mm Fortsetzung der divergenten Interaktion 29:02-29:06 **rituelle Zwischenkonklusion** 30:35 **rituelle Konklusion**	28:00-28:15 **Proposition** durch Gf 28:15-28:37 **Divergenz** durch Me, **rituelle Konklusion** durch Cm	28:15-28:17 **Proposition** durch Cm 28:17-28:18 **Opposition** durch Mf 28:32-28:37 **rituelle Konklusion** durch Mm

Abb. 5.8 Interaktionsorganisation in der Sequenz „Fragen formulieren" (2)

einheiten (unterschiedlich) bedeutsam sein können. So stellt beispielsweise die Hinwendung von Cm zum Nachbartisch bei Minute 28:00 gleichzeitig einen (rituellen) Abschluss der vorangegangenen divergenten Interaktion mit der Jungengruppe und den propositionalen Auftakt der oppositionellen Interaktion mit den beiden Mädchen vom Nachbartisch dar. Am Ende der Sequenz wird die antithetische Interaktion der Schüler darüber, worin die Aufgabe besteht, in einer Synthese abgeschlossen, in der beide Orientierungskomponenten vereint werden und die Orientierung der Schüler an Aufgabenerledigung zum Ausdruck kommt; diese ist gleichzeitig eine rituelle Konklusion der divergenten Interaktion mit der Lehrerin. Mit der Äußerung „ja das is (.) das was wir jetzt machen müssen in der Stunde; (.) die Texte lesen; vielleicht fallen uns ja noch Fragen auf" (32:58-33:07) definiert Dm den Arbeitsauftrag, Expertenfragen zu formulieren, explizit nicht als Aufgabe für die heutige Gruppenarbeit, sondern allenfalls als zusätzliche Aufgabe für die nächsten Stunden. Damit wird das Thema der divergenten Interaktion, nämlich der Anspruch der Lehrerin an die fachliche Auseinandersetzung der Schüler, zumindest für die heutige Stunde suspendiert. Der Zusammenhang zwischen dem verbal durch die Lehrerin erläuterten Arbeitsauftrag am Beginn der Sequenz und der Interaktion innerhalb des Interaktionssystems der Gruppenarbeit von sechs Schülern zeigt darüber hinaus, inwiefern klassenöffentlicher Unterricht und die Interaktion an Gruppentischen bzw. zwischen einzelnen Schülerinnen und Schülern miteinander verwoben sind und dass dies auch in der reflektierenden Interpretation berücksichtigt werden muss.

e. Schließlich ist es ein wesentliches Merkmal der videobasierten dokumentarischen Unterrichtsforschung, dass die Analyse der nonverbalen Interaktion, der Positionierung und Bewegung der Körper im Raum und des Umgangs mit Dingen in der reflektierenden Interpretation berücksichtigt wird. Bei der Analyse von Unterrichtsvideografien fragen wir nun nicht nur danach, wie verbal geäußerte Propositionen verbal elaboriert und konkludiert werden, sondern es wird auch berücksichtigt, dass ebenso die Dinge einen propositionalen Gehalt entfalten können (z. B. ein naturwissenschaftlicher Versuchsaufbau, der zur Durchführung anregt). Verbale und nonverbale Propositionen können ebenfalls durch die Bezugnahme auf Dinge elaboriert oder konkludiert werden (z. B. indem eine Zeichnung in das Matheheft mit einem Geodreieck ausgeführt wird oder aber die Beendigung einer Schreibaufgabe mit dem Verschließen und Weglegen des Stiftes einhergeht). In der Analyse der formalen Interaktionsorganisation sprechen wir von *Enaktierungen*, wenn Propositionen nonverbal elaboriert werden. Wenn Artefakte in die Interaktion rekrutiert werden, nennen wir diese Interaktionsbewegung im Anschluss an Latour (2002) *Assoziation* und unterscheiden die Modi der *Interferenz* und der *Delegation:*

„24:00-25:55 Komplementäre Enaktierung und kommunikative Zwischen-konklusion durch Me in Assoziation mit den Arbeitsblättern im Modus der Interferenz
Die von der Lehrerin in Assoziation mit dem Material proponierte Relevanz des schriftlichen Arbeitsauftrags wird von den Schülerinnen und Schülern enaktiert, auch sie messen den Arbeitsblättern offensichtlich große Bedeutung bei. Das Austeilen an die Mitschülerinnen und Mitschüler wird gewissenhaft erledigt, viele sind mit dem Sortieren und Ordnen ihres Blätterstapels beschäftigt oder schauen auf die Blätter, die vor ihnen auf dem Tisch liegen. (…)
    Dass der Arbeitsauftrag auf den Arbeitsblättern schriftlich formuliert ist, trägt offensichtlich ebenfalls dazu bei, dass die Schülerinnen und Schüler den Ausführungen der Lehrerin eher nebenbei folgen. Die Erläuterung des Arbeitsauftrags wird durch das Austeilen der Blätter vorläufig abgeschlossen (kommunikative Zwischenkonklusion auf der performativen Ebene).
(…)

26:00-27:40 Komplementäre Proposition durch Gm, Hm und Cm (zum propostionalen Gehalt des Arbeitsblatts), Enaktierung durch Mm und Dm in Assoziation mit den Arbeitsmaterialien und dem Mobiliar, 26:53-27:00 Zwischenkonklusion durch Gm in Assoziation mit den Blättern und dem Aufnahmegerät
Insgesamt dokumentiert sich in der Bearbeitung des Arbeitsauftrags durch die Gruppe G2 eine Orientierung an Aufgabenerledigung, diese befindet sich in Passung zum propositionalen Gehalt des Arbeitsblattes. Gm und Hm beginnen damit, den Gruppenarbeitsprozess zu organisieren und die Arbeitsfähigkeit herzustellen, indem sie die Arbeitsblätter verteilen, sortieren und auf Vollständigkeit prüfen. Die Äußerung Gms und die Aktivitäten in 26:53-27:00 können als Zwischenkonklusion interpretiert werden: Gm schließt das Verteilen der Arbeitsblätter ab, indem er sich bei der Gruppe versichert, dass alles vorhanden ist. Zur Organisation des Arbeitsbeginns gehört auch, dass das Aufnahmegerät da ist. Gm versichert sich, dass dies der Fall ist, indem er das Gerät kurz in die Hand nimmt und dann wieder auf seinen Tisch legt. Cm kümmert sich darum, dass Dm und Mm zu der Gruppe kommen („Kommt doch mal grad hierher …"), was von den beiden enaktiert wird. Sie tragen ihre Arbeitsmaterialien und Stühle

zum Tisch von Hm und Cm und nehmen dort so Platz, dass sich alle Gruppenmitglieder anschauen können, Dm nimmt sich die von Gm sortierten Arbeitsblätter."
(...)

29:02-29:06 Transition (als komplementäre Proposition zum Arbeitsblatt im Modus der Rekontextualisierung), gleichzeitig Divergenz zu L. durch Hm und Me in Assoziation mit den Arbeitsblättern im Modus der Interferenz
Die kurze Orientierungsphase der Gruppe durch Blickkontakte und die nachfolgende Konzentration der einzelnen Schüler auf die Blätter, die jeweils vor ihnen liegen, zeigt, dass die Arbeitsfähigkeit der Gruppe hergestellt und die Gruppenmehrheit auf die Bearbeitung der Aufgabe fokussiert ist. Nun reformuliert Hm den Arbeitsauftrag in inhaltlicher Hinsicht. Die Gruppe interpretiert die Aufgabenstellung im Wesentlichen dahingehend, dass Fragen formuliert werden sollen. Dieses Verständnis der Aufgabe wird durch die Struktur des Arbeitsblattes nahegelegt, auf das die Blicke der Gruppenmitglieder gerichtet sind. Auf der ersten Seite lädt eine Reihe von leeren Zeilen dazu ein, Fragen aufzuschreiben und mit dem ausgefüllten Arbeitsblatt ein Arbeitsprodukt zu erstellen. Es zeigt sich, dass dieser Teil des Arbeitsauftrags anschlussfähiger an den Orientierungsrahmen der Aufgabenerledigung der Gruppe ist als andere Aspekte der Aufgabenstellung (Perspektive der Unternehmer einnehmen, Expertise entwickeln, Recherche vorbereiten ...). Die Lehrerin hatte die Aufgabe gestellt, Fragen zu formulieren, die die jeweiligen Experten beantworten können, und dies als Vorbereitung für eine umfassende Rechercheaufgabe gerahmt. Im Gegensatz dazu thematisiert Hm Fragen, die „wir" beantworten können. (...)
Der weitere Verlauf der Gruppenarbeit zeigt allerdings, dass die Gruppe nicht in der Expertenrolle agiert, sondern dass Fragen gesammelt werden, die die Jugendlichen meinen (auf der Basis ihres Vorwissens) beantworten zu können. Dabei handelt es sich um Fragen, die in der ersten Auseinandersetzung mit dem Forumseintrag formuliert wurden und sich auf der Ebene des Alltagsproblems bewegen. Die Schüler nehmen damit eine eigenständige Interpretation des Arbeitsauftrags im Sinne einer Rekontextualisierung vor, indem sie die Aufgabe an ihren eigenen Orientierungsrahmen der Aufgabenerledigung anpassen. (...).
(...)

32:48-33:15 Konklusion durch Lm, Validierung durch Hm und Dm, kommunikative Konklusion in Assoziation mit den Arbeitsblättern und dem Schreibmaterial im Modus der Interferenz

Die Gruppenmitglieder wenden sich nun erstmals einander zu und es ist auch an den Körperhaltungen erkennbar, dass sie miteinander kommunizieren. Das Fragen, Sammeln und Aufschreiben wird durch die Nachfrage von Lm, ob die Sammlung vollständig sei, und die validierende Bestätigung durch Hm abgeschlossen. Hm und Dm schauen ihre Blätter durch und sortieren ihre Stapel, auch dies unterstreicht den Abschluss der Arbeitsphase. Lm ergänzt, dass das Aufgeschriebene das ist, was „ihr", gemeint ist die Lehrerin, mitgeteilt wird. Der Orientierungsrahmen, der sich hier dokumentiert, besteht darin, kurzfristig die für die heutige Gruppenarbeitsphase gestellte Aufgabe zu erledigen und mit den beschrifteten Arbeitsblättern ein Arbeitsprodukt abzuliefern. In den Augen der Jugendlichen liegt der Zweck der Bearbeitung darin, der von der Lehrerin formulierten Anforderung, so wie sie von der Gruppe interpretiert wird, auf der formalen Ebene gerecht zu werden. Sie können ein Produkt ihrer Arbeit vorweisen. (...) Mit dem Aufschreiben der Fragen und der abschließenden bilanzierenden Durchsicht der Arbeitsblätter durch Hm und Dm wird die komplementäre Interaktion kommunikativ konkludiert. Die Aufgabenerledigung wird durch das Ausfüllen eines Arbeitsblattes, eine im unterrichtlichen Kontext in hohem Maße routinierte und formalisierte Handlung, abgeschlossen."

Wenn an Artefakte propositionale Gehalte delegiert sind, müssen diese unabhängig von der verbalen und nonverbalen Interaktion der am Unterricht beteiligten Menschen interpretiert werden:

„Interpretation des Artefakts: Divergenz durch das Arbeitsblatt

Der propositionale Gehalt des Arbeitsblattes kann als divergent zur Orientierung der Lehrerin interpretiert werden. Vordergründig besteht eine Übereinstimmung zwischen dem schriftlich formulierten Arbeitsauftrag und dem, was die Lehrerin mündlich ausführt. In beiden Fällen werden die Schülerinnen und Schüler als potenzielle Expertinnen und Experten adressiert und mit einer eigenständig zu bearbeitenden Rechercheaufgabe sowie der Aufgabe, die Ergebnisse dieser Recherche auf einem Plakat zu präsentieren, beauftragt. (...) Im Sinne einer Fremdrahmung bezieht sich die Lehrerin auf das Arbeitsblatt als Aufgabenstellung für eine eigenständige Erarbeitung fachlicher Expertise. (...)

In der genaueren Analyse des Arbeitsblattes dokumentiert sich allerdings auf
der konjunktiven Ebene ein Lehrhabitus, der im Bezug auf die Eigenständigkeit
der Schülerinnen und Schüler zurückhaltender ist. (...)"

Die Berücksichtigung der nonverbalen Interaktion und der Körperlichkeit der Unterrichtsinteraktion in der dokumentarischen Interpretation von Unterrichtsvideos
ist nicht nur unterrichtstheoretisch begründet, sondern hat auch forschungspraktische Gründe. Im Kapitel 3.2.3 haben wir bereits erläutert, dass bei der Analyse von
Gruppendiskussionen und Gesprächen die Unterscheidung zwischen argumentativen, theoretischen oder bewertenden Elaborationen und narrativen, bildhaften,
exemplifizierenden Äußerungen entscheidend ist. Denn nur in letzteren werden
die konjunktiven Erfahrungen der Gruppe aktualisiert, die Orientierungsrahmen
der Erforschten dokumentieren sich somit nur in Erzählungen und erfahrungsbasierten Schilderungen, nicht aber in Argumentationen oder Bewertungen. Nun
ist es typisch für Unterricht, als einer hochgradig institutionalisierten und auf
fachliche Inhalte fokussierten Interaktion, dass in der sprachlichen Kommunikation im Unterricht in den seltensten Fällen erzählt wird, vielmehr haben wir
es vorrangig mit Argumentationen, Bewertungen und theoretischen Beschreibungen, mithin mit Äußerungen auf der Ebene des kommunikativen Wissens, zu
tun. Um die habitualisierten konjunktiven Orientierungsrahmen der Beteiligten,
Lehrpersonen wie Schülerinnen und Schüler, herausarbeiten zu können, ist es
deshalb unerlässlich, den inkorporierten Habitus zu rekonstruieren, der sich in
der nonverbalen Interaktion und in den körperlichen Praktiken dokumentiert. Für
die reflektierende Interpretation bedeutet das, sich immer wieder zu vergewissern,
dass die Beteiligung der Körper an Propositionen, Enaktierungen und Konklusionen nicht übersehen wird. Angesichts der Dominanz der geschriebenen Sprache
im Wissenschaftsbetrieb, die leicht zu einer Fokussierung auf das Transkript der
sprachlichen Kommunikation führt (im Sinne einer habitualisierten Praxis der
Forschenden), ist es deshalb notwendig, beim Schreiben der reflektierenden Interpretation immer wieder das Video anzuschauen, einzelne Fotogramme einer
detaillierten Analyse zu unterziehen und auch die formulierende Interpretation der
nonverbalen Interaktion nicht zu vernachlässigen. Generell gilt für die reflektierende
Interpretation, sich immer wieder zu versichern, dass man wirklich auf die Ebene
des Dokumentsinns vordringt. Dies gelingt umso besser, je weiter fortgeschritten
der Interpretationsprozess ist, deshalb sollten anfängliche Interpretationen später
überarbeitet werden. Die Leitfrage für jede Analyse einer Interaktionsbewegung
beim reflektierenden Interpretieren lautet: Was dokumentiert sich?

5.2.5 Typenbildung im Mehrebenensystem Unterricht

In der Unterrichtsforschung ist eine soziogenetische Typenbildung im eigentlichen Sinn kaum möglich bzw. wäre nur im Rahmen eines sehr unverhältnismäßigen Aufwands zu realisieren. Die Datenmengen, die notwendig wären, um rekonstruierte Orientierungsrahmen auf strukturelle konjunktive Erfahrungsräume wie beispielsweise Schulform oder Unterrichtsfach zurückzuführen, sind in einem Forschungsprojekt nicht bearbeitbar (jedenfalls wenn das Projekt von ein oder zwei Wissenschaftlerinnen oder Wissenschaftlern, z. B. Promovierenden, zum Zwecke der Qualifikation bearbeitet wird). Dies gilt bereits für die Berücksichtigung der Einzelschule als einem sicherlich relevanten konjunktiven Erfahrungsraum für die Genese von Praktiken und Orientierungen im Unterricht. Denn durch systematische Fallvergleiche müsste ausgeschlossen werden, dass die gefundenen Unterschiede zwischen den Unterrichtsinteraktionen von verschiedenen Schulen nicht auf Unterschiede zwischen einzelnen Lehrpersonen, die an einer Schule unterrichten, oder auf die Fachkulturen der Unterrichtsfächer zurückzuführen sind. Um die Schulkultur einer Einzelschule als konjunktiven Erfahrungsraum für das Lehren der Lehrerinnen und Lehrer oder/und das Lernen der Schülerinnen und Schüler im Unterricht bestimmen zu können, müsste der Unterricht einer großen Zahl von Lehrpersonen dieser Schule in verschiedenen Schulklassen bzw. Lerngruppen videografiert und analysiert werden. Rekonstruierte Gemeinsamkeiten dieses Unterrichts – jenseits von Lehrperson, Lerngruppe und Unterrichtsfach – könnten nur dann der Schulkultur der Einzelschule zugerechnet werden. Um in Bezug auf die Frage nach der Bedeutung der Schulkultur der Einzelschule für den Unterricht eine Typik entwickeln zu können, müsste darüber hinaus der Unterricht einer größeren Zahl von Lehrpersonen unterschiedlicher Fächer nicht nur an einer, sondern an mehreren, in Bezug auf die Schulkultur differenter (was sich allerdings erst in der Rekonstruktion herausstellt) Einzelschulen untersucht werden, damit diese wiederum miteinander kontrastierend verglichen werden könnten. Zudem reicht es zur Rekonstruktion der Schulkultur nicht aus, lediglich Unterricht zu erforschen. Hier müsste, wie es in der Arbeitsgruppe um Helsper getan wird, Schule mehrebenenanalytisch in den Blick genommen werden (vgl. Helsper et al. 2013).

Wenn man sich vergegenwärtigt, welche Datenmengen allein mit der Videografie von einigen wenigen Unterrichtseinheiten erzeugt werden (s. dazu Kap. 5.1) – diese müssten dann mit einer größeren Anzahl an Lehrpersonen unterschiedlicher Fächer einer Schule sowie mit einer größeren Zahl von Schulen multipliziert werden – ist leicht zu erkennen, dass es sich um ein allenfalls in sehr großangelegten Forschungsprojekten zu realisierendes Unterfangen handelt.

Unsere Erfahrungen in mehreren Forschungsprojekten, in denen die hier vorgestellte methodische Vorgehensweise entwickelt wurde, zeigen, dass eine Typenbildung
in der Unterrichtsforschung möglich ist, wenn sie sich auf verschiedene Ebenen und
Akteure *innerhalb* der Unterrichtsinteraktion bezieht. Voraussetzung hierfür ist,
Unterricht als ein Mehrebenensystem zu verstehen (Kap. 4.3.4), wobei sich die in
der Interaktion simultan und synchron miteinander verwobenen Ebenen auch im
Datencorpus, insbesondere in den Videodaten, miteinander verwoben darstellen,
was die komparative Analyse im Vergleich zu anderen Daten (z. b. Gruppendiskussionen oder narrativen Interviews, die jeweils mit den verschiedenen Akteuren
der unterschiedlichen Ebenen geführt werden und diesen eindeutig zugeordnet
werden können) deutlich komplizierter macht. Schließlich muss im Prozess des
Interpretierens und Vergleichens immer wieder neu entschieden werden, welche
Unterrichtssequenzen bzw. welche in einer oder in verschiedenen Sequenzen rekonstruierten Interaktionseinheiten bzw. welche sinngenetischen Orientierungen
welcher Akteure, die an der videografierten Interaktion beteiligt sind, hinsichtlich
welcher Dimension auf der Suche nach Gemeinsamkeiten oder Kontrasten miteinander verglichen werden sollen. Je nachdem, was miteinander verglichen bzw. ins
Verhältnis gesetzt wird (dies lässt sich nicht im Voraus planen, sondern entscheidet
sich im Interpretationsprozess empirisch), handelt es sich um eine soziogenetische
oder eine relationale Typenbildung bzw. um eine Kombination aus beidem.

Wir schlagen für die Unterrichtsforschung eine Mehrebenenanalyse (vgl.
dazu Helsper et al. 2013; Nohl 2013) vor, die sich auf die Orientierungsrahmen
verschiedener Akteure im Unterricht bzw. auf verschiedene Interaktionssysteme
innerhalb des Unterrichts bezieht, diese miteinander in Beziehung setzt und hierfür
aber – im Unterschied zu den Vorschlägen von Helsper et al. und Nohl – nur eine
einzige Datenerhebung durchführt, da die verschiedenen Interaktionssysteme des
Unterrichts sich auch in den Videodaten miteinander verwoben abbilden.

Es ist der „Polykontexturalität" (Vogd 2011) des Unterrichts geschuldet, dass die
für die Genese habitueller Orientierungsrahmen relevanten konjunktiven Erfahrungsräume bzw. „Kontexturen" (ebd.) in der Unterrichtspraxis emergieren und nicht
wie allgemeine milieuspezifische konjunktive Erfahrungsräume wie Geschlecht,
Bildungsmilieu oder Generation als relativ dauerhafte Strukturen der sozialen
Wirklichkeit gegeben sind. Vielmehr haben wir es in der Unterrichtsforschung viel
häufiger mit gruppenspezifischen konjunktiven Erfahrungsräumen zu tun, die sich
durch eine spezifische Polykontexturalität ergeben. Diese emergiert situativ und setzt
sich aus Orientierungsrahmen der Schülerinnen und Schüler und ihren jeweiligen
sozialen Hintergründen, dem Habitus einer Lehrperson, einzelschulspezifischen
Gegebenheiten (z. B. der spezifischen Schulkultur einer neu gegründeten Gemeinschaftsschule) und jeweils fachspezifischen gegenstandsbezogenen konjunktiven

Erfahrungen, die sich in der Regel nochmals zwischen Lehrpersonen einerseits und Schülerinnen und Schülern andererseits sowie zwischen den Schülerinnen und Schülern unterscheiden. Diese verschiedenen Kontexturen können in verschiedenen Unterrichtssequenzen derselben Lerngruppe unterschiedlich bedeutsam werden (z. B. spielen die fachspezifischen gegenstandsbezogenen Erfahrungen für die habituellen Praktiken im Morgenkreis keine oder nur eine marginale Rolle, bei der Kontrolle der Hausaufgaben möglicherweise schon). In der Unterrichtsinteraktion sind nicht nur die Orientierungen einer Gruppe oder eines Individuums in mehreren sich überlagernden konjunktiven Erfahrungsräumen verortet, sondern darüber hinaus sind an der Interaktion verschiedene Akteurinnen und Akteure – mindestens eine Lehrperson und die Schülergruppe, meistens mehrere Schülergruppen bzw. viele Individuen – mit unterschiedlichen, jeweils mehrdimensionalen Erfahrungshintergründen beteiligt; verschiedene Interaktionen mit je unterschiedlichen Kontexturen finden zudem gleichzeitig und miteinander verwoben statt und bilden wiederum füreinander Kontexte. Empirisch zeigt sich, dass sich vor allem die Erfahrungshintergründe und der Habitus von Lehrpersonen auf der einen und Schülerinnen und Schülern auf der anderen Seite notorisch unterscheiden und füreinander Kontexte bilden (s. dazu Kap. 4.3.4). Für die Unterrichtsforschung bedeutet das, dass der Habitus einer Lehrperson in zweifacher Hinsicht Gegenstand der empirischen Rekonstruktion ist: Einerseits können beispielsweise die Haltung von Lehrpersonen in Bezug auf die Unterrichtsgestaltung oder die Art und Weise, wie sie Beziehung zu den Schülerinnen und Schülern gestalten, rekonstruiert werden mit dem Ziel, (unterrichtsrelevante) Orientierungsrahmen von Lehrpersonen zu typisieren. Andererseits bestimmen die habituellen Orientierungsrahmen der Lehrpersonen jene konjunktiven Erfahrungsräume des Unterrichts mit, in denen konjunktives Wissen und inkorporierte Praktiken der Schülerinnen und Schüler emergieren. Die Orientierungsrahmen der Lehrpersonen sind also auch in dieser Hinsicht von Interesse für die empirische Analyse der Unterrichtsinteraktion. Beispielsweise entwickelt sich die Art und Weise, wie Schülerinnen und Schüler mit schulischen Aufgaben umgehen, im Kontext der Unterrichtsgestaltung durch die Lehrpersonen, mit denen sie über längere Zeiträume im Unterricht zu tun hatten. In diesem Sinne konstituiert die Lehrperson bzw. ihre habituelle, durch ihr konjunktives Wissen bestimmte Handlungspraxis den konjunktiven Erfahrungsraum des schulischen Lernens der Schülerinnen und Schüler wesentlich mit. Andere Kontexturen dieses Erfahrungsraums können etwa die im Unterricht verwendeten Materialien, die räumlichen Gegebenheiten des Schulhauses oder die sozialen Herkunftsmilieus der Schülerinnen und Schülern sein. Im Rahmen einer soziogenetischen Typenbildung, die sich auf die Typisierung der rekonstruierten Orientierungen von Schülerinnen und Schülern bezieht, können somit für die Schülerinnen und Schüler rekonstruierte Orientierungen auf der Basis der konjunktiven Erfahrungsräume des Unterrichts erklärt werden. Auch Peermilieus von Kindern und Jugendlichen, die im Unterricht emergieren (z. B. eine bestimmte Art und Weise der Zusammenarbeit in einer Gruppe von Freundinnen während einer Gruppenarbeitsphase), können konjunktive Erfahrungsräume etwa für die Genese von gegenstandsbezogenen Orientierungen oder fachlichen Kompetenzen der Schülerinnen und Schüler sein.

In der dokumentarischen Unterrichtsforschung, deren Analysen sich auf die verschiedenen Interaktionssysteme und Akteurinnen bzw. Akteure innerhalb der Mikroebene der Unterrichtsinteraktion beziehen, können im Rahmen der Typenbildung Relationierungen der vielfältigen Kontexte, die die Genese von Wissen, habituellen Orientierungen und Praktiken im Unterricht erklären können, empirisch gefasst werden. Dabei spielen sowohl soziogenetische als auch relationale Typiken eine Rolle. Auf der Basis einer sinngenetischen Typenbildung werden Relationen zwischen den empirisch rekonstruierten Dimensionen der Fälle rekonstruiert (dabei können sowohl Personen, Personengruppen als auch Interaktionseinheiten oder -konstellationen die Analyseeinheit des fallvergleichenden Vorgehens bilden) und diese wiederum in einer komparativen Analyse in der Suche nach Kontrast in der Gemeinsamkeit typisiert. Wir schließen in Bezug auf die Typenbildung auch deshalb u. a. an die von Nohl (2013) entwickelte *relationale Typenbildung* an, da auch die in Projekten der Unterrichtsforschung rekonstruierten Orientierungsrahmen häufig nicht in den relativ dauerhaften sozialen Strukturen milieuspezifischer konjunktiver Erfahrungsräume verankert sind; vielmehr emergieren sie *situativ* in der sozialen Interaktion des Unterrichts. Insbesondere Bedingungen des Lernens, die durch verschiedene Faktoren bestimmt sind, lassen sich in relationalen Typiken fassen. Beispielsweise entstehen Konstellationen, die durch die Orientierung einer Lehrerin in Bezug auf Lehren und Lernen (z. B. einer Orientierung an Lernerautonomie) *und* ihrer spezifischen Orientierung in Bezug auf den Unterrichtsgegenstand (z. B. ein bestimmter Umgang mit historischen Quellen) situativ und können sich, z. B. in Abhängigkeit davon, welcher Unterrichtsgegenstand Thema ist, wer mit wem interagiert oder welche materiellen Dinge rekrutiert werden, schnell verändern. Hier sehen wir eine Parallele zu den Ausführungen Nohls (2013), der die relationale Typenbildung für die Erforschung sozialer Milieus vorschlägt, die erst im Entstehen begriffen sind. Im Unterricht haben wir es mit konjunktiven Erfahrungsräumen zu tun, die durch das sich ständig wandelnde Zusammenspiel unterschiedlicher Personen, durch unterschiedliche Bezüge zum Alltag und zur Lebenswelt der Akteure, durch die Rekrutierung verschiedener Dinge wie Bücher und Unterrichtsmaterialien, die unterschiedlich genutzt werden, sowie durch wechselnde fachliche Unterrichtsgegenstände, einer ständigen Veränderung unterliegen, während gleichzeitig aber Strukturmerkmale von Schule und Unterricht, wie Asymmetrien, Unfreiwilligkeit, Leistungsorientierung usw. sowie die damit verbundenen routinisierten Bewältigungsformen der Beteiligten (s. Kap. 4), konstant wirksam bleiben. Die Typisierung von *Relationen zwischen rekonstruierten Orientierungen* (vgl. Nohl 2013) bietet sich darüber hinaus immer dann an, wenn sich Orientierungen zu verschiedenen Dimensionen der sozialen Interaktionen des Unterrichts, also hinsichtlich unterschiedlicher konjunktiver Erfahrungsräume, überlagern und in ihrer Relationierung als relevant für das Unterrichtsgeschehen rekonstruiert werden – z. B. die Überlagerung eines gruppenspezifischen Habitus einer Peergroup und der gegenstandsbezogenen Orientierung der Jugendlichen (im Blick auf das Unterrichtsfach oder den Lerngegenstand) oder die eines professionstypischen Habitus einer Lehrperson und ihrer gegenstandsbezogenen, fachlichen Orientierung.

Im Rahmen einer *soziogenetischen Typenbildung* (Bohnsack 2014) können empirisch rekonstruierte Bedingungen des Unterrichts, zum Beispiel eine habituell bestimmte Art und Weise der Unterrichtsgestaltung durch eine Lehrerin oder die schulkulturellen Besonderheiten einer Einzelschule, als relevante Kontexte – d. h. als Dimensionen des konjunktiven Erfahrungsraums ‚Unterricht' – mit der bzw. den rekonstruierten Orientierung(en) der Schülerinnen und Schüler in Verbindung gebracht werden und diese erklären. Zum Beispiel kann der Zusammenhang zwischen einer bestimmten Art und Weise zu unterrichten und dem Modus der Auseinandersetzung der Schülerinnen und Schülern mit den fachlichen Unterrichtsgegenständen dann als soziogenetische Typik beschrieben werden, wenn er sich in der komparativen Analyse in verschiedenen Fällen (Unterrichtssequenzen) rekonstruieren und in unterschiedliche Typen dieses Zusammenhangs ausdifferenzieren lässt. Eine Mehrebenenanalyse stellt diese Vorgehensweise dar, weil die Ebene des Lehrerhandelns und die Ebene der Interaktionen der Schülerinnen und Schüler in der Auseinandersetzung mit der Sache des Unterrichts miteinander in Beziehung gesetzt werden. Empirisch lässt sich rekonstruieren, in welchen polykontexturalen Verhältnissen welche Orientierungsrahmen oder Orientierungskomponenten eines Orientierungsrahmens emergieren. Auf diese Weise lässt sich beispielsweise eine Fragestellung bearbeiten, die sich auf den Zusammenhang zwischen Unterrichtsgestaltung durch die Lehrperson(en) und die fachlichen Aneignungsprozesse der Schülerinnen und Schüler bezieht. Wie eine solche Typenbildung aussehen kann, können wir an einem Beispiel aus der Unterrichtsforschung verdeutlichen.

Im Rahmen eines Forschungsprojekts zu kompetenzorientiertem Unterricht im Lernbereich Globale Entwicklung (Wettstädt und Asbrand 2013; 2014; Kater-Wettstädt 2015), aus dem bereits Beispiele berichtet wurden, wurden im Rahmen der sinngenetischen Typenbildung habituelle Orientierungen und unterschiedliche Umgangsweisen mit den Herausforderungen des Lernbereichs Globale Entwicklung in verschiedenen Dimensionen und Ebenen herausgearbeitet und miteinander in Beziehung gesetzt. Die Ergebnisse des Projekts wurden auf der Basis dieser Relationierungen als Zusammenhänge zwischen den Lehrmodi des Unterrichts und den Umgangsweisen mit globalen Herausforderungen in der Unterrichtsgestaltung durch Lehrpersonen und Unterrichtsmaterial einerseits und dem Kompetenzerwerb der Schülerinnen und Schüler andererseits formuliert (vgl. zu den Ergebnissen ausführlich ebd.). Für die Studie, deren Erkenntnisinteresse auf die Aneignungs- und Wissenskonstruktionsprozesse von Schülerinnen und Schülern im Unterricht zu Themen des Lernbereichs Globale Entwicklung gerichtet war, wurde Unterricht in mehreren Gymnasien und Gesamtschulen in verschiedenen naturwissenschaftlichen und gesellschaftswissenschaftlichen Fächern videografiert und die verbale Kommunikation der Schülerinnen und Schüler z. B. in Gruppenarbeitsphasen zusätzlich audioaufgezeichnet. Beim Sampling wurde darauf geachtet, dass der Unterricht auf der Ebene der Sichtstruktur der Lehr-Lernarrangements eine große didaktische Vielfalt aufwies (ebd.).

Die rekonstruierten habituellen Orientierungen umfassen zunächst unabhängig von den Unterrichtsgegenständen des Globalen Lernens zwei *Lehrmodi*, die als Habitus der Lehrpersonen rekonstruiert wurden und sich darüber hinaus in den im Unterricht eingesetzten Aufgaben und Unterrichtsmaterialien dokumentieren. Als themenvermittelnd bezeichnen wir den rekonstruierten Lehrmodus (1), in dem die Inhalte überwiegend durch die Lehrperson bzw. das Unterrichtsmaterial vorgegeben werden und eher geschlossene Aufgabenstellungen die Art und Weise der Bearbeitung durch die Schülerinnen und Schüler nicht nur formal, sondern auch inhaltlich festlegen. In diesen Lehr-Lernarrangements werden die durch die Lehrperson und/oder die Unterrichtsmaterialien vermittelten Informationen als „richtig" bzw. „objektiv" angesehen. Inhalte werden nicht kontrovers und vielfältig thematisiert und Nicht-Wissen erscheint als Defizit, das es durch schulischen Wissenserwerb zu kompensieren gilt. Der rekonstruierte themen-ko-konstruktive Lehrmodus (2) ist dagegen dadurch charakterisierbar, dass die Lehrperson als Moderatorin lediglich den großen thematischen Rahmen vorgibt und mithilfe offener Aufgabenstellungen die Organisation des Unterrichts übernimmt sowie Zeit und Raum strukturiert, während die inhaltliche Gestaltung der Unterrichtsinteraktion weitgehend den Schülerinnen und Schülern überlassen ist. Empirisch konnte beobachtet werden, dass solchermaßen strukturierte Lehr-Lernarrangements Räume für die eigenaktive Aneignung von Wissen durch die Schülerinnen und Schüler eröffneten und dabei unterschiedliche Perspektiven auf einen Gegenstand erarbeitet wurden.

Eine weitere in dem Projekt rekonstruierte Orientierungsdimension ist die *Art und Weise, wie die Lehrpersonen und das Unterrichtsmaterial mit Herausforderungen der*

globalen Themen umgehen. Es zeigt sich, dass beispielsweise die unterschiedlichen
Formen der Thematisierung von Handlungsoptionen angesichts globaler Probleme
wie Klimawandel oder fehlender Sozialstandards in der globalisierten Arbeitswelt
(s. u.) in Verbindung mit den beiden rekonstruierten allgemeinen Lehrmodi (1 + 2)
spezifische Lerngelegenheiten für die Schülerinnen und Schüler bilden (vgl. ausführlich Wettstädt und Asbrand 2014). Hier wurde eine *relationale Typenbildung*
realisiert, die die Orientierungsrahmen der Lehrpersonen in Bezug auf Lehren und
Lernen und ihre gegenstandsbezogenen Orientierungen systematisch miteinander
in Verbindung bringt (s. Abb. 5.9). Diese relationale Typenbildung bildet also die
Überlagerung von zwei Dimensionen des Unterrichts in den Orientierungen der
Lehrpersonen ab (habituelle Haltungen im Bezug auf Lernerautonomie und fachliche, gegenstandsbezogene Orientierungen bezogen auf den Unterrichtsgegenstand
‚globale Herausforderungen‘), bleibt aber auf einer Ebene des Mehrebenensystems
Unterricht (Lehrpersonen und ihre Unterrichtsgestaltung). Auf Grund der geringen
Fallzahl auf der Ebene der Lehrpersonen war es in diesem Forschungsprojekt nicht
möglich, die Genese der Orientierungsrahmen der Lehrpersonen im Rahmen einer
soziogenetischen Typenbildung zu erklären.

Hinsichtlich der Thematisierung von Handlungsoptionen angesichts globaler
Problemlagen wurde zum einen beobachtet, dass sich die Lehrpersonen und/
oder das Unterrichtsmaterial im Sinne einer bestimmten Problemlösung positionieren, die somit – implizit, innerhalb der Logik schulischen Unterrichts – als
das „richtige", erstrebenswerte Handeln angesichts des thematisierten Problems
erscheint. Es wird an die individuelle Verantwortung der Schülerinnen und Schüler appelliert, die die erwünschten Handlungsmöglichkeiten, z. B. nachhaltiges
Konsumverhalten, kennenlernen und umsetzen sollen. Handlungsunsicherheit
wird dadurch im Sinne einer Komplexitätsreduzierung in vermeintlich sichere,
erwünschte Handlungsoptionen transformiert (A). Diese Umgangsweise mit
Handlungsoptionen ist konsistent zum themenvermittelnden Lehrmodus (Typ 1:
Nicht-Wissen erscheint als Defizit und muss durch schulischen Wissenserwerb,
auch in Bezug auf Handlungsoptionen, überwunden werden). Die eindeutige
Positionierung und Präferenz für bestimmte Handlungsoptionen auf Seiten der
Lehrperson bzw. des Unterrichtsmaterials wurde aber auch in einem Lehr-Lern-
arrangement beobachtet, das größtenteils durch den ko-konstruktiven Lehrmodus
bestimmt war (Typ 2: Nicht Wissen erscheint hier als Potenzial für eigenständige
Wissensaneignung und kritische Reflexion). Eine andere Art und Weise des Umgangs mit Handlungsoptionen wurde in Unterrichtssequenzen beobachtet, die
durch den themen-ko-konstruktiven Lehrmodus strukturiert waren. Das Thema
‚Handeln unter der Bedingung von Unsicherheit‘ wurde hier explizit, auf einer
Metaebene, thematisiert. Es wurden dabei nicht bestimmte Handlungsoptionen

formuliert, sondern die Bedingung der Möglichkeit, angesichts weltgesellschaftlicher Probleme handeln zu können, zum Gegenstand des Unterrichts gemacht (B) (Typ 3: Reflexion im politischen Modus).

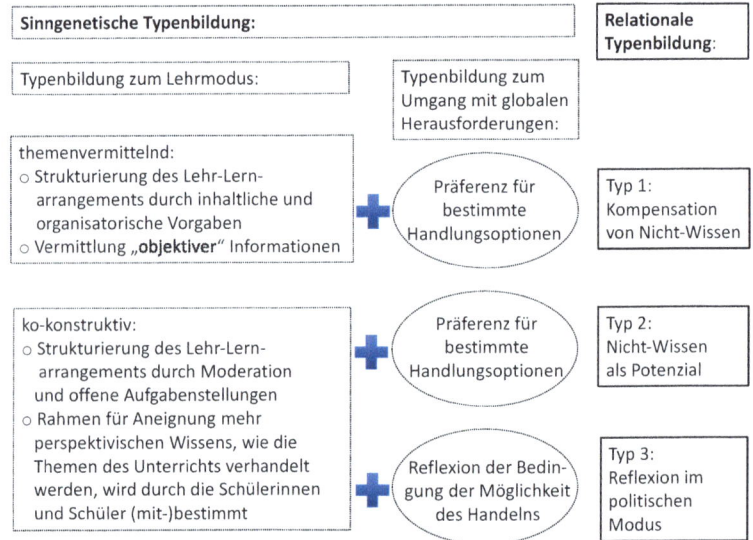

Abb. 5.9   Strukturierung der Lehr-Lernarrangements durch Lehrmodus und gegenstandsbezogene Orientierung der Lehrpersonen bzw. des Unterrichtsmaterials (vgl. Wettstädt und Asbrand 2014)

In Bezug auf die Ebene der Schülerinnen und Schüler wurden deren *Umgangsweisen mit den genannten Herausforderungen globaler Entwicklung* herausgearbeitet. Diese Schülerkompetenzen im Umgang mit weltgesellschaftlicher Komplexität konnten mit der Strukturierung des Unterrichts durch den Habitus der Lehrperson, die Aufgaben und das Unterrichtsmaterial in Verbindung gebracht werden. Die Lehrmodi und die Art und Weise, wie die Lehrpersonen mit globalen Herausforderungen umgehen, bzw. die verschiedenen Unterrichtssituationen, die durch die habituellen Orientierungen der Lehrpersonen und des Unterrichtsmaterials in Bezug auf Lehren und Lernen und in Bezug auf den fachlichen Gegenstand bestimmt sind, bilden für die Genese der Umgangsweisen der Schülerinnen und Schüler mit den Herausforderungen globaler Entwicklung konjunktive Erfahrungsräume. Die in der komparativen Analyse verschiedener Unterrichtssequenzen, an denen mehrere Lehrpersonen und verschiedene Schülerinnen und Schüler beteiligt waren, entwickelten *soziogenetischen Typen* können somit erklären, unter welchen Bedingungen Schülerinnen und Schüler im Unterricht die rekonstruierten Kompetenzen im Umgang mit globalen Fragen zeigen (s. Abb. 5.10). Mit der *Soziogenese* werden nun die Beziehungen zwischen den verschiedenen Ebenen des Mehrebenensystems Unterricht (Lehrpersonen/Unterrichtsgestaltung einerseits, Schülerinnen und Schüler andererseits) in der Unterrichtsinteraktion abgebildet, dabei bezieht sich diese soziogenetische Typenbildung auf eine Dimension der Unterrichtsinteraktion, nämlich die Auseinandersetzung der Schülerinnen und Schüler mit den fachlichen Inhalten in Abhängigkeit von den unterschiedlichen Lehr-Lernarrangements.

In der Analyse von Unterrichtssequenzen, die durch den themenvermittelnden Lehrmodus bestimmt sind und in denen sich die Lehrpersonen eindeutig positionieren und an die individuelle Verantwortlichkeit der Jugendlichen appellieren (Typ 1), zeigen die Schülerinnen und Schüler kein Verständnis für die Ungewissheit und Perspektivität von Wissen. Sie reproduzieren die im Unterricht vermittelten Informationen und kommunizierten Handlungsmöglichkeiten auf der Ebene des kommunikativen Wissens; im Blick auf ihr Alltagshandeln ist dieses schulisch erworbene Wissen nicht relevant. In dem Unterricht, der durch den themen-ko-konstruktiven Lehrmodus und die Präferenz der Lehrperson bzw. des Unterrichtsmaterials für bestimmte Handlungsmöglichkeiten bestimmt ist (Typ 2), setzen sich die Schülerinnen und Schüler mit den moralischen Anforderungen auseinander und grenzen sich dabei von den implizit oder explizit formulierten Erwartungen an ihr individuelles Verhalten ab. Sie reflektieren ihr eigenes Nicht-Handeln und legitimieren es im Rahmen von Entschuldigungsstrategien (vgl. auch Asbrand 2009). Hierfür nutzen sie das fachliche Wissen und ihr Wissen um die Begrenztheit und Unsicherheit von Wissen angesichts globaler Problemlagen, das sie sich im Unterricht angeeignet haben. Sie nehmen unterschiedliche Perspektiven auf einen Gegenstand und verschiedene, theoretisch vorhandene Handlungsmöglichkeiten wahr, spielen diese allerdings nur gedankenexperimentell, auf der Ebene des kommunikativen Wissens durch. In dem Unterricht, der themen-ko-konstruktiv strukturiert ist und Möglichkeiten und Grenzen des Handelns angesichts weltgesellschaftlicher Problemlagen auf einer Metaebene thematisiert (Typ 3), diskutieren die Schülerinnen und Schüler konkrete Problemlösungen, Handlungsoptionen halten sie – unter bestimmten Bedingungen – für möglich (vgl. ausführlich Kater-Wettstädt 2015; Wettstädt und Asbrand 2014).

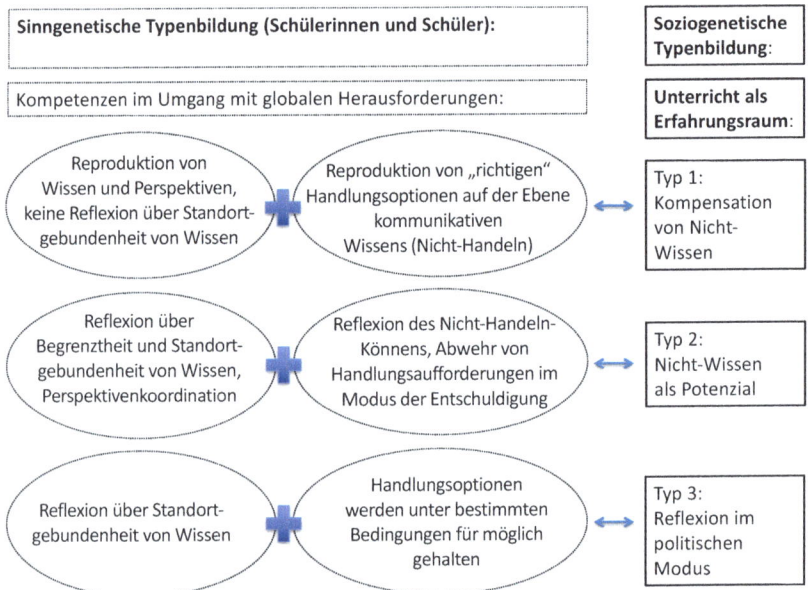

Abb. 5.10 Schülerkompetenzen in Abhängigkeit von Lehr-Lernarrangements (vgl. Wettstädt und Asbrand 2014)

Mit dem Beispiel hoffen wir deutlich gemacht zu haben, dass die in der komparativen Analyse herausgearbeiteten Handlungsdimensionen auf den verschiedenen Ebenen und ihre Relationierung dazu geeignet sind, Zusammenhänge zwischen den Aneignungs- und Konstruktionsprozessen der Schülerinnen und Schüler in Bezug auf den Unterrichtsgegenstand im Kontext der Bedingungen der Lehr-Lernarrangements herauszuarbeiten. Im Rahmen der relationalen Typenbildung konnten systematische Zusammenhänge hergestellt werden zwischen den rekonstruierten Lehrmodi und der Art und Weise, wie die Lehrpersonen mit den spezifischen Herausforderungen des Lernbereichs Globale Entwicklung umgehen. In einem zweiten Schritt wurden diese Typen wiederum mit den sinngenetischen Typiken relationiert, die in Bezug auf den Umgang der Schülerinnen und Schüler mit den Herausforderungen globaler Entwicklung rekonstruiert wurden. Im Rahmen einer soziogenetischen Typenbildung wurden auf diese Weise die Zusammenhänge zwischen den Aneignungs- und Wissenskonstruktionsprozessen der Schülerinnen und Schüler einerseits und den die Lehr-Lernarrangements bestimmenden habituellen Orientierungen der Lehrpersonen herausgearbeitet.

5.3 Interpretationsbeispiele

In diesem Kapitel sind drei beispielhafte Interpretationen abgedruckt. Dabei handelt es sich um die Arbeitspapiere, die im Forschungsprozess schriftlich für alle interpretierten Sequenzen angefertigt werden – nicht nur zu den Sequenzen, die in Forschungswerkstätten diskutiert werden, sondern zu allen Sequenzen, die im Rahmen eines Forschungsvorhabens interpretiert werden. Gleichwohl handelt es sich bei diesen Arbeitspapieren auch um diejenigen schriftlichen Vorlagen, die Gegenstand der Diskussion in Forschungswerkstätten und Interpretationsgruppen sind. Diese Arbeitspapiere werden gewöhnlich allerdings nicht veröffentlicht, sondern für die Publikation der Forschungsergebnisse werden – auf der Grundlage von Interpretationen – Interaktionsbeschreibungen erstellt, die als gut lesbarer zusammenhängender Fließtext die wesentlichen Erkenntnisse der formulierenden und reflektierenden Interpretation zusammenfassen, die Rekonstruktionsergebnisse anhand des empirischen Materials darstellen und nachvollziehbar machen. Solche Texte können in den Projektpublikationen nachgelesen werden (vgl. z. B. Spieß 2014; Kater-Wettstädt 2015; Wettstädt und Asbrand 2013; 2014; Petersen 2015; Petersen und Asbrand 2013; Hackbarth 2017; Martens 2015). Wir drucken an dieser Stelle die Arbeitspapiere der Interpretation von drei beispielhaften Sequenzen ab, damit die Leserinnen und Leser auch diese Textsorte kennenlernen und unsere Ausführungen zur Forschungspraxis der dokumentarischen Unterrichtsforschung aus den vorhergehenden Kapiteln nachvollziehen können.

Wir haben die Beispiele so ausgewählt, dass einerseits unterschiedliche Unterrichtsinteraktionen vorkommen, andererseits sollte in den Beispielen deutlich werden, wie wir beim Interpretieren mit den verschiedenen methodologischen und forschungsmethodischen Herausforderungen der dokumentarischen Unterrichtsforschung umgehen. Aus diesem Grund wurde in den vorausgehenden Kapiteln immer wieder auf die Interpretationsbeispiele verwiesen. Die Sequenz „Feedback" steht für klassenöffentlichen Unterricht, in dem die Lehrperson eine zentrale Rolle spielt. Eine Herausforderung, die es in solchen Unterrichtssequenzen zu bewältigen gilt, ist die Passivität der Schülerinnen und Schüler und die Aufgabe, ihre auf den ersten Blick kaum sichtbaren Beiträge zum Interaktionsgeschehen in der Interpretation zu berücksichtigen. Die Sequenz „Fragen formulieren" haben wir ausgewählt, um zu zeigen, wie die Interaktion interpretiert werden kann, die in Gruppenarbeitsphasen jenseits der Klassenöffentlichkeit stattfindet. Diese Interpretation basiert im Wesentlichen auf dem Transkript der Audioaufnahme, die das Aufnahmegerät aufgezeichnet hat, das zusätzlich zu den Videokameras auf dem Tisch der Gruppe platziert war, die im Fokus der Interpretation steht. Mit der Sequenz „Vorbereitung der Klassenarbeit" möchten wir schließlich ein Beispiel vorstellen, in dem die simultane Verschränkung von klassenöffentlichem Unterricht und der nicht-öffentlichen Interaktion zwischen einigen Schülerinnen an einem Gruppentisch Gegenstand der Analyse ist. Auch hier wurde die Interaktion am Gruppentisch durch ein zusätzliches Audioaufnahmegerät aufgenommen.

Umgang mit den Arbeitspapieren

Beim Lesen der Interpretationen – u. a. zur Vorbereitung einer Forschungswerkstatt – hat es sich bewährt, die einzelnen Arbeitspapiere, also Transkript, formulierende und reflektierende Interpretation sowie die Fotogrammanalyse, als getrennte Dokumente, d. h. jeweils beginnend mit einer neuen ersten Seite, auszudrucken, damit sie beim Lesen nebeneinander gelegt werden können. Wenn man gleichzeitig immer auch auf das Transkript und die formulierende Interpretation des jeweiligen Abschnitts der Sequenz schauen kann, ist es einfacher, die reflektierende Interpretation nachzuvollziehen. Damit dies den Leserinnen und Lesern dieses Buches möglich ist, sind alle Arbeitspapiere der drei hier vorgestellten Beispielsequenzen online auf der Produktseite des Buches auf www.springer.com auch als pdf-Datei verfügbar. Sie können dort heruntergeladen und in DIN A4 ausgedruckt werden, um damit zu arbeiten. Darüber hinaus sind die tabellenförmig und querformatig gestalteten Transkripte und formulierenden Interpretationen als DIN-A4-Ausdruck auch besser lesbar als auf den folgenden Buchseiten.

5.3.1   Sequenz „Feedback"

Die Sequenz „Feedback" stammt aus dem empirischen Material des aus Mitteln des Bundesministeriums für wirtschaftliche Zusammenarbeit und Entwicklung (BMZ) geförderten Projekts „Kompetenzorientierter Unterricht im Lernbereich Globale Entwicklung" (vgl. Wettstädt und Asbrand 2013; 2014). Es handelt sich um eine Stunde aus dem Unterricht eines Seminarfachs in der 11. Jahrgangsstufe eines niedersächsischen Gymnasiums. In den folgenden Stunden halten die Schülerinnen und Schüler Referate, die sie eigenständig vorbereitet haben; die interpretierte Sequenz ist einer größeren Unterrichtssequenz entnommen, in der in diese Präsentationsphase eingeführt wird. Da es in der Sequenz nicht um den Unterrichtsinhalt, sondern um formale Fragen des Referatehaltens geht, ist sie ohne weitere Kenntnisse des Kontextes verständlich. In der Sequenz geht es um die Bewertung der Referate und um die Frage, wie die Schülerinnen und Schüler sich zu den Vorträgen gegenseitig Feedback geben sollen. Es schließt sich eine längere Ausführung der Lehrerin zu Kriterien an, die aus ihrer Sicht einen guten Vortrag ausmachen.

#00:00:42#

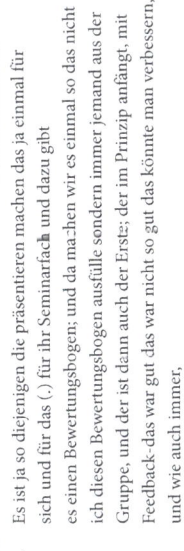

#00:00:46#

#00:00:29-7#
#00:00:38-3#

#00:00:41-8#
#00:00:46-1#
#00:00:48-5#
#00:00:51-7#
#00:00:55-3#
#00:00:57-9#
#00:00:58-9#

#00:01:01-2#
#00:01:04-2#
#00:01:07-6#
#00:01:11-7#
#00:01:14-7#

5.3.1.1 Transkript der Sequenz „Feedback" (Abb. 5.11)

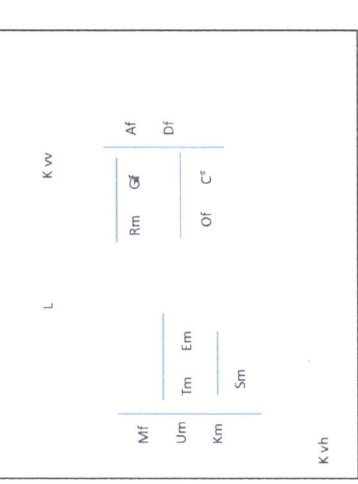

L   (...) Ach so einmal müsste ich noch ne Liste rumgeben (.) könnt ihr noch mal die Anwesenheitsliste ausfüllen ( ) bitte (.) ähm (.) äh

Me   └ (Durcheinander)

L   Es ist ja so diejenigen die präsentieren machen das ja einmal für sich und für das (.) für ihr Seminarfach und dazu gibt es einen Bewertungsbogen; und da machen wir es einmal so das nicht ich diesen Bewertungsbogen ausfülle sondern immer jemand aus der Gruppe, und der ist dann auch der Erste; der im Prinzip anfängt, mit Feedback- das war gut das war nicht so gut das könnte man verbessern, und wie auch immer,

Em   └ Das ist doch der sie auch in der Email geschickt haben oder,

L   Das ist auch der den ich in der Email geschickt habe; aber ich teile ihn trotzdem dann in der nächsten Stunde noch einmal aus weil den den ihr ausgefüllt habt; den bekommt dann derjenige der das gehalten hat für sein Portfolio; (.) ja? das heiß-

#00:01:40#

```
Af    ⌊(Das heißt) fünfundzwanzig, oder wie viel sind wir, also-        #00:01:17-0#
L                                       ⌊Wir sind achtzehn;             #00:01:17-8#
Af (.) kriegen wir dann alle? von jedem einzeln?                       #00:01:20-4#
L                               ⌊Nicht von jedem sondern               #00:01:21-0#
   immer nur von einem; das heißt also Johanna würde sich entweder     #00:01:25-0#
Af                ⌊Ah okay

L     Jemanden aussuchen oder es würde sich jemand melden;             #00:01:26-9#
   das können wir festlegen das überlass ich auch mal der Gruppe, (2)  #00:01:31-3#
Gf                           ⌊Wir könnens ja gegenseitig machen        #00:01:33-0#
L     Man kann es auch ( ) gegenseitig machen; äh wichtig dabei wäre   #00:01:36-9#
   dass nicht äh,                                                      #00:01:37-7#
Em          ⌊Dass es objektiv angekreuzt wird                         #00:01:39-9#
L           ⌊Dass es objektiv (is);                                    #00:01:40-2#
   insofern hat sich eigentlich folgendes bewährt; dass man es so macht, der   #00:01:45-1#
   Erste; der anfängt und dann macht der Zweite den Bewertungsbogen und #00:01:47-4#
   dann der Dritte und dann der Vierte-und der Fünfte-das ist am einfachsten. (.)  #00:01:50-1#
   manchmal ist der dann gerade nicht da, dann äh, [Klopfen] (2) hallo Janus     #00:01:58-5#
Em                                             ⌊(Wer klopft denn da so spät)

L      komm rein ( ) ja komm rein,                                     #00:02:02-5#
Jm       ⌊Bisschen spät ( ) wir hatten diese (Dings) Sitzung- die      #00:02:04-0#
L     ⌊Ja die Sitzung die (SV)Sitzung ist heute
Jm                               ⌊Ich wollt nur kurz Bescheid sagen.

Me  @(2)@                                                              #00:02:07-1#
L    ⌊Ja ja                                                            #00:02:10-0#
L     Das hab ich jetzt nicht verstanden; (.) ähm habt ihr aber verstanden, wie das  #00:02:11-2#
   Prinzip also dann laufen soll; es gibt also irgend immer jemanden der  #00:02:16-8#
   Feedback macht; wir können das ja dann auch noch variabel halten und   #00:02:19-7#
   der würde dann von mir den Zettel kriegen und würde einmal hier        #00:02:23-0#
   draufschreiben Feedback für und dann müsste noch von da hin das hab ich #00:02:25-5#
                                                                       #00:02:29-5#
```

#00:02:28#

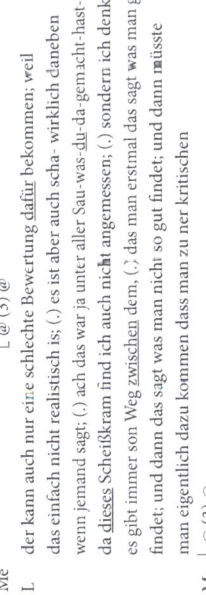

#00:03:40#

Em └ ( )
jetzt vergessen und dann heftet derjenige der dies Feedback bekommen
hat; der heftet das dann in sein Portfolio. (.) okay? (.) verständlich ne; #00:02:31-8# #00:02:36-9#

Af └ Aber das hat nichts damit zu tun wie sie da
also wie sie ( ) #00:02:39-2#

L └ Das hat mit meiner (.) **nein-nein**; aber ich finde
es wichtig; dass man selber auch ma ein Feedback von Schülern #00:02:40-1#
bekommt, und man kann dann auch wirklich nur sagen bemüht #00:02:42-0#
euch das fair zu machen; (.) ich find das auch ein Teil von Lernen, äh #00:02:44-3#
ich find das gibt nichts fürchterlicheres wenn jemand also nun ein Referat #00:02:47-5#
was unter aller Sau war wolln wirs mal auf Deutsch nennen; dann hoch in #00:02:51-7#
den Himmel lobt und sacht er hat sich doch diese Mühe gegeben und das #00:02:55-4#
war doch schön, und dieser eine Effekt da war dann noch besonders schön, #00:02:58-6#
aber ansonsten steckt eigentlich überhaupt, nichts und gar nichts drin; #00:03:01-1#
dann kann ich nur sagen; dann ist der_enige der dieses Feedback macht, #00:03:04-3#

Me └ @ (3) @ #00:03:07-0#

L └ @ (3) @ #00:03:10-6#
der kann auch nur eine schlechte Bewertung dafür bekommen; weil #00:03:14-6#
das einfach nicht realistisch is; (.) es ist aber auch scha- wirklich daneben #00:03:18-9#
wenn jemand sagt; (.) ach das war ja unter aller Sau-du-da-gemacht-hast- und #00:03:22-4#
da dieses Scheißkram find ich auch nicht angemessen; (.) sondern ich denke #00:03:25-7#
es gibt immer son Weg zwischen dem, (.) das man erstmal das sagt was man gut #00:03:29-7#
findet; und dann das sagt was man nicht so gut findet; und dann müsste #00:03:33-1#
man eigentlich dazu kommen dann zu ner kritischen #00:03:35-2#

Me └ @ (3) @

L Auseinandersetzung °kommt° (.) **Ziel ist dabei** dass ich bis zum Er de, also #00:03:40-2#
wenn die letzte Gruppe oder der letzte Vortragende seinen Vortrag hält dass #00:03:45-3#
all die Punkte die als Kritik vorher? mal ca waren das die dann eigentlich #00:03:48-6#
nicht mehr da sind; weil man dann ja auch was gelernt hat; insofern ist die #00:03:53-0#
Bewertung für den Ersten, n Anreiz für den Letzten. #00:03:55-2#

Em └ Dann müsste Steffi als allerletzte drankommen #00:03:57-1#

#00:04:39#

#00:05:01#

L   Zumindest was den Vortrag angeht; #00:04:00-1#
Em   ⌊Mhm dann bin ich aber mal gespannt #00:04:02-5#
L   Das heißt das man bestimmte Dinge; schon (.) und bei Vorträgen, ist eine #00:04:07-4#
Sache- macht es bitte dass ihr die Leute anguckt; das ist eine ganz wichtige #00:04:10-8#
Sache, das heißt ihr müsstet wenn ihr also irgendwelche was zum #00:04:14-2#
Mitschreiben habt; oder wenn ihr was habt, was ihr vorlesen (.) wollt #00:04:17-5#
oder euch Stichworte ( ) dagegen ist überhaupt nichts zu sagen, (ich hab mir) #00:04:21-5#
ich hab Marie letzte Woche bewundert-das war die einzige, die keine Mitschriften #00:04:25-5#
hatte- ich hätte das gar nicht machen können weil ich immer alles vergesse (.) #00:04:27-6#
nehmt euch das bitte auf höchstens Karteikarten von Größe fünf, weil alles #00:04:33-2#
andere fällt euch sowieso, irgendwie so nach unten; und fangt nicht an und #00:04:38-1#
lest dann mit und sprecht-und was ich euch heute noch erzählen wollte; und #00:04:40-2#
es ist ganz besonders an- das ist grauenvoll könnt ihr einfach nicht machen;- #00:04:43-5#
guckt die Leute an;- Tom #00:04:44-3#
Tm   Also bei ner Präsentation ist es eigentlich ist es es nicht schlimm wenn #00:04:47-3#
überhaupt gar kein Text dabei ist oder (.) weil man das ja sowieso (es sagt) #00:04:49-5#
L   Also das ist euch überlassen, (.) wie ihr, das wie ihr die Präsentation- #00:04:53-2#
Tm   ⌊Weil ( ) was ich #00:04:53-6#
nicht wollte ist wenn die dann mitlesen und mich dann selber (ignorieren) #00:04:55-6#
Of   ⌊Ja genau deshalb hab ich #00:04:56-5#
da auch noch so einzelne ( ) #00:04:57-6#
L   ⌊Ihr gestaltet die Präsentation; ihr müsst euch immer wirklich äh #00:05:01-2#
merken man muss bestimmte Dinge, gelesen, haben; beziehungsweise gesehen, #00:05:06-2#
haben; wenn ihr ein Bild habt n Bild das ist- ja nicht umsonst sagt ma mehr #00:05:09-4#
als tausend Worte, wenn es ansprechend ist und ne bestimmte Qualität hat, #00:05:12-4#
ähm (.) denkt an das Handout, das haben viele jetzt noch nicht dabei, (.) dabei ist es #00:05:19-1#
wichtig solange es da is in dem Moment wo ihr die Präsentation haltet; #00:05:22-5#
ist es (pünktlich) ne? und da müsstet ihr zusehen dass ihr es selber kopiert; weil (.) #00:05:29-4#
wenn ihr das mir gebt wenn die Stunde anfängt das ist ne Katastrophe; #00:05:33-9#
dann kopiert das selber, ihr könnt das meinetwegen auch son bisschen #00:05:36-4#

#00:06:02#

#00:06:46#

verkleinern, äh maximal eine DIN A-4 Seite; (.) und stichwortartig so dass   #00:05:42-7#
man eigentlich nicht mitschreiben muss; aber trotzdem Bescheid weiß. (.)   #00:05:48-4#
Janus da-stehst-du-auch-schon-drauf? dann unterschreib man; dann   #00:05:50-7#
warst du heute da.   #00:05:51-3#
Me   └ @ (3) @   #00:05:53-3#
Tm   Also über das Referat, also die Informationen verkürzt, ja; also nicht äh   #00:05:58-9#
so zum Beispiel auch noch Fragen also wissenstestmäßig ( )   #00:06:02-1#
Me   └ (Wissenstest)
L   Nee also das denk ich das müssen wir nicht machen; also du kannst   #00:06:05-7#
gerne einen Wissenstest machen; (.) aber dann nen schönen Fragebogen   #00:06:10-6#
Me   └ (   )
L   den man dann auch mal so als Beispiel vorstellen kann, das ist wunderbar;   #00:06:13-5#
(   ) so (Steffi) du hast ja als Erste; ( ) erstens haste es relativ schnell   #00:06:20-8#
hinter dir, und zweitens ,(ähm müsste   ) **aber ein**   #00:06:26-7#
Em   └ **(Wird nich soviel Kritik hageln**   )
L   **Punkt ist also wirklich wichtig,** guck die Leute an (   ) weil das was   #00:06:30-7#
Of   └ Ja ja
is was ganz oft falsch gemacht wird; das man also wirklich so steht, und dann   #00:06:34-1#
so redet, und man merkt; es selber nicht;   #00:06:36-6#
Tm   Oder man guckt immer den Lehrer an (   )   #00:06:39-1#
Of   └ Oder man sucht sich einfach einen Punkt (   )   #00:06:40-8#
L   Und äh, eine Sache von letzter Woche- ich mach das auch falsch; aber wenn   #00:06:44-7#
man drüber spricht rein theoretisch wenn man sich Gedanken macht,   #00:06:45-9#
stellt euch wie- Marie hatte das gemacht; ( ) stellt   #00:06:48-1#
Of   └ Ja
L   euch bitte nicht so hin; das bedeutet wirklich ab- es ist immer blöd was   #00:06:51-7#
man mit seinen Händen machen soll; abe- man kann die einfach auch so   #00:06:54-9#
hier hinhalten; oder wenn ihr was in der Hand habt ( ), dann ist ja gut   #00:06:56-7#
dann kann man einfach so stehen; oder ( ) mit den Händen und Füßen das   #00:07:02-9#
?m   └ (   )   #00:07:05-5#

Of
L   ⌊ Mhm ja (man braucht immer was in der Hand)

L   mach ich auch manchmal aber haltet- stellt euch nicht so hin; und was   #00:07:11-3#
       noch schlimmer is; ( ) bitte nicht die Hände in die Hosentaschen; dann   #00:07:13-9#
Me   ⌊ @ (3) @

L   kommen wir nämlich aus das was bei Firma A kam, wenn jemand   #00:07:17-4#
       sich bewirbt und bauchnabelfrei ist; (.) wenn du in ner bestimmten Firma   #00:07:20-2#
       arbeitest, dann gibt es da ne bestimmte Kleiderordnung.   #00:07:21-7#
Dw   ⌊ Das ist ja jetzt klar   #00:07:26-9#

5.3.1.2 Formulierende Interpretation (Abb. 5.12)

Formulierende Interpretation (verbal)	Formulierende Interpretation (nonverbal)		
00:22–04:00 OT: Bewertungsbogen für Präsentationen **00:22–00:38 eingeschobenes UT: Anwesenheitsliste** Die Anwesenheitsliste muss noch herumgegeben und ausgefüllt werden.	**00:22–07:25 OA: Ansprache der Schülerinnen und Schüler** **00:22–00:32 eingeschobene UA: Suche nach der Anwesenheitsliste** Die Lehrerin wendet sich von den Schülerinnen und Schülern ab, indem sie sich seitlich zu ihrem Schreibtisch dreht, wo sie Papiere durchsucht. Sie gibt ein Papier an Rm.	**00:22–7:25 OA: Aufmerksamkeit für die Ansprache der Lehrerin** **00:30–06:15 UA: Zuhören** Alle Schülerinnen und Schüler richten nach und nach ihre Blicke auf die Lehrerin aus. Es sind immer etwa Zweidrittel der Schülerinnen und Schüler mit ihren Blicken auf die Lehrerin oder den jeweils sprechenden Schüler bzw. Schülerin fokussiert.	**00:22–06:40 OA: Peer-Interaktion** **00:26–06:32 eingeschobene UA: Ausfüllen der Anwesenheitsliste** Rm schiebt das Blatt zwischen sich und Gf und lässt sich von Gf einen Stift geben, es wird von Person zu Person weitergegeben, diese ist dann mit Schreiben beschäftigt.
00:40–00:46 UT: Für wen wird präsentiert? Die Präsentationen werden für einen selbst gemacht und für das Seminarfach. **00:46–00:58 UT: Die Schülerinnen und Schüler geben Feedback** Nicht die Lehrerin füllt den Bewertungsbogen aus, sondern ein Schüler oder eine Schülerin; wer den Bewertungsbogen ausfüllt, beginnt mit dem Feedback.	**00:32–01:55: UA: Zeigen des Bewertungsbogens** Die Lehrerin nimmt mehrere Blätter vom Lehrertisch, stellt sich nach vorne in die Mitte des Raums und hält die Blätter vor ihren Oberkörper mit der Vorderseite zu den Schülerinnen und Schülern. Während sie spricht, dreht sie die Blätter um und schaut darauf (00:40). Anschließend hält sie die Blätter vor sich etwa in Brusthöhe mit beiden Händen fest und blickt im Raum umher (0:50). Dabei bleiben beide Arme eng am Körper, die Unterarme sind nach oben angewinkelt; gelegentlich macht sie mit einer der Hände zeigende Bewegungen auf der Vorderseite der Blätter und Gesten, mit denen sie das Gesagte unterstützt, dabei bleibt der Oberarm eng am Körper, vor allem der Unterarm vollzieht die Bewegungen.	**00:30–01:10 UA: Aufmerksamkeit für die Lehrerin** Af schreibt zunächst etwas in ein Notizbuch und richtet ihren Blick dann auch auf die Lehrerin zu (bei 0:10). Gf und Rm blicken zur Lehrerin, als sie mit dem Eintrag in die Anwesenheitsliste fertig sind (ebenfalls bei 01:10). Bis 01:10 haben auch Df und Cf ihre Nebentätigkeiten beendet und sind mit ihren Blicken auf die Lehrerin ausgerichtet.	**00:30–01:10 UA: Einander Zuwenden** Df schaut zunächst zu Af und in deren Notizbuch, wendet sich dann der Lehrerin zu. **00:30–01:00 eingeschobene UA: Organisation des Arbeitsmaterials** Cf beugt sich unter den Tisch, legt dann ein Federmäppchen auf den Tisch und nimmt einen Stift heraus. Dann stützt sie sich mit dem Ellenbogen auf den Tisch und schaut zur Lehrerin (bei 01:00).
01:01–01:04 UT: Email-Versand Der Bewertungsbogen wurde per Email geschickt. **01:04–01:14 UT: Austeilen** Der Bewertungsbogen wird nochmals ausgeteilt, er soll in das Portfolio abgeheftet werden.	Während die Lehrerin über den Mail-Versand des Bogens spricht, blickt sie auf die Vorderseite der Blätter (01:03). Als es um das Austeilen des Bogens geht, zeigt sie auf Schülerinnen bzw. Schüler, die am Fenster sitzen (1:10). Während sie ausführt, dass der Bogen im Portfolio abgehefet werden soll, hält sie die Blätter mit beiden Händen rechts neben ihrem Körper und schaut auf die Vorderseite.	**01:02 UA: Nicken** Em nickt mehrmals und schaut dann zu Tm, der in seiner Tasche kramt, die auf dem Tisch liegt.	

Formulierende Interpretation (verbal)	Formulierende Interpretation (nonverbal)	
01:17-01:22 UT: Anzahl Bekommen sie 25 Bewertungsbögen? Nein, nicht von jedem, sondern immer nur von einem.		
01:22-1:35 UT: Wer gibt Feedback? Die Schülerinnen und Schüler können selbst entscheiden, wer es macht. Das können wir festlegen. Sie überlässt es der Gruppe. Man kann es auch gegenseitig machen.	**01:22-1:35 UA: Zeigen und Anschauen der Schülerinnen und Schüler** Die Lehrerin zeigt mit der rechten Hand auf einzelne Schülerinnen bzw. Schüler. Sie bewegt den Kopf nach links und rechts und schaut einzelne Personen an.	**01:20-1:55 UA: Einander Zuwenden** Cf, Df und Af sind einander zugewandt, über den Tisch gebeugt und sprechen leise miteinander. Auch Rm und Gf reden und lachen miteinander. **01:20-1:35 UA: Schreiben** Af schreibt weiter in ihrem Notizbuch, dabei schaut sie ab und zu zur Lehrerin.
	Alle anderen Schülerinnen und Schüler bleiben mit ihren Blicken auf die Lehrerin ausgerichtet.	
01:35-01:40 UT: Objektivität der Bewertungen Es muss objektiv sein.	**01:37-01:42 UA: Ordnen der Blätter** Die Lehrerin nimmt die Blätter und stößt sie mit der Unterkante auf einen leeren Schülertisch, nimmt die Blätter dann wieder hoch und hält sie vor die Brust.	
01:45-01:58 Rückkehr zum UT: Wer gibt Feedback? Folgendes Verfahren hat sich bewährt: Der Zweite bewertet den Ersten, der Dritte den Zweiten usw. Das ist am einfachsten.	**1:42-1:55 UA: gestische Unterstützung des Arbeitsauftrags** Der linke Arm der Lehrerin ist vom Körper abgebogen und macht punktuelle und kreisende Bewegungen. Sie unterstreicht damit, ihre Worte („der Erste und der Zweite usw."). Dabei hält sie die Blätter weiterhin vor ihrem Körper.	
01:58-02:16 eingeschobenes UT: Anwesenheit von Jm Jm soll hereinkommen. Er muss zu einer Sitzung und wollte nur kurz Bescheid geben. Das hat sie jetzt nicht verstanden.	**01:55-02:19 eingeschobene UA: Zur Tür Gehen** Die Lehrerin geht in Richtung Tür. Sie schaut dabei zuerst zu den Schülerinnen und Schülern und dann zur Armbanduhr. Schließlich geht sie zu ihrem Platz in der Mitte des Raums zurück und schaut abwechselnd zur Tür und zu den Schülerinnen und Schülern.	**01:55-02:15 eingeschobene UA: Aufmerksamkeit für Jm** Im Türrahmen ist der Kopf einer Person zu sehen. Die sitzenden Schülerinnen und Schüler richten ihre Blicke auf die Tür aus und lachen. **01:55-02:15 Einander Zuwenden** Gf schaut zu Cf, Df und Af, die miteinander sprechen.

Formulierende Interpretation (verbal)	Formulierende Interpretation (nonverbal)	
02:16–02:23 Rückkehr zum UT: Wer gibt Feedback? Haben sie verstanden wie das Prinzip laufen soll? Es gibt immer einen, der Feedback gibt, das können sie auch variabel halten. **02:23–02:36 UT: Prinzip des Feedbacks** Der Feedbackgeber bekommt einen Bewertungsbogen und schreibt darauf, wer das Feedback für wen gibt. Hierfür hat sie ein Formularfeld vorgesehen. Der Feedbackempfänger heftet den Bogen in sein Portfolio. Verständlich, ne? **02:36–02:42 UT: Leistungsbewertung der Lehrerin** Das hat nichts damit zu tun, wie die Lehrerin bewertet. **02:42–02:44 UT: Feedback ist wichtig** Feedback von Schülerinnen und Schülern findet sie wichtig. **02:47–07:33 UT: Bewertung der Referate** Sie sollen sich bemühen, es ist zu machen, das gehört auch zum Lernen. Es gibt „nichts Fürchterlicheres" als ein Referat, das „unter aller Sau" war, zu loben nur wegen einer besonders schönen Powerpoint-Präsentation ohne Inhalt. Für ein unrealistisches Feedback gibt es eine schlechte Bewertung. Abwertungen eines Referates als „unter aller Sau" oder „Scheißkram" sind auch nicht angemessen. Man muss einen Weg dazwischen finden und und zu einer kritischen Auseinandersetzung kommen.	**02:19–04:06 Rückkehr zur UA: Zeigen des Bogens** Die Lehrerin hält die Papiere mit der linken Hand vor der Brust, wenn sie mit der rechten Hand gestikuliert, sonst hält sie die Blätter mit beiden Händen, während die angewinkelten Arme eng am Körper anliegen. Sie bleibt an derselben Stelle in der Mitte des Raums, vor den Schülerinnen und Schülern stehen und bewegt nur den rechten Arm und den Kopf. **22:20–02:36 Rückkehr zur UA: gestische Unterstützung des Arbeitsauftrags** Mit der rechten Hand macht sie zeigende Bewegungen. Sie hält den Bogen kurz mit der rechten Hand auf Kopfhöhe (02:24), nimmt ihn dann wieder in die linke Hand auf Brusthöhe und zeigt mit der rechten Hand auf den Kopf des Papiers. **02:38–02:42 UA: Anschauen der Schülerin** Die Lehrerin richtet sich in Richtung Fenster aus. **02:41–002:42 UA: Kopfschütteln** Die Lehrerin schüttelt den Kopf und hält den Bogen mit be den Händen fest. **2:45–4:04 Rückkehr zur UA: gestische Unterstützung des Arbeitsauftrags** Die Lehrerin macht zeigende Gesten mit der rechten Hand, die die betont ausgesprochenen Worte begleiten. Während Sie „unter aller Sau" und „diesen Scheißkram" sagt, macht sie wegwerfende Handbewegungen. Sie steht dabei nach wie vor unbeweglich an der gleichen Stelle zwischen den nicht genutzten, leeren Schülertischen der ersten Reihe und auch der linke Arm und die von der linken Hand vor der Brust der Lehrerin gehaltenen Blätter bewegen sich nicht.	**02:16–02:34 UA: Nicken** Gf schaut zur Lehrerin und nickt mehrmals. **02:36–02:42 UA: Aufmerksamkeit für das Gespräch** Gf und Rm wenden sich Af zu, als diese sich mit einer Frage an die Lehrerin wendet. Während die Lehrerin antwortet, wenden sich Gf und Rm der Lehrerin zu. **03:10–03:28 eingeschobene UA: Jm kommt in den Raum** Jm kommt in den Raum, er geht hinter der Lehrerin entlang in Richtung Fenster, schaut im Vorbeigehen auf den Lehrertisch, nimmt seine Tasche ab und setzt sich neben Af. Gf ist ihm zugewandt und spricht ihn an. **02:39–02:42 Einander Zuwenden** Em, Tm und Km sind jetzt einander zugewandt und sprechen kurz miteinander. **2:55–3:10 Einander Zuwenden** Nachdem Af zwischenzeitlich mit ihrem Blick auf die Lehrerin ausgerichtet war (02:20–02:55), dreht sie sich jetzt zu Df, streicht ihr über die Haare und beugt sich auch über deren Tisch. Währenddessen blickt Cf kurz auf und schaut zur Lehrerin.

Formulierende Interpretation (verbal)	Formulierende Interpretation (nonverbal)
03:40-3:55 UT: *Ziel des Feedbacks* Ziel ist es, dass am Ende, wenn der letzte Vortrag gehalten wird, alle Punkte, die zuvor kritisiert wurden, nicht mehr vorkommen. Denn es wird angenommen, dass sie etwas gelernt haben, die Bewertungen sollen ein „Anreiz" für die nachfolgenden Referate sein. **03:50-04:02 UT: *Steffis Beitrag*** Steffi muss als Letzte drankommen, „da bin ich aber mal gespannt".	**03:25-03:50 UA: *Knuffen*** Em schaut zu, wie sich Tm in die Anwesenheitsliste einträgt, spricht mit ihm und lacht. Als Tm die Liste weitergibt, knufft er ihn in die Seite. **03:25-04:45 UA: *Zettel Schreiben*** Af nimmt einen Zettel, den Df unter ihrem über den Tisch gebeugten Körper verborgen hatte, legt ihn vor sich auf den Tisch, hält die linke Hand darüber und schreibt mit der rechten. **03:50-04:00 UA: *Aufmerksamkeit für das Gespräch*** Während Em spricht, dreht sich Rm nach hinten um und schaut ihn an, ebenso Cf, Df und Jm.
04:07-7:13 OT: Qualität der Vorträge **04:07-04:14 UT: *Zuhörerinnen und Zuhörer anschauen*** Es ist wichtig, die Zuhörerinnen und Zuhörer bei Vorträgen anzuschauen. **04:14-04:21 UT: *Notizen zum Vortrag*** Gegen Mitschriften, wenn etwas vorgelesen werden soll, oder Stichworte ist nichts zu einzuwenden. **04:21-04:27 UT: *Maries Vortrag*** Sie hat Maries Vortrag bewundert, sie war die einzige, die keine Mitschriften verwendet hat. Sie selbst hätte das nicht gekonnt, weil sie immer alles vergisst.	***04:06-04:10 UA: Zusammenrollen des Bogens*** Die Lehrerin rollt das Papier hochkant auf, hält es weiterhin eng vor dem Oberkörper fest, wie wenn sie es umarmen würde, und blickt in die Klasse. Dabei bleibt sie weiterhin unbeweglich an derselben Stelle im Raum stehen. ***04:14-06:35 OA: Zeigen der unerwünschten Verhaltensweisen beim Vortragen*** **04:14-04:35 UA: *Falten des Papiers*** Die Lehrerin faltet das Papier in der Mitte auf DIN A 5. So hält sie es mit der linken Hand in Tischhöhe. **04:14-04:33 UA: *gestische Unterstützung*** Die Lehrerin macht zeigende Gesten mit der rechten Hand, die die betont gesprochenen Worte begleiten.

Formulierende Interpretation (verbal)	Formulierende Interpretation (nonverbal)	
04:33-04:43 Rückkehr zum UT: Notizen zum Vortrag Sie sollen Karteikarten höchstens Größe fünf nehmen, alles andere fällt nach unten. Sie sollen nicht vorlesen: „Und was ich euch heute noch erzählen wollte", das ist „grauenvoll".	**04:33-94:35 UA: Zeigen des DIN A5-Formats** Die Lehrerin hält das gefaltete Papier mit der linken Hand kurz hoch, in Brusthöhe, dann schüttelt sie die Blätter und hält sie waagrecht, so dass die obere Hälfte nach unten kippt.	**04:32-04:44 UA: Melden** Tm nimmt den rechten Arm hoch und hält ihn nach oben. Als die Lehrerin seinen Namen nennt, nimmt er den Arm herunter (04:44).
04:43-04:44 Rückkehr zum UT: Zuhörerinnen und Zuhörer anschauen Sie sollen die Leute angucken. Tom.	**04:37-04:42 UA: Umdrehen zur Leinwand** Die Lehrerin dreht sich um und blickt zur Leinwand, während sie spricht, den Schülerinnen und Schülern wendet sie dabei ihren Rücken zu.	
04:44-04:59 UT: Gestaltung der PowerPoint-Präsentation Die Präsentation muss keinen Text enthalten, wenn man es mündlich ausführt. Wie die Präsentation gestaltet wird, überlässt sie den Vortragenden. Er möchte sie nicht, dass die Zuhörenden alles auf den Folien mitlesen können und dann den Vortragenden ignorieren.	**04:44-6:19 Fortsetzung der UA: Zeigen des DIN A5-Formats** Die ganze Zeit hält die Lehrerin die Papiere mit der linken Hand vor ihrem Körper. **04:44-05:53 UA: Anschauen des Schülers** Die Lehrerin zeigt auf Tom. Während er spricht, schaut sie den Schüler an. **04:44-05:48 UA: gestische Unterstützung** Während Tom spricht, schüttelt sie den Kopf. Die Aussage, dass die Gestaltung der Präsentation den Vortragenden überlassen ist, unterstreicht sie mit der wiederholten Öffnung der Arme. Während die Lehrerin darüber spricht, dass man bestimmte Dinge gelesen haben muss, macht sie zeigende Gesten mit der rechten Hand, die die betont gesprochenen Worte begleiten.	**04:44-05:00 UA: Aufmerksamkeit für Tm** Fast alle Schülerinnen und Schüler richten ihre Blicke auf den sprechenden Schüler aus.
05:00-05:09 UT: Wichtige Inhalte Sie sollen sich merken, dass man bestimmte Dinge gelesen und gesehen haben muss.		**04:45-06:40 Fortsetzung der UA: Zettel Schreiben** Af schiebt den Zettel, auf den sie bis jetzt geschrieben hat, auf den Tisch von Df, die ihrerseits sofort anfängt, darauf zu schreiben. Nach zehn Sekunden schiebt Df den Zettel wieder zu Af, die ihn hinter ihrem Federmäppchen ablegt, einen Stift nimmt und schreibt. Zwischendurch hält sie gelegentlich inne und schaut zur Lehrerin.
05:09-05:12 Rückkehr zum UT: Gestaltung der Powerpoint-Präsentation Wenn die Schüler ein ansprechendes Bild haben, können sie das nehmen. „Ein Bild sagt mehr als tausend Worte".	**05:05-05:10 eingeschobene UA: Einpacken** Em legt seinen Rucksack vor sich auf den Tisch.	**04:55-05:45 UA: Nachschauen in der Mappe** Gf wendet sich Jm zu. Dieser gestikuliert mit den Händen, er holt eine Mappe aus seiner Tasche. Gf versucht, die Mappe zu sich heranzuziehen. Zwischendurch blickt Jm kurz in Richtung der Lehrerin. Dann macht Jm die Mappe zu und beide wenden sich wieder der Lehrerin zu.

Formulierende Interpretation (verbal)	Formulierende Interpretation (nonverbal)
05:12–05:48 UT: Handout Sie sollen an das Handout denken; es ist wichtig, dass es vorliegt, wenn sie die Präsentation halten. Sie müssen es selbst kopieren. Wenn sie es der Lehrerin erst bei Stundenbeginn zum Kopieren geben, ist das eine Katastrophe. Es soll maximal eine DIN A 4 Seite sein und Stichworte enthalten, so dass die Zuhörenden nicht mitschreiben müssen und trotzdem Bescheid wissen.	Als die Lehrerin an die Schülerinnen und Schüler appelliert, das Handout nicht zu vergessen, zeigt sie die rechte Hand als Faust mit einem nach oben gestreckten Daumen (05:12–05:19). Einige Zeit stützt sie sich mit der rechten Hand bzw. mit dem rechten Arm auf dem Schülertisch rechts neben ihr ab und schaut im Raum umher (05:28–05:35). Als sie den Umfang des Handouts benennt, hebt sie die rechte Hand mit ausgestrecktem Zeigefinger hoch, der Arm ist dabei angewinkelt (05:40).
	05:28–05:53 UA: Melden Tm nimmt den rechten Arm hoch und hält ihn nach oben.
05:50–05:53 eingeschobenes UT: Eintrag in die Anwesenheitsliste Jm soll auf der Liste unterschreiben, dann war er heute da.	**05:45–05:53 eingeschobene UA: Weitergeben der Anwesenheitsliste** Die Lehrerin nimmt Em, der direkt vor ihr sitzt, ein Papier ab, dreht sich um und geht zwei Schritte Richtung Fenster und reicht es an Jm weiter. Anschließend begibt sie sich wieder an ihren Platz in der Mitte des Raums.
	05:45 eingeschobene UA: Rückgabe der Anwesenheitsliste Em gibt der Lehrerin ein Papier.
05:55–06:13 Rückkehr zum UT: Handout Das Handout soll Informationen zum Referat verkürzt beinhalten, keine Fragen, also wissenstestsmäßig. Nein, das müssen wir nicht machen, aber man kann einen Wissenstest machen, dann aber einen schönen Fragebogen, den man als Beispiel vorstellen kann, das ist wunderbar.	**05:53–06:04 eingeschobene UA: Erteilung des Rederechts** Die Lehrerin zeigt auf Tm. Dieser nimmt den Arm runter. Die Lehrerin schaut Tm an und nickt mehrmals. Dabei hält sie die Papiere wieder mit beiden Händen vor ihrer Brust fest. **06:17–06:20 eingeschobene UA: Ablegen der Papiere** Die Lehrerin nimmt die Anwesenheitsliste von Rms Tisch und legt sie auf ihren Schreibtisch. Die Bewertungsbögen hält sie jetzt locker mit der linken Hand, weiter unten als bisher (etwa auf Tischhöhe) und waagrecht vor ihrem Körper.
	5:53–06:10 eingeschobene UA: Eintrag in die Anwesenheitsliste Während des Ausfüllens ist die Aufmerksamkeit von Gf auf Jm gerichtet. Schließlich kommt es zu einer kurzen Interaktion zwischen Jm, Gf und Af, bevor Jm das Papier über den Tisch zu Gf gibt, die das Blatt in Richtung der Lehrerin weiterschiebt. Es bleibt auf dem Tisch von Rm liegen. **05:53–06:10 UA: Aufmerksamkeit für Tm** Während Tm spricht, sind einige Schülerinnen und Schüler auf ihn ausgerichtet.
	06:00–06:40 UA: Einander Zuwenden Cf und Df beschäftigen sich miteinander, ebenso wie Gf und Jm. **06:00–06:40 Fortsetzung der UA: Zettel Schreiben** Af schreibt auf den Zettel. **06:04–06:24 UA: Knuffen** Em legt Tm die Hand auf den Kopf und streichelt ihn, Tom duckt sich weg, Em schlägt Tm leicht auf die Schulter.

Formulierende Interpretation (verbal)	Formulierende Interpretation (nonverbal)
06:20-06:26 eingeschobenes UT: Reihenfolge der Referate Steffi ist als Erstes dran, dann hat sie es relativ schnell hinter sich. Es wird nicht so viel Kritik hageln	**06:10-06:30 Fortsetzung der eingeschobenen UA: Einpacken** Sm packt seine Schreibsachen und seine Jacke in seinen Rucksack, den er vor sich auf dem Tisch liegen hat. Auch Tm legt seine Tasche vor sich auf den Tisch (06:20). Em stellt seinen Rucksack aufrecht auf den Tisch.
06:30-06:40 Rückkehr zum UT: Zuhörerinnen und Zuhörer anschauen Sie soll die Leute angucken. Das wird ganz oft falsch gemacht. Man steht da und redet und merkt es selber nicht. Oder man guckt den Lehrer an oder sucht sich irgendeinen Punkt im Raum.	**06:32-06:34 Rückkehr zur UA: Umdrehen zur Leinwand** Die Lehrerin blickt in Richtung einer Schülerin und dreht sich dann zur Leinwand um, dabei wendet sie den Schülerinnen und Schülern den Rücken zu.
(...)	

5.3.1.3 Fotogrammanalyse
Fotogramm 1

Abb. 5.13 Fotogramm 1 (00:46)

Formulierende Interpretation

Auf dem Fotogramm (Abb. 5.13) ist eine Person zu sehen, die mittig im Bild steht und in Richtung der Kamera schaut. Es handelt sich um die Lehrerin des videografierten Unterrichts. Die Kamera ist so aufgestellt, dass der Raum bzw. die Wand hinter der Lehrerin in ganzer Breite aufgenommen sind. Allerdings steht die Kamera nicht mittig gegenüber der Lehrerin, sondern etwas nach links versetzt, so dass auch ein Teil die rechten seitlichen Wand im Bild ist, nicht aber die linke seitliche Wand des Raums. Der sichtbare Teil der rechten Wand besteht aus einem bis zur Decke reichenden Fenster, dadurch erscheint die rechte Ecke, aus der Kameraperspektive hinter der Lehrerin, heller als der Rest des Raums. In der rechten Ecke des Raums liegt das perspektivische Zentrum des Bildes.

An der Wand hinter der Lehrerin befinden sich zwei weiße Tafeln, vermutlich Leinwände oder Whiteboards, und auf der rechten Seite eine grüne, mit weißer Krei-de beschriftete Tafel, die durch die größere der beiden weißen Leinwände teilweise verdeckt ist. Was auf der Tafel geschrieben ist, ist nicht lesbar. Auf der linken Seite neben den beiden weißen Tafeln bzw. Leinwänden ist ein Teil der Wand bis ungefähr auf Kopfhöhe der Lehrerin weiß gekachelt. Darüber befindet sich eine an der Wand befestigte Lampe. Vor der gekachelten Wand ist ein schwarzer Stab erkennbar, der den Kopf der Lehrerin überragt, es könnte sich um einen Kartenständer handeln. Rechts daneben, vor der linken der beiden Leinwände steht ein Overheadprojektor. Auf dem Fotogramm ist erkennbar, dass eine Reihe Tische parallel zur linken, nicht sichtbaren Wand des Raums aufgestellt ist, an die Längsseiten dieser Tische sind vier Tische im rechten Winkel gestellt, die parallel zur vorderen Wand des Raums hintereinander angeordnet sind. Daneben befindet sich, ungefähr in der Mitte des Raums, eine Lücke, in der keine Tische stehen. Neben diesem Durchgang steht eine weitere Reihe, ebenfalls im Verhältnis zu der vorderen Wand des Raums parallel hintereinander angeordneter Tische.

Die Einstellung der Kamera erfasst den Raum zwischen der Tischhöhe (am unteren Rand des Bildes sind die Tischplatten zu erkennen) und der Decke des Raums, die am oberen Bildrand zu sehen ist.

Von der Lehrerin sind nur der Kopf, der Oberkörper, ihre rechte Hüfte und ihre Arme sichtbar. Die Beine sind bis auf Höhe der Oberschenkel durch Tische verdeckt, die zwischen der Kamera und der Lehrerin stehen, ihre linke Seite ist hinter einem Kopf verborgen. Die Lehrerin steht in dem Gang zwischen den Tischen, die am nächsten zur Wand mit den Leinwänden und Tafeln stehen. Sie befindet sich somit sowohl in der Horizontalen als auch in der Vertikalen im Zentrum des Bildes. Sie steht mittig vor der größeren der beiden weißen Leinwände, die wiederum in der Mitte der Wand an der Decke befestigt ist. Die dunkle Kleidung der Lehrerin bildet einen starken Kontrast zu dem weißen Hintergrund, wodurch sie zusätzlich hervorgehoben erscheint. Die Lehrerin hält mit ihren beiden Händen ein weißes Papier in Größe eines DIN A4-Blattes. Die Arme sind angewinkelt, Oberarm und Ellenbogen liegen eng am Körper an und das Blatt, das sie in den Händen hält, befindet sich vor ihrem Oberkörper in Brusthöhe und verdeckt den größten Teil ihres Oberkörpers. Es ist trotz der schlechten Bildqualität gut sichtbar, da es sich von der dunklen Kleidung der Lehrerin abhebt.

Im Vordergrund des Bildes sind die Rücken und Hinterköpfe von in zwei Reihen hintereinander sitzenden Personen zu sehen sowie Rückenlehnen von Stühlen und Tische. Diese Personen blicken in etwa in die gleiche Richtung wie die Kamera, sie sind auf die Wand mit den Leinwänden und Tafeln bzw. auf die Lehrerin ausgerichtet. Eine Person im Bildvordergrund ist von der Seite zu sehen. Sie sitzt am linken Rand des Bildes und hat den Körper in Richtung der Seite des Raums, an der sich das Fenster befindet, ausgerichtet. Sie schaut auf den Tisch, an dem sie sitzt. Diese Person rückt dadurch in den Bildvordergrund. In der von der Kamera am weitesten entfernten Ecke, am rechten Bildrand, sind zwei weitere Personen zu erkennen, die mit dem Rücken zum Fenster sitzen. Ihre Köpfe sind verdeckt, so dass ihre Blickrichtung nicht zu sehen ist. Bei den sitzenden Personen handelt es sich um die Schülerinnen und Schüler des videografierten Unterrichts. Es sind nicht alle Plätze an den Tischen bzw. auf den Stühlen, die auf dem Bild zu sehen sind, mit Schülerinnen und Schülern besetzt.

Die vergleichende Analyse mit den Bildern der anderen Kamera (Fotogramm 2 und 3, s. u.) zeigt, dass die Positionierung der Lehrerin im Zentrum des Raums kein Methodenartefakt ist, das durch Perspektive und Einstellung der hinteren Kamera entsteht. Vielmehr zeigen die Bilder der anderen Kamera, und zwar die dort sichtbaren Abstände der Tische zu den Seitenwänden des Raums, dass sich der freie Platz zwischen den beiden hintereinander aufgestellten Tischreihen ziemlich genau in der Mitte des Raums befindet. Das bedeutet, dass auch die auf Fotogramm 1 beobachtbare Positionierung der Lehrerin in diesem Zwischenraum zwischen den Tischen dem Zentrum des Raums entspricht (in der Vertikalen). In der Horizontalen befindet sich ihr Oberkörper und das Blatt Papier, das sie in den Händen hält, genau auf Höhe der Köpfe der sitzenden Schülerinnen und Schüler und damit genau in deren Blickfeld (s. Abb. 5.14).

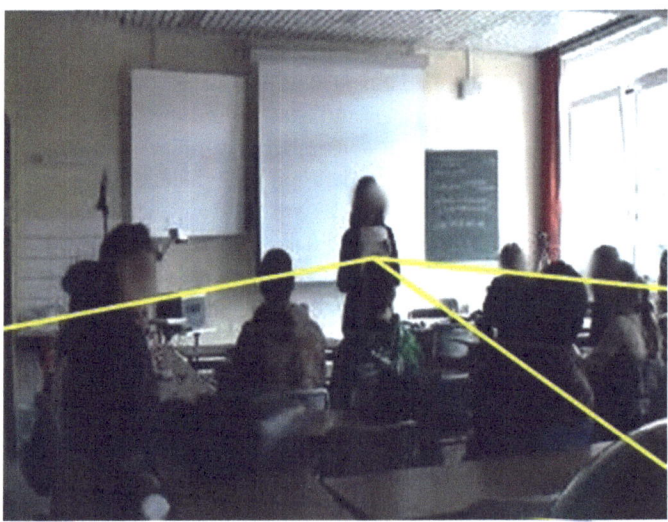

Abb. 5.14 Positionierung des Papiers im Zentrum des Raums – Fotogramm 1 (00:46)

Reflektierende Interpretation

In dem Fotogramm dokumentiert sich die zentrale Bedeutung des weißen Papiers, das von der Lehrerin in die Interaktionskonstellation rekrutiert wird. (Welcher Art diese Bedeutung ist, erschließt sich allerdings nicht aus dem Fotogramm, sondern vielmehr aus der Analyse des Interaktionsverlaufs – insbesondere angesichts der Dauer der Assoziation der Lehrerin mit dem Bogen.) Die Positionierung der Körper im Raum (s. Abb. 5.15) dokumentiert eine Differenz zwischen den Schülerinnen und Schülern und der Mensch-Ding-Assoziation, die die Lehrerin mit dem Papier eingegangen ist. Während die Schülerinnen und Schüler eine gleichförmige körperliche Haltung einnehmen, sitzend an Tischen und Stühlen, in Reihen angeordnet, und – von einer Ausnahme abgesehen – in die gleiche Richtung blickend, unterscheidet sich die Körperhaltung und Positionierung der mit dem weißen Papier assoziierten Lehrerin von der der Schülerinnen und Schüler deutlich. Sie ist die einzige Person im Raum, die steht, weshalb sich ihr Kopf in einer erhöhten Position befindet, und sie schaut in eine andere Richtung als die Schülerinnen und Schüler. Auf Grund der Positionierung, die sich durch die Anordnung der Tische einerseits und die Positionierung der Lehrerin mit der Wand im Rücken in der Mitte des Raums andererseits ergibt, ist die Lehrerin die einzige Person im Raum, die von allen anderen Personen angeschaut werden kann, und sie ist die einzige Person, die in die Gesichter von allen anderen Personen schauen kann. Dies verschafft ihr eine hervorgehobene Position in der Interaktionskonstellation in Bezug auf die Möglichkeit, mit den anderen Personen im Raum zu kommunizieren.

Abb. 5.15 Positionierung der Körper im Raum – Fotogramm 1 (00:46)

Fotogramm 2

Abb. 5.16 Fotogramm 2 (01:40)

Formulierende Interpretation

Das Fotogramm (Abb. 5.16) zeigt zwölf Personen, die an Tischen sitzen. Elf Personen sind Schülerinnen und Schüler der Lerngruppe. Bei der Person, die hinten am linken Bildrand sitzt (und durch den Rand des Bildes halb abgeschnitten ist), handelt es sich um die Forscherin, die die Datenerhebung organisiert. Eine Schülerin, die vorne rechts sitzt, ist nicht im Bild.

Das perspektivische Zentrum des Bildes ist die gegenüberliegende Ecke des Raums. Die Wand links der Ecke ist vollständig abgebildet. In der Ecke ist eine geschlossene Tür zu sehen, daran schließt sich ein großer, bis unter die Decke reichender Wandschrank an, der mehr oder weniger die gesamte Wand ausfüllt. Vor der Tür, in der Ecke, steht die andere Videokamera auf einem Stativ. Der größte Teil der rechten Wand ist leer, am vorderen Bildrand ist ein Teil einer grünen Wandtafel zu sehen. Der Teil des Raums, der auf dem Bild sichtbar ist, ist mit Tischen und Stühlen vollgestellt. Auf dem Fotogramm ist erkennbar, dass eine Reihe Tische parallel zur linken, nicht sichtbaren Wand des Raums aufgestellt ist, an die Längsseiten dieser Tische sind drei Tische im rechten Winkel gestellt, die parallel zur hinteren Wand des Raums hintereinander angeordnet sind. Daneben befindet sich, ungefähr in der Mitte des Raums eine Lücke, in der keine Tische stehen. Neben diesem Durchgang stehen weitere ebenfalls im Verhältnis zu der hinteren Wand des Raums parallel hintereinander angeordneter Tische. Die Einstellung der Kamera erfasst den Raum zwischen der Tischhöhe (am unteren Rand des Bildes sind die Tischplatten zu erkennen) und der Decke des Raums, die am oberen Bildrand zu sehen ist. Diese Anordnung führt dazu, dass sich die Köpfe der Schülerinnen und Schüler, die an den Tischen sitzen, ungefähr in der Mitte des Bildes befinden. Es sind nur die Oberkörper, Köpfe und Arme der Personen zu sehen, Bauch und Beine sind durch die Tische verdeckt. Eine Schülerin, links im Bildvordergrund, ist nur von hinten zu sehen.

Drei Schülerinnen – zwei sitzen an der linken Tischreihe, eine an einem der Tische, die an diese Tischreihe angestellt sind – sind einander zugewandt (Cf, Df und Af). Eine weitere Schülerin (Gf) und ein Schüler (Rm) sind ebenfalls einander zugewandt (s. Abb. 5.17).

Abb. 5.17 Interaktionskonstellation Peers – Fotogramm 2 (01:40)

Alle anderen Schüler sind mit ihren Blicken auf die Tafel bzw. die Lehrerin ausgerichtet, die nicht im Bild ist, sondern sich rechts vorne befindet (Die Position der Lehrerin ergibt sich aus den Bildern der anderen Kamera, z. B. Fotogramm 1) (s. Abb. 5.18).

Rm schaut genau in Richtung der Kamera, sein Oberkörper ist leicht nach rechts gewendet in Richtung Gf. Sein linker Arm liegt auf dem Tisch. In der rechten Hand hält er eine Wasserflasche, die er an den Mund führt. Trotzdem kann man erkennen, dass er lächelt. Gf hat sich mit dem Oberkörper vollständig zu Rm umgedreht und ist auf dem Fotogramm im Profil zu sehen. Ihr rechter Ellenbogen ist auf dem Tisch aufgestützt, die rechte Hand befindet sich etwa auf Brusthöhe und zeigt in Richtung Rm. Vor ihr auf dem Tisch befinden sich eine Wasserflasche und eine Federmappe. Gf schaut Rm an und lächelt ebenfalls.

Af ist nur von hinten zu sehen, da sie sich zu Df umdreht und sich mit dem Oberkörper zu ihr hinwendet. Df sitzt gerade und ihr Blick ist nach unten auf die Tischplatte gerichtet. Es scheint, als schauen Af und Df auf die gleiche Stelle auf den Tisch. Cfs Oberkörper ist leicht nach rechts gewendet in Richtung von Af und Df, sie schaut zu Af und Df und auf den Tisch zwischen den drei Schülerinnen. Cf hält ihren Kopf etwas geneigt und auf dem rechten Arm abgestützt, der rechte Ellenbogen ist auf dem Tisch abgestützt, der linker Arm ist angewinkelt, die Hand befindet sich seitlich, wahrscheinlich auf der Stuhllehne.

Abb. 5.18 Interaktionskonstellation Schüler/innen – Lehrerin – Fotogramm 2 (01:40)

Fotogramm 3

Abb. 5.19 Fotogramm 3 (03:40)

Formulierende Interpretation

Bildausschnitt, Einstellung und Perspektive des Fotogramms 3 (Abb. 5.19) entsprechen Fotogramm 2. Auf beiden Fotogrammen sind dieselben Dinge und im Wesentlichen dieselben Personen zu sehen. Hinzugekommen ist Jm, der nun an der linken Tischreihe sitzt und im Bildvordergrund im Profil zu sehen ist. Der Körper von Af ist jetzt größtenteils durch Jm verdeckt.

Am rechten Bildrand ist die linke Hand der Lehrerin und das weiße Blatt zu sehen, das sie in der Hand hält. Dadurch ist Um, der an der rechten Wand sitzt, auf diesem Fotogramm teilweise verdeckt.

Im Vergleich zu Fotogramm 2 ist auf diesem Bild die Interaktionskonstellation eine andere (s. Abb. 5.20). Hier sind die Blicke von Gf und Rm auf die Lehrerin ausgerichtet. Beide sitzen gerade an ihrem Tisch, Gf hält ihre Arme unter dem Tisch, Rm hält mit beiden Händen die Wasserflasche vor seinem Oberkörper fest. Auch Cf, Df und Af haben ihre Fokussierung aufeinander bzw. auf etwas, das auf dem Tisch zwischen ihnen zu sehen war, aufgelöst. Cf und Df sitzen gerade an ihren Tischen, Cf hat nach wie vor ihren Kopf auf den linken Arm aufgestützt, der rechte Unterarm liegt auf dem Tisch. Sie schaut entweder zur Lehrerin oder auf den Tisch von Of links neben sich (kann man auf dem Fotogramm nicht genau erkennen). Df schaut geradeaus, ebenso wie Jm.

Abb. 5.20 Interaktionskonstellation Schüler/innen – Lehrerin – Fotogramm 3 (03:40)

Af schreibt auf einen kleinen Zettel, der zwischen einem Federmäppchen und der Tischkante liegt und von der Schreibhand fast vollständig verdeckt ist. Vor ihr liegt außerdem ein aufgeschlagenes Heft/Notizbuch. Im Unterschied zu Fotogramm 2 hat sich Tm zur Seite weggedreht, Em hat seinen Kopf nach links in Richtung Tm gedreht und lacht.

Reflektierende Interpretation zu Fotogramm 2 und 3

Im Vergleich der beiden Fotogramme lässt sich gut erkennen, wie die Aufmerksamkeitsfoki der Schülerinnen und Schüler verteilt sind bzw. wechseln. Bei Minute 1:40 sind es vor allem die Jungen, die auf der rechten Seite des Raums sitzen, die ihre Blicke auf die Lehrerin ausrichten und den Anschein erwecken, dass sie ihren Ausführungen zuhören. Gleichzeitig sind die Schülerinnen und der Schüler, die auf der rechten Seite im Bildvordergrund sitzen, miteinander bzw. mit Dingen beschäftigt, die auf ihrem Tisch lokalisiert sind – unabhängig von der fokussierten Assoziation der Lehrerin mit dem Bewertungsbogen und ihrer Dominanz in der Interaktionskonstellation (s. Fotogramm 1).

Zwei Minuten später sind Gf und Rm mit ihren Blicken auf die Lehrerin ausgerichtet, Df und Cf sind nicht eindeutig auf die Lehrerin fokussiert, haben aber die enge körperliche Interaktion untereinander aufgehoben. Dafür sind jetzt Tm und Em, die auf der rechten Seite des Raums sitzen, mit einer Kabbelei beschäftigt.

Es zeigt sich, dass einzelne Schüler bzw. Schülerinnen kurzfristig zwischen Aufmerksamkeit für die Ansprache der Lehrerin und peerbezogenen Aktivitäten hin- und herwechseln (auf jeden Fall Gf und Rm sowie Em und Tm) und dass zu beiden Momenten der Unterrichtsinteraktion ein Teil der Schülerinnen und Schüler Aufmerksamkeit für das Unterrichtsgespräch signalisiert, während ein anderer Teil der Schülerinnen und Schüler mit peerbezogenen Aktivitäten beschäftigt sind.

5.3.1.4 Reflektierende Interpretation

1) Interaktion: Anwesenheitsliste

00:22-05:45 Proposition durch L in Assoziation mit der Anwesenheitsliste, komplementäre Enaktierung durch Me

Auf der sprachlichen Ebene rahmt die Lehrerin das Herumgeben und Ausfüllen der Anwesenheitsliste als eine eingeschobene, nebensächliche Tätigkeit. Der nebensächliche Charakter zeigt sich auf der performativen Ebene darin, dass die Lehrerin, unmittelbar nachdem sie die Liste an den ersten Schüler (Rm) weitergeben hat, ein neues Thema anspricht und die Schülerinnen und Schüler die Liste ausfüllen, während die Lehrerin über ein anderes Thema spricht. Die Schülerinnen und Schüler zeigen in dieser komplementären Enaktierung der Aufforderung Routinen der Aufmerksamkeitskoordination zwischen Unterrichtsgespräch, Anwesenheitsliste und peerkulturellen Interaktionen. Verbal rahmt die Lehrerin die Pflicht zum Eintragen, die sie den Schülerinnen und Schülern auferlegt, als ihre eigene Verpflichtung („… müsste ich noch …"). Deutlich wird hier eine Selbstentlastung von der Kontrollfunktion gegenüber den Schülerinnen und Schülern durch Etablierung von Selbstkontrollen der Anwesenheit. In Bezug auf das Thema ‚Anwesenheit' werden hier Aufgaben des Kontrollierens und Bewertens von der Lehrerin an die Schülerinnen und Schülern delegiert, dies zeigt sich später an dem Thema ‚Feedback' homolog, aber in deutlicherer Weise.

05:48-06:10 Anschlussproposition durch L in Assoziation mit der Anwesenheitsliste, Ratifizierung durch Me, Enaktierung durch Jm

Nachdem der letzte Schüler (Em) sich in die Anwesenheitsliste eingetragen hat, gibt die Lehrerin den Bogen an Jm weiter, der zu Beginn des Herumgebens nicht anwesend war. Die Tatsache, dass Jm mehr als die Hälfte der Stunde versäumt hat wird von der Lehrerin explizit ignoriert. Damit konterkariert sie den Sinn der Anwesenheitsliste, indem die Anwesenheit Jms bezeugt wird, obwohl er nicht anwesend war, und reduziert diese auf ein formales Instrument der Kontrolle. Jm enaktiert die Aufforderung zum Eintragen in die Liste.

06:17-06:20 kommunikative Konklusion durch Jm, Gf und L

Die Anwesenheitsliste wird der Lehrerin übergeben, die sie an sich nimmt und
auf ihrem Tisch ablegt. Indem der Vorgang von den Schülerinnen und Schülern
wieder an die Lehrerin zurückgegeben wird, wird die Kontrolle der Anwesenheit
abgeschlossen.

2) Interaktion Feedbackbogen

**00:40-01:58 Proposition durch L in Assoziation mit dem Bewertungsbogen im
Modus der Interferenz und in Interaktion mit Em, Of und Af (s. u.)**

Die Lehrerin nimmt mehrere Blätter von ihrem Tisch und stellt sich, diesen etwa in
Brusthöhe vor sich haltend, den sitzenden Schülerinnen und Schülern gegenüber,
mittig in den Klassenraum. In dieser asymmetrischen Positionierung eröffnet und
strukturiert sie ein thematisches Unterrichtsgespräch, das sich inhaltlich auf die
Gestaltung der in den kommenden Stunden zu haltenden Referate bezieht. Mit der
doppelten Begründung des Referatehaltens („für sich" und „für das Seminarfach")
konstatiert sie einen doppelten Relevanzrahmen für die kommenden Handlungen.
Den allgemeinen Hinweis auf persönliche („für sich") und organisatorisch-kollektive
(„für das Seminarfach") Bedeutsamkeit der Referate spezifiziert sie im Folgenden
in Hinsicht auf die persönlich-partizipative Ebene der Schülerinnen und Schüler.
Insgesamt zeigt sich in dem Stetting eine Delegation der asymmetrischen Strukturierung des Unterrichts an die Schülerinnen und Schüler – und zwar mit dem
Unterrichtsformat des Referate-Haltens sowohl hinsichtlich der unterrichtlichen
Wissensvermittlung als auch (wie sich im Folgenden zeigt) hinsichtlich einer Involvierung der Schülerinnen und Schüler in die Kontroll- und Bewertungsaufgaben
der Lehrerin. (Später zeigt sich, dass die Lehrerin die Asymmetrie zwischen sich
und den Schülerinnen und Schülern in beiden Punkten nur auf eine höhere Ebene
verlagert, indem die Selbstkontrolle bzw. die gegenseitige Bewertung durch die
Schülerinnen und Schüler wiederum zum Gegenstand der Bewertung durch die
Lehrerin wird.) Der von der Lehrerin verbal und gestisch vorgestellte Bewertungsbogen, wird als zentrales Werkzeug der Schülerinnen und Schüler für die kommenden Stunden eingeführt. Seine Bedeutsamkeit wird auf der nonverbalen Ebene
dadurch unterstrichen, dass die Lehrerin ihn, während sie ihn erläutert, mit beiden
Händen sehr eng vor dem Körper, etwa in Brusthöhe, in einer zeigenden Haltung
hält. In dieser Phase der Sequenz kann die enge Assoziation mit der Materialität
des Bewertungsbogens durch die Lehrerin als Interferenz interpretiert werden, da
die Assoziation der Lehrerin mit dem Bewertungsbogen zum zentralen Akteur
der Interaktion wird. An den Bogen sind die Bewertungskriterien der Lehrerin für
die schulischen Leistungen der referierenden Schülerinnen und Schüler delegiert.
Der Bewertungsbogen und das Feedbackgeben durch die Mitschülerinnen und

Mitschüler wird von der Lehrerin als Ersatz für ihre eigene, als „normal" gerahmte Leistungsbewertung eingeführt. Neu ist, dass die Schülerinnen und Schüler sich mithilfe des Bewertungsbogens gegenseitig bewerten sollen. Im „… machen wir es einmal so …" wird die Abweichung vom konventionellen Vorgehen sprachlich deutlich markiert. Die Person, die den Bewertungsbogen ausfüllt, also schriftlich Kritik übt, ist auch diejenige, die nach dem Referat mündliches „Feedback" gibt, d.h. die zuvor schriftlich festgehaltenen Bewertungen verbalisiert. In der beispielhaften Ausführung der mündlichen Rückmeldung (das war gut, das war nicht so gut usw.) zeigt sich eine Gleichsetzung von Bewertung und Feedback in der Auffassung der Lehrerin. Das „wie auch immer" drückt an dieser Stelle eine gewisse Unbestimmtheit aus.

Feedbackgeben, Beurteilen und Bewerten werden durch ein pädagogisch-didaktisches Werkzeug an die Schülerinnen und Schüler delegiert. Dabei übernimmt der Bewertungsbogen eine Mittlerfunktion: Die Lehrerin delegiert ihre Erwartungen an das schulisch relevante Wissen an die Bewertungskriterien des Bogens. Die Bewertung der Schülerinnen und Schüler untereinander erfolgt also in dem von der Lehrerin vorgegebenen Rahmen. Dieser wird hier im Modus der Instruktion vermittelt, dies dokumentiert sich auch in der Positionierung der Lehrerin in der Mitte des Raums vor den Schülerinnen und Schülern und der Dauer ihrer Ansprache, die nur durch kurze Rückfragen von Em, Of und Af unterbrochen ist (s. u.). Den Schülerinnen und Schülern werden Partizipationsmöglichkeiten eingeräumt, die sich aber aus inhaltlichen, methodischen und organisatorischen Vorgaben ergeben. Die Bedeutung des Bewertungsbogens und des sich darin dokumentierenden propositionalen Gehalts wird auch auf der nonverbalen Ebene besonders augenfällig, indem die Lehrerin den Bewertungsbogen die ganze Zeit, während über die Präsentationen der Schülerinnen und Schüler gesprochen wird, zwischen sich und die Schülerinnen und Schüler hält.

00:22-01:10 komplementäre Proposition, 01:10-06:10 Enaktierungen durch Me
Die Schülerinnen und Schüler proponieren und enaktieren auf der nonverbalen Ebene eine komplementäre Orientierung, die mit dem von Breidenstein (2006) beschriebenen Schülerjob vergleichbar ist. Während die Lehrerin ihre Ansprache zum Thema ‚Feedback' beginnt, beenden die Schülerinnen und Schüler ihre bisherigen Tätigkeiten und richten nach und nach ihre Blickrichtung auf die Lehrerin bzw. die jeweils sprechende Person aus (bis 01:10). Für die Dauer der Sequenz lassen die Körperhaltung, nämlich die auf die sprechende Person ausgerichtete Blickrichtung, und die Gesten der Schülerinnen und Schüler (z.B. Nicken) auf Aufmerksamkeit einer Mehrheit der Schülerinnen und Schüler für das Unterrichtsgespräch schließen. Gelegentlich signalisieren einzelne Schülerinnen bzw. Schüler durch Nachfragen

Interesse an den Ausführungen der Lehrerin. Gleichzeitig lassen sich über die
gesamte Dauer der Sequenz wiederholt Nebentätigkeiten und Gespräche zwischen
den Schülerinnen und Schülern beobachten. Nebeneinander sitzende Jugendliche
wenden sich zeitweilig einander zu und sprechen leise miteinander (auf der Videoaufnahme ist das bei Cf, Df und Af, bei Tm und Em sowie bei Gf und Jm zu sehen).
Tm und Em knuffen sich mehrmals gegenseitig; Af und Df schreiben abwechselnd
auf einem kleinen Zettel, den sie sich einander zuschieben, der Zettel wird dabei
unter dem Oberkörper, unter einer Hand oder hinter dem Federmäppchen verborgen. Dabei unterbrechen die mit Nebentätigkeiten oder -gesprächen beschäftigten
Schülerinnen und Schüler diese immer wieder für kurze Momente, in denen sie ihre
Blickrichtung auf die sprechende Lehrerin ausrichten oder sich mit einer Frage an
sie wenden (z. B. Af). Es zeigt sich, dass die Jugendlichen gleichzeitig peerbezogenen
Aktivitäten nachgehen *und* den Erwartungen der von der Lehrerin proponierten
unterrichtlichen Ordnung entsprechen, indem sie den Instruktionen der Lehrerin
Aufmerksamkeit schenken. Indem sie der mit der Schülerrolle verbundenen Erwartung nachkommen, ohne andere im Peerkontext relevante Aktivitäten aufzugeben,
dokumentiert sich ihre Orientierung an Aufgabenerledigung. Diese verhält sich
komplementär zum Habitus der Lehrerin und dem Lehrmodus der Instruktion im
Sinne einer Passung. Ob die Schülerinnen und Schüler tatsächlich den Ausführungen der Lehrerin zuhören, oder ob sie nur so tun als ob, kann auf der Basis der
Videoanalyse nicht entschieden werden, ist aber für die Interpretation der Sequenz
unerheblich. Entscheidend für den komplementären Interaktionsverlauf ist, dass sich
das beobachtbare Verhalten der Schülerinnen und Schüler unabhängig davon, ob
sie tatsächlich interessiert zuhören oder nur Aufmerksamkeit inszenieren, in Passung zur Orientierung der Lehrerin und deren Erwartungen befindet. Beobachtbar
ist ein reibungsloser Fortgang der Unterrichtsinteraktion: Die Schülerinnen und
Schüler erlauben der Lehrerin ihre instruierenden Ausführungen zum Feedback,
hören geduldig zu – oder tun so als ob – und signalisieren Bereitschaft, die an sie
delegierte Aufgabe des Bewertens der im weiteren Unterrichtsverlauf folgenden
Referate zu übernehmen. Für das Funktionieren dieses Unterrichts spielt es keine
Rolle, welche Bedeutung die Jugendlichen dem Interaktionsgeschehen beimessen.

**00:58-01:01 Differenzierung durch Em, Bestätigung und Fortsetzung der Pro-
position durch L**
Em stellt im Modus einer Sachverhaltsfrage fest, dass der Bewertungsbogen, den die
Lehrerin vorne präsentiert, mit demjenigen identisch ist, den sie bereits per Email
verschickt hat und der sich folglich bereits in ihrem Besitz befindet. Die Lehrerin
differenziert, dass sie den Bogen in der nächsten Stunde trotzdem noch einmal
austeilt, da der ausgefüllte Bogen in das Portfolio des Vortragenden geheftet werden

soll. Hier zeigt sich, dass die Lehrerin die Verantwortung für die Qualitätssicherung und, wie später (03:40ff) deutlich wird, auch der Qualitätsentwicklung durch das einmalige Versenden des Bogens per E-Mail nicht vollständig in die Verantwortung der Schülerinnen und Schüler übergibt. Vielmehr kann der Akt des Austeilens des Bewertungsbogens als ein Akt wiederkehrender Delegation interpretiert werden, in dem die Lehrerin weiterhin ihre Kontrolle über das Unterrichtsgeschehen zum Ausdruck bringt. Die Involvierung der Schülerinnen und Schüler in die Bewertungsaufgabe der Lehrerin wird nur durch die materielle Anwesenheit des Bewertungsbogens möglich. Diese zentrale Voraussetzung überlässt sie nicht der Selbstorganisation der Schülerinnen und Schüler. Das Versenden des Bogens per E-Mail hat einen Informationsgehalt, auf dieser Ebene ist auch Ems Sachverhaltsfrage angesiedelt. Der Bewertungsbogen soll in das Portfolio des Vortragenden eingehen und damit von diesem angeeignet werden. Diese Aneignung beschreibt die Lehrerin zunächst als eine formale, nämlich die des Abheftens und Archivierens. An dieser Sequenz wird deutlich, dass die Aufforderung zur selbstständigen Bewertung spannungsvoll ist, da sie in Form eines von der Lehrerin gesteuerten und instruierten Aktes erfolgt. Durch die Aufnahme in das Portfolio (das von der Lehrerin bewertet wird) wird der Bewertungsbogen einer Kontrolle der Selbstkontrolle der Schülerinnen und Schüler zugänglich gemacht – bewertet werden kann so der bewertende und der bewertete Schüler.

01:14-01:31 Differenzierung durch Af und L, Validierung durch Af (01:22), ab 01:22 Fortsetzung der Proposition durch L
Af fragt nach, ob jeder 25 Bewertungsbögen für sein Portfolio bekommt. Hierin zeigt sich, dass Af annimmt, die gesamte Lerngruppe beteilige sich an dem Feedback für einzelne Referate. Die Lehrerin korrigiert sie in zweifacher Weise, zum einen darin, dass nur 18 Schülerinnen und Schüler den Kurs besuchen, und zum anderen darin, dass nur ein einzelner Schüler, eine einzelne Schülerin einen Bewertungsbogen ausfüllt. Die Lehrerin spezifiziert daraufhin das Vorgehen in Bezug auf die Auswahl derjenigen, die einen Bewertungsbogen ausfüllen, indem sie es am Beispiel einer Schülerin darlegt. Demnach besteht die Möglichkeit, dass sich jeder Referent, jede Referentin selbst jemanden aussucht oder dass sich jemand freiwillig meldet. Die Lehrerin deutet an, dass das genaue Verfahren noch festgelegt werden kann, und überlässt dies „auch" der Gruppe. Auf der kommunikativen Ebene postuliert die Lehrerin Freiheit und Selbstorganisation bzw. Schülerbeteiligung. Mit der Aussage, dass sie das „der Gruppe" überlässt, deutet sie einen Aushandlungsprozess an, in dem die Frage der Bewertungspartnerinnen und -partner unter den Schülern und Schülerinnen verhandelbar ist. Bis auf die Mikroebene der sprachlichen Äußerungen zeigen sich dabei die Ambivalenzen zwischen kommunikativer (Schülerpartizi-

pation) und habitueller (Lehrerinnenzentrierung) Ebene: „können wir festlegen"
– „überlasse ich auch mal der Gruppe": Im inkludierenden „Wir" wird deutlich,
dass eine Festlegung nicht ohne die Lehrerin erfolgen kann, im „überlasse ich …"
wird deutlich, dass Selbstorganisation nur als Ermöglichung durch die Lehrerin
zu denken ist. In beiden Äußerungen zeigt sich erneut die Aufrechterhaltung
asymmetrischer Strukturen.

**01:26-01:33 Proposition durch Gf, Transposition durch L, komplementäre
Proposition zu L im Modus der Rekontextualisierung und Antithese gegenüber
Gf durch Em**
Die kommunikativ postulierte Freiheit und Selbstorganisation erfährt im Folgenden eine Einschränkung durch die Lehrerin: Mit der Wiederholung des von Gf an
Rm gerichteten Vorschlags, dass sie sich gegenseitig bewerten können, validiert
die Lehrerin zunächst die Möglichkeit der gegenseitigen Bewertung innerhalb
von Peerbeziehungen. Daraufhin macht sie aber eine Einschränkung in Form
eines Gegenhorizonts, der komplementär mit Em entwickelt wird. Em betont
(aus der Schülerperspektive) die Wichtigkeit einer objektiven Bewertung, die für
ihn offensichtlich nicht als gewährleistet gilt, wenn man sich gegenseitig mit der
Bewertung beauftragt. Er schließt damit an die Äußerung der Lehrerin an, die
angesetzt hatte, Kriterien für die Bewertung zu formulieren, und reformuliert bzw.
rekontextualisiert das Argument im Sinne der Rahmung, die für die Schülerinnen
und Schüler relevant ist. Das Kriterium der Objektivität greift die Lehrerin auf
und schlägt ein Verfahren vor, das sie als erprobt rahmt und das die Objektivität
der Bewertungen gewährleistet. Das Verfahren sieht vor, dass der zweite Referent
den ersten Referenten bewertet, der dritte den zweiten usw. Dieses Verfahren bewertet die Lehrerin als „am einfachsten". Es bestimmt die Bewertenden nach der
Reihenfolge der zu haltenden Referate, Peerkonstellationen bleiben unter diesen
Bedingungen augenscheinlich unberücksichtigt. Die Lehrerin setzt an zu erläutern,
was passiert, wenn jemand, der mit der Bewertung an der Reihe ist, nicht da ist,
also mit der Regelung von Ausnahmefällen. Die zuvor eingeräumte Freiheit durch
die Übertragung der Entscheidung über das Verfahren an die „Gruppe" wird
zurückgenommen. Insgesamt zeigt sich hier erneut die Diskrepanz zwischen der
Postulierung von Schüler-Aktivität und Selbstorganisation durch das peergestützte
Bewertungsverfahren auf der einen Seite und der sukzessiven Ausgestaltung und
Spezifizierung von Regelungen durch die Lehrerin. In der situativen Spezifizierung
der Rahmenbedingungen zeigt sich der instruktivistische Habitus der Lehrerin.
Die Schülerinnen und Schüler verlegen sich darauf, Informationen zur Erledigung
ihres Schülerjobs zu erhalten. In der Frage der Gewährleitung von Objektivität der
Bewertung wird eine Übernahme der Bewertungs- und Leistungslogik des Unter-

richts durch die Schülerinnen und Schüler deutlich, die hier auch gegen Interessen der Peers (Bewertung nach gegenseitigen Absprachen) artikuliert wird.

01:58-02:16 Eingelagerte Interaktion: Proposition durch Jm, komplementäre Proposition durch L, Antithese durch Jm, Synthese durch L, Validierung durch Me
Jm klopft an die Tür, auf der nonverbalen Ebene reagiert die Lehrerin darauf, indem sie in Richtung Tür geht und Jm hereinbittet. Auch die Schülerinnen und Schüler reagieren, indem sie die Köpfe in Richtung Tür wenden. Jm verweigert, mit dem Hinweis auf eine SV-Sitzung, das Eintreten; die Lehrerin geht zurück an ihren Platz in der Mitte der Raums und setzt ihre Ausführungen fort. Die Verwirrung, die durch die Situation entsteht, spiegelt sich in den Kommentaren der Lehrerin und im Lachen der Schülerinnen und Schüler. Die Lehrerin zeigt sich als informiert über den Verbleib des Schülers in der SV-Sitzung, gleichzeitig wird deutlich, dass sie auch in dieser Situation die Eingliederung des Zu-spät-Kommenden in den Unterricht als ihre Aufgabe ansieht und diese instruktiv begleitet.

02:16-02:36 Transposition durch L in Assoziation mit dem Bewertungsbogen im Modus der Interferenz, kommunikative Zwischenkonklusion durch L, Validierung durch Gf auf der nonverbalen Ebene
Die Lehrerin leitet von ihrem (nicht erfolgreichen) Verständnis in Bezug auf Jm auf das Verständnis der Schülerinnen und Schüler in Bezug auf die Praxis des gegenseitigen Bewertens über. Die Nachfrage, ob die Schülerinnen und Schüler verstanden haben, wie „das im Prinzip also dann laufen soll", zeigt, dass die Lehrerin hier diejenige ist, die die Regeln festlegt, während die Schülerinnen und Schüler auf die Rolle des gedanklichen Nachvollzug und der Befolgung von Regeln festgelegt sind. Gleichzeitig werden die zuvor spezifizierten Regelungen verallgemeinernd so zusammenfasst, dass immer jemand ein Feedback macht und dass man das variabel halten kann. Diese postulierte Variabilität und Freiheit im Verfahren widerspricht den zuvor getätigten Festlegungen und Spezifizierungen und wird in der Folge auch gleich wieder konterkariert. Die Lehrerin geht wieder verstärkt eine Assoziation mit dem Bewertungsbogen ein, den sie die ganze Zeit für die Schülerinnen und Schüler sichtbar vor sich (bzw. zwischen sich und die Schülerinnen und Schüler) gehalten hat. In der Betonung, dass der Bewertende „dann von mir den Zettel kriegt", zeigt sich erneut, dass die Delegation der Bewertungstätigkeit durch Interferenz immer wieder neu hergestellt werden muss. Die Lehrerin zeigt auf den Zettel und führt detailliert aus, wie der Bogen auszufüllen ist. Dabei unterstützen ihre Blicke auf das Papier und ihre Gesten das, was sie sagt. Autor und Adressat der Bewertung müssen auf dem Bogen festgehalten werden, die Aneignung der Bewertung durch den Referenten/die Referentin erfolgt, wie oben angedeutet, auf der formalen

Ebene, durch das Abheften im Portfolio. Das durch zeigende Gesten unterstützte
Erklären des Bogens erfolgt, ohne dass die Schülerinnen und Schüler aus der
Distanz, die zwischen ihnen und der Lehrerin besteht, die Möglichkeit haben, das
Gezeigte zu sehen. Eine Antwort auf die Frage, ob das Gesagte verständlich war,
gibt die Lehrerin selbst, gleichzeitig validiert Gf das Gesagte und die unterrichtliche
Ordnung durch Nicken. Die abschließende, sich absichernde Frage der Lehrerin
nach dem Verständnis der Schülerinnen und Schüler, kann als kommunikative
Zwischenkonklusion der durch die Instruktion der Lehrerin bestimmten Interaktionseinheit interpretiert werden (eine Konklusion ist es nicht, da die Lehrerin
ihre Ausführungen zum Feedback anschließend fortsetzt).

Bis hierin zeigt sich, dass die Lehrerin eine instruktive Rolle einnimmt. Durch
ihre Position im Raum inszeniert sie sich als das Zentrum der Aktivität und der
Aufmerksamkeit; durch diese räumliche und gestische Positionierung und das In-
struieren auf der verbalen Ebene drückt sich eine asymmetrische Struktur aus. Die
Schülerinnen und Schüler sind dabei gleichzeitig sowohl auf das Unterrichtsgespräch
als auch auf andere und unterschiedliche Aufmerksamkeitsfoki gerichtet; die von
der Lehrerin verbal und nonverbal proponierte Erwartung an Aufmerksamkeit
wird durch die Schülerinnen und Schüler neben den peerbezogenen Aktivitäten
enaktiert. Ihre komplementäre Orientierung am Schülerjob findet sich in Passung
zum instruktivistischen Habitus der Lehrerin. In deren Orientierung wird eine
Inkonsistenz zwischen dem, was sie auf der kommunikativen Ebene sagt, und der
habituellen Orientierung deutlich: Während sie auf der einen Seite den Bewertungsbogen als Maßnahme zur Förderung der Selbstständigkeit und Verantwortung der
Schülerinnen und Schüler als in der Gruppe verhandelbar sowie als Unterstützung
des fachlichen und sozialen Lernprozesses rahmt, zeigt sich in der Auseinandersetzung mit den Schülerinnen und Schülern eine Orientierung an kleinschrittiger
Vermittlung und Kontrolle.

02:36-03:55 Proposition durch Af, komplementäre Transposition durch L
Af fragt nach, in welchem Verhältnis die Bewertungsbögen zur Leistungsbewertung
der Lehrerin stehen. Die Kommunikation zwischen der Lehrerin und Af verläuft
hochgradig indexikal, außerdem ist die Äußerung von Af in der Aufnahme schlecht
verständlich. Nur durch die Entgegnung der Lehrerin wird verstehbar, dass die
Schülerin nach dem Verhältnis von Schüler- und Lehrerbewertung fragt. Die Indexikalität bzw. Brüchigkeit der Äußerungen Afs und die Reaktion der Lehrerin,
die den eigentlichen Sachverhalt auch nicht explizit ausspricht, deuten darauf hin,
dass hier etwas Unfragbares angesprochen wird. Die Lehrerin gibt zu verstehen,
dass die schulische Leistungsbewertung unabhängig von der der Schülerinnen und

Schüler bleibt. Afs Äußerung lässt sich interpretieren als eine Vergewisserung, dass die Delegation der Bewertung der Referate an die Schülerinnen und Schüler ohne ernsthafte Konsequenzen bleibt. Darin dokumentiert sich erneut der Schülerjob (Breidenstein 2006), nämlich die Versicherung, dass die Unabhängigkeit und die Qualität der Peerbeziehungen durch die Erledigung der schulischen Aufgabe des Feedbackgebens untereinander nicht gefährdet sind (was der Fall wäre, wenn die Schülerinnen und Schüler untereinander für Bewertungen zuständig wären, die in Zeugnisnoten eingehen würden).

Die Lehrerin bestätigt auf der kommunikativen Ebene die von Af nachgefragte Unabhängigkeit von Schüler-Feedback und Leistungsbewertung, allerdings zeigt sich im Folgenden, dass aus ihrer Sicht auch unter der Bedingung eines „peer-reviews" das asymmetrische Verhältnis zwischen Lehrerin und Schülerinnen und Schülern sowie die traditionelle Rolle der Lehrerin als Bewerterin keineswegs aufgegeben oder zumindest abgemildert werden. Im Fortgang wechselt die Lehrerin das Thema und bewertet ein gegenseitiges Feedback unter Schülerinnen und Schülern als wichtig. Die Bedingung ist, dass sich alle bemühen, es fair ablaufen zu lassen, dies formuliert die Lehrerin als Appell an die Schülerinnen und Schüler. Später (03:14) wird deutlich, dass die Bewertungen, die die Schülerinnen und Schüler vornehmen, und die sich darin ausdrückende Fairness, Gegenstand der Bewertung durch die Lehrerin sind. Damit bleibt sie im Rahmen ihrer Orientierung eines asymmetrischen Lehrer-Schüler-Verhältnisses, innerhalb dessen sie über das Unterrichtsgeschehen und die Leistungsbewertung bestimmt. Die Lehrerin bewertet im Folgenden unangemessen negative und positive Bewertungen als etwas „Fürchterliches". Dabei macht sie eine Differenz auf zwischen Effekten der Powerpoint-Präsentation und (fachlichen) Inhalten, wobei die Inhalte als relevanter bewertet werden. Jemand, der so unangemessen bewertet, erhält selbst eine schlechte Bewertung. Als Gegenhorizont für unangemessen gute oder schlechte Bewertungen führt sie einen Mittelweg an. Die Rahmenbedingungen für das Schülerhandeln werden auch hier weiter spezifiziert, d. h. auf ein von der Lehrerin für gut befundenes Vorgehen reduziert. Die Schülerinnen und Schüler sollen positive und negative Aspekte nennen und dadurch zu einer kritischen Auseinandersetzung kommen. Auf der Ebene der Bewertungskriterien formuliert die Lehrerin klar, unter welchen Bedingungen ein Referat als gut oder schlecht zu bewerten ist. Die Delegation der Bewertungen an die Schülerinnen und Schüler zeigt sich hier als eine direkte Übertragung der Kriterien der Lehrerin, die von den Schülerinnen und Schülern ausgeführt werden sollen. Auch hier zeigt sich in der kleinschrittigen und verengenden Darlegung des Vorgehens eine instruktivistische Orientierung der Lehrerin.

Als Ziel des Vorgehens formuliert sie eine allgemeine Qualitätsentwicklung im Verlauf der Unterrichtseinheit. Die Bewertungen, die vorgetragen werden, sollen zu einer Optimierung der noch zu haltenden Referate beitragen. Die Vermeidung zuvor kritisierter Aspekte in der eigenen Ausführung versteht die Lehrerin als Lernprozess. Die Wendung „die Bewertung für den Ersten ist ein Anreiz für den Letzten" kann so gedeutet werden, dass die Bewertungen des ersten Referats bereits der Optimierung des letzten Referates dienen sollen. In dieser Auffassung zeigt sich, dass für die Lehrerin vor allem der Verlauf des Unterrichts und dessen Qualität relevant ist. Es geht nicht vorrangig um die Aneignungs- und Entwicklungsprozesse einzelner Schüler bzw. Schülerinnen in Reaktion auf ein Feedback. Die Auseinandersetzung mit den Bewertungen als eine Rückmeldung zu den individuellen Leistungen ist durch die Lehrerin nicht vorgesehen; das von ihr beschriebene bzw. vorgeschriebene Vorgehen sieht lediglich ein Abheften im Portfolio vor. Stattdessen geht es ihr vornehmlich um die schrittweise Verbesserung der im Unterricht vorgestellten Präsentationen als einer quasi kollektiven Leistung. Der Lernprozess wird als ein kollektiver aufgefasst, zu dem die Schülerinnen und Schüler durch Fehlerbenennung und Fehlervermeidung einen Beitrag leisten. Auch hier zeigt sich die instruktivistisch-transmissive Orientierung der Lehrerin: Ziel des Lernprozesses ist, dass jemand im öffentlichen Unterricht sagt, wie es richtig geht, und es im Idealfall am Ende auch richtig macht.

03:55-04:02 Elaboration durch Em, Differenzierung durch L
Auf die Aussage hin, dass der letzte Vortragende alle zu den bisherigen Referaten geäußerte Kritik aufnehmen soll, führt Em aus, dass dann Steffi als letzte drankommen müsste. Diese Einschätzung greift die Lehrerin auf und versieht sie mit einer Einschränkung, die darauf schließen lässt, dass die Vortragsleistung nicht die einzige zu bewertende Leistung ist. Em schließt seine Bemerkung mit der Äußerung einer gespannten Erwartung ab. Die Interaktion bleibt indexikal, in dem Einvernehmen über die Leistungserwartung an eine Schülerin zwischen der Lehrerin und Em zeigt sich, dass es Em gelingt, die Leistungserwartungen der Lehrerin (richtig) einzuschätzen und mit Verweis auf die Performanz einer Schülerin zu illustrieren.

04:02-04:44 Transposition durch L in Assoziation mit dem Bewertungsbogen und der Leinwand im Modus der Interferenz
Die Lehrerin schließt die Interaktionseinheit auf der nonverbalen Ebene ab, indem sie den Bewertungsbogen hochkant einrollt und zusammengerollt in Brusthöhe dicht am Körper hält. Der Bewertungsbogen hat damit seine Funktion als Anschauungsobjekt zur den Erklärungen zum Bewertungsprozess verloren, das Thema ist abgeschlossen.

Thematisch geht es in der Folge um das Verhalten der Referierenden bei Vorträgen. In Form eines Appells wendet sich die Lehrerin an die Schülerinnen und Schüler und fordert sie auf, die Zuhörerinnen und -hörer anzusehen. In dem „macht es bitte, dass …" wird der instruktive Charakter deutlich, in dem die Lehrerin die Aufforderung formuliert. Was kommunikativ als Tipps gerahmt ist, wird so zu einer Anforderung. Als negativer Gegenhorizont scheint hier das Ablesen eines Referates auf. Zwar ist gegen Mitschriften oder Notizzettel nichts einzuwenden, gleichzeitig bewertet sie jedoch eine Vortragssituation, die auf Hilfsmittel verzichtet, als bewundernswert und damit als anzustrebendes Ideal. Exemplifiziert wird dieses Ideal am Vortrag einer Mitschülerin aus der Parallelklasse (Kontextwissen). Die Lehrerin rekurriert mit dem Beispiel von Marie auf eine geteilte Erfahrung der Anwesenden und bleibt dadurch indexikal. Die Leistung von Marie wird insofern als exzeptionell dargestellt, als sie bei einer Vortragsveranstaltung die einzige war, die keine Mitschriften verwendete und auch die Lehrerin selbst die Fähigkeit des Vortragens ohne Hilfsmittel nicht besitzt. Für die Mitschriften sollen die Schülerinnen und Schüler höchstens Papier der Größe DIN A 5 verwenden. Die Lehrerin unterstützt die mündlichen Anweisungen mit zeigenden Gesten: Sie faltet das Papier (den Bewertungsbogen) quer in der Mitte und zeigt den so simulierten Notizzettel; als Begründung für die vorgegebene Größe des Notizzettels gibt sie an, dass alles, was größer ist, „sowieso nach unten fällt". Auch dies simuliert sie, indem sie die Faltung des Papiers in der Mitte auflöst und vorführt, wie das Blatt nach unten fällt. Im Folgenden modifiziert sie das Thema „Leute angucken"; allein auf der verbalen Ebene wird ihre Botschaft nicht deutlich, die Lehrerin dreht sich zur Leinwand um und ahmt eine Vortragssituation nach, bei der die Vortragende von der Präsentation abliest. Dieses Vorgehen bewertet die Lehrerin als „grauenvoll" und hebt die Unmöglichkeit einer solchen Handlung hervor. Verbale und nonverbale Handlungen der Lehrerin ergänzen einander. Das zu Lernende oder zu Beachtende wird ex negativo gezeigt, die Bewertung erfolgt auf der verbalen Ebene. Damit führt die Lehrerin hier einen Bewertungsprozess auf, den sie zuvor in der Vorstellung des Bewertungsbogens mündlich skizziert hatte: Ihr vorwegnehmendes Zeigen und die negative Bewertung von Vortragsverhalten soll in der Folge zu einer Fehlervermeidung bei den Schülerinnen und Schülern führen. Auch hier zeigt sich, dass die Lehrerin detailliert die Kriterien der Bewertung vorwegnimmt und spezifiziert. Das Verhalten während der Präsentation wird im Vorfeld in erwünschtes und unerwünschtes Verhalten unterschieden. Letztlich besteht der Lernprozess der Schülerinnen und Schüler, den die Lehrerin mit dem gegenseitigen Feedbackgeben auf der kommunikativen Ebene anstrebt, einem Erfüllen der hier vorgegebenen Kriterien und zugespitzter: in der Vermeidung von Fehlern. Erneut zeigt sich in der Vorgabe richtigen Verhaltens der transmissive Habitus der Lehrerin.

04:32-05:48 (Komplementäre) Proposition durch Tm und validierende Elaboration durch Of; Anschlussproposition (bzw. rituelle Transposition im Modus einer Fremdrahmung) durch L

Die in 04:32 erfolgte Meldung Tms wird nach 10 Sekunden durch die Lehrerin aufgerufen; Tm geht auf die Gestaltung der Präsentation (mutmaßlich einer Powerpoint-Präsentation) ein und plädiert für eine Trennung von verbaler und visueller Ebene. Die Präsentation soll keinen Text enthalten, damit er als Vortragender nicht „ignoriert" wird, weil die Leute nur mitlesen. Dieses Verständnis von Präsentation wird von Of bestätigt. Tm beteiligt sich mit dieser Äußerung im Rahmen der *komplementären Interaktion in Bezug auf die unterrichtliche Ordnung* an der Entwicklung von Qualitätskriterien für die bevorstehenden Referate und signalisiert auf diese Weise Aufmerksamkeit für die Ausführungen der Lehrerin. In einer ersten Reaktion stellt die Lehrerin den Schülerinnen und Schülern frei, wie sie die Präsentationen gestalten. Diese Freiheit schränkt sie aber im Folgenden gleich wieder ein, indem sie – als Merkposten, eigentlich aber als Regel formuliert – die Schülerinnen und Schüler auffordert zu bedenken, dass man bestimmte Dinge gelesen und gesehen haben muss. Sie gibt hier zu verstehen, dass eine reine Bildlichkeit der Präsentation nicht ausreicht. *Insofern ist die Interaktion im Bezug auf die Sache, um die es geht, divergent und wird von der Lehrerin im Modus einer Fremdrahmung bearbeitet:* Sie bewertet das grundsätzliche Potenzial von Bildern, durch Sprichwörtlichkeit bezeugt, positiv und schließt damit vordergründig an das Argument von Tm an. Der Vorschlag von Tm und Of, eine rein bildbasierte Präsentation zu erstellen, wird im Folgenden von der Lehrerin allerdings an Bedingungen geknüpft, die die Relevanz des Lesens und Schreibens für die Lehrerin deutlich machen. Es zeigt sich an der Lehrer-Schülerinteraktion hier erneut, dass der kommunikativ verhandelte Gegenstand weiter durch die Lehrerin präzisiert wird. Interaktiv findet also sukzessive eine Einschränkung des kommunikativ immer wieder als selbstorganisiert und schülerorientiert eingeführten Vorgehens statt. Gleichzeitig zeigt sich in der Spezifizierung und Konkretisierung auch die asymmetrische Struktur der Unterrichtssituation. Die Schülerinnen und Schüler stellen im eigentlichen Sinne auch keine Nachfragen, sondern ihre diskursive Beteiligung am Lehrervortrag hat eher den Charakter, ihr Verständnis vom bisher Gesagten abzusichern und – wie hier – ihren Gestaltungsspielraum auszuloten. Insofern ist die Interaktion auf der Ebene der unterrichtlichen Ordnung als komplementär einzuschätzen.

Darüber hinaus ermahnt die Lehrerin die Schülerinnen und Schüler an die Handouts zu denken. Die Ausführungen der Lehrerin bleiben an dieser Stelle undeutlich, wahrscheinlich ist, dass sie die Schülerinnen und Schüler ermahnt, die Handouts spätestens zum Referat mitzubringen. Das Kopieren der Handouts ist in die Verantwortung der Schülerinnen und Schüler gegeben. Gleichzeitig wird die

Eigenverantwortung durch detaillierte Vorgaben gerahmt: Die Schülerinnen und Schüler können die Texte verkleinern, die Gesamtlänge ist allerdings festgelegt, die Ausfertigung erfolgt in Stichpunkten, so dass die Zuhörenden während des Vortrags nicht mitschreiben müssen, aber trotzdem Bescheid wissen. Der Aneignungs- bzw. Lernprozess der Zuhörenden wird über die Handouts strukturiert bzw. an diese delegiert. Dadurch dass die Lehrerin die Rahmenbedingungen festlegt, behält sie auch die Kontrolle über die Aneignungsprozesse der Schülerinnen und Schüler. Auch in der Festlegung der Funktion von Handouts wird der transmissive Habitus der Lehrperson deutlich: Eigenaktive Konstruktionen durch die Referate sind nicht vorgesehen, zu lernen ist, was auf den Handouts durch die Vortragenden ausgewählt wurde. Gleichzeitig zeigt sich hier eine Erwartung an Redundanz als Normalität des Unterrichts: Informationen in der Powerpoint-Präsentation, in Vortrag und Handout entsprechen einander. Im Bescheidwissen zeigt sich ein spezifisches Lernverständnis, das sich in „Informiertsein" erschöpft – im Informieren liegt auch die Funktion der Referate.

05:28-06:13 (Komplementäre) Proposition durch Tm; antithetische Validierung durch Em und Me, Divergenz im Modus einer Fremdrahmung und rituelle Konklusion durch L (Suspendierung des Themas)

Die in 05:28 erfolgte Meldung von Tm wird in 05:54 durch die Lehrerin aufgerufen. Tm gibt sein Verständnis von der inhaltlichen Gestaltung des Handouts wieder (Verkürzung der Informationen des Referats und damit Aufgreifen der durch die Lehrerin erwarteten Redundanz von Information); in Form einer Sachverhaltsfrage stellt er fest, dass Fragen im Sinne eines Wissenstests nicht aufgenommen werden sollen. Ebenso wie Af bei 02:36 lotet Tm hier den Gestaltungsspielraum der Schülerinnen und Schüler aus und vergewissert sich mithilfe einer rhetorischen Frage, dass eine Überprüfung des Wissenserwerbs der Mitschüler und Mitschülerinnen nicht notwendig ist. Dass er diese Möglichkeit in Erwägung zieht, wird von den Peers durch Gemurmel und spielerisches Zurückweisen (Knuffen durch Em) in einem leicht antithetischen Modus kommentiert. Die Reaktion der Lehrerin ist zunächst zurückweisend: Als allgemeinen Aspekt der Handouts (müssen wir nicht machen) lehnt sie Wissenstests ab; gleichzeitig modifiziert sie aber den Vorschlag hin zu einem Fragebogen. An dessen Einsatz knüpft sie erneut Bedingungen: Er muss schön sein und als Beispiel, das man vorstellen kann, dienen können. Das wird als „wunderbar" bewertet. Auch hier zeigt sich das sich wiederholende Muster der Differenzierung und Spezifizierung des bisher Gesagten und die Transformation von Schülerimpulsen in Vorgaben. Dabei missachtet sie den Umstand, dass Tm seine Frage als rhetorische Frage formuliert und nicht ernsthaft die Überprüfung des Wissens der Mitschülerinnen und Mitschüler durch Wissenstests in Betracht zieht.

06:20-07:13 Elaboration durch L in Interaktion mit Tm und Of; (komplementäre) Proposition durch Em (oder: an die Peers gerichtete Konklusion)
Die Lehrerin wechselt das Thema und kommt auf die erste Referentin zu sprechen, zwei Vorzüge habe es, als Erste dran zu sein, verständlich ist aber nur der erste Vorzug, nämlich es schnell hinter sich zu haben. In Bezug auf Ems Äußerungen sind zwei unterschiedliche Interpretationen möglich: Entweder knüpft er die Erwartung geringer Kritik an die Person, die als Erstes vortragen soll, und offensichtlich als leistungsstarke Schülerin gilt (s. o.). Im Fall einer solchen Interpretation zeigt sich in der Unterhaltung die wechselseitige Interpretation habitueller Aspekte durch die Lehrerin und die Schülerinnen und Schüler: Die Lehrerin bedient sich eines Aspekts des Schülerjobs (schnell fertig werden), Em bringt die Internalisierung der Leistungserwartungen der Lehrerin zum Ausdruck. Oder: Ems Einwurf ist an die Adresse der Mitschülerinnen und Mitschüler gerichtet. Dann könnte sie als Versicherung der Jugendlichen untereinander interpretiert werden, dass die Peerbeziehungen nicht durch zu strenge gegenseitige Bewertungen gefährdet werden, dass man also die an sie delegierte Aufgabe der Bewertung der Referate nicht allzu ernst nehmen wird.

Im Folgenden elaboriert die Lehrerin die bereits entwickelten und vorgeführten Qualitätskriterien für die Vorträge erneut und rahmt sie diesmal als Tipps für die erste Referentin. Wieder liegt der Fokus auf dem Fehlverhalten, das zu vermeiden sei. Die positiven Handlungen, die die negativen ersetzen können, bleiben eher unbestimmt.

06:10-06:30 Versuch einer kommunikativen Konklusion durch Sm, Tm und Em sowie Me
Mehrere Schüler packen demonstrativ ihre Sachen in ihre Rucksäcke und signalisieren damit, dass der Unterricht mit dem Stundenende zu einem Ende kommt. Ihre Bereitschaft, den Ausführungen der Lehrerin Aufmerksamkeit zu schenken und die peerbezogenen Interaktionen dem unterzuordnen, ist im Rahmen der schulisch institutionalisierten kommunikativen Regeln auf zeitlich festgelegte Unterrichtsstunden begrenzt.

5.3.2 Sequenz „Fragen formulieren"

Auch die Sequenz „Fragen formulieren" stammt aus dem empirischen Material des aus Mitteln des Bundesministeriums für wirtschaftliche Zusammenarbeit und Entwicklung (BMZ) geförderten Projekts „Kompetenzorientierter Unterricht im Lernbereich Globale Entwicklung" (vgl. Wettstädt und Asbrand 2013; 2014). Die Sequenz fokussiert die Interaktion einer Schülergruppe in einer Gruppenarbeitsphase. Es sind Gymnasialschüler des 10. Jahrgangs im fächerübergreifenden Unterricht (Biologie und Sozialkunde), die sich in einer Unterrichtseinheit mit den Themen „Textilwelthandel" und „Schadstoffe in Textilien" (biologische Inhalte: Immunsystem, Allergien) beschäftigen. Die Sequenz stammt aus der ersten Doppelstunde der Unterrichtseinheit. Der Unterrichtsgegenstand wurde am Beginn der Stunde als ein Alltagsproblem eingeführt, nämlich mithilfe eines (authentischen) Eintrags in einem Internetforum, in dem ein anonym Schreibender bzw. eine Schreibende von einem T-Shirt berichtet, das in Bangladesch hergestellt sei und beim Tragen Symptome hervorgerufen habe, und fragt, was er oder sie tun soll. Die Schülerinnen und Schüler erhalten als übergeordnete Aufgabe für die Unterrichtseinheit den Auftrag, eine fachlich fundierte Antwortmail zu schreiben; die Aufgabe für die folgenden Stunden ist, sich eigenständig die hierfür notwendige fachliche Expertise zu erarbeiten.[33] In dem der Sequenz vorausgehenden Unterricht war der Text des Forumseintrags präsentiert und die übergeordnete Aufgabenstellung durch die Lehrerin erläutert worden, anschließend hatten die Schülerinnen und Schüler in einer ersten Gruppenarbeitsphase den Auftrag, im Rahmen eines Brainstormings Fragen zu formulieren, die beantwortet werden müssen, um eine fundierte Antwortmail zu verfassen. Diese Fragen waren an einer Pinnwand gesammelt und den Expertisebereichen Medizin, Chemie, Textilunternehmen und Textilarbeiter bzw. -arbeiterinnen zugeordnet worden (vgl. Martens 2014; Kater-Wettstädt 2015). In der Sequenz, die wir für die Interpretation als Beispiel ausgewählt haben, wurden die Schülerinnen und Schüler in vier Arbeitsgruppen eingeteilt, die jeweils einen Experten oder eine Expertin aus den genannten Expertisebereichen vertreten sollten. Die Schülergruppe, deren Interaktion wir interpretiert haben, hat die Rolle der Textilunternehmer übernommen und sollte sich im weiteren Verlauf der Unterrichtseinheit Informationen zu der Problemstellung aus der Perspektive der Textilunternehmen beschaffen. Die beobachtete zweite Gruppenarbeitsphase sollte dazu dienen, diejenigen Fragen zu formulieren, die aus der Perspektive der jeweiligen Expertise sinnvoll beantwortet werden können. Die Interpretation fokussiert die Interaktion einer Gruppe von sechs Schülern, während weitere Schüler- und Schülerinnen-Gruppen gleichzeitig im Klassenraum arbeiten. Die beobachtete Gruppe ist im Transkript und in der Interpretation als Gruppe G2 bezeichnet, gelegentlich interagieren sie mit Schülerinnen einer anderen Gruppe (G1).

---

33 Die Unterrichtseinheit und die Aufgabe sind ausführlich beschrieben bei Martens 2014 und Kater-Wettstädt 2015.

5.3.2.1 Transkript der Sequenz „Fragen formulieren" (Abb. 5.21)

Sitzordnung GA II

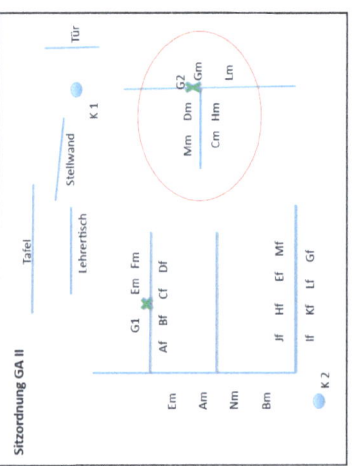

(24:03)

Plenum:

L.   Sscht: (3) wenn jemand wenn jeder mit Blätter versorgt ist-ganz kurz (3)   #00:24:04-7#
     zuhören (.) s::: sch:::::t (2) auf euren Blättern habt ihr unterschiedliche (.)   #00:24:07-6#
     Arbeitsaufträge °(darf ich mal kurz)° (2) ähm (3) da steht kurz drauf was   #00:24:12-9#
     eure Aufgabe ist als Experte (3) s::schh (2) und eure Aufgabe ist jetzt die   #00:24:19-2#

(24:50)

(26:19)

heutigen (.) äh (.) noch zwei- also noch die nächste Stunde und heute (.) #00:24:23-1#
erst mal in der Gruppe Fragen zu stellen die auf jeden Fall beantwortet werden #00:24:27-5#
müssen von dem Experten den ihr jeːzt habt (2) um diesen Blogbeitrag #00:24:31-4#
beantworten zu können; (.) ich leg ihn jetz gleich nochmal auf (.) damit ihr #00:24:35-5#
nochmal genau seht was (.) ähm derjenige geschrieben hat; (.) und die erst mal #00:24:40-1#
zu sammeln diese Fragen; (.) das sind- äh sollen ruhig also die müssen schon #00:24:43-5#
inhaltlich fundiert sein; (2) dann können wir in der nächsten Stunde, haben wir #00:24:47-7#
des ähm (.) haben wir den Computer (.) raum, (.) das heißt also dort werden #00:24:51-8#
wir dann ähm (.) können wir dann direˑkt anfangen zu recherchieren, (2) #00:24:54-7#
Zeitrahmen (4) Zeitrahmen sind die nächsten (2) drei Stunden-das heißt die #00:25:00-8#
nächste Woche is ja- da haben wir ja nur Mittwoch, da ist Fastnacht, (.) da #00:25:03-7#
                                                              [°ja #00:25:04-8#

Me   °

L   machen also (2) ist ja Montag-Dienstag-frei (.) mittwochs weiter #00:25:07-0#
Internetrecherche (.) und danach die Woche Montag auch noch (.) #00:25:10-8#

L   in der Zeit sollt ihr ein Infoplakat erstellen, (.) damit ihr (3) die #00:25:17-0#
anderen-°ich wusste dass ihr (lachen weˑdeɪ)° damit ihr die anderen Gruppen (2) #00:25:21-2#
        [@(2)@

Me   [@(2)@

L   in so ner Art Expertenkongress, (.) informieren könnt (.) bevor es dann (.) das #00:25:26-3#
Ganze (2) heiß diskutiert wird; ja? (2) deshalb (.) müsst ihr das also dis #00:25:32-4#
fundiert (4) fundiert recherchieren, (.) damit ihr als Experte (.) in der #00:25:40-9#
Podiumsdiskussion auch wirklich was leiːten könnt (.) und nicht #00:25:43-8#
nur mit Stammtischwissen; (   ) ja? (2) ok lest euch #00:25:48-5#
erst mal jetzt eure Arbeitsaufträge (in Ruhe durch (2) und stellt Fragen #00:25:53-9#
wenn ihr die Aufgaben nicht versteht) (2) Ihr habt auch alles? (2)
Die restlichen Blätter bitte an mich #00:26:03-2#

(27:21)

(27:27)

(28:24)

Gruppenarbeit der Gruppe G 2:

Cm Kommt doch mal grad hier her (2) könnt ja eh net da bleiben (3)   #00:26:00-9#

?m Tommy (   )   #00:26:12-5#

L   Marc sind bei euch noch Blätter,   #00:26:14-0#

Em Müssen wir zu denen gehen oder was?   #00:26:27-6#

?m ⌊ [Pfeifen]   #00:26:28-2#

Fm Gib mal hier das brauch ich noch (   )   #00:26:30-6#

Dm) Tommy (   ) das darf ich auch alles (2) das da   #00:26:35-7#

    (das hab ich net)

Gm Gibt das vier Blätter (ham wir)?   #00:26:37-9#

Cm ⌊ (Gib mal das Diktiergerät)   #00:26:39-7#

Dm Komplett (blättern)   #00:26:42-7#

[Pupsgeräusch]   #00:26:45-7#

Me @(2)@(2)   #00:26:48-2#

Cm [Räuspern] Hier ist wieder (Lutz   ) ich bin Alkoholiker rettet   #00:26:51-2#

    mich (.) keiner kann mir helfen nicht mal die (   )   #00:26:52-2#

?m   ⌊ Ahh mein Gott   #00:26:53-9#

Mm Sind sie zufällig zigarettenabhängig? (2)   #00:27:01-6#

Gm Hat jeder alle Blätter oder? (2) Carlo (.) hast du (2) Carlo (2) (hast du   #00:27:14-5#

    So:: (2) jetzt ham wa doch alles oder? (4) wo ist das Diktiergerät? (4)   #00:27:35-2#

Cm Nein das is weg (5) (tu es weg du Mauler) (4) leg es wieder dahin wo es war (3)   #00:27:36-8#

    (   ) du alter Lutscher (.) leg's rüber

Me @(2)@ @(   )(4)@   #00:27:41-5#

Cm ⌊ (Carlo @(   )@   #00:27:50-7#

?m (durchs Fenster)   #00:27:51-9#

Cm @(2)@   #00:27:53-5#

?m Golf   #00:27:55-5#

?f Golf   #00:27:59-7#

?m (Hier is was los)   #00:28:00-6#

Cm Phil (dreh mal an)   #00:28:15-3#

Gf Was seid ihr? (3) was seid ihr? (2) was seid ihr für ne Gruppe? (2)   #00:28:17-1#

Cm Luise hör auf zu rauchen (.) (   )   #00:28:18-9#

Gf Was seid ihr denn für ne Gruppe, Heiko?   #00:28:21-3#

Mf ⌊ @(2 (Du bist so doof Heiko))@   #00:28:24-7#

Gf Warum redet keiner mit mir?   #00:28:25-9#

Mf Ich weiß nicht ich glaub die ham Textilarbeiter oder was in der Art   #00:28:27-4#

Gf Was seid ihr?

Ef Textilhersteller

(28:49)

(29:12)

```
Gf  @Ihr könnt euer scheiß Dings hier wieder haben@ ich weiß        #00:28:29-9#
Mf  Nehmt mal euer                                                  #00:28:30-3#
Cm  Nö                                                             #00:28:32-2#
Mm  Jetzt ist der Zettel abgegangen du (3)                          #00:28:37-1#
Hm  Scheiße (           )                                          #00:28:43-3#
Mm  Hallo (2) @mein Name ist Manuel und ich hab nen Alkoholiker@ (3) #00:28:47-6#
Cm  (           ) abgedroschen du Idiot ey @(2)@                    #00:28:48-2#
Dm                        ⌊ Das is sau @niveaulos@                  #00:28:56-2#
Cm  Was is das? ⌈ (2) was is das? (3)                               #00:28:50-9#
Me             ⌊ Niveaulos                    ) (4)
Mm  (
Cm  Boah Dave ey das stinkt bähh ähhh (2) @Alter@                   #00:29:01-2#
Hm  Oh mein Gott (.) also welche Fragen können wir beantworten; (.)wo kommen  #00:29:05-0#
    die T-Shirts her? was ist in den T-Shirts drin?                #00:29:06-9#
Dm  Nein (      )                                                   #00:29:07-9#
Cm  Flo (krieg ich nen Stift?) (3)                                  #00:29:12-9#
Mm  Wo is er denn?                                                 #00:29:15-8#
Cm  Da ist doch einer (.)                                           #00:29:16-9#
Hm  (       ) das kleine ausgelutschtes 3leistiftding (.)          #00:29:21-7#
Cm  Man gib mir ma nen ordentlichen Stift Mensch (3)                #00:29:26-1#
?m  Du Schwanzlutscher (3)                                          #00:29:30-5#
Me  @(8)@                                                          #00:29:38-8#
Cm  Scheiße                                                        #00:29:42-5#
Mm  (       ) ja aber das sie ihr. nur noch @kennen@                #00:29:46-3#
Cm  @(2)@ Oah es geht gar nichts ey                                 #00:29:48-4#
Mm  (Für mich könnt ihr eh noch    )                                #00:29:51-3#
[durcheinander (9)]
?m  @Alter@                                                        #00:30:00-9#
Cm  @(2)@                                                          #00:30:02-1#
Mm  zwei                                                           #00:30:03-9#
[im Hintergrund durcheinander (9)]
```

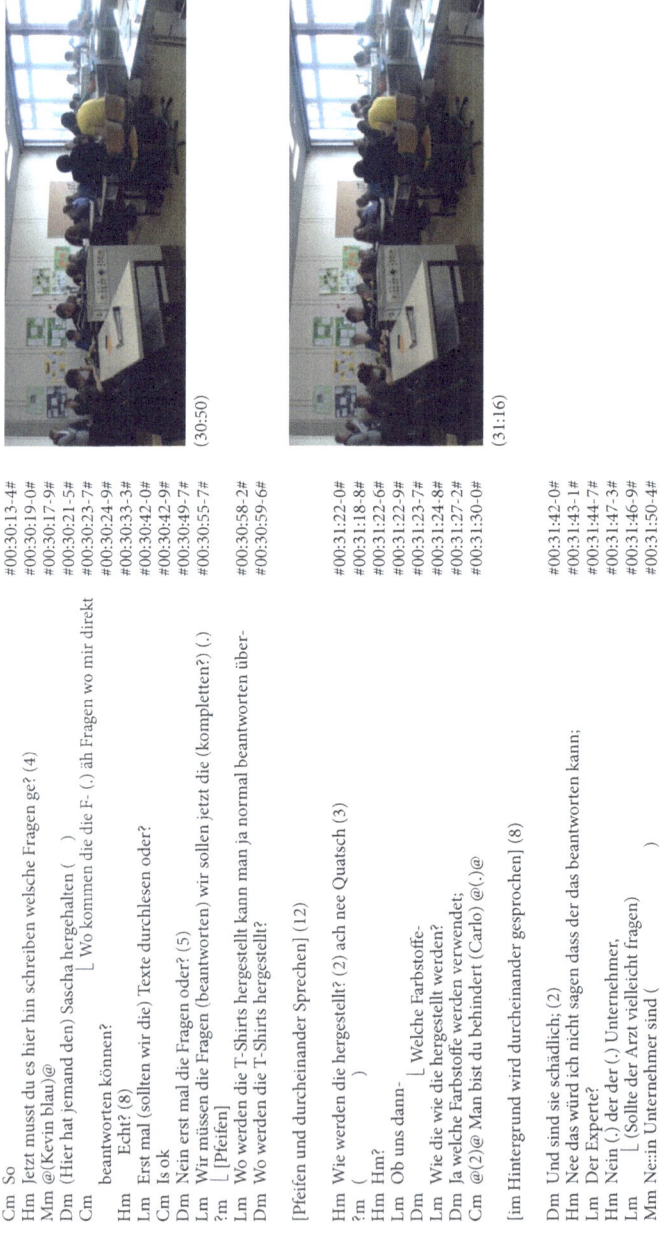

(30:50)

(31:16)

Cm	So
Hm	Jetzt musst du es hier hin schreiben welche Fragen ge? (4)	#00:30:13-4#
Mm	@(Kevin blau)@	#00:30:19-0#
Dm	(Hier hat jemand den) Sascha hergehalten ( )	#00:30:17-9#
Cm	⌊ Wo kommen die die F- (.) äh Fragen wo mir direkt	#00:30:21-5#
	beantworten können?	#00:30:23-7#
Hm	Echt? (8)	#00:30:24-9#
Lm	Erst mal (sollten wir die) Texte durchlesen oder?	#00:30:33-3#
Cm	Is ok	#00:30:42-0#
Dm	Nein erst mal die Fragen oder? (5)	#00:30:42-9#
Lm	Wir müssen die Fragen (beantworten) wir sollen jetzt die (kompletten?) (.)	#00:30:49-7#
?m	⌊ [Pfeifen]	#00:30:55-7#
Lm	Wo werden die T-Shirts hergestellt kann man ja normal beantworten über-	
Dm	Wo werden die T-Shirts hergestellt?	#00:30:58-2#
		#00:30:59-6#
	[Pfeifen und durcheinander Sprechen] (12)	
Hm	Wie werden die hergestellt? (2) ach nee Quatsch (3)	#00:31:22-0#
?m	( )	#00:31:18-8#
Hm	Hm?	#00:31:22-6#
Lm	Ob uns dann-	#00:31:22-9#
Dm	⌊ Welche Farbstoffe-	#00:31:23-7#
Lm	Wie die wie die hergestellt werden?	#00:31:24-8#
Dm	Ja welche Farbstoffe werden verwendet;	#00:31:27-2#
Cm	@(2)@ Man bist du behindert (Carlo) @(.)@	#00:31:30-0#
	[im Hintergrund wird durcheinander gesprochen] (8)	
Dm	Und sind sie schädlich; (2)	#00:31:42-0#
Hm	Nee das würd ich nicht sagen dass der das beantworten kann;	#00:31:43-1#
Lm	Der Experte?	#00:31:44-7#
Hm	Nein (.) der der (.) Unternehmer,	#00:31:47-3#
Lm	⌊ (Sollte der Arzt vielleicht fragen)	#00:31:46-9#
Mm	Ne::in Unternehmer sind ( )	#00:31:50-4#

(31:53)

(32:18)

(33:03)

?m
Dm   Aber ich würd noch sagen, dass der Chemikalienlösemittel (2) ne; das kann der nicht
      beantworten;
                          └ (Vielleicht die Chemiker)
Gm   └ Was das Material.
Dm   Ja;

                                  #00:31:50-0#
                                    #00:31:54-8#
 #00:31:55-8#
 #00:31:56-5#
 #00:31:57-2#

[Im Hintergrund wird durcheinander gesprochen.] (12)

Cm   Carlo ich brauch (   )
Mm   Häh?

                                    #00:32:11-8#
 #00:32:12-1#

[Im Hintergrund wird durcheinander gesprochen.] (8)

Lm   Sind Allergien bekannt vielleicht noch, oder?
Hm   Können allergische Reaktionen auftreten oder so? (2)
Dm   Ja is is (.) si-sind äh sind schon mal Probleme aufgetreten? mit den
Hm   └ (
Dm   T-Shirts kann man vielleicht noch schreiben
Hm   Gab es ähnliche Probleme
Mm   Sind bereits äh allergische Allergieprobleme aufgetreten;
Cm   Allergische Allergieprobleme?
Mm   Hähä
Dm   Gab es ähnliche Probleme einfach

                                    #00:32:23-1#
 #00:32:29-0#
 #00:32:31-8#
 #00:32:30-4#
 #00:32:32-9#
 #00:32:34-6#
 #00:32:38-6#
 #00:32:39-7#
 #00:32:40-2#
 #00:32:43-6#

[Im Hintergrund wird durcheinander gesprochen.] (5)

Lm   Ähm (3) was noch?
Hm   Das war's glaub ich (.)
Lm   Wir sagen Ihr nur die Fragen die hier vorne stehen oder
Dm   Wir können ja nochmal (   ) zu überlegen (ah is egal) (2)
      ja das is (.) das was wir jetzt machen müssen in der Stunde; (.) die
      Texte lesen; (2) vielleicht fallen uns ja noch Fragen auf

                                    #00:32:53-6#
 #00:32:56-8#
 #00:32:56-6#
 #00:32:58-7#
 #00:33:03-6#
 #00:33:07-6#

[Im Hintergrund und in der Gruppe wird durcheinander gesprochen.] (5)

5.3.2.2   Formulierende Interpretation (Abb. 5.22)

Formulierende Interpretation (verbal)	Formulierende Interpretation (nonverbal)	
24:00-25:55 OT: Fragen für die Expertengruppe	**24:00-25:55 OA: Ansprache der Schülerinnen und Schüler**	**24:00-25:55 OA: Organisation der Gruppenarbeit**

24:06-24:06 und 24:17 eingeschobenes UT: Zuhören
Wenn alle mit Arbeitsblättern versorgt sind, sollen sie zuhören. „S:::sch:::::t".

24:00-24:03 UA: Für Ruhe sorgen
Die Lehrerin steht vor den Schülerinnen und Schülern und schaut sie an. Sie hat beide Armen gehoben, die Hände zeigen mit der Innenseite zu den Schülerinnen und Schülern. Sie nimmt einen Zeigefinger vor den Mund, während sie „s:::sch:::::t" sagt.

24:00-25:00 UA: Verteilen der Blätter
In der hinteren Reihe stehen Gf und Kf und schauen auf die Tische, in den Händen haben sie Blätter. Diese verteilen sie an die Schülerinnen und Schüler, die an der hinteren Tischreihe sitzen. Dann setzen sie sich an ihre Plätze (24:44). In der linken Reihe steht Gm und verteilt Blätter an Hm und Cm. Anschließend setzt er sich und sortiert seine Blätter zu einem ordentlichen Stapel, indem er diesen mit der unteren Kante auf den Tisch aufstößt (24:35). Viele Schülerinnen und Schüler schauen auf die Blätter, die sie auf den Tischen liegen haben oder in den Händen halten. Etliche Schülerinnen und Schüler sortieren ihre Blätter oder rütteln den Stapel durch Aufstoßen auf den Tisch gerade.

24:06-24:09 UT: Die Arbeitsaufträge auf den Arbeitsblättern
Auf den Blättern haben sie unterschiedliche Arbeitsaufträge. Darf sie mal kurz?

24:04-24:49 UA: Zeigen der Arbeitsblätter
Die Lehrerin geht zur vorderen Tischreihe, nimmt sich das Blatt einer Schülerin (Df), geht wieder ein paar Schritte zurück und schaut auf das Blatt in ihrer Hand. Anschließend schaut sie die Schülerinnen und Schüler an. Während sie spricht, hat sie das Arbeitsblatt in der Hand.

24:09-24:32 UT: Die Aufgabe als Experte
Ihre Aufgabe als Experte ist es, Fragen zu stellen, die auf jeden Fall von den Experten beantwortet werden müssen, um den Blogbeitrag zu beantworten.

24:30-24:49 UA: Zeigen des projizierten Textes
Bei der Erwähnung des Blogeintrags stellt sie sich den Overheadprojektor ein, der rechts vor ihr steht, und zeigt auf die Leinwand hinter ihr.

24:32-24:39 UT: Der Blogeintrag
Sie zeigt den Text noch einmal, damit sie genau sehen, was derjenige geschrieben hat.

25:00-25:55 eingeschobene UA: Aufmerksamkeit für die Ansprache der Lehrerin
Die Mädchen in der ersten Reihe schauen nicht mehr in ihre Blätter, sondern sind der Lehrerin zugewandt. Sie lachen, während die Lehrerin den Arbeitsauftrag erwähnt, ein Infoplakat zu erstellen.

24:39-24:46 UT: Die Fragen
Sie sollen Fragen sammeln. Die Fragen sollen inhaltlich fundiert sein.

24:46-25:32 UA: Gestische Unterstützung des Arbeitsauftrags
Während die Lehrerin den Zeitrahmen erläutert, zeigt sie mit der erhobenen rechten Hand die Zahl drei an. Die folgenden Ausführungen begleitet sie mit Gesten des auf Schulterhöhe erhobenen linken Arms. Während sie die Schülerinnen in der ersten Reihe anspricht (25:17-25:19), zeigt sie mit der rechten Hand auf sie.

24:46-25:30 UT: Die Aufgaben für die nächsten Stunden
Die nächsten drei Stunden können sie dann recherchieren, dafür haben sie den Computerraum. An Fastnacht ist Montag und Dienstag frei. In der nächsten Woche haben sie Montag auch noch Zeit. Es soll auch ein Infoplakat erstellt werden, damit sie die anderen Gruppen bei „so ner Art Expertenkongress" informieren können. Dann soll „das Ganze heiß diskutiert" werden.

24:49-24:54 eingeschobene UA: Austauschen der Blätter
Die Lehrerin geht zur vorderen Tischreihe und nimmt Blätter von Af entgegen, dann macht sie einen Schritt auf Df zu und legt das andere Blatt wieder auf deren Tisch.

25:17-25:19 eingeschobenes UT: Lachen
Sie wusste, dass die Schülerinnen lachen werden.

Formulierende Interpretation (verbal)

25:30-25:48 UT: Anforderungen an die Recherche
Sie sollen fundiert recherchieren, damit sie bei einer Podiumsdiskussion als Experten etwas leisten können. Stammtischwissen ist nicht ausreichend.

25:48-25:55 Rückkehr zum UT: Die Arbeitsaufträge auf den Arbeitsblättern
Die Arbeitsaufträge sollen in Ruhe gelesen werden. Wenn sie die Aufgaben nicht verstehen, können sie Fragen stellen.

Ab 26:00 bezieht sich die Interpretation auf die Interaktion der Gruppe G2 (Mm, Dm, Gm, Lm, Hm und Cm):

25:55-26:28 Auslassung
(Kommunikation der Lehrerin mit zwei Schülern, die nicht zur Gruppe G2 gehören, darüber, ob sie alle Arbeitsblätter haben)

26:28-29:02 OT: Organisation der Gruppenarbeit

26:28-26:39 UT: Vollständigkeit der Arbeitsmaterialien
Er soll ihm das geben, er braucht das noch. Haben sie die vier Blätter? Er soll das Diktiergerät mal geben

26:45-26:53 eingeschobenes UT: Alkohol- und Zigarettenabhängigkeit
Cm ist Alkoholiker und muss gerettet werden. Keiner kann ihm helfen. Sind sie zigarettenabhängig?

Formulierende Interpretation (nonverbal)

25:32-25:37 eingeschobene UA: Warten
Während einer viersekündigen Sprechpause hält die Lehrerin auch mit den Gesten inne und schaut eine Weile nach rechts zur Sitzreihe am Fenster

25:37-25:55 Fortsetzung der UA: Gestische Unterstützung des Arbeitsauftrags
Die Lehrerin begleitet ihre Ausführungen mit zeigenden Gesten.

26:35-28:59 OA: Spielen mit dem Aufnahmegerät

26:35-26:45 UA: Weitergeben des Aufnahmegerätes
Cm streckt seinen Arm in Richtung des Aufnahmegeräts, das auf dem Tisch von Gm liegt. Gm schaut auf das Aufnahmegerät und reicht es in Richtung von Hm und Cm, während er sich sofort wieder dem Sortieren der Blätter zuwendet.

Ab 25:37 schauen fast alle Schülerinnen und Schüler zur Lehrerin und nicht mehr auf ihre Blätter.

26:00-30:00 OA: Organisation der Gruppenarbeit

26:00-27:40 UA: Sortieren und Verteilen der Arbeitsblätter
Gm steht auf, beugt sich zu Cm und Hm und ist dann einen längeren Zeitraum damit beschäftigt, die Blätter zu sortieren und an die anderen Gruppenmitglieder zu verteilen. Als Dm zum Tisch kommt (mit einem Stuhl, bei 26:30), nimmt er sich drei Blätter aus Gms Stapel auf dem Tisch. Anschließend blättert er die Papiere durch und stößt den Stapel mit der Unterkante auf dem Tisch auf. Nach einer Minute geht Gm, der die ganze Zeit mit den Papieren hantiert hat, zum Lehrertisch, legt einen kleinen Stapel Blätter dort ab und geht zurück zu seinem Platz.

Formulierende Interpretation (verbal)

26:53-27:36 *Fortsetzung UT: Vollständigkeit der Arbeits-materialien*
Haben alle die Arbeitsblätter? Auch Carlo?
Wo ist das Aufnahmegerät? Er soll es wieder hinlegen.

27:36-27:59 *unverständlich*

27:59-28:27 *UT: Welche Experten sind sie?*
Welche Gruppe seid ihr? Niemand redet mir ihr.
Sie glauben, dass sie Textilarbeiter sind. Textilhersteller.
28:15-28:17 *Fortsetzung eingeschobenes UT: Alkohol- und Zigarettenabhängigkeit*
Luise soll aufhören zu rauchen.
28:27-28:37 *UT: Das „scheiß Dings"*
Sie können ihr „scheiß Dings" wieder haben. Der Zettel ist abgegangen. „Scheiße".

28:37-29:02 *Fortsetzung eingeschobenes UT: Alkohol- und Zigarettenabhängigkeit*
Sein Name ist Manuel und er ist Alkoholiker.
Das ist abgedroschen und niveaulos. Es stinkt.

Formulierende Interpretation (nonverbal)

27:04 *UA: Zurücklegen des Aufnahmegeräts*
Während Cm mit dem Stuhl in der hinteren Tischreihe beschäftigt ist und Gm Blätter sortiert, legt Hm das Aufnahmegerät auf den Tisch von Em bzw. Fm (rechts neben Gm).
27:21-27:40 *UA: Herumgeben des Aufnahmegeräts*
Gm schaut kurz auf das Aufnahmegerät und legt es auf seinen Tisch, bevor er zum Lehrertisch geht. Cm greift nach dem Gerät, schaut es kurz an und legt es wieder zu Lm. Lm schaut sich das Gerät ganz genau an und legt es etwas weiter rechts auf den Tisch.

27:40-28:14 keine Videoaufnahme der Gruppe

28:16-28:28 *UA: Hinwendung zum Nachbartisch*
Hm dreht sich, während er mit seinen Blättern hantiert, nach hinten in Richtung Gf um. Auch Cm ist nach hinten Richtung Mf und Gf gewandt. Gm hat sich etwas zurück-gelehnt und schaut unter den Tisch. Hm wendet sich Lm zu und macht eine kurze zeigende Geste in Richtung der Mädchen hinter ihm. Mm schaut etwas zur Seite Richtung Mf, Lm richtet sich auf und schaut nach hinten Richtung Gf. Hm wendet sich noch einmal nach hinten um.

28:39-28:47 *UA: Herumgeben des Aufnahmegeräts*
Cm nimmt kurz das Gerät in die Hand und lacht dabei, dann legt es vor Gm auf den Tisch. Hm, Lm und Gm fassen auch kurz in Richtung des Gerätes, lassen es aber liegen.

28:48-28:53 *UA: gespielte Rauferei*
Cm haut Dm mit der Hand oder mit einem Gegenstand kurz auf den Kopf bzw. deutet einen Schlag auf den Kopf an, Mm beugt sich etwas nach unten, wie auch Cm.

26:22-27:40 *UA: Zusammenkommen als Gruppe*
Hm hat sich zu Gm und Lm gebeugt. Dm steht auf, kommt zu der Gruppe und wirft seine Blätter auf den Tisch, dann geht er wieder weg. Er und Mm kommen sodann mit ihren Stühlen an den Tisch der Gruppe (G2) und setzen sich. Dm nimmt sich drei Blätter aus Gms Stapel. Cm steht auf und stellt einen Stuhl weg. Gm ist der Letzte, der sich hinsetzt, nachdem er die restlichen Blätter zum Lehrertisch gebracht hat.

28:32-28:59 *UA: Hantieren mit den Blättern*
Zuerst nimmt Hm seine Blätter in beide Hände und stößt den Stapel mit der Unter-kante auf dem Tisch auf, anschließend legt er ihn wieder auf den Tisch vor sich. Wenig später macht Gm das Gleiche.

Formulierende Interpretation (verbal)	Formulierende Interpretation (nonverbal)
29:02–33:07 OT: Fragen formulieren	**28:53–28:59 UA: Gerüche vertreiben** Cm macht wedelnde Bewegungen; Hm fasst sich an die Nase.
29:02–29:07 UT: Fragen, die sie beantworten können Welche Fragen können sie beantworten? Herkunft der T-Shirts; Stoffe, die in den T-Shirts enthalten sind.	**29:02–33:15 OA: Die Arbeit erledigen**
29:07–29:26 eingeschobenes UT: Arbeitsorganisation Cm braucht einen Stift. Flo soll ihm einen ordentlichen Stift geben.	**29:02–29:08 UA: Sich orientieren** Cm beugt sich kurz in Richtung Mm, dann in Richtung Hm. Lm schaut kurz in Richtung Kamera und dann wieder zu seinen Mitschülern in der Gruppe. Mm schaut zu ihm herüber, Cm schaut wieder auf Hms Tisch.
	29:02–29:25 UA: Beschäftigung mit dem Arbeitsblatt Gm beugt sich vor, stützt die Ellenbogen auf den Tisch auf und schaut auf das vor ihm liegende Blatt. Einen kurzen Moment sind alle über ihre Tische gebeugt (bis **29:12**). Während Hm und Cm mit der Federtasche beschäftigt sind, bleiben Gm, Mm und Dm über ihre Tische gebeugt. (Lm ist im Video nicht zu sehen.)
	29:12–30:00 UA: Hantieren mit der Federtasche Hm nimmt seine Federtasche in die Hand und sucht eine längere Zeit darin. Cm greift zu ihm herüber und versucht die Federtasche zu nehmen. Hm entzieht sich dem, indem er seine Hände mit der Federtasche in Richtung Lm bzw. nach unten bewegt (weg von Cm). Hm kramt weiter in der Federtasche, nimmt etwas heraus und reicht es in Richtung Cm. Hm hantiert noch kurz mit der Federtasche und legt sie dann auf den Tisch.
	29:35–29:50 eingeschobene UA: Zeigen und Lachen Mm lehnt sich auf seinem Stuhl weit nach hinten und zeigt mit gestrecktem Arm und Zeigefinger zuerst in Richtung vordere Kamera und dann in Richtung der hinteren Kamera. Währenddessen spricht er mit Cm, beide lachen. Gm schaut in Hms Richtung, lehnt sich etwas zurück und lacht; auch Lm lacht.
	Ab **29:40** beugt sich Gm unter den Tisch und holt seine Federtasche hervor. Er öffnet sie, nimmt etwas heraus und verschließt sie wieder.
29:26–30:13 unverständlich	**29:40–30:50 UA: Beschäftigung mit den Arbeitsblättern** Dm ist nach vorne über seinen Tisch gebeugt und bewegt sich überhaupt nicht. Er beteiligt sich lange nicht an der Interaktion am Tisch. Bei **30:40** hebt er kurz den Kopf und schaut zu Gm, während er spricht. Bei **30:50** hebt er wieder den Kopf, wendet sich der Gruppe zu und sortiert seine Blätter.
	29:40–30:08 UA: Hantieren mit den Blättern Hm nimmt seine Blätter und rüttelt den Stapel zurecht, indem er ihn auf dem Tisch aufstößt. Anschließend sortiert er die Blätter. Bei **30:08** schreibt er etwas auf ein Blatt.

Formulierende Interpretation (verbal)

30:13-30:24 Fortsetzung UT: Fragen, die sie beantworten können
Sollen die Fragen hier aufgeschrieben werden? Fragen, die sie direkt beantworten können.

30:19-30:21 unverständlich

30:24-30:55 eingeschobenes UT: Klärung der Aufgabenstellung
Sollen sie erst die Texte lesen? Nein, zuerst Fragen formulieren. Sie sollen Fragen beantworten.

30:55-31:27 Fortsetzung UT: Fragen, die sie beantworten können
Wo die T-Shirts hergestellt werden, kann man normal beantworten. Wie sie hergestellt werden. Welche Farbstoffe verwendet werden.

31:27-31:30 eingeschobenes UT: Behindert-Sein

31:36-31:42 Fortsetzung UT: Fragen, die sie beantworten können
Ob die Farbstoffe schädlich sind.

31:42-31:57 UT: Fragen, die er beantworten kann
Der kann das nicht beantworten. Der Experte? Nein, der Unternehmer. Da sollte er einen Arzt oder Chemiker fragen.

31:57-32:20 unverständlich

Formulierende Interpretation (nonverbal)

30:00-30:45 UA: Sich Orientieren/Sich Austauschen
Gm schaut zu Lm auf den Tisch; Lm schaut vor sich auf den Tisch, Gm gähnt und streckt sich, schaut wieder zu Lm und Hm, der mit den Blättern hantiert. Bei **30:30** wendet sich Hm zu Lm und spricht mit ihm. Gm schaut in die Luft bzw. zu den Fenstern. **Ab 30:40** stützt er die Ellenbogen auf und schaut auf seinen Tisch vor sich.

30:45-33:15 UA: Beschäftigung mit den Arbeitsblättern (alle)
Alle Gruppenmitglieder schauen auf ihre Arbeitsblätter, die vor ihnen auf dem Tisch liegen.

30:50 UA: Umdrehen zur Leinwand
Dm dreht sich um und schaut auf die Leinwand.

31:00-31:15 UA: Schreiben
Hm schreibt auf seinem Arbeitsblatt

31:15-31:30 UA: Umdrehen/Blickrichtung zur Leinwand
Dm dreht sich noch einmal um und schaut auf die Leinwand. Auch Lm dreht sich nach rechts und schaut an Gm vorbei zur Leinwand. Hm hält in seinem Schreibprozess inne, schaut zur Leinwand und wackelt mit seinem Bleistift, den er locker in der linken Hand hält, hin und her bzw. klopft auf den rechten Daumen. Dabei schaut er zu Lm.

31:45-31:52 UA: Blickrichtung zur Leinwand
Hm richtet sich auf und schaut auf die Leinwand. Während dessen klopft er mit der rechten Hand auf seinen Bleistift, den er in der linken Hand hält und schaut dabei zu Lm. Auch Dm schaut zur Leinwand.

31:45-31:55 UA: Schreiben (Gm)
Gm schreibt etwas auf das Blatt, das auf seinem Tisch liegt.

32:03-32:19 UA: Umwenden zur Leinwand
Dm dreht sich um und schaut für eine längere Zeit zur Leinwand.

Bei **30:00** nimmt Cm seine Blätter in beide Hände und rüttelt den Stapel zurecht, in dem er ihn auf dem Tisch aufstößt. Anschließend sortiert er die Blätter.

31:30-31:40 UA: Rucksack
Mm steht auf und holt etwas aus seinem Rucksack, der am Nachbartisch steht.

Formulierende Interpretation (verbal)

32:20-32:43 Fortsetzung UT: Fragen, die sie beantworten können
Sind Allergien aufgetreten? Gab es schon mal ähnliche Probleme mit den T-Shirts? Das kann man vielleicht noch aufschreiben.

32:53-33:07 eingeschobenes UT: Organisation des Arbeitsprozesses und Klärung der Aufgabenstellung
Das war's. Sie sagen ihr nur die Fragen, die zorne stehen. Sie können noch mal überlegen. Das sollen sie in der nächsten Stunde machen, die Texte lesen, vielleicht fallen ihnen dann weitere Fragen ein.

Formulierende Interpretation (nonverbal)

32:11-32:35 UA: Aufstehen
Lm steht auf und schaut zunächst zu Gm, dann zur Pinnwand/Tafel. Hm blickt zu dem stehenden Lm auf. Auch Dm wendet sich dem stehenden Lm zu. Der macht eine verneinende Kopfbewegung (bei **32:28**), dann setzt er sich wieder hin.

32:40-32:50 UA: Schreiben
Hm und Gm schreiben etwas auf ihre Blätter.

32:50-33:10 UA: Austausch
Die Gruppenmitglieder schauen von ihren Blättern auf und schauen sich gegenseitig bzw. das jeweilige Gegenüber oder den Nachbarn an.

33:00-33:15 UA: Sortieren der Blätter
Hm nimmt erst eins, dann zwei Blätter auf und schaut diese und die darunter liegenden Blätter an, ein Blatt dreht er um. Dann nimmt er den ganzen Stapel in die Hand und rüttelt die Blätter durch Aufstoßen auf den Tisch zurecht. Auch Dm schaut seine Blätter durch.

5.3.2.3 Reflektierende Interpretation

24:00-25:55 Proposition durch L. in Assoziation mit den Arbeitsblättern und dem Overheadprojektor

Die Proposition der Lehrerin bezieht sich auf zwei Ebenen. In Bezug auf die schulische Ordnung markiert sie erstens den Beginn einer Arbeitsphase und erläutert die Aufgaben, die die Schülerinnen und Schüler in den nächsten Stunden erledigen sollen. Zweitens formuliert sie Erwartungen an die Erledigung der Aufgaben durch die Schülerinnen und Schüler auf der Ebene des fachlichen Lernens. In der Betonung fundierter Recherche und der Erwartung, dass die Jugendlichen „als Experten (…) wirklich was leisten können", wie auch im Gegenhorizont des „Stammtischwissens" dokumentiert sich einerseits der fachliche Anspruch der Lehrerin, andererseits ihr Vertrauen in die Fähigkeiten der Schülerinnen und Schüler, sich eigenständig Fachwissen erarbeiten zu können. In inhaltlicher Hinsicht ist der Arbeitsauftrag relativ offen. Die Lehrerin spricht zwar darüber, was in den folgenden Stunden bearbeitet werden soll (Fragen, die von den jeweiligen Experten beantwortet werden können), äußert sich aber nicht in inhaltlicher Hinsicht zum Unterrichtsgegenstand (Schadstoffe in Textilien). Vielmehr überlässt sie es den Schülerinnen und Schülern, sich das Fachwissen zum Gegenstand zu erarbeiten. Durch das nochmalige Anschalten des Overheadprojektors und den sprachlichen wie zeigenden Verweis auf den Forumseintrag markiert die Lehrerin die alltagsweltliche Problemstellung als relevant für die jetzt folgende Erarbeitung des Fachwissens.

Es zeigt sich, dass der Lehrerin daran gelegen ist, Klarheit über die Aufgabenstellung in formaler Hinsicht herzustellen. Sie versichert sich, dass alle das notwendige Arbeitsmaterial (Arbeitsblätter) erhalten haben, fordert Aufmerksamkeit der Schülerinnen und Schüler für die Aufgabenstellung ein und unterbricht ihren Redefluss, bis die Schülerinnen und Schüler sie anschauen (ab 25:32). Auch werden der Zeitrahmen, der für die Aufgabe zur Verfügung steht, deutlich gemacht und die nachfolgenden Arbeitsschritte genannt. Mit ihrer Gestik unterstreicht die Lehrerin die formalen Aspekte des Arbeitsauftrags (Zeitrahmen) und die einzelnen Arbeitsschritte (recherchieren, Infoplakat erstellen, später aus Expertensicht diskutieren).

Besondere Relevanz erhält der auf den Arbeitsblättern schriftlich formulierte Arbeitsauftrag durch die Assoziation mit dem Artefakt: Während die Lehrerin spricht, hält sie die ganze Zeit ein Blatt sichtbar vor ihren Körper. Dies hat keine inhaltliche Funktion, da das Blatt auf Grund der Entfernung von keiner Schülerin bzw. keinem Schüler gelesen werden kann. Das Zeigen des Arbeitsblattes betont lediglich seine Wichtigkeit. Die Lehrerin beginnt ihre Ausführung mit der Nachfrage, ob alle die Blätter erhalten haben, und rahmt den Arbeitsauftrag als auf den Arbeitsblättern befindlich. Sie beschließt ihre Erläuterung des Arbeitsauftrags für die nachfolgende Gruppenarbeitsphase mit der Aufforderung, den Arbeitsauftrag auf dem Arbeitsblatt „in Ruhe", also gründlich, nachzulesen.

Der propositionale Gehalt der verbal geäußerten Aufgabenstellung ist homolog zur bisher rekonstruierten Orientierung der Lehrerin, die den Unterrichtsverlauf klar strukturiert und fachlich fokussiert, gleichzeitig aber Räume eröffnet für die aktive Aneignung des Gegenstands durch die Schülerinnen und Schüler. Wesentlicher Aspekt der Orientierung der Lehrerin ist die Erwartung an die Eigenständigkeit der Schülerinnen und Schüler und das Zutrauen in ihre Fähigkeiten (hier die Fähigkeit, sich selbstständig Expertenwissen anzueignen).

Interpretation des Artefakts: Divergenz durch das Arbeitsblatt

Der an das Arbeitsblatt delegierte propositionale Gehalt kann als divergent zur Orientierung der Lehrerin interpretiert werden. Vordergründig besteht eine Übereinstimmung zwischen dem schriftlich formulierten Arbeitsauftrag und dem, was die Lehrerin mündlich ausführt. In beiden Fällen werden die Schülerinnen und Schüler als potenzielle Expertinnen und Experten adressiert und mit einer eigenständig zu bearbeitenden Rechercheaufgabe sowie der Aufgabe, die Ergebnisse dieser Recherche auf einem Plakat zu präsentieren, beauftragt. (Es gibt vier unterschiedliche Arbeitsblätter für die vier Expertengruppen Mediziner, Chemiker, Textilarbeiter, Unternehmer der Textilbranche, die sich inhaltlich unterscheiden, aber dieselbe Struktur aufweisen. Da das Handout neben der schriftlichen Ausformulierung der Arbeitsaufträge auch eine Linkliste und eine kleine Sammlung von Sachtexten zum jeweiligen Expertisebereich beinhaltet, handelt es sich bei dem an die Schülerinnen und Schüler ausgeteilten Material um mehrere, nicht geheftete DIN A4-Blätter.) Im Sinne einer Fremdrahmung bezieht sich die Lehrerin auf das Arbeitsblatt als Aufgabenstellung für eine eigenständige Erarbeitung fachlicher Expertise.

In der genaueren Analyse des Arbeitsblattes dokumentiert sich allerdings auf der konjunktiven Ebene ein Lehrhabitus, der in Bezug auf die Eigenständigkeit der Schülerinnen und Schüler zurückhaltender ist. Auf der ersten Seite wird zunächst der konkrete Auftrag formuliert, Fragen zu sammeln, die von dem jeweiligen Experten beantwortet werden sollen. Bei diesem Arbeitsauftrag, der auch von der Lehrerin verbal geäußert wird und die folgende Gruppenarbeitsphase leitet, handelt es sich auf der Ebene des Orientierungsschemas um die eigenständige Entwicklung inhaltlicher Leitfragen durch die Schülerinnen und Schüler für die nachfolgende Recherche. Als Leitfragen haben sie lediglich eine dienende Funktion, das Wesentliche ist die daraus erfolgende Erarbeitung von Fachwissen durch die Schülerinnen und Schüler. Auf der ersten Seite des Arbeitsblattes folgen allerdings acht leere Zeilen, die mit dem Wort „Fragen" und Doppelpunkt überschrieben sind und dazu auffordern, die in der Gruppenarbeit entwickelten Fragen aufzuschreiben. Dies wird explizit zwar nicht als Arbeitsauftrag kommuniziert, ist aber in der formalen Gestaltung des Arbeitsblatts impliziert. In dieser Logik erhält das Formulieren der Fragen einen Selbstzweck, losgelöst von der eigentlichen Rechercheaufgabe, sie sollen als Arbeitsergebnis dokumentiert werden. Auch zu seiner expliziten Programmatik der selbstständigen Erarbeitung der fachlichen Inhalte ist der propositionale Gehalt des Arbeitsblattes inkonsistent. Auf der letzten Seite wird in Bezug auf die Gestaltung des Plakats zunächst auf der expliziten Ebene die Anforderung formuliert, dass das Plakat die eingangs *von den Schülerinnen und Schülern selbst* formulierten Fragen beantworten soll. Die von den Jugendlichen entwickelten Fragen („die von euch oben gestellten Fragen") werden als Leitfragen gerahmt, die auch die Ergebnispräsentation strukturieren sollen. Auf die Ausformulierung dieser Anforderung an die Plakatgestaltung folgt allerdings eine längere Liste detaillierter Leitfragen zu dem jeweiligen Expertisebereich. Das Arbeitsblatt lässt offen, welche Funktion diese Fragen haben, ihre Anordnung direkt unter der Aufgabenstellung zur Plakatgestaltung impliziert allerdings, dass sie mit dem Plakat beantwortet werden sollen. Ohne dies explizit zu benennen, liefert das Arbeitsblatt somit jene Leitfragen, die *aus Sicht seiner Autorinnen bzw. Autoren* durch die Recherche der Schülerinnen und Schüler beantwortet werden müssten – gleichsam als Absicherung, falls es den Jugendlichen nicht gelungen sein sollte, eigenständig die relevanten bzw. „richtigen" Leitfragen zu entwickeln.

24:00-25:55 Komplementäre Enaktierung und kommunikative Zwischenkonklusion durch Me in Assoziation mit den Arbeitsblättern im Modus der Interferenz
Die von der Lehrerin in Assoziation mit dem Material proponierte Relevanz des schriftlichen Arbeitsauftrags wird von den Schülerinnen und Schülern enaktiert, auch sie messen den Arbeitsblättern offensichtlich große Bedeutung bei. Das Austeilen an die Mitschülerinnen und Mitschüler wird gewissenhaft erledigt, viele sind mit dem Sortieren und Ordnen ihres Blätterstapels beschäftigt oder schauen auf die Blätter, die vor ihnen auf dem Tisch liegen. Das von der Lehrerin eingeforderte Still-Sein dagegen wird erst nach über einer Minute und auch erst nach der zweiten Aufforderung von allen umgesetzt. Die Schülerinnen und Schüler wissen offensichtlich, was zu tun ist. Dies zeigt sich darin, dass die Lehrerin nicht noch einmal explizit sagen muss, dass die Aufgabe in Gruppenarbeit bearbeitet werden soll. Das Wissen der Schülerinnen und Schüler um die erwartbare Aufgabe, die Ergebnisse auf einem Plakat zu präsentieren, wird von ihnen und der Lehrerin explizit gemacht. Dass der Arbeitsauftrag auf den Arbeitsblättern schriftlich formuliert ist, trägt offensichtlich ebenfalls dazu bei, dass die Schülerinnen und Schüler den Ausführungen der Lehrerin eher nebenbei folgen. Die Erläuterung

des Arbeitsauftrags wird durch das Austeilen der Blätter vorläufig abgeschlossen (kommunikative Zwischenkonklusion auf der performativen Ebene).

Ab 26:00 bezieht sich die Interpretation auf die Interaktion der Gruppe G2 (Mm, Dm, Gm, Lm, Hm und Cm).
Bei der Auslassung der verbalen Kommunikation im Transkript handelt es sich um eine Interaktion der Lehrerin mit zwei Schülern, die nicht zur Gruppe gehören, zu der Frage, ob sie ausreichend mit Arbeitsblättern versorgt seien.

26:00-27:40 Komplementäre Proposition durch Gm und Hm (zum propostionalen Gehalt des Arbeitsblatts), Enaktierung durch Mm und Dm in Assoziation mit den Arbeitsmaterialien und dem Mobiliar, 26:53-27:00 Zwischenkonklusion durch Gm in Assoziation mit den Blättern und dem Aufnahmegerät
Insgesamt dokumentiert sich in der Bearbeitung des Arbeitsauftrags durch die Gruppe G2 eine Orientierung an Aufgabenerledigung, diese befindet sich in Passung zum propositionalen Gehalt des Arbeitsblatts. Gm und Hm beginnen damit, den Gruppenarbeitsprozess zu organisieren und die Arbeitsfähigkeit herzustellen, indem sie die Arbeitsblätter verteilen, sortieren und auf Vollständigkeit prüfen. Die Äußerung Gms und die Aktivitäten in 26:53-27:00 können als Zwischenkonklusion interpretiert werden: Gm schließt das Verteilen der Arbeitsblätter ab, indem er sich bei der Gruppe versichert, dass alles vorhanden ist. Zur Organisation des Arbeitsbeginns gehört auch, dass das Aufnahmegerät da ist. Gm versichert sich, dass dies der Fall ist, indem er das Gerät kurz in die Hand nimmt und dann wieder auf seinen Tisch legt.

Cm kümmert sich darum, dass Dm und Mm zu der Gruppe kommen („Kommt doch mal grad hierher …"), was von den beiden enaktiert wird. Sie tragen ihre Arbeitsmaterialien und Stühle zum Tisch von Hm und Cm und nehmen dort so Platz, dass sich alle Gruppenmitglieder anschauen können, Dm nimmt sich die von Gm sortierten Arbeitsblätter.

In inhaltlicher Hinsicht (Fragen formulieren, die der Experte beantworten kann) wird der Arbeitsauftrag der Lehrerin allerdings nicht beachtet. Da sich die Gruppenmitglieder aber unverzüglich an die Arbeit bzw. an die Vorbereitung der Arbeit machen, befindet sich die Orientierungsrahmen der Jungen zumindest partiell in Passung zur Orientierung der Lehrerin, die von den Schülerinnen und Schülern die eigenständige Bearbeitung der Aufgaben erwartet. Eine größere Passung ist zum propositionalen Gehalt des Arbeitsblattes festzustellen, das die Aufgabenerledigung durch die Schüler und das Abliefern eines Arbeitsergebnisses nahe legt und weniger an der eigenständigen Aneignung von Fachwissen durch

die Schülerinnen und Schüler orientiert ist bzw. ihnen in dieser Hinsicht weniger
zutraut als die Lehrerin.

**26:35-26:53 Divergenz durch Cm, Fremdrahmung durch Gm, validierende
Elaboration zu Cm durch Mm, alles in Assoziation mit dem Aufnahmegerät**
Cm verlangt verbal und nonverbal, indem er den Arm in Richtung Gms Tisch
ausstreckt, auf dem das Gerät liegt, nach dem Aufnahmegerät. Gm reicht das
Gerät beiläufig, ohne seinen Blick von den Arbeitsblättern abzuwenden, die er in
der anderen Hand hält, zu Cm herüber. Dies kann als Fremdrahmung interpretiert
werden, denn für Gm, dessen Aufmerksamkeit auf die Arbeitsblätter und damit auf
die Erledigung der Aufgabe gerichtet ist, steht das Weiterreichen des Aufnahmegeräts
offensichtlich im Zusammenhang mit der Organisation der Arbeitsfähigkeit der
Gruppe, während Cms Handeln von einer nicht-aufgabenbezogenen Orientierung
geleitet ist, wie sich in den anschließenden Äußerungen zeigt. Erneut thematisiert er
das Thema Alkoholabhängigkeit, das bereits in der vorherigen Gruppenarbeitsphase
thematisch wurde. Mm beteiligt sich an dieser eingeschobenen Interaktion, indem
er das Thema aufgreift und leicht variiert (Nikotinabhängigkeit). Cm und Mm
sprechen dabei in das Aufnahmegerät. Es könnte sein, dass sie spielerisch eine
Interviewsituation mit Mikrofon aufführen. Ob die Pupsgeräusche auch durch
Cm oder Mm verursacht werden, kann auf der Aufnahme nicht nachvollzogen
werden. Welche Schüler mit Lachen reagieren, kann man auf der Videoaufnahme
nicht sehen, da Dm noch steht und die Sicht versperrt. Eventuell beteiligen sich
noch weitere Schüler an den Späßen.

Als divergent müssen die Aktivitäten interpretiert werden, weil Cm und Mm sich
nicht an der Organisation der beginnenden Arbeitsphase beteiligen und stattdessen
ein unterrichtsfremdes Thema in den Mittelpunkt rücken. Diese Interpretation
basiert auf der Kenntnis des weiteren Interaktionsverlaufs, in dem deutlich wird,
dass hier eine Rahmeninkongruenz innerhalb der Gruppe vorliegt. Die nicht auf die
Erledigung der Aufgabe bezogene Orientierung von Cm und Mm, die sich in dem
in Assoziation mit dem Aufnahmegerät aufgeführten provozierenden Verhalten
dokumentiert, wird von anderen Schülern nicht geteilt.

**27:23-27:36 Fortsetzung der Divergenz (26:35-26:53) durch Cm und Lm in
Assoziation mit dem Aufnahmegerät**
Cm stellt in Frage, ob das Aufnahmegerät da ist, und unterläuft damit das Ansin-
nen von Gm, die Arbeitsfähigkeit der Gruppe herzustellen. Allerdings liegt das
Aufnahmegerät gut sichtbar auf dem Tisch. Die folgende Kommunikation kann als
Fremdrahmung interpretiert werden: Lm interessiert sich für das Gerät und schaut
es genau an. Vordergründig fordert Cm ihn auf, das Gerät, wie von Gm gefordert,

hinzulegen. Allerdings zieht er das Anliegen ins Lächerliche und unterstellt jetzt Lm, dass er die durch Gm forcierte Organisation des Arbeitsprozesses behindern will. Damit bleibt Cm bei seiner abweichenden, nicht auf die Aufgabenerledigung fokussierten Orientierung.

28:00-28:37 Proposition durch Gf mit Elaborationen durch Gf und Ef, Divergenz durch die Gruppe G2, rituelle Konklusion durch Suspendierung des Themas durch Cm und Hm

Gf, die nicht zur Gruppe G2 gehört, sondern zu einer am Nachbartisch sitzenden Mädchengruppe, knüpft an das Thema „Expertenwissen" an, das von der Lehrerin im Rahmen der Aufgabenstellung proponiert wurde, und richtet sich mit einer Frage an die Jungengruppe G2 („Was seid ihr?"). Das nun von Gf proponierte Thema wird von der Jungengruppe G2 allerdings nicht aufgegriffen, was Gf explizit macht („Warum redet keiner mit mir"). Sie wiederholt ihre Frage anschließend, wieder ohne Erfolg. Hier zeigt sich, dass die Mädchen die mit der Aufgabenstellung verbundene Rollenzuweisung als Experten übernehmen und sich auf die gestellte Aufgabe einlassen. Dies entspricht dem an anderer Stelle für die Schülerinnengruppe G1 rekonstruierten Orientierungsrahmen der forschenden Haltung. Nachdem die Mädchen von den Jungen keine Antwort erhalten, elaborieren sie die von Gf gestellte Frage gedankenexperimentell und stellen Vermutungen darüber an, welche Expertenrolle der Gruppe G2 zugewiesen sein könnte, ein Dokument für die Bedeutung des Themas für die Mädchen. Für die Gruppe G2 hat die Tatsache, dass mit der Aufgabe die Übernahme einer bestimmten Expertenrolle verbunden ist, dagegen keine Relevanz, die Frage wird nicht beantwortet. Die divergente Interaktion wird rituell durch Suspendierung des Themas konkludiert, denn die Interaktion wird ab 28:27 nur noch durch die provozierenden von Cm initiierten Aktivitäten rund um das Aufnahmegerät bestimmt.

28:13-28:37 Fortsetzung der Divergenz (26:35-26:53) durch Cm, gleichzeitig: oppositionelle Interaktion zwischen Cm und Gf/Mf, rituelle Zwischenkonklusion im Modus der Themenverschiebung durch Mm in Assoziation mit dem Aufnahmegerät, Validierung durch Hm

Cm nutzt die Interaktion mit den Mädchen, um sein provozierendes, nicht auf die Aufgabenstellung bezogenes Spiel mit dem Aufnahmegerät fortzusetzen. Mf und Gf reagieren sowohl auf seine Frage zum Thema Zigarettenkonsum („Du bist so doof") als auch in Bezug auf das Spiel mit dem Aufnahmegerät offen ablehnend, indem sie es zurückgeben und mit den Worten kommentieren „ihr könnt euer scheiß Dings hier wieder haben". Dies wird wiederum von Cm oppositionell kommentiert („Nö"). Die oppositionelle Interaktion zwischen Cm und den Mädchen wird durch eine Themenverschiebung rituell konkludiert, indem Mm darauf verweist, dass die Funktionsfähigkeit des Gerätes möglicherweise eingeschränkt sein könnte (der Zettel ist abgegangen), wobei impliziert ist, dass dies durch das Herumreichen des Aufnahmegeräts entstanden sein könnte. Im Kontext der Interaktion innerhalb der Schülergruppe G2 konterkarieren Cm und Mm erneut die Bemühungen der übrigen Gruppe, die Arbeitsfähigkeit herzustellen und die Aufgabenbearbeitung zu fokussieren. Worauf sich die Äußerung von Hm („Scheiße") bezieht, lässt sich nicht eindeutig bestimmen. Sie lässt sich als Zustimmung zu Mms Einschätzung interpretieren, dass das Gerät beschädigt wurde. Es könnte sich aber auch um eine oppositionelle Äußerung zu dem fortgesetzten Spiel von Cm mit dem Aufnahmegerät handeln. Ob die Äußerung so oder so interpretiert wird, hat allerdings keine Auswirkungen auf die Gesamteinschätzung der Sequenz.

28:37-28:47 Fortsetzung der Divergenz (26:35-26:53) durch Mm, antithetische Differenzierung durch Cm
Mm greift erneut die Proposition von Cm zur Alkoholabhängigkeit auf, indem er sie fast wortgleich wiederholt. Die folgende Äußerung von Cm ist nur teilweise zu verstehen, seine abfällige Kommentierung („abgedroschen du Idiot ey") bezieht sich aber mutmaßlich nur auf die Tatsache, dass hier sein eigener Einfall von Mm kopiert wird.

28:47-29:02 divergente Interaktion zwischen Mm/Cm und Dm/Me, rituelle Zwischenkonklusion durch Cm und Hm im Modus der Suspendierung des Themas
Dm kommentiert die Äußerung von Mm eindeutig abwertend. Cm reagiert im Modus einer Fremdrahmung, indem er die Bewertung Dms bzw. deren Ernsthaftigkeit verbal und nonverbal in Frage stellt. Allerdings wird die Bewertung Dms durch mehrere validierend wiederholt. Die Gruppe teilt mehrheitlich die Auffassung, dass das Spiel mit dem Aufnahmegerät um das Thema Alkohol- und Nikotinabhängigkeit, das hier von Mm und Cm aufgeführt wird, „niveaulos" ist. Die Divergenz dokumentiert sich auch darin, dass Hm und Gm währenddessen mit ihren Papieren beschäftigt sind und damit das Interesse an der Aufgabenbearbeitung signalisieren. Was Mm sagt, ist auf der Aufnahme leider nicht zu verstehen, was für die Interpretation unerheblich ist, da Cm und Hm in den folgenden Äußerungen in thematischer Hinsicht nicht darauf eingehen, sondern das Thema wechseln.

29:02-29:06 Transition (als komplementäre Proposition zum Arbeitsblatt im Modus der Rekontextualisierung), gleichzeitig Divergenz zu L durch Hm und Me in Assoziation mit den Arbeitsblättern im Modus der Interferenz

Die kurze Orientierungsphase der Gruppe durch Blickkontakte und die nachfolgende Konzentration der einzelnen Schüler auf die Blätter, die jeweils vor ihnen liegen, zeigt, dass die Arbeitsfähigkeit der Gruppe hergestellt und die Gruppenmehrheit auf die Bearbeitung der Aufgabe fokussiert ist. Nun reformuliert Hm den Arbeitsauftrag in inhaltlicher Hinsicht. Die Gruppe interpretiert die Aufgabenstellung im Wesentlichen dahingehend, dass Fragen formuliert werden sollen. Dieses Verständnis der Aufgabe wird durch die Struktur des Arbeitsblatts nahegelegt, auf das die Blicke der Gruppenmitglieder gerichtet sind. Auf der ersten Seite lädt eine Reihe von leeren Zeilen dazu ein, Fragen aufzuschreiben und mit dem ausgefüllten Arbeitsblatt ein Arbeitsprodukt zu erstellen. Es zeigt sich, dass dieser Teil des Arbeitsauftrags anschlussfähiger an den Orientierungsrahmen der Aufgabenerledigung der Gruppe ist als andere Aspekte der Aufgabenstellung (Perspektive der Unternehmer einnehmen, Expertise entwickeln, Recherche vorbereiten ...). Die Lehrerin hatte die Aufgabe gestellt, Fragen zu formulieren, die die jeweiligen Experten beantworten können, und dies als Vorbereitung für eine umfassende Rechercheaufgabe gerahmt. Im Gegensatz dazu thematisiert Hm Fragen, die „wir" beantworten können. Offen bleibt zwar, ob Hm bereits das von der Lehrerin eingeforderte Experten-Sein antizipiert hat und mit „wir" die Gruppe in ihrer Eigenschaft als Vertreter der Textilunternehmer bezeichnet oder ob mit „wir" die Jugendlichen selbst gemeint sind. Der weitere Verlauf der Gruppenarbeit zeigt allerdings, dass die Gruppe nicht in der Expertenrolle agiert, sondern dass Fragen gesammelt werden, die die Jugendlichen meinen (auf der Basis ihres Vorwissens) beantworten zu können. Dabei handelt es sich um Fragen, die in der ersten Auseinandersetzung mit dem Forumseintrag formuliert wurden und sich auf der Ebene des Alltagsproblems bewegen. Die Schüler nehmen damit eine eigenständige Interpretation des Arbeitsauftrags im Sinne einer Rekontextualisierung vor, indem sie die Aufgabe an ihren eigenen Orientierungsrahmen der Aufgabenerledigung anpassen. Im Fallvergleich mit einer anderen Arbeitsgruppe (G1) wird deutlich, dass die Schüler der Gruppe G2 keine Expertenperspektive einnehmen und in ihrer Auseinandersetzung mit dem Gegenstand bisher nicht die Ebene des Fachwissens erreichen. Für die Mädchengruppe (G1) konnte im Unterschied zur Gruppe G2 eine forschende Haltung rekonstruiert werden, die sich in Passung zur Orientierung der Lehrerin befindet, die Aneignung von Expertise der Eigenverantwortung der Schülerinnen und Schüler zu überlassen.

29:07-29:26 Enaktierung durch Cm, Hm, Gm in Assoziation mit dem Arbeitsblatt und den Schreibgeräten
Cm braucht einen Stift, den er von Hm erhält. Auch Gm packt seine Stifte aus, Hm schreibt auf seinem Arbeitsblatt. Es zeigt sich, dass die Schüler mit dem Schreiben

den propositionalen Gehalt des Arbeitsblatts enaktieren, der von dessen formaler
Gestaltung ausgeht.

**29:26-30:35 Divergenz durch Cm, Mm, ?m und Me, rituelle Konklusion durch
Cm in Assoziation mit den Arbeitsblättern**
Die eigentlich auf die Sache der Aufgabenbearbeitung bezogene Äußerung (die
Bitte um einen Stift) geht über in eine durch viele Lacher unterbrochene und auf
Grund ihrer Indexialität kaum verständliche Kommunikation, die von der Auf-
gabenbearbeitung ablenkt und wieder wesentlich durch Cm und Mm bestimmt
wird. Die zeigenden Gesten von Mm lassen darauf schließen, dass es um das
Aufgezeichnetwerden durch die Videokameras geht. Das „So" von Cm und die
gleichzeitige Aufmerksamkeit für die Arbeitsblätter können im Sinne einer The-
men- bzw. Assoziationsverschiebung als rituelle Konklusion interpretiert werden.
Auch Cm und Mm wenden sich nun der Aufgabe zu.

**29:40-30:45 Enaktierung durch Dm und Hm in Assoziation mit den Arbeits-
blättern (divergent zu Cm, Mm)**
Insbesondere Dm (aber auch Hm) ist die ganze Zeit auf seine Blätter, die vor ihm
auf dem Tisch liegen, fokussiert und scheint zu lesen. Hier wie im weiteren Verlauf
der Gruppenarbeitsphase arbeitet jedes Gruppenmitglied für sich, die Köpfe sind
die meiste Zeit auf die jeweils eigenen Arbeitsblätter gerichtet. Interaktion untereinander, die sich in einer Aufeinanderbezogenheit der Körper und Blickkontakt
zeigen würde und Voraussetzung für kommunikative Prozesse in der Gruppe
wäre, ist die ganze Zeit über nicht beobachtbar. Vorrangig ist die Bearbeitung der
Arbeitsblätter, ein weiteres Dokument für die Aufgaben- und Produktorientierung
der Gruppe. Diese Interpretation ergibt sich vor allem aus dem Fallvergleich mit
der Gruppe G1: Dort sind die Mitglieder auch in ihren Körperhaltungen ständig
aufeinander bezogen, schauen sich an, kommunizieren miteinander über den
Unterrichtsgegenstand und entwickeln auf diese Weise gemeinschaftlich eigene
fachliche Fragen zum Gegenstand.

**30:13-30:15 Anschlussproposition durch Hm (komplementär zum propositio-
nalen Gehalt des Arbeitsblatts)**
Mit der offensichtlich an Lm gerichteten Frage bezieht sich Hm auf das Arbeitsblatt
und versucht eine Klärung des Arbeitsauftrags herbeizuführen. Es zeigt sich, dass
der Arbeitsauftrag der Lehrerin im Sinne des propositionalen Gehalts des Arbeitsblatts rekontextualisiert wird, nämlich als Aufforderung, Fragen aufzuschreiben.
Allerdings ist sich Hm nicht sicher, er formuliert den vermuteten Arbeitsauftrag
als Frage.

30:15-30:17 Divergenz durch Mm (divergent zu Hm)
Mm setzt die nicht aufgabenbezogene Interaktion fort, die schlecht verständlich ist, die aber von der Gruppe und auch von Cm nicht weiterverfolgt wird.

30:21-30:24 Antithese durch Cm (zu Anschlussproposition durch Hm)
Cm schließt an Hm an und erkundigt sich, wo die Fragen und welche Fragen aufgeschrieben werden sollen. Diese Fragen zielen darauf ab, sich bezüglich des Arbeitsauftrags zu versichern.

30:21-30:55 antithetische Interaktion zwischen Hm, Lm und Dm, 30:42 Versuch einer Konklusion durch Cm, 30:55-30:58 Versuch einer Synthese durch Lm
In der kurzen antithetischen Interaktion zeigte sich Unsicherheit hinsichtlich des Arbeitsauftrags, insbesondere Hm ist sich offensichtlich nicht sicher, ob die Gruppe auf dem richtigen Weg ist. Mit der Nachfrage „Echt?" stellt er die Korrektheit der bisher von der Gruppe verfolgten Aufgabe, Fragen zu formulieren, die sie direkt beantworten können, in Frage. Lm greift diese Anfrage auf, indem er vorschlägt, erst die Texte zu lesen, wofür er die Zustimmung von Cm erhält. Dieser Vorschlag folgt aus der Fokussierung der Schüler auf die Arbeitsblätter und die implizite Logik ihrer formalen Gestaltung. Auf den Blättern nehmen die abgedruckten Sachtexte und Grafiken großen Raum ein. Dm widerspricht und vertritt die Auffassung, dass zuerst Fragen formuliert werden sollen. Lm hält dies als Ergebnis der Erörterung darüber, was eigentlich die Aufgabe sei, fest (30:44-30:55) und validiert diese Synthese performativ, indem er die erste Frage formuliert. Die abschließend von Dm und Lm getroffene Feststellung, dass zuerst Fragen formuliert werden müssen, passt zur formalen Gestaltung des Arbeitsblatts, das implizit dazu auffordert, Fragen in den leeren Zeilen aufzuschreiben. Mit der ersten von Lm formulierten Frage beginnt die Gruppe, den Arbeitsauftrag abzuarbeiten und wendet sich jetzt dem Unterrichtsgegenstand zu. Im Hinblick auf die Sache bleibt die Gruppe bei den Fragen, die sich immanent aus dem Alltagsproblem ergeben. Allerdings besagt der auf den Arbeitsblättern explizit formulierte Arbeitsauftrag, dass die Gruppe die Rolle der Unternehmer einnehmen und Fragen aus dieser Perspektive formuliert werden sollen. Dies wird von den Gruppenmitgliedern offensichtlich nicht wahrgenommen.

30:58-31:42 Elaboration durch Dm, Lm und Hm in Assoziation mit der Pinnwand/Leinwand und dem Schreibmaterial
Dm greift jetzt die Frage, wo die T-Shirts hergestellt werden, auf der Gegenstandsebene auf, während Lm sie als Beispiel für die Qualität der zu formulierenden Fragen thematisiert hatte.

Gemeinsam nennen die Schüler mehrere weitere Fragen, die beantwortet werden können. Dabei schließen sie an die erste Gruppenarbeitsphase an, indem sie immer wieder zur Pinnwand, an der die Ergebnisse der ersten Arbeitsphase angepinnt sind, und zur Leinwand mit dem Forumseintrag schauen. Es werden nur jene Fragen genannt, die bereits in der vorangegangenen Unterrichtsphase formuliert wurden, als die Schülerinnen und Schüler im Rahmen einer offenen Aufgabenstellung Fragen sammeln sollten, die geklärt werden müssen, um den Forumseintrag beantworten zu können. Es zeigt sich, dass die inhaltliche Bearbeitung der Aufgabe durch die Gruppe nicht beinhaltet, die geforderte Expertenrolle zu antizipieren. In formaler Hinsicht elaborieren die Gruppenmitglieder den impliziten Arbeitsauftrag des Arbeitsblatts, indem sie die Fragen aufschreiben. Eine intensive Kommunikation zwischen den Gruppenmitgliedern findet nicht statt, jeder ist mit dem Körper und der Blickrichtung auf seinen eigenen Arbeitsplatz ausgerichtet.

31:42-32:20 antithetische Interaktion zwischen Hm, Lm, Mm und Dm
Hm bringt erneut seine von der Gruppe abweichende, aber mit der Lehrerin übereinstimmende Auffassung der Aufgabe ins Spiel, die darin besteht, dass sie Fragen aus Expertensicht formulieren sollen, nämlich solche, die die Unternehmer beantworten können. Es wird deutlich, dass Lm den Einwand von Hm nicht nachvollziehen kann, worauf Mm genervt reagiert. In Ansätzen haben die Schüler verstanden, dass Fragen formuliert werden sollen, für deren Beantwortung eine bestimmte Expertise notwendig ist, Hm und Mm haben offensichtlich verstanden, dass die Gruppe Fragen formulieren soll, die aus Unternehmersicht beantwortbar sind. Allerdings gelingt es den Schülern nicht, Klarheit in der Frage herzustellen, welche Art Fragen zu formulieren seien. Wie die antithetische Interaktion konkludiert wird, ist nicht feststellbar, da knapp 30 Sekunden der Aufnahme nicht verständlich sind. Dass es sich hier aber um einen antithetische und nicht etwa eine divergente Interaktion handelt, zeigt sich darin, dass die Gruppe anschließend gemeinschaftlich das Formulieren von Fragen fortsetzt und dabei keinerlei Uneinigkeit besteht, ob dieses die richtigen oder falschen Fragen sind.

32:20-32:48 Fortsetzung der Elaboration
Alle Mitglieder der Gruppe beteiligen sich in der Folge an der Formulierung weiterer Fragen, die wiederum mit den Fragen identisch sind, die bereits in der ersten Gruppenarbeitsphase generiert wurden. Die Aktivität besteht darin, auf das eigene Arbeitsblatt zu schauen, dort etwas zu schreiben und gelegentlich zur Pinnwand oder Leinwand zu schauen.

32:48-33:15 Konklusion durch Lm, Validierung durch Hm und Dm, kommunikative Konklusion in Assoziation mit den Arbeitsblättern und dem Schreibmaterial im Modus der Interferenz

Die Gruppenmitglieder wenden sich nun erstmals einander zu und es ist auch an den Körperhaltungen erkennbar, dass sie miteinander kommunizieren. Das Fragen, Sammeln und Aufschreiben wird durch die Nachfrage von Lm, ob die Sammlung vollständig sei, und die validierende Bestätigung durch Hm abgeschlossen. Hm und Dm schauen ihre Blätter durch und sortieren ihre Stapel, auch dies unterstreicht den Abschluss der Arbeitsphase. Lm ergänzt, dass das Aufgeschriebene das ist, was „ihr", gemeint ist die Lehrerin, mitgeteilt wird. Der Orientierungsrahmen, der sich hier dokumentiert, besteht darin, kurzfristig die für die heutige Gruppenarbeitsphase gestellte Aufgabe zu erledigen und mit den beschrifteten Arbeitsblättern ein Arbeitsprodukt abzuliefern. In den Augen der Jugendlichen liegt der Zweck der Bearbeitung darin, der von der Lehrerin formulierten Anforderung, so wie sie von der Gruppe interpretiert wird, auf der formalen Ebene gerecht zu werden. Sie können ein Produkt ihrer Arbeit vorweisen. Dies ist möglich, ohne Sicherheit darüber erlangt zu haben, was eigentlich die Aufgabenstellung war, denn die antithetisch verhandelte Frage, welche Qualität die zu formulierenden Fragen haben sollten, ist noch offen. Dass die Jugendlichen dennoch ihren Arbeitsprozess für abgeschlossen erklären, bekräftigt die Rahmenorientierung der Aufgabenerledigung. Mit dem Aufschreiben der Fragen und der abschließenden bilanzierenden Durchsicht der Arbeitsblätter durch Hm und Dm wird die komplementäre Interaktion kommunikativ konkludiert. Die Aufgabenerledigung wird durch das Ausfüllen eines Arbeitsblatts, eine im unterrichtlichen Kontext in hohem Maße routinierte und formalisierte Handlung, abgeschlossen.

32:56-33:15 Synthese durch Dm, rituelle Konklusion im Modus der Suspendierung des Themas (in Bezug auf die Divergenz zu L.)

Dm bringt nun auch die antithetische Interaktion zu einem Abschluss, indem er beide Orientierungskomponenten vereint. Einerseits stellt er den Abschluss des Arbeitsprozesses nicht in Frage, andererseits gibt er aber auch der vor allem von Hm angedeuteten Position, dass nicht direkt zu beantwortende Fragen formuliert, sondern Expertenwissen generiert werden sollte, Raum. Dieser besteht in der Möglichkeit, in der folgenden Stunde doch die Texte zu lesen und eventuell weitere Fragen zu generieren.

Die Divergenz zwischen der Produktorientierung der Schüler und der weitergehenden Erwartung der Lehrerin, dass sich die Schüler eigenständig fachliches Expertenwissen aneignen, wird in dieser Unterrichtssequenz nicht aufgelöst. Mit der Äußerung von Dm wird diese Divergenz durch Suspendierung des Themas

rituell konkludiert, indem Dm den Arbeitsauftrag, Expertenfragen zu formulieren, explizit nicht als Aufgabe für die heutige Gruppenarbeit, sondern allenfalls
als zusätzliche Aufgabe für die nächsten Stunden definiert und damit das Thema,
hier der Anspruch der Lehrerin an die fachliche Auseinandersetzung der Schüler,
zumindest für die heutige Stunde suspendiert wird.

Im weiteren Interpretationsprozess, unter Beachtung der spezifischen Sequenzialität des Unterrichts, lohnt sich die Analyse der weiteren Arbeit der Gruppe in
den folgenden Stunden unter der Fragestellung, ob sie noch zur Formulierung von
Expertenfragen und zur Konstruktion von Experten- bzw. Fachwissen kommen.
Hier wären auch die weiteren Interventionen der Lehrerin zu analysieren.

5.3.3   Sequenz „Vorbereitung auf die Klassenarbeit"

Die folgende Sequenz stammt aus dem Forschungsprojekt „Passung von Lehr- und
Lernkompetenzen im differenzierenden und individualisierenden Unterricht der
Sekundarstufe" (Martens 2015). Der aufgezeichnete Mathematikunterricht fand im
achten Jahrgang statt und war während des Beobachtungszeitraums durch die selbstständige Erarbeitung des Themas „Lineare Funktionen" strukturiert. Während der
Erarbeitungsphase fand kein klassenöffentlicher Unterricht statt, die Schülerinnen
und Schüler hatten aber die Möglichkeit, sich von Mitschülerinnen und Mitschülern
sowie von der Lehrperson beraten zu lassen. Basis für die Erarbeitung war eine
vom Lehrer bereitgestellte „Kompetenzliste", die nach Schwierigkeit abgestufte
Kompetenzformulierungen, Beispielaufgaben und Hinweise zu Übungsaufgaben
(i. d. R. aus dem Lehrwerk) enthielt. Eine Differenzierung nach Arbeitstempo und
mathematischer Leistung wurde durch eine weitere Liste mit zusätzlichen Aufgaben ermöglicht – eine Aufgabe von dieser Liste steht im Folgenden im Zentrum
der Auseinandersetzung zwischen dem Lehrer und einer Schülerinnengruppe. In
den beiden Doppelstunden, aus denen die Sequenz stammt, soll die anstehende
Klassenarbeit vorbereitet werden. Im Rahmen eines Unterrichtsgesprächs geht
der Lehrer zunächst die Kompetenzliste der Reihe nach durch. Die Schülerinnen
und Schüler erhalten die Möglichkeit, Fragen zu stellen. Im Anschluss haben sie
weitere 90 Minuten Zeit, sich selbstständig auf die Arbeit vorzubereiten und sich
dabei vom Lehrer individuell beraten zu lassen.

Bei der Interpretation der Sequenz wurde deutlich auf die Interaktion zwischen
der Lehrperson und den Schülerinnen am zentral im Raum angeordneten Gruppentisch (III) fokussiert. Auf allen Ebenen, im Transkript, in der formulierenden sowie
reflektierenden Interpretation blieben also Interaktionen des Lehrers mit anderen
Schülerinnen und Schülern sowie Interaktionen zwischen anderen Schülerinnen und

Schülern unberücksichtigt (Auslassungen sind entsprechend markiert). In Kapitel 5.2.1 findet sich eine ausführliche Begründung für die Auswahl der Sequenzen. Da die Sequenz, die aus zwei Teilen besteht, interaktionsorganisatorisch sehr anspruchsvoll ist, fokussieren wir in diesem Forschungsbeispiel auf die Interaktionsorganisation der simultan verlaufenden Interaktionssysteme und ihres Zusammenhangs. Aus Platzgründen verzichten wir darauf, die analysierten Fotogramme zu dieser Sequenz abzudrucken. Die Interaktion zwischen Lehrer, Mädchentisch und Klasse ist interaktionsorganisatorisch komplex, da sich verschiedene Interaktionsmodi überlagern:

Akteure	Thema	Orientierungsrahmen	Interaktionsmodus
Af/Bf/Cf und Df/ Ef	Leistungserwartungen; Umgang mit mathematischen Anforderungen	Orientierung am „Nicht-Können-Können" (Af, Bf, Cf) vs. Orientierung am „Nicht-Können-Müssen" (Df/Ef)	Divergenter Interaktionsmodus
Af (Bf/ Cf/Ef) und L	Sollen Zusatzanforderungen klassenöffentlich geklärt werden?	Orientierung an Unterricht/Lehrer als Ermöglicher von Lernen und Leisten (Af) vs. Orientierung an der Selbstständigkeit der Schülerinnen und Schüler; Leistungsdifferenzierung (L)	Divergenter Interaktionsmodus
Df/Ef und L	Mathematische Anforderungen	Orientierung am „Nicht-Können-Müssen"/an den Regelanforderungen (Df/Ef) und Orientierung an der Leistungshierarchie: Nicht alle müssen alles können (L)	Komplementärer Interaktionsmodus/ Passung
Af, Bf, Cf und L	Mathematische Anforderungen	Orientierung am „Nicht-Können-Können", aber „Können-Wollen"; Leistungsaspirationen (Af, Bf, Cf) und Orientierung an der Leistungshierarchie: Höhere Anforderungen sind für bestimmte Schülerinnen und Schüler gedacht (L)	Komplementärer Interaktionsmodus/ Passung
Af/Bf/ Cf/Df/Ef und L	Soziale/didaktische Organisation des Unterrichts	Der Lehrer strukturiert den Unterricht vor dem Hintergrund einer Orientierung an Regelgeleitetheit und Transparenz, die Schülerinnen akzeptieren die Setzungen des Lehrers	Komplementärer Interaktionsmodus

In der Sequenz finden sich zwei Divergenzen: Zum einen die Divergenz zwischen den Mädchen der Tischgruppe: Zwischen ihnen kann eine Rahmeninkongruenz, d. h. eine Unvereinbarkeit ihrer Leistungsorientierungen bzw. ihrer Orientierungen bezüglich der Relevanz mathematischer Anforderungen konstatiert werden. Diese führt dazu, dass sich im Fortgang der Sequenz die Tischgruppe als Gruppe auflöst. Die Rahmeninkongruenz betrifft vorwiegend die Interaktion auf der Ebene der Tischgruppe, ist aber auch in der klassenöffentlichen Interaktion mit der Lehrperson zu rekonstruieren.

Zum anderen besteht eine Divergenz in Bezug auf die Frage, ob die angesprochene Aufgabe bzw. der damit verbundene Beratungsbedarf klassenöffentlich zu klären ist. Diese Divergenz betrifft die Lehrperson auf der einen und Af auf der anderen Seite. Af ist daran orientiert, dass alle Aufgaben gleichermaßen im Unterricht zu behandeln sind, während der Lehrer zwischen Regel- und Zusatzanforderungen unterscheidet und letztere nicht für eine Behandlung im Unterricht vorsieht. Dieses Thema, das schon zu Beginn der Stunde (in Teil 1 der Sequenz) verhandelt wurde, wird durch den Lehrer mittels Suspendierungen immer wieder beendet. Letztlich setzt sich der Lehrer durch und erfüllt den Beratungsbedarf von Af (und anderen) zu der Zusatzaufgabe während der Pause.

Gleichzeitig können komplementäre Interaktionen bzw. Passagen auf unterschiedlichen Ebenen festgestellt werden. Auf der Ebene der öffentlichen Unterrichtsinteraktion mit dem Lehrer lassen sich Anschlüsse für beide leistungsbezogenen Orientierungsrahmen der Mädchen am „Nicht-Können-*Müssen*" und am „Nicht-Können-*Können*" rekonsturieren: In Bezug auf das Mathematikverständnis, das Lernverständnis, den Leistungsanspruch und die Bereitschaft zu zusätzlichem, eigenständigem Engagement konnte eine Passung der Orientierungen Afs, Bfs und Cfs am „Nicht-Können-*Können*" (aber Können-Wollen) auf der einen Seite und der Orientierung des Lehrers, die sich als eine Orientierung an einer Leistungshierarchie beschreiben lässt, auf der anderen Seite rekonstruiert werden. Zwischen der Orientierung Efs und Df am „Nicht-Können-*Müssen*" und der leistungsbezogenen Orientierung des Lehrers (nicht alle müssen alles können) besteht ebenfalls eine Passung. Beide Passungsverhältnisse können als zentrale Bedingung dafür gesehen werden, dass einige Mädchen an der späteren Klärung der fachlichen Anforderungen durch den Lehrer partizipieren und andere diese fachliche Klärung für sich nicht als relevant wahrnehmen. Eine dritte Form komplementärer Interaktionen ist in der grundsätzlichen Anerkennung der Rahmungshoheit durch die Lehrperson zu sehen. Der Lehrer strukturiert den Unterricht vor dem Hintergrund einer Orientierung an Regelgeleitetheit und Transparenz, die Schülerinnen akzeptieren die Setzungen des Lehrers im Sinne des Schülerjobs. Die Gleichzeitigkeit der unterschiedlichen Interaktionsmodi führt dazu, dass ein und dieselbe Äußerung in unterschiedlichen Bezügen zu verstehen ist und unterschiedliche Funktionen für das Soziale der Interaktion enthalten.

5.3.3.1 Transkript (Abb. 5.23)

Abkürzungen und Namen (anonymisiert)

Schülerinnen der Tischgruppe III
Af = Alice
Bf = Bea
Cf = Clara
Df = Daja
Ef = Elisa

Schüler an der Tischgruppe V
Km = Kai

Lehrperson
Lm = Herr Markus

Sitzplan

Verbaler Anteil		Nonverbaler Anteil
Klassenöffentliches Gespräch	Gespräch Tischgruppe III	

Teil 1

Lm   Das war das was ich noch erzählen wollt, sonst noch was von euch, Fragen Beschwerden Wünsche Träume Klagen (.) °keine° (.) gut (.) dann Mathe ja? (.) oder? 00:05:50-6
Me   ( ) 00:05:51-3
Cf   └ Nein nein
?f   └ Nein dritte vierte Mathe
Me   └ ( )
Lm   Bitte 00:05:52-7
Af   Erst Freie Arbeit und dann Mathe- 00:05:54-1
?f   └ Und dann Mathe 00:05:55-1
Lm   └ Das ist nicht sinnvoll, da wir was verabredet haben für heute? 00:05:58-3
?f   Häh 00:05:59-1
Cf   Vorbereiten 00:05:59-8
Lm   Dass ihr euch vorbereitet auf ähm Mathematik dass ⌄wir die Checkliste durchgehn und wir 03:06:06-2
?f   └ Ja
Lm   verabreden wer wann was welches Serviclernen gerr e noch

(00:05:58)

(00:07:04)

(00:07:20)

Nf   ⌊[Husten]

Lm   haben möchte das müssten wir ja zu Beginn machen weil
      sonst ähm kann ich ja nichts planen; ja? (2) brauch auch gar nicht
      lange dauern; (3) wir gehen des einfach gemeinsam durch; (3) das
      erste was auf der Liste 00:06:32-9 auftaucht ist ja das Thema
      Schaubilder, (.) das ist eigentlich n Thema aus der fünf (3) das
      ham wir ähm wir mit Bewegungsgeschichten und so weiter
      schon lange hinter uns; (.) da is die Frage halt (.) ob's dabei
      wirklich noch (.) wirklich noch Fragen gibt, also ma hat (2) die
      Worte und ma hat die Schaubilder und man muss das hin und her
      übersetzen (.) können Pm 00:07:07-1 dreh dich mal komplett mit
      deinem Tisch rum, am besten positionierst du dich ganz neu; (3)

Af   00:07:16-4
      Äh also [Räuspern] ich hab noch mal was von den Aufgaben die
      wir halt von ihnen gekriegt haben zu dem Blatt da hab ich-
      00:07:21-5

Lm   ⌊ Nee äh also äh die Aufgaben sind very advanced (.) ja die
      Aufgaben 00:07:25-2

?f   ⌊ Bedeutet;

Lm   sind wirklich als Zusatzmaterial gedacht wenn jemand mit dieser
      Liste komplett durch ist (.) okay? 00:07:30-3

Af   Ja aber da war ja was drin was was wir noch nicht hattn
      00:07:32-5

Lm   Ja das mag ja sein; aber das ist jetzt nicht der erste Punkt das wär
      dann einer der letzten (.) einverstanden? (2) also ich würd
      schon gern der ähm der Kompetenzliste nach durchgehen damit
      wir feststellen wer wo welchen Bedarf hat (.) ja? (.) also gibt's

Af   ⌊ Okay 00:07:48-1

Lm   noch Unklarheiten im Bereich Schaubilder lesen, und umgekehrt
      nach Geschichten Schaubilder entwerfen (3) keine dann–

[...]

(01:17:32)

(01:17:54)

Teil 2

Lm [...] Km 01:17:07

?f °Ja aber dann dauert das doch richtig lange bis man das alles ausgerechnet (hat) oder?°

?f °Ja. (ach)° 01:17:12

Af °Toll und meine Frage wird jetzt wieder nicht beantwortet° 01:17:20

Km Ja ich wollt fragen, bei diesem- also ich hatte zwei Fragen, einmal ähm zu diesen zwei Punkte- Dingsbums da 01:17:22 also das wird dann äh dadurch kriegt man dann den Durchschnitt raus 01:17:25

Df °Meld dich doch° 01:17:21

Af °Mit den Winkeln- ja darf ich doch nicht hat er doch am Anfang gesagt ich solls am Ende machen° 01:17:25

Lm Ja irgendnen Mittelwert, 01:17:26

Km Okay und dann wollt ich noch fragen bei der Tangente is also- also bei der Tangente muss man die halt einfach so ungefähr machen wie sie gerade irgendwie ( ) 01:17:35

Bf °Ach mit den Winkeln genau=u bei der Aufgabe (Winkel)° 01:17:28

Af ⌊°Ja° 01:17:27

Cf °Was mit den Winkeln° 01:17:28

Af °Dreizehn° 01:17:29

Bf °Da hat der Herr T. [Vertretungslehrer] gesagt das könn wir nicht machen° 01:17:34

Af °Ja könn wir auch nicht wenn wir nich Sinus Cosinus und das andere da° 01:17:38

Bf °Ja okay° 01:17:39

Df °Ja das machen wir auch nicht° 01:17:40

Bf °Frag das bitte° 01:17:41

Lm Ja also theoretisch ist die Tangente eine Linie nur genau in diesem Punkt die Kurve berührt, also nur genau in diesem Punkt; nicht davor und nicht danach, 01:17:46

Af °Ich darf doch nicht hab am Anfang wollt ich doch schon fragen° 01:17:45

Bf °Okay (dann warte noch)° 01:17:47

Lm -und jetzt wird ich eigentlich vorschlagen, dass wir vielleicht die Pause vorziehen, ja? 01:17:51

Df Aber die Af hatte noch ne Frage 01:17:53

Af Ich hab noch ne Frage von dem andern Blatt 01:17:57

Lm ⌊Ja ( ) von welchem andern Blatt 01:17:57

Ef Müssen wir die dreizehn können?

Af ⌊Das was wir gekriegt ham zurr. Oben 01:18:00 wei da is noch was drauf was wir noch gar nicht hatten 01:18:02

?f °Er weiß jetzt auch voll was das is ne° 01:18:00

Ef °Dieses mit dem @Sinus-Teil@° 01:18:03

Lm könn wir gleich mal gucken 01:18:04

?f Cosinus 01:18:04

(01:18:00)

?f Cosinus 01:18:04

Af Bereche den Schnittpunkt der Gerade g und h unter welchem
Winkel schneiden sie sich. soll ich den Winkel von dem (   )
machen 01:18:12

Df Nein bitte machen wir das nicht 01:18:14

Lm Also das wäre wirklich so ne Zusatzkniffelaufgabe wos umn
Transfer geht, ja das wär eine- 01:18:19

Ef └Können sie nicht leichte- 01:18:19

Df Das müssen wir nicht machen 01:18:20

Af Ja aber das haben wir ja noch nie gemacht 01:18:21

Lm Nee (.) genau also vielleicht noch mal dazu so ne Arbeit (.) so ne
Arbeit besteht bei mir und bei allen auch anderen immer aus drei
Bausteinen (.) 01:18:32 der erste Baustein Basics (3) der bedeutet
(.) das was ihr euch eingetrichtert habt kommt wieder raus, ja?
also irgendwas was ma auswendig gelernt hat kann man machen,
in den 01:18:46 bekannten Situation; ne Aufgabe wie sie schon da
war (.) berechnen das is das eine dann ähm (2) gibt's den zweiten
Bereich da muss man diese Basics anwenden in nem neuen
01:19:02 Zusammenhang mit ner neuformulierten Aufgabe oder
ner neuen Situation (.) aber nur anwenden dieser Basics ja, und
der dritte Bereich, der heißt Transfer (3) der bedeutet ich muss
01:19:17 mit Hilfe dieser Basics die ich da habe irgendwas Neues
erfinden um ne Situation zu bewältigen die ich ähm (.) erst dann
bewältigen kann wenn ich mir dadraus was 01:19:27
zusammengebaut habe, okay? aber das sind die ähm die
letztendlich spätestens in den Zusatzaufgaben zum Tragen
kommen, eigentlich soll das so ungefähr ein Drittel ausmachen

Af °Ja aber das- die Aufgabe funktioniert ja(nicht)°
01:19:28

Cf └ Aber 01:19:39

Lm das habt ihr noch nie gehabt 01:19:39

Cf └Ja aber das- 01:19:39

Af └ Aber das haben wir noch nie gehabt 01:19:40

Df Ja aber bitte machen sie das nicht 01:19:41

Ef Wie solln wir das bitte machen 01:19:41

Lm Indem du diese (2) (das is immer so) 01:19:43

Bf °Och das ist so asozial° 01:19:42

Ef °Ich weiß noch nicht mal was-° 01:19:43

?f °Scheiße° 01:19:45

?f °Was denn° 01:19:46

Af Weil das kann man nicht mit irgendwas- mit Sinus und Cosinus
01:19:47

Lm Aber wir können dann gleich mal gucken dass betrifft dann aber
wirklich nicht alle (.) ja, also mein Vorschlag is zwanzig Minuten
Pause und dann irgendwie ab (.) 01:19:57 ab zehn vor hier
bei geschlossener Tür mit der Freien Arbeit Starten oder habt ihr
andere Pläne

Ef °Wenn das n Drittel ausmacht° 01:19:49

Bf °Dass das n Drittel ausmacht° 01:19:50

?f °Ja° 01:19:50

Ef °Nein Bf das ist Zusatz° 01:19:58

(01:20:34)

?f	⌐Ja 01:20:03
?f	°Herr Markus 01:20:04
Lm	Dann sitze ich da vorne auf Abruf 01:20:06

Lm	aber ich wird sagen raus, nutzt das - 01:20:16
?f	Draußen ist es noch wärmer 01:20:19
Af	(die Zusatzaufgabe is) ein Drittel von den Punkten? 01:20:22
Lm	°Nein ein Drittel soll normalerweise nicht zu bewältigen sein mit Vorgekautem, sondern muss ähm in der Arbeit durch Transfer selbst entwickelt werden° 01:20:31
Bf	°Ach so okay° 01:20:32
Lm	°Okay?° 01:20:33
Cf	°Ja aber Herr Markus nicht so super schwere Sachen° 01:20:36
?f	°Deswegen schaff ich die Zusatzaufgaben nie° 01:20:36
Lm	[Lachen] °Das is so° 01:20:39

[...]

?f	°Like a boss° 01:20:07
Ef	°Danach haben wir aber Freies Arbeiten° 01:20:08 [unverständlich]
Ef	°Die Bf macht keine Pause, die Bf ( ) macht jetzt keine Pause.° 01:20:15

5.3.3.3　Formulierende Interpretation „Vorbereitung auf die Klassenarbeit"

Teil 1

Formulierende Interpretation (verbal)	Formulierende Interpretation (nonverbal) Lehrperson	Gruppentisch III
bis 00:05:47 OT: Organisatorisches (Ende) Der Lehrer schließt seine Ausführungen zu organisatorischen Aspekten (Wahl der zweiten Fremdsprache, Arbeitsgruppenschwerpunkte) ab und fragt nach Fragen, Bewerten, Wünschen Träumen oder Klagen der Schülerinnen und Schüler.	*bis 00:10:16 OA: Ansprache der Schülerinnen und Schüler durch die Lehrperson* Bis der Lehrer in eine Arbeitsphase überleitet, in der die Schülerinnen und Schüler eine Aufgabe bearbeiten sollen, spricht er die Schülerinnen und Schüler im Wesentlichen als Kollektiv an. Ein Großteil der Ansprache erfolgt allerdings in Interaktion mit dem mittleren Gruppentisch, an dem sechs Mädchen sitzen. Zwischendurch werden auch immer wieder einzelne andere Schülerinnen und Schüler direkt in die Ansprache einbezogen.	*00:05:50-00:06:07 OA: Ansprache an den Lehrer* Die Mädchen (Af und Df) richten nacheinander ihre Köpfe auf den Lehrer aus. Als der Lehrer sagt: „Mathe ja oder", wenden sich auch Bf und Ef dem Lehrer zu, die zuvor noch miteinander interagiert haben. Alle vier Mädchen, die sich am Tisch gegenübersitzen, sind jetzt auf den Lehrer ausgerichtet und sprechen bzw. schauen in seine Richtung. Gf, die zusammen mit Cf am Kopf des Tisches sitzt, sitzt weiter unverändert mit dem Kopf auf den Arm gestützt. Sie blick dabei teilweise im Raum umher, teilweise in Richtung des Lehrers. Als Af „erst freie Arbeit und dann Mathe" sagt, bewegt sie ihren rechten Arm auf und ab. Als der Lehrer entgegnet, „da wir was verabredet haben heute", blickt Af leicht schulterzuckend in Dfs/Cfs Richtung.
00:05:47-00:06:26 OT: Mathe oder Freie Arbeit Der Lehrer leitet zum Matheunterricht über. Einige Schülerinnen und Schüler fordern eine andere Reihenfolge ein: erst Freie Arbeit, dann in der 3. und 4. Stunde Mathe. Der Lehrer hält diese Reihenfolge nicht für sinnvoll, da die Mathestunde der Vorbereitung auf die Arbeit dienen soll. Die Checkliste soll durchgegangen werden und es muss verabredet werden, wer welches „Servicelernen" in Anspruch nimmt. Das muss zu Beginn gemacht werden, sonst kann der Lehrer nichts planen. Das muss nicht lange dauern. Sie gehen das gemeinsam durch.	*00:05:47-00:06:23 UA: Ansprache der Schülerinnen am Gruppentisch (III)* Der Lehrer bewegt sich, als er „gut" sagt, einige Schritte auf den Gruppentisch der Mädchen und zu bleibt etwa einen, eineinhalb Meter vor dem Tisch stehen. Er schaut aus seiner stehenden Position, den rechten Arm angewinkelt und den Zeigefinger an den Mund, auf die Mädchen am Gruppentisch herunter. Bei „dann Mathe ja" geht er ganz kurz in die Knie. Während der Interaktion mit dem Gruppentisch bleibt der Lehrer unverändert in seiner Position. Erst als er sagt, „da wir was verabredet haben für heute", nimmt er den Zeigefinger vom Mund und macht mit der rechten Hand eine unterstützende Handbewegung (die Hand angewinkelt, die offene Handfläche nach oben gerichtet). Danach geht er sofort in die Ausgangsposition zurück. Bei „das ihr euch vorbereitet" nimmt der Lehrer seine Hand erneut vom Mund und zeichnet mit der flachen Hand einen Bogen etwa auf Brusthöhe vor seinem Körper und führt die Hand wieder in die Ausgangsposition zurück. Der Lehrer geht mit den rechten Bein einen Schritt auf den Schülerinnentisch zu und geht wieder mehrere Schritte rückwärts, den	

Formulierende Interpretation (verbal)	Formulierende Interpretation (nonverbal) Lehrperson	Gruppentisch III
00:06:26-01:17:51 OT: Durchgehen der Kompetenzliste **00:06:26-00:09:25 UT: Schaubilder** Das erste Thema der Liste sind Schaubilder; eigentlich ein Thema der fünften Klasse, das die Klasse mit „Bewegungsgeschichten" schon lange hinter sich gelassen hat. Es ist unklar, ob es dazu noch Fragen gibt. Man muss die Worte und die Schaubilder miteinander übersetzen. **00:07:07-00:07:13 Eingeschobenes UT: Pms Positionierung** Pm soll sich mit seinem Tisch komplett umdrehen und ganz neu positionieren.	Blickkontakt mit dem Mädchentisch haltend, zurück in Richtung Tafel und verschwindet aus dem Bild; dann geht er wieder einige Schritte nach vorne und verbleibt im Abstand von ca. einem, 1,5 Metern vor dem Mädchentisch. Bei „sonst kann ich ja nichts Planen" unterstützt er das Gesprochene mit einer ausladenden Bewegung des Unterarms. Daraufhin dann geht er wieder rückwärts einen Schritt in Richtung Tafel. **00:06:37-00:07:06 UA: Ansprache an die Schülerinnen und Schüler** Der Lehrer ändert durch seine Adressierung und Bewegungen um Raum die Blickrichtungen und spricht alle Schülerinnen und Schüler der Klasse an. Dabei geht er zwischen Tafel und dem Schülerinnentisch in Pendelbewegungen hin und her, blickt im Klassenraum in unterschiedliche Richtungen. **00:07:06-00:07:16 UA Ansprache an Pm** Der Lehrer richtet sich auf Pm (Tischgruppe IV) aus und geht einen Schritt in seine Richtung, dann wieder rückwärts einen Schritt in Richtung Tafel.	**00:06:02-00:07:01 OA: Herausholen der Mathesachen** Als der Lehrer sagt: „Dass ihr euch vorbereitet auf Mathematik", legt Df ihren Taschenrechner aus der Hand, den sie bisher am angewinkelten Arm an den Mund gehalten hatte, beugt sich herunter und holt einen Block aus ihrem Rucksack. Sie schlägt ihn auf und legt ihn vor sich auf den Tisch. Cf beugt sich ebenfalls nach unten und holt etwas aus ihrem Rucksack. Af und Bf blicken auf ihre Unterlagen, Bf schlägt ihr Notizbuch zu und legt es in die Ecke des Tisches, beugt sich dann herunter und holt Unterlagen aus ihrer Tasche. Nach nach nach holen alle Mädchen am Tisch ihre Unterlagen aus den Rucksäcken und ordnen sie auf dem Tisch an, schlagen die Mappen und Blöcke/Hefte auf und blicken in Richtung ihrer Unterlagen. Bf nimmt ein Blatt Papier vom Tisch auf und hält es mit beiden Händen an den Seiten fest. Während sie auf das Papier schaut, gähnt sie. **00:07:08-00:07:13 Eingeschobene UA: Ausrichtung auf Pm** Als Pm aufsteht und seinen Tisch umdreht, dreht sich auch Bf um und blickt in Pms Richtung, auch Gf blickt in dieselbe Richtung. **00:07:01-00:07:17 OA Af meldet sich** Af beginnt sich zu melden, indem sie zuerst den Ellenbogen auf dem Tisch aufstützt, dann den Arm ausstreckt und ihn etwa waagerecht auf Schulterhöhe in Richtung des Lehrers ausstreckt, dabei streckt sie den Zeigefinger aus und macht drehende Bewegungen mit dem Handgelenk, zwischenzeitig

Formulierende Interpretation (verbal)

00:07:13-00:07:40 eingeschobenes UT: Aufgaben von der Zusatzliste

Zu den Aufgaben, die die Schülerinnen und Schüler bekommen haben, gibt es eine Frage. Diese Aufgaben sind Zusatzmaterial und „very advanced" und für diejenigen gedacht, die mit der Liste komplett fertig sind. Auf der Liste sind Aufgaben, die die Schülerinnen und Schüler noch nie hatten. Das ist nicht der erste, sondern einer der letzten Punkte.

Formulierende Interpretation (nonverbal) Lehrperson

00:07:16-00:07:56 UA: Ansprache an Af/Gruppentisch

Der Lehrer geht mehrere Schritte auf den Schülerinnentisch zu und kommt direkt vor dem Tisch zum Stehen, die linke Hand in der Hosentasche, die rechte Hand/den Zeigefinger am Mund blickt er, während er geht auf Af und schließlich auf die Papiere, die vor Af auf dem Platz liegen und auf die Af zeigt. Während der Lehrer „nee" sagt, geht er einige Schritte rückwärts in Richtung Tafel und blickt, während er spricht (die Armhaltung unverändert), in Afs Richtung. Kurz darauf geht er wieder einige Schritte auf den Tisch zu und bleibt in etwa einem Meter Abstand stehen. Bei „wenn jemand mit dieser Liste komplett fertig ist" zeigt er mit dem rechten Arm und ausgestreckten Fingern auf die Papiere, die auf dem Tisch der Mädchen angeordnet sind. Während er in Afs Richtung „okay" sagt, verharrt er in seiner Bewegung, blickt auf Af und geht in eine Pendelbewegung wieder rückwärts in Richtung Tafel und dann erneut auf Af zu. Bei „einverstanden" macht er einen Schritt auf Af zu, senkt den Kopf ein wenig und blickt sie direkt an, hat dabei den Zeigefinger immer noch am Mund. Er geht dann wieder zwei Schritte rückwärts und spricht dabei in Richtung Af. Als er sagt: „ich wird schon gerne der Kompetenzliste nach durchgehen", zeigt er kurz mit der rechten Hand auf die Arbeitsunterlagen auf dem Mädchentisch und geht dann wieder rückwärts in Richtung Tafel.

Gruppentisch III

knickt sie den Arm etwas ein, als der Lehrer Pm anspricht, setzt Af den Ellenbogen wieder auf den Tisch auf und hält den Unterarm mit dem ausgestreckten Zeigefinger nach oben, blickt dabei in Pms Richtung (Tischgruppe IV) und schließlich in Richtung Lehrperson. Als dieser „Af" sagt, nimmt sie den Arm herunter.

00:07:20- 00:07:38 OA: Zeigen auf das Arbeitsblatt

Af schaut abwechselnd zum Lehrer hinauf und auf ihr Arbeitsblatt herunter, während der Lehrer sich auf sie zu bewegt. Df und Ef schauen ebenfalls in Richtung des Arbeitsblatts. Als der Lehrer „nee" sagt, nimmt Af das Arbeitsblatt in die Hand dabei blickt sie, ebenso wie Ef in Richtung des Lehrers, während Bf Af ansieht. Während Af in Richtung des Lehrers sagt: „aber da steht ja etwas drin, was was wir nicht nicht hatten", schaut sie abwechselnd zum Lehrer und zum Blatt und zeigt mit einer Abfolge von Handbewegungen immer wieder auf das Blatt. Als der Lehrer sagt, „einverstanden", hebt Af beide Unterarme hoch (die Ellenbogen auf den Tisch aufgestützt) und winkelt die Handflächen nach außen ab; dabei hebt sie beide Schultern leicht an.

00:07:38-00:08:05 OA Herausnehmen der Federmappe/Ordnen der Unterlagen

Af blickt kurz zu Df neben sich, beugt sich dann vor und holt ihre Federmappe aus ihrem Rucksack, legt sie vor sich auf den Tisch, nimmt sie erneut in die Hand, öffnet sie und holt einen Stifte/Lineal heraus. Während dessen nimmt Bf ein Papier und einen Stift in die Hand, schaut auf das Papier und legt es vor sich auf den Tisch und notiert etwas auf dem Papier; auch Ef legt ein

Formulierende Interpretation (verbal)	Formulierende Interpretation (nonverbal)
Lehrperson	Gruppentisch III
00:07:48-00:08:01 UT: Rückkehr zum UT: Schaubilder Die Kompetenzliste soll der Reihe nach durchgegangen werden, um festzustellen, „wer wo welchen Bedarf" hat. Gibt es noch Unklarheiten beim Schaubilder lesen und entwerfen?	Papier vor sich hin und blickt dann in Richtung Af und Bf.

Teil 2

Formulierende Interpretation (verbal)		Formulierende Interpretation (nonverbal)	
Lehrperson/Klassenöffentlichkeit	Gruppentisch III	Lehrperson/Klassenöffentlichkeit	Gruppentisch III
01:17:07-01:17:25 UT: Frage nach dem Durchschnitt Km fragt, ob man mit dem „Zwei-Punkte-Dingsbums" den Durchschnitt herausbekommt. **01:17:25-01:17:26 UT: Mittelwert** Der Lehrer bestätigt und gibt an, dass damit „irgendein" Mittelwert errechnet werden kann. **01:17:26-01:17:35 UT: Die Tangente muss man ungefähr so machen** Km fragt, ob man das mit der Tangente ungefähr so machen muss, wie es der Lehrer gerade vorgemacht hat. **01:17:35-01:17:47 UT: Die Tangente ist theoretisch eine Linie** Der Lehrer gibt an, dass die Tangente theoretisch eine Linie ist, die eine Kurve nur in genau einem Punkt berührt.	**01:17:07-01:17:12 OT: Ausrechnen dauert lange** Es dauert sehr lange bis alles ausgerechnet ist. **01:17:20-01:18:03 OT: Aufgabe mit den Winkeln** **01:17:20-01:17:25 UT: Beantwortung der Frage** Die Frage der Schülerin wird wieder nicht beantwortet. Die Schülerin soll sich melden. Sie darf es nicht, sondern soll's an Ende machen. **01:17:25-01:17:39 UT: Aufgabe 13** Es geht um die Aufgabe mit den Winkeln, Aufgabe 13. Der Vertretungslehrer Her- T. hat gesagt, dass die Aufgabe nicht bearbeitbar ist, wenn sie Sinus und Co:inus noch nicht gehabt haben. „Das machen wir auch nicht." **01:17:39-01:17:47 UT: Frage stellen** Sie soll das bitte fragen. Da sie nicht fragen darf, soll sie noch warten.	[ausgelassen: Formulierende Interpretation der Interaktion zwischen L und KM]	***bis 01:17:51 OA Schülerinnen sprechen miteinander*** Die vier Schülerinnen am Gruppentisch (Af, Bf, Df, Ef) sind, während der Lehrer mit Km spricht, aufeinander bezogen. Alle vier sind leicht nach vorne gebeugt, einander zugewandt und sprechen miteinander Während sie sprechen, schaut Af gelegentlich kurz in Richtung Lehrer. Af lehnt sich zurück, winkelt das Knie an und lehnt ihren Fuß unterhalb der Tischplatte gegen das Gestell des Tisches. Währenddessen bleibt sie mit Bf und Df im Gespräch. Ef bleibt den gegenübersitzenden Mädchen zugewandt und streckt kurz beide Arme über den Kopf. Bf und Af sprechen miteinander, dann wendet sich auch Df Af zu. Als der Lehrer sagt, „und jetzt wird ich eigentlich eigentlich vorschlagen", drehen sich die Mädchen in Richtung Lehrer um.

Formulierende Interpretation (verbal)		Formulierende Interpretation (nonverbal)	
Lehrperson/Klassenöffentlichkeit	Gruppentisch III	Lehrperson/Klassenöffentlichkeit	Gruppentisch III
01:17:47-01:17:51 OT: Pause vorziehen Es wird vorgeschlagen, die Pause vielleicht vorzuziehen. **01:17:51-01:18:21 OT: Aufgabe aus dem Zusatzmaterial** **01:17:51-01:18:14 UT: Af hat eine Frage** Die Frage bezieht sich auf das andere Arbeitsblatt, das sie bekommen haben. Muss Aufgabe dreizehn gekonnt werden? Auf dem Arbeitsblatt ist etwas drauf, was noch nicht behandelt wurde – „Cosinus". Die Aufgabe besagt, den Schnittpunkt zweier Geraden zu berechnen und anzugeben, unter welchem Winkel sie sich schneiden. **01:18:12-01:18:21 UT: Noch nie gemacht** Es soll bitte nicht gemacht werden. Das haben sie noch nie gemacht. Das müssen wir nicht machen. **01:18:14-01:18:19 UT: Zusatzaufgaben** Die Aufgaben sind „Zusatzkniffelaufgaben", bei denen es um Transfer geht.	**01:17:57-01:18:03: UT: Was ist die Aufgabe** Der Lehrer „weiß jetzt auch voll, was das ist". Das mit dem Sinus-Teil.	**01:18:05-01:20:30 OA: Ansprache an die Schülerinnen und Schüler** **01:18:05-01:18:36 UA Ansprache an den Gruppentisch** Der Lehrer bewegt sich auf den Tisch der Schülerinnen zu und bleibt in etwa einem Meter Abstand vor dem Tisch kurz stehen und geht, als Af ihre Frage stellt, rückwärts wieder Richtung Tafel zurück, dann kommt er erneut auf den Schülerinnentisch zu, bleibt in etwa 1,5 Metern Abstand stehen und blickt in Richtung Af und des Arbeitsblattes, dass Af ihm entgegenhält. Bei „können wir dann gleich mal gucker" zieht er sich, immer noch auf Af schauend, in Richtung Tafel zurück,	**00:17:52-01:18:20 OA: Ansprache an den Lehrer** **00:17:52-00:17:57 UA: Ausrichtung auf den Lehrer** Als der Lehrer sagt „Pause vorziehen", spricht Df den Lehrer an. Alle vier Mädchen blicken den Lehrer an, der auf den Tisch zugegangen ist und jetzt in etwa in einem Meter Abstand vor dem Tisch steht. **00:17:57-00:18:20 UA: Hantieren mit dem Arbeitsblatt** Als der Lehrer fragt „von welchem anderen Blatt" beugt sich Af nach vorne und nimmt einen Block oder Ordner von ihrem Tisch hoch und holt ein weißes Blatt darunter hervor. Mit der rechten Hand hält sie es in Richtung Lehrer und sieht dabei in seine Richtung, Df schaut ebenfalls in Richtung Blatt und Lehrer, während Ef und Bf in Afs Richtung schauen. Während Af spricht, schlägt sie einmal kurz mit den Außenseiten der Finger auf das Blatt. Af schaut auf das Blatt und liest etwas davon ab; als sie fertig ist, lässt sie das Blatt etwas sinken und schaut in Richtung Lehrer. Als der Lehrer sagt, „wos es umn Transfer geht", lässt Af das Blatt sinken und legt es wieder auf den Tisch.

Formulierende Interpretation (verbal)		Formulierende Interpretation (nonverbal)	
Lehrperson/Klassenöffentlichkeit	Gruppentisch III	Lehrperson/Klassenöffentlichkeit	Gruppentisch III
01:18:21-01:19:38 UT: Aufbau der Arbeit Die Arbeit ist bei allen Lehrern aus drei Bausteinen aufgebaut. Der erste Baustein sind Basics: Das, was einge-trichtert wurde, kommt wieder raus, das Auswendiggelernte wird in einer bekannten Situation wiedergegeben. Im zweiten Bereich müssen Basics angewendet werden, in einem neuen Zusammenhang einer neuen Aufgabe. Der dritte Bereich heißt Transfer, also mit Hilfe der Basics irgendetwas Neues erfinden, um eine Situation zu bewäl-tigen. Das kommt in den Zusatzaufga-ben zum Tragen, die etwa ein Drittel ausmachen. **01:19:38-01:19:47 Rückkehr zum UT: Noch nie gemacht** Die Aufgabe wird als unbekannt mar-kiert (sie haben es noch nie gehabt). Der Lehrer soll das nicht machen. Es ist unklar, wie die Schülerinnen und Schüler das machen sollen. Man kann das nicht mit Sinus uns Cosinus.	**01:19:26-01:19:28 UT: Die Aufgabe funktioniert (nicht)** **01:19:40-01:19:58 OT: Anforderungen der Arbeit** **01:19:0-01:19:50 UT: Ein Drittel** Von den Schülerinnen wird es als aso-zial markiert, dass die Transferaufgaben ein Drittel umfassen. Es ist Scheiße, wenn es ein Drittel ausmacht.	**01:18:36 -01:20:06 UA: Ansprache an die Schülerinnen und Schüler** Der Lehrer hat eine Position vor der Tafel eingenommen und spricht in Richtung der Schülerinnen und Schüler (Thema: Aufbau der Klassenarbeit). Da-bei geht er, den Schülerinnen und Schü-lern zugewandt, immer wieder vor und zurück. Als er „drei Bausteine" sagt, untermalt er das Gesagte mit einer entsprechen-den Geste. Zwischendurch wendet er sich der Tafel zu und schreibt einzelne Begriffe an. Bei den Erläuterungen zu den „Basics" geht der Lehrer erneut auf den Gruppentisch der Mädchen zu und blickt in ihre Richtung. Er untermalt „kommt wieder raus" gestisch, indem er mit beiden Armen eine ausladen-de Bewegung macht (er winkelt die Unterarme jeweils senkrecht vor dem Oberkörper an und lässt sie dann in einer leicht kreisenden Bewegung wieder nach unten fallen, dabei knickt er den Oberkörper ganz leicht ein). Bei „in ner bekannten Situation" geht er rückwärts wieder in Richtung Tafel und notiert ein Wort. Bei „anwenden" geht er erneut einige Schritte vorwärts in Richtung der Schülerinnen und Schü-ler, wendet sich mit dem Kopf nach rechts in Richtung Tischgruppe	**01:18:20-01:19:35 OA: Dem Lehrer zuhören** Als der Lehrer sagt, „so ne Arbeit", wenden sich Af, Bf, und Df dem Lehrer zu, blicken in seine Richtung; Ef schaut mehrfach in die Richtung der ihr ge-genübersitzenden Schülerinnen Af/Df. Bf schaut immer wieder in unterschied-liche Richtungen im Klassenzimmer, stützt den, in Richtung des Lehrers gewandt, den Kopf auf den aufgestütz-ten Arm. Zwischendurch schauen insbesondere Af, Bf, Df überwiegend in Richtung des Lehrers, gelegentlich schauen sie einander an. **01:19:35 -00:19:53 OA: Ansprache an den Lehrer** Kurz nachdem der Lehrer sagt, „spätes-tens in den Zusatzaufgaben zum Tragen kommen", sprechen mehrere Mädchen gleichzeitig in Richtung des Lehrers. Dabei schlägt sie mehrmals leicht und einmal deutlich mit ihrem Stift auf die Kante ihres Tisches und schaut ab-wechselnd in die Richtung des Lehrers und ihres Arbeitsblattes; Bf ist vor allem auf Af ausgerichtet, während Df und Ef in Richtung des Lehrers schau-en. Als Af sagt „weil das kann man nicht", zeigt sie einmal mit dem Stift auf das Arbeitsblatt, das vor ihr liegt. Bei „Sinus Cosinus" schwenkt sie

Formulierende Interpretation (verbal)		Formulierende Interpretation (nonverbal)	
Lehrperson/Klassenöffentlichkeit	Gruppentisch III	Lehrperson/Klassenöffentlichkeit	Gruppentisch III
01:19:47-01:19:53 UT: Das betrifft nicht alle Sie können gleich mal gucken, das betrifft nicht alle, das ist Zusatz. **01:19:53-01:20:19 OT: Organisatorisches** **01:19:53-01:20:15 UT: Pause und nächste Stunde** Vorschlag des Lehrers: 20 Minuten Pause und dann bei geschlossener Tür Freies Arbeiten. Gibt es andere Pläne? Er ist dann vorne auf Abruf. **01:20:15-01:20:19 UT: Rausgehen** Der Lehrer schlägt vor, rauszugehen, es zu nutzen; draußen ist es noch wärmer.	**01:19:56-01:19:58 UT: Das ist Zusatz** **01:20:06-01:20:07 eingeschobenes UT: Like a boss** **01:20:07-01:20:15 UT: Keine Pause** Nach der Pause geht es mit Freier Arbeit. Bf macht jetzt keine Pause.	IV und V. Er pendelt dann wieder rückwärts in Richtung Tafel. Beim Sprechen über „Transfer" notiert er das Wort an der Tafel und geht wieder vorwärts in Richtung Mädchentisch, bleibt kurz in etwa einem Meter Abstand vor dem Tisch stehen und blickt in Richtung Af. Dann geht er erneut rückwärts in Richtung Tafel. Hier geht er wieder einige Schritte vor und zurück. **01:20:06-01:20:15 UA: Ansprache an Af** Als Af ihn anspricht, geht der Lehrer kurz auf sie zu, dann gleich wieder zurück in Richtung Tafel (als er „indem du" sagt, zeigt er in Richtung Tafel). **01:20:15-01:20:19 UA: Ansprache an die Schülerinnen und Schüler** Als der Lehrer sagt „mein Vorschlag", dreht er sich, etwa in der Mitte des Raumes zwischen Tafel und Gruppentisch der Mädchen stehend, stehend zur Uhr über der Tür um und spricht in Richtung der Uhr, dann wendet er sich dem Gruppentisch zu und spricht in Richtung der Mädchen, schaut aber zwischendurch auch nach rechts und links in Richtung der anderen Tischgruppen. Als er sagt, „ich bin dann da vorne", zeigt er in Richtung seines Lehrerschreibtischs neben der Tafel. Als er sagt „raus", zeigt er in Richtung der Fenster.	einmal den rechten Arm in Höhe des Kopfes vor sich herum. Als der Lehrer sagt, „das betrifft dann wirklich nicht alle", beugt sich Af nach vorne über ihre Arbeitsmaterialien und schaut auf ihr Blatt.

Formulierende Interpretation (verbal)		Formulierende Interpretation (nonverbal)	
Lehrperson/Klassenöffentlichkeit	Gruppentisch III	Lehrperson/Klassenöffentlichkeit	Gruppentisch III
01:20:22–01:20:39 Rückkehr zum UT Zusatzaufgaben/Aufbau der Arbeit (zusammen mit dem Lehrer) Ein Drittel der Arbeit soll normalerweise nicht zu bewältigen sein mit Vorgekautem, sondern als Transferleistung; es sollen nicht so super schwere Sachen drankommen. Deswegen schafft sie die Zusatzaufgaben nie.		**00:20:19–... UA: Zugehen auf den Mädchentisch** Er geht auf die Mädchengruppe zu und bleibt dicht davor stehen. Er geht leicht in die Knie und stützt dann beide Arme auf den Tisch auf. Dann streckt er das rechte Bein durch und beugt sich mit dem Oberkörper, den er auf beide ausgestreckten Arme aufstützt, herunter. Dabei schaut er auf Bf ...	*00:20:19–... OA: Interaktion am Gruppentisch der Mädchen* Der Lehrer ist an den Tisch der Mädchen herangetreten. Bf spricht mit ihm und schaut zu ihm hoch, während er, den Kopf schräg zu ihr geneigt, in ihre Richtung ausgerichtet ist. Der Lehrer stützt sich mit einer Hand auf dem Tisch von Af ab und zeigt auf die Unterlagen, die auf dem Tisch zwischen ihm und Af und Bf liegen. Währenddessen zeigt Af immer wieder auf die Unterlagen, während Bf in ihren Unterlagen blättert... *01:20:22–... OA: Schülerinnen und Schüler verlassen den Klassenraum* Während der Lehrer mit Af und Bf interagiert und die Schülerinnen und Schüler an den anderen Tischen nach und nach aufstehen und aus dem Raum gehen, hat Df sich – noch sitzend – mit einer halben Körperdrehung zur Fensterseite umgedreht und den Kopf nach hinten gewendet. Sie spricht mit einer Mitschülerin, die in der rechten Bildhälfte positioniert ist. Ef blickt in dieselbe Richtung wie Df. Df steht auf, bleibt kurz an ihrem Platz stehen, immer noch zur Mitschülerin in der rechten Bildhälfte gerichtet. Dann geht sie sprechend auf sie zu, gestikuliert kurz mit den Armen, teilweise auf den Ausgang zeigend und geht dann neben einer anderen Mitschülerin in Richtung Ausgang. Auch Gf vom Gruppentisch steht auf und verlässt den Raum; Cf und Ef holen ihre Pausenverpflegung aus ihren Taschen und beginnen zu essen.

5.3.3.3 Reflektierende Interpretation

Teil 1

[**ausgelassen**: Interaktion zwischen L und Af und Me über die Reihenfolge von Freier Arbeit und Mathematik]

06:21-07:16 Proposition durch L in Assoziation mit Kreide und Tafel

Die Ankündigung, die bisher im Unterricht bearbeitete Kompetenzliste gemeinsam durchzugehen, wird durch den Lehrer dadurch unterstrichen, dass er die Tafel als Medium in die Unterrichtsinteraktion rekrutiert. Durch seine Bewegung im Raum (auf die Tafel zu) und durch die Assoziation mit Kreide und Tafel signalisiert er verbal und nonverbal den Beginn eines klassenöffentlichen, fachlichen Unterrichtsgesprächs, dessen zentraler Bezugspunkt die Tafel und der davor liegende Interaktionsraum des Lehrers ist. Indem der Lehrer das erste Thema der Kompetenzliste nennt, zeigt er an, dass er die Liste chronologisch durchgeht. Auf der inhaltlichen Ebene setzt der Lehrer als erstes Thema „Schaubilder". Dieses Thema rahmt er als eine Wiederholung aus der fünften Klasse und markiert damit ein reproduktives Anforderungsniveau. Die Wahrscheinlichkeit, dass hierzu noch Fragen offen sind, rahmt der Lehrer implizit als gering, eine Möglichkeit zum Fragenstellen wird aber dennoch eingeräumt. Grundsätzlich dokumentiert sich in der Formulierung ein Zutrauen in die fachlichen Fähigkeiten der Schülerinnen und Schüler. Gleichzeitig eröffnet der Lehrer hier aber auch eine Differenz zwischen für Achtklässler angemessenen und nicht angemessenen fachlichen Fragen. Durch die Ankündigung des gemeinsamen Durchgehens und die Anordnung der fachlichen Inhalte nach Anforderungsniveaus wird deutlich, dass der Lehrer hier an der Logik eines gestuften/kumulativen Wissensaufbaus (vom Leichten zum Schweren) orientiert ist. Bei der Beschreibung des Themas formuliert der Lehrer die Tätigkeiten, die erforderlich sind, um Aufgaben aus diesem Kompetenzbereich zu bearbeiten: Worte und Schaubilder ineinander übersetzen. Dabei wählt er für die Gegenstandsbeschreibung (Exemplifizierung als „Bewegungsgeschichten") sowie für die Könnens- oder Kompetenzformulierungen (Übersetzen von Worten und Bildern) einen alltagssprachlichen Zugang. Er rekurriert damit auf die ersten beiden Kompetenzen auf der Kompetenzliste („*1.1 Ich kann aus einem Schaubild wichtige Informationen herauslesen (ein Schaubild interpretieren)*"; „*1.2 Ich kann zu einer Situationsbeschreibung/einer Geschichte in einem Koordinatensystem einen Graphen skizzieren*"). Mit seinen Bewegungen nutzt der Lehrer den Interaktionsraum zwischen Tafel und Schülertischen weitgehend aus, indem er in Pendelbewegungen zwischen Tafel und Schülertischen hin- und herpendelt. Dabei wählt er in der Ansprache der Schülerinnen und Schüler immer wieder unterschiedliche Bezugspunkte. In der Sequenz zeigt sich immer wieder homolog, dass der Lehrer durch seine Bewegungen im Raum, das Pendeln zwischen Tafel und einzelnen Schülertischen, einen Wechsel der Adressierungen von Kollektiv und Individuum körperlich vollzieht.

[**ausgelassen**: Eingelagerte Interaktion zwischen L und Pm]

07:00-07:21 Komplementäre Proposition (nonverbal durch Melden und verbal) durch Af in Assoziation mit dem Aufgabenblatt
Af meldet sich in dem Moment, als der Lehrer fragt, ob zum Thema „Schaubilder" noch Fragen bestehen. Nachdem sie aufgerufen worden ist, knüpft sie an den Aspekt des Fragestellens an. Sie bezieht sich mit ihrer eigenen Frage nicht auf den thematischen Rahmen, den der Lehrer proponierte, sondern auf Aufgaben, die von einem „anderen Blatt" stammen. Damit kommt sie zu einer eigenständigen fachlichen Themensetzung. Die vom Lehrer proponierte Unterrichtsorganisation eines gemeinsamen Vorgehens in der Sachlogik (vom Leichten zum Schweren/der Reihe nach) wird von Af nicht aufgegriffen. Gleichzeitig zeigt sich allerdings eine grundsätzliche Passung zwischen den Leistungserwartungen von Schülerin und Lehrer. Während der Lehrer mit der Erwartung, dass es zum Thema Schaubilder keine Fragen mehr geben dürfte, das untere Ende des Leistungsspektrums verdeutlicht und mithin abschließt, markiert Af mit ihrer Anfrage das obere Ende. Die Interaktion bleibt indexikal und erschließt sich für die Beteiligten durch einen gemeinsamen Bezug auf die Arbeitsunterlagen.

07:21-07:30 Divergenz zu Af durch L mit eingelagerten Ratifizierungen durch Af in Assoziation mit dem Aufgabenblatt
Der Lehrer lehnt die Anfrage Afs explizit ab. Die Indexikalität der verbalen Anschlüsse entsteht vor dem Hintergrund einer gemeinsamen Bezogenheit auf das Arbeitsblatt und verweist darauf, dass zwischen Lehrer und Schülerin Klarheit über das Angebot besteht, das den Schülerinnen und Schülern während der vergangenen Unterrichtseinheit zur Verfügung gestellt wurde. Die von Af angesprochenen Aufgaben werden als Zusatzmaterial klassifiziert. Die Einschätzung des Lehrers, dass sie ein erhöhtes Anforderungsniveau aufweisen („very advanced"), macht erneut die Orientierung an einem kumulativen Aufbau vom Leichten zum Schweren deutlich. Ebenso wird noch einmal die Unterscheidung zwischen Regel- und Zusatzanforderungen deutlich markiert und die Anfrage Afs verortet: Das Anliegen Afs wird als zusätzliche, gesteigerte Anforderung kenntlich gemacht, die nicht im gemeinsamen Unterricht behandelt wird. Es zeigt sich eine Homologie einer differenzierenden Gestaltung der Lernumgebung auf interaktiver und materieller Ebene: Regelanforderungen sind in der Kompetenzliste, die allen Schülerinnen

und Schülern vorliegt, formuliert und werden im klassenöffentlichen Unterricht behandelt; Zusatzanforderungen werden auf einer eigenen Liste geführt und individuell besprochen. Die Adressierung Afs wird durch die Bewegung des Lehrers auf Af zu unterstützt. Während der Lehrer durch seine körperlichen Bewegungen und Positionierungen einen engen Bezug zu Af herstellt, ist die verbale Ansprache gleichzeitig an Af und an das Kollektiv gerichtet. In der Gleichzeitigkeit von individuellem und kollektivem Bezug reagiert er auf die individuelle Anfrage Afs mit einer formalen Ausführung zum allgemeinen Verfahren („wenn jemand …"). Es dokumentiert sich die Orientierung der Lehrperson an einem regelgeleiteten, rationalen Vorgehen sowie an dessen Nachvollziehbarkeit.

07:30-07:32 Divergenz durch Af in Assoziation mit dem Aufgabenblatt
Af protestiert gegen die Zurückweisung des Lehrers, indem sie darauf hinweist, dass die Zusatzaufgaben im Unterricht noch nicht behandelt wurden. Sie rekurriert damit auf Umstände, die ihr die Bearbeitung der Aufgabe erschweren oder verunmöglichen. Hier zeigt sich bereits im ersten Ansatz die Orientierung Afs am „(nicht) Können-Können", die in der zweiten Szene noch deutlicher herausgearbeitet wird: Der Unterricht hat die Funktion, ihr ein Können zu ermöglichen, indem er die Grundlagen für die Bearbeitung von Anforderungen legt. Diese Erwartung wird in Bezug auf die fragliche Zusatzaufgabe (bisher) enttäuscht, die Af als Anforderung für sich begreift. Hierin zeigt sich eine Divergenz der Schülerin und des Lehrers, die auch im weiteren Verlauf der Sequenz bedeutsam bleibt: Vor dem Hintergrund einer allgemeinen Selbstständigkeitserwartung definiert der Lehrer thematische Bereiche, die explizit nicht im Unterricht behandelt werden („Transferbereich"), während Af und später auch Bf/Cf erwarten, dass alle Aufgaben(typen), die in der Leistungsüberprüfung relevant werden, im Unterricht behandelt worden sein sollen.

07:32-08:01 Rituelle Konklusion durch Suspendierung des Themas (Zusatzaufgabe) durch L, (korporierte) Ratifizeirung/Divergenz durch Af; Gleichzeitig: kommunikative Transition durch L, komplementäre Enaktierung durch Af und Mehrere in Assoziation mit den Matheunterlagen (Durchgehen der Kompetenzliste)
Der Lehrer suspendiert das Thema, indem er es zwar nicht grundsätzlich ablehnt, dieses Thema zu besprechen, jedoch erst zu einem späteren Zeitpunkt, wenn die Kompetenzliste abgearbeitet ist. Der Lehrer elaboriert hier noch einmal den propositionalen Gehalt seiner ursprünglichen Äußerung, die Liste der Reihe nach durchzugehen, und zeigt seine Orientierung an einem verallgemeinerten, regelgeleiteten transparenten/rationalen Vorgehen: Regelanforderungen werden klassenöffentlich gemeinsam besprochen, Aufgaben, die als „very advanced" gerahmt werden, werden

individuell bearbeitet. Zum einen zeigt sich hier eine Orientierung an der Differenzierung fachlicher Anforderungen. Das gesamte Leistungsspektrum der Lerngruppe ist im Blick des Lehrers. In der Vorbereitung auf die Mathearbeit wird allerdings zunächst das Gemeinsame, das für alle Erreichbare bzw. das von allen Geforderte thematisiert. Insgesamt bekräftigt der Lehrer an dieser Stelle, dass es darum geht, der Reihe nach (also systematisch) vorzugehen, um den weiteren Beratungs- bzw. Lernbedarf festzustellen, der in der anschließenden Freien Arbeit bearbeitet werden soll. Der Lehrer beendet die Interaktion mit Af mit Suspendierung, indem er mit einem „einverstanden?" und einem „ja?" das Einverständnis von Af einholt, diese ratifiziert dies korporiert (gestisch) und verbal. Im Sinne einer kommunikativen Transition auf der Ebene des Interaktionssystems Unterricht (an das gesamte Kollektiv gerichtet) wechselt er zum Thema „Schaubilder", Af und mehrere andere Schülerinnen und Schüler enaktieren dies komplementär, indem sie sich mit der Kompetenzliste und anderen Arbeitsutensilien assoziieren.
[…]

Teil 2
[**ausgelassen**: Klassenöffentliche Interaktion zwischen L und Km; Tischgruppeninteraktion zwischen ?f und ?f]

Interaktionssystem Tischgruppengespräch

01:17:12-01:17:20 Proposition durch Af in Assoziation mit dem Aufgabenblatt (in Divergenz zum Lehrer in Bezug auf die Wissensordnung des Unterrichts)
Das insgesamt leise geführte Gespräch in der Tischgruppe zwischen Af, Bf, Df und Ef ist auf der körperlichen Ebene durch eine wechselseitige Bezogenheit der Mädchen aufeinander gekennzeichnet. Auf beiden Ebenen etablieren die Mädchen ein eigenständiges Interaktionssystem, dessen Umwelt das klassenöffentliche Gespräch darstellt. Kontakt zum klassenöffentlichen Geschehen wird gelegentlich durch Blickkontakt in Richtung Lehrer hergestellt. Af bezieht sich mit ihrer Proposition auf eine zurückliegende Äußerung vom Beginn der Mathestunde (Teil 1). Der Lehrer hatte ihre Frage nach Aufgaben auf einem Zusatzarbeitsblatt mit dem Hinweis zurückgestellt, dass diese Aufgaben „advanced", also „Zusatzmaterial" seien und in dieser Stunde nicht als Erstes zu behandeln sind. Als Proposition (propositionale Gehalte: Empörung über das Nicht-Berücksichtigen ihrer Frage; erwartete Klärung einer inhaltlichen Frage im Unterricht) richtet sich diese Äußerung nun an die Tischgruppe. Erneut scheint hier die Orientierung Afs auf, dass Unterricht ein Können ermöglichen soll, Fragen, die ihr ein Können ermöglichen, sind nach ihrem Verständnis klassenöffentlich zu besprechen. Es zeigt sich, dass sie grundsätzlich davon ausgeht, dass im Unterricht alle Schülerfragen gleichermaßen

geklärt werden und die Fragen den gleichen Stellenwert haben. Hierin zeigt sich eine leichte Divergenz zur Orientierung des Lehrers an der Differenzierung zwischen klassenöffentlich zu behandelnden Regelanforderungen und individuell zu klärenden Zusatzanforderungen. Diese Divergenz liegt auf der Ebene der Legitimität der Wissensordnung des Unterrichts.

01:17:20-01:17:21 Antithese zur Proposition von Af durch Df
Mit „meld dich doch" wird Af durch Df aufgefordert, ihr Anliegen klassenöffentlich vorzutragen. An dieser Stelle bleibt offen, auf welchen propositionalen Gehalt sich die Aufforderung bezieht. Es zeigt sich hier, dass Df die Lösung des vorgetragenen Problems an den Lehrer und an den klassenöffentlichen Diskurs delegiert. Sich melden und ein Anliegen vortragen bzw. eine Frage stellen und sie beantwortet zu bekommen werden hier gleichgesetzt. Der Vorgang wird auf das Sich-Melden verkürzt. Die Äußerung kann in Bezug auf die vorangegangene Äußerung als antithetisch interpretiert werden, weil beide Schülerinnen an einer Klärung fachlicher Fragen durch die Lehrperson orientiert sind.

01:17:21-01:17:25 Differenzierende Elaboration der eigenen Proposition durch Af, Versuch einer Synthese zu Df in Assoziation mit dem Aufgabenblatt (komplementär zum Lehrer auf der Ebene der sozialen Ordnung des Unterrichts)
Mit dem Hinweis auf die „Winkel" bezeichnet Af ihr Anliegen inhaltlich näher und eröffnet damit einen antithetischen Diskurs mit Bf und Cf über die spezifische Aufgabe (vgl. Aufgabenzettel, Aufgabe 13c). Sie bleibt hier gegenüber der Tischgruppe, an die die Äußerung adressiert ist, indexikal. Wie sich im Anschluss zeigt, reicht dieser Hinweis allerdings aus, um ein Verstehen innerhalb der Tischgruppe herzustellen. Der zweite Teil der Äußerung stellt einen Versuch einer Synthese zur Aufforderung Dfs dar, sich zu melden. Af argumentiert mit einem Verbot durch den Lehrer. In der Bezeichnung als Verbot dokumentiert sich die auf das Thema „unterrichtlichen Behandlung von Zusatzaufgaben" bezogene Rahmenkongruenz zwischen der Schülerin und dem Lehrer. Grundsätzlich akzeptiert Af aber das Verbot, d. h. die Machtausübung des Lehrers. Hierin zeigt sich auf der Ebene der sozialen Ordnung des Unterrichts eine Rahmenkompelementarität zwischen Af und der Lehrperson.

01:17:25-01:17:28 Differenzierende Elaboration durch Bf, Validierung durch Af in Assoziation mit dem Aufgabenblatt
Bf bezieht sich in ihrer Elaboration auf die sprachlich indexikale Anmerkung zum „Winkel" aus Afs vorangegangener Äußerung. Es zeigt sich hier, dass Af und Bf einander verstehen. In der Indexikalität zeigt sich weiterhin, dass sich die Schüle-

rinnen mit den gleichen Aufgaben beschäftigen, die sich im Zusatzmaterial für die Übungsphase befinden, und Nichtverstehen als gemeinsame Erfahrung markieren. Das Sprechen über die Aufgabe findet zwischen Af und Bf (später auch Cf) überwiegend in einem fachlichen Modus statt. Mit dem Begriff „Winkel" ist der Kern des fachlichen Problems sprachlich markiert. Af, Bf und Cf unterscheiden sich im Sprechen über die Aufgabe von Df und Ef darin, dass bei Letzteren der Bezug auf die Fachlichkeit der Aufgabe weitgehend fehlt.

01:17-28-01:17:29 Differenzierende Elaboration durch Cf und Af in Assoziation mit dem Aufgabenblatt
Cf fragt nach, um was es sich handelt. Dabei ist nicht klar, ob Afs Elaboration, mit der sie die fragliche Aufgabe konkret bezeichnet (Aufgabe 13c), auf Cfs Frage antwortet oder ob es sich bei Afs Elaboration um eine Vervollständigung bzw. Validierung innerhalb des Gesprächs mit Bf handelt. Im Folgenden zeigt sich, dass Cf sich nicht weiter in das Gespräch einbringt.

01:17:29-01:17:39 Anschlussproposition durch Bf, Elaboration durch Af Validierung durch Bf
In einer Anschlussproposition bezieht sich Bf auf die zuvor benannte Aufgabe 13 und gleichsam auf eine Erfahrung mit dem Vertretungslehrer Herrn T., die mindestens von Af geteilt wird. Bf rekurriert mit dem Verweis auf Herrn T. auf eine fachliche Autorität. Die Aufgabe, die den Schülerinnen Schwierigkeiten bereitet hat, wird hier mit dem Verweis auf Herrn T. zurückgewiesen. Die Schülerinnen zeigen damit auch eine Bereitschaft, sich an anerkannten Autoritäten auszurichten. In der ersten Aussage durch Bf wird deutlich, dass die Schülerinnen zwischen „etwas nicht können" und „etwas nicht können können" unterscheiden. Der Grund dafür, dass sie die Aufgabe nicht bearbeiten können, liegt im Fehlen mathematischer Voraussetzungen. Dies wird in der Anschlussäußerung qualifiziert: Die Bedingung bzw. die Voraussetzung für das Bearbeiten der Aufgabe ist den Schülerinnen zufolge ein Verständnis von Sinus und Cosinus. Darin dokumentiert sich ihr mathematisches Verständnis: Es geht um Aufgabenlösungen durch das Anwenden von Rechenverfahren. Allerdings bedeutet das Fehlen der Voraussetzungen nicht das Ende der Auseinandersetzung mit der Aufgabe. In der Thematisierung des Problems zeigt sich, dass für die Schülerinnen die unterrichtlichen Anforderungen durch den Lehrer einen hohen Stellenwert haben. Da der Vertretungslehrer das Fehlen von mathematischen Voraussetzungen attestiert hat, wenden sich die Schülerinnen an den Lehrer und erwarten die Erfüllung der Voraussetzungen von ihm.

01:17:39-01:17:41 Versuch einer Konklusion durch Df
Df versucht den Diskurs zu konkludieren, indem sie eine Konsequenz aus dem Fehlen der mathematischen Voraussetzungen zieht, nämlich das Nicht-Bearbeiten der Aufgabe. Während Af und Bf daran orientiert sind, die Voraussetzungen zum Erfüllen der Anforderungen zu erwerben, weist Df hier die Anforderungen durch das Aufgabenblatt zurück. Zwischen Af und Bf auf der einen und Df auf der anderen Seite deutet sich in Bezug auf die fachlichen Anforderungen und die Leistungsaspirationen eine Divergenz an.

01:17:40-01:17:41 Anschlussproposition durch Bf
Die Konklusion durch Df bleibt lediglich ein Versuch; Bf spricht hier Af an und insistiert darauf, dass sie ihre Frage zur betreffenden Aufgabe stellen soll. Zum einen zeigt sich hier, dass für die Schülerin die Anforderungen des Mathelehrers Relevanz besitzen und diesbezüglich Klarheit hergestellt werden soll. Das Fragenstellen wird an Af adressiert. Es zeigt sich hier, dass der Lehrer die maßgebliche Instanz in Bezug auf die Leistungserwartungen und das schulisch relevante Wissen darstellt. Die Kompetenz des Lehrers wird in einem doppelten Sinne aufgerufen: Aufgrund seiner fachlichen Fähigkeiten kann er erklären, was Af und Bf nicht verstehen; kraft seiner Machtbefugnisse kann er entscheiden, ob die Frage für die Leistungsbewertung relevant ist. Diese beiden, sich für die Mädchen an der Tischgruppe als bedeutsam erweisenden Fragen können nicht innerhalb der Gruppe geklärt werden.

01:17:41-01:17:47 Antithese zu Bf durch Af, Validierung und Synthese durch Bf
Af bezieht sich erneut auf das Verbot, die Frage zu stellen. An dieser Stelle wird wieder deutlich, dass Af die Setzung des Lehrers auf der Ebene der sozialen Ordnung des Unterrichts akzeptiert und höher einschätzt als die Klärung der Anforderungen. Zwei Orientierungen Afs werden sichtbar: eine Orientierung am fachlichen Lernen bzw. Können und eine Orientierung am Einfügen in die machtförmig strukturierte schulischen Ordnung. Bf lenkt ein und fügt sich in einer Synthese der Einschätzung Afs bezüglich der Unterrichtsorganisation. Gleichwohl bleibt eine Klärung der Frage das Ziel.

Interaktionssystem Klassenöffentlichkeit

01:17:47-01:17:51 Kommunikative Transpostion durch L auf der Ebene der sozialen Ordnung des Unterrichts
Der Lehrer beendet das Unterrichtsgespräch über die Bestimmung von Änderungsraten und macht einen Vorschlag auf der Ebene der sozialen Ordnung des Unterrichts. In der Äußerung dokumentiert sich, dass der Lehrer die Unterrichtsorganisation

autonom vornimmt, Pausenzeiten werden hier nach dem Kriterium der Passung
in den Unterrichtsverlauf eingefügt.

**01:17:51- 01:17:53 Transposition der Interaktion mit Af durch Df im Modus einer
Fremdrahmung; gleichzeitig komplementäre Proposition zu L**
Mit einer Fremdrahmung hebt Df die Interaktion am Gruppentisch auf die Ebene
des klassenöffentlichen Gesprächs. Daran, dass sich an dem Gespräch außer den
Mitgliedern der Mädchengruppe niemand in der Klasse beteiligt, zeigt sich, dass es
sich um ein spezifisches Problem dieser Gruppe handelt und die Überlegungen für
den Rest der Klasse nicht anschlussfähig sind. Der Lehrer geht bei dieser Nachfrage
auf die Tischgruppe zu und zeigt während der Interaktion mit Df (und später auch
Af) erneut das Wechselverhältnis von individueller Zuwendung und Klassenöffentlichkeit, das bereits in der ersten Szene rekonstruiert werden konnte. Dass Df im
Namen von Af spricht, zeigt, dass sie Afs Vorbehalte gegen eine Thematisierung
der Frage nicht teilt. Gleichzeitig stellt sie die Frage nicht selbst, sondern macht
den Lehrer darauf aufmerksam, dass Af eine Frage hat. Auf der Oberflächenebene
der Klasseninteraktion zeigt sich ein hohes Maß an Einvernehmen und Aufeinanderbezogenheit der Mädchen, Die Struktur der sozialen Interaktion, die bis in das
Tischgruppengespräch reicht, macht deutlich, dass die Mädchen vor dem Hintergrund unterschiedlicher Orientierungen handeln und Df Af hier für ihre eigenen
Interessen instrumentalisiert.

Zur **Interaktionsorganisation** im folgenden Abschnitt (01:17:53-01:20:06): Es sind
zwei Interaktionen ineinander verschachtelt: Die Interaktion zwischen den Mädchen und dem Lehrer ist divergent bzw. komplementär organisiert, während sich
zwischen den Mädchen eine divergente Interaktionsorganisation zeigt. Divergent
ist die Interaktion zwischen den Mädchen, weil die Rahmeninkongruenz zwischen
einer Orientierung am „Nicht-Können-Können" und am „Nicht-Können-Müssen"
verdeckt bleibt. Komplementär ist die Interaktion mit dem Lehrer in Bezug auf
die soziale Ordnung des Unterrichts (die Entscheidungen der Lehrperson werden
akzeptiert) sowie in Bezug auf Klärung der Leistungsanforderungen (beide Orientierungen der Mädchen sind anschlussfähig an die Orientierung des Lehrers an
Leistungshierarchie und Differenzierung). Ein und dieselbe Äußerung kann daher
in der Interaktionsorganisation zwei unterschiedliche Funktionen haben. Divergent
ist die Interaktion zwischen Af und dem Lehrer in Hinsicht auf die unterrichtliche
Behandlung von Zusatzaufgaben.

01:17:53-01:17:55 Proposition durch Af in Assoziation mit dem Arbeitsblatt
Afs Äußerung hat die Funktion einer Proposition für das folgende klassenöffentliche Gespräch mit dem Lehrer. Af klärt zunächst, dass sie eine Frage zu „dem
andern Blatt" hat. Damit lokalisiert sie formal den Bereich ihrer Nachfrage, ohne
die Frage jedoch zu stellen.

01:17:55-01:17:57 Komplementäre Proposition durch L
In der Nachfrage des Lehrers zeigt sich, dass das gegenseitige Verstehen, das die
Kommunikation in der Tischgruppe prägte und das ein hohes Maß an Indexikalität
ermöglichte, auf der Ebene der Klassenkommunikation nicht vorherrscht.

**01:17:55-01:17:58 Elaboration der eigenen Transposition (01:17:51- 01:17:53)
durch Df, gleichzeitig Divergenz zur Proposition von Af**
Dfs Äußerung ist, an den Lehrer gerichtet, eine Elaboration der eigenen Transposition. Sie expliziert hier ihr eigentliches Anliegen vor dem Hintergrund ihres
Orientierungsrahmens am „Können-Müssen". In Bezug auf die vorangegangene
Äußerung von Af kann sie als Divergenz interpretiert werden. Entsprechend ihren
vorangegangenen Äußerungen bezieht sich ihre Frage darauf, ob „das Können"
der Aufgabe 13 zu den Anforderungen für die Klassenarbeit zählt. Hierin, wie
in ihren vorangegangenen Äußerungen, dokumentiert sich eine Orientierung an
der Erfüllung der gesetzten Anforderungen. Es geht hier nicht um ein Verstehen
der Aufgabe durch Erklären oder ein Lösen der mit der Bearbeitung verbundenen
Probleme, sondern um die Frage, ob das „Können" der Aufgabe vorausgesetzt wird.
Zwischen den Mädchen herrscht eine Rahmeninkongruenz zwischen „Können-Müssen" (Df/Ef) und „Können-Können" (Af, Bf, Cf). Der unterschiedliche Stellenwert
der Aufgabe und die Ausdifferenzierung der Schülerinnenmilieus zeigt sich auch
darin, dass Df nicht auf den fachlichen Gehalt der Aufgabe eingeht, sondern auf
einer formalen Ebene verbleibt.

**01:17:58-01:18:12 Elaboration der (eigenen) Proposition durch Af in Assoziati-
on mit dem Aufgabenblatt, eingelagerte differenzierende Elaborationen durch
?f, ?f (klassenöffentlich und in der Tischgruppe); eingelagerter Versuch einer
Suspendierung durch L**
Af liefert auf verbaler und nonverbaler Ebene eine Erklärung bzw. Konkretisierung
ihrer Äußerung. Sie charakterisiert das Blatt als ein Übungsblatt, gleichzeitig holt
sie es hervor und hält es dem Lehrer hin. Zwischenzeitlich elaborieren auch ?f und
Ef die Interaktion zwischen Af und dem Lehrer. Die in der Tischgruppe leise gesprochenen Äußerungen machen deutlich, dass die Kommunikation bisher als zu
indexikal eingeschätzt wurde und ein Nachvollzug durch den Lehrer nicht möglich

ist. Af rekurriert in der Folge darauf, dass das Übungsblatt Aufgaben enthält, die sie „noch gar nicht hatten". Die Schülerin bringt hier einerseits zum Ausdruck, dass unter den Übungsaufgaben solche sind, die zuvor nicht im Unterricht behandelt wurden. Dies behandelt sie hier implizit als Defizit des Unterrichts. Es zeigt sich (im Gegenhorizont), dass die Schülerin erwartet, dass die Aufgaben, die man können soll, auch im Unterricht behandelt worden sein müssen, bzw. dass sie erwartet, dass der Unterricht die Voraussetzungen für die Bewältigung von Aufgaben bereitstellt. In der Folge beteiligen sich verschiedene Schülerinnen daran, zu elaborieren, was die fehlenden Voraussetzungen sind: Bisher wurden Sinus und Cosinus nicht im Unterricht behandelt. Auch hierin zeigt sich erneut ein relativ hohes Maß an Indexikalität: Die Schülerinnen setzen voraus, dass der Lehrer versteht, dass die Lösung der Aufgabe (Aufgabe 13 vom Übungsblatt), auf die bisher nur formal Bezug genommen wurde, mithilfe von Sinus- und Cosinusfunktionen vorgenommen werden kann und dass ihnen diese Voraussetzung fehlt. In der Fortsetzung der Elaboration konkretisiert Af nun die Anforderung, indem sie die fragliche Aufgabe vom Arbeitsblatt vorliest und dies mit einer konkreten Nachfrage bezüglich der Bestimmung von Winkeln verbindet (die hier allerdings unvollständig bleibt). Es zeigt sich an diesem Fragment allerdings, dass es Af hier um die Lösung bzw. den Lösungsweg der Aufgabe geht. Es zeigt sich insgesamt eine Orientierung Afs am Können/am Erwerb der fachlichen Voraussetzungen. Dieses Können muss aber durch Unterricht ermöglicht sein. Die Äußerung des Lehrers „könn wir gleich mal gucken" kann als Versuch einer Suspendierung des Themas verstanden werden.

01:18:12-01:18:14 Elaboration durch Df (zu 01:17:55-01:17:58), Divergenz zur Proposition von Af

Df zeigt in ihrer Äußerung, die sich als Aufforderung/Bitte eindeutig an den Lehrer richtet, eine andere Orientierung als Af. Df geht es darum, dass die fragliche Aufgabe nicht zu einer Anforderungen für die Klassenarbeit wird. In Divergenz zur Orientierung Afs am „Können-Können" zeigt sich in dieser Äußerung eine Orientierung am „Können-Müssen". Die Schülerin erwartet, dass der Lehrer sie (und die Klasse) von den Anforderung, die durch diese Aufgabe formuliert sind, befreit.

01:18:14-01:18:19 Komplementäre Elaboration durch L

Der Lehrer nimmt Bezug auf die Äußerungen der Mädchen, verbleibt aber in der Charakterisierung der Aufgabe als „Zusatzkniffelaufgabe" in seinem differenzierenden Orientierungsrahmen. Er kennzeichnet die Aufgabe in zweierlei Hinsicht: zum einen als etwas Zusätzliches und zum anderen als schwierig und herausfordernd und damit als außerhalb der Regelanforderungen stehend. Für die Lösung der Aufgabe verweist der Lehrer auf einen „Transfer", den die Schülerinnen und Schüler leisten müssen.

01:18:19-01:18:20 Elaboration durch Ef und Df, beide in Divergenz zur Proposition von Af

Ef fordert ein, dass etwas leichter sein soll – vermutlich bezieht sie sich hier auf die Anforderungen der Arbeit. Dfs Äußerung kann als Elaboration von Efs Äußerung gelesen werden, mit der sie deutlich macht, dass bereits eine Entscheidung getroffen wurde: „das müssen wir nicht machen" bezieht sich darauf, dass sich für sie die Anforderungen geklärt haben. Die Charakterisierung der Aufgabe als „Zusatz" bedeutet, dass sie die Aufgabe nicht machen muss. Hier zeigt sich, dass die Schülerin die Aussage des Lehrers im Sinne ihrer Orientierung („Können-Müssen") interpretiert. „Zusatzkniffelaufgaben" nimmt sie nicht als Anforderung an sich wahr; sie ist an der Erfüllung der Regelanforderungen orientiert. Im Vergleich zur Orientierung von Af am Können-Können zeigt sich hier eine Rahmeninkongruenz.

01:18:20-01:18:21 Differenzierende Elaboration der (eigenen) Proposition durch Af; in Divergenz zu den Äußerungen von Df, Ef

Die Angelegenheit ist für Af noch nicht geklärt, sie bezieht sich darauf, dass sie das „noch nie gemacht" haben, und rekurriert damit erneut auf ihre Erwartung, dass der Unterricht die Voraussetzung für das Bewältigen von Aufgaben schaffen muss. Auch hier wird die Orientierung am „Können-Können" und die Divergenz zur Orientierung am „Können-Müssen" von Df und Ef deutlich.

01:18:21-01:19:37 Versuch einer Suspendierung des Themas durch den L in Assoziation mit Tafel und Kreide

Mit „nee genau" versucht der Lehrer das Thema erneut zu suspendieren. Es zeigt sich, dass der Lehrer das Niveau von Aufgaben für die Leistungsüberprüfung differenziert. „Zusatzkniffelaufgaben" müssen durch Transfer gelöst werden; in dem „nee genau" zeigt sich, dass es für den Lehrer ein Kennzeichen dieser Transferaufgaben ist, dass sie gerade nicht im Unterricht behandelt wurden. Der Lehrer bezieht sich in der Folge mit seinen Ausführungen in einer abstrahierten, auf formale Aspekte bezogenen Weise auf die Äußerungen Afs. Hierin dokumentiert sich erneut eine Orientierung an einem regelgeleiteten, rationalen Vorgehen sowie an dessen Nachvollziehbarkeit. In der Kombination aus der an das Klassenkollektiv gerichteten verbalen Abstraktion auf allgemeine Regeln und den Pendelbewegungen des Lehrers zwischen Tafel und Mädchentisch und der körperlichen Bezugnahme (durch Anschauen) auf Af dokumentiert sich darüber hinaus die Orientierung an einer differenzierenden Adressierung. Inhaltlich unterteilt der Lehrer drei Anforderungsbereiche: Reproduktion, Anwendung, Transfer. Er rekurriert dabei auf eine geteilte Praxis aller Kolleginnen und Kollegen an der Schule und legitimiert damit diese Einteilung. Gleichzeitig zeigt sich in der Aufteilung in Anforderungsbereiche auch das Normalitätsverständnis des Lehrers: Unterricht ist in Form einer Leistungsstaffelung zu verstehen. Durch den Begriff „Basics" definiert der Lehrer die Mindestanforderungen der Klassenarbeit, die im reproduktiven Bereich liegen. Anwendungsaufgaben unterscheiden sich zudem darin, dass etwas Bekanntes auf eine neue Situation angewendet werden muss. Die Transferaufgaben beinhalten eine „Erfindung" aufgrund der erlernten Basics, bzw. aufgrund der Kombination von Basics. Transfer wird als Anforderung für die Zusatzaufgaben definiert; gleichzeitig verbindet der Lehrer die Ausführungen zu den Anforderungsbereichen auch mit einer quantitativen Einschätzung: Transferaufgaben werden ein Drittel der Arbeit umfassen. In der Darstellung der Anforderungsbereiche dokumentiert sich ein vergleichbares Verständnis von mathematischem Lernen wie bei Af und Bf: Man muss Wissen erworben haben, um es anwenden und transferieren zu können – es zeigt sich eine lineare Vorstellung von Komplexitätssteigerung. Die Problematik zwischen Af und dem Lehrer ist vor allem darauf zurückzuführen, dass dieses lineare Progressionsmodell schulischer Anforderungen im spezifischen Fall für Af nicht zu funktionieren scheint: Es fehlen die Basics (Sinus/Cosinus), auf deren Basis etwas erfunden werden kann.

01:19:37-01:19:40 Differenzierende Elaboration der Proposition von Af durch Cf und Af, divergent zum Lehrer

Mit der Äußerung, dass sie das „noch nie habt" haben, bezieht sich Af erneut auf ihren Punkt. In der Äußerung zeigt sich, dass sie die Anforderungen für illegitim hält, wenn die Voraussetzungen dafür nicht vermittelt wurden. Erneut wird das Mathematik- und Unterrichtsverständnis deutlich: Mathematik wird als Anwendung von Rechenverfahren konzeptualisiert, Unterricht hat die Funktion, die Rechenverfahren zu vermitteln.

01:19:40-01:19:41 Differenzierende Elaboration der Divergenz zu Af und komplementäre Elaboration durch Df und Ef

Df insistiert erneut darauf, dass der Lehrer seine Anforderungen für die Arbeit korrigiert. Sie bleibt damit innerhalb ihrer zuvor rekonstruierten Orientierung am Können-Müssen. Es geht ihr nicht um eine Auseinandersetzung mit den Anforderungen. Df fragt, wie sie die Anforderungen bewältigen sollen; der Sprachduktus deutet darauf hin, dass es sich hierbei um eine rhetorische Frage handelt, die anzeigt, dass sie die Anforderungen für nicht bewältigbar hält. Die Forderung nach einer

Korrektur der Anforderungen oder einer Abmilderung der Schwierigkeit erscheint hier, wie in den vorangegangenen Äußerungen, als der Hintergrund.

01:19:41-01:19:43 Elaboration der eigenen Proposition durch L
Der Lehrer reagiert auf den wörtlichen Aussagegehalt von Ef und setzt zu einer Erklärung an, wie die Anforderung zu bewältigen sei, bricht diese allerdings ab und verweist auf eine allgemeine Gesetzmäßigkeit (ist so).

Interaktionssystem Tischgruppengespräch

01:19:41-01:19:50 Antithetische Interaktion zwischen Bf, E, ?f
01:19:41.01:19:42 Proposition durch Bf
Die Schülerinnen konnten ihr Anliegen in den klassenöffentlichen Diskurs einspeisen, d. h. eigenen und klassenöffentlichen Diskurs ineinander überführen; durch die Abstraktion des Lehrers auf ein an die gesamte Klasse adressiertes Thema, entsteht die Gelegenheit, dies im Rahmen eines Diskurses in der Tischgruppe zu kommentieren. Ef bewertet die bisherigen Aussagen bzw. die geschilderten Anforderungen als „asozial". Es wird deutlich, dass Entrüstung nicht auf der Ebene der Klassenöffentlichkeit geäußert wird (vgl. auch Af erste Proposition) und dass die Schülerin die Anforderungen des Lehrers zurückweist. Gleichzeitig wird deutlich, dass sie in schulischer Leistungsüberprüfung auch soziale Aspekte erkennt, d. h. dass schulische Leistungen sozial bzw. fair überprüft werden. Die Anforderungen der Lehrkraft erscheinen hingegen als unfair.

01:19:42-01:19:43 Elaboration durch Ef
In dieser Elaboration bringt die Schülerin ihr Nicht-Wissen zum Ausdruck; der Satz ist nur fragmentarisch verstehbar, es wird aber deutlich, dass die Schülerin hier die Grenzen ihres Wissens zum Ausdruck bringt. Sie deutet an, dass sie mit ihrem Wissen nicht die Anforderungen erfüllen kann; das „noch nicht mal" deutet sogar darauf hin, dass sie eine erhebliche Differenz zwischen eigenem Wissen und Anforderungen wahrnimmt. Gleichzeitig zeigt sich in der Feststellung der Differenz, erneut die Unangemessenheit der Anforderungen durch den Lehrer. Auch diese Elaboration findet auf der Ebene der Peerinteraktion statt.

01:19:44-01:19:50 Differenzierende Elaboration durch ?f; ?f; Bf, Ef
?f beginnt mit einer drastischen, negativen Bewertung („Scheiße"), die allerdings der Erläuterung bedarf (Elaboration durch ?f „was denn"). Zwei Schülerinnen sind sich einig, dass der Anlass für die drastische negative Bewertung die Tatsache ist, dass der Transferbereich ein Drittel ausmacht. Hier wird deutlich, dass die Mäd-

chen dies für einen großen Anteil halten und sie dies mit Sorge betrachten. Eine Orientierung am Können-Müssen wird deutlich.

Interaktionssystem Klassenöffentlichkeit

01:19:43-01:19:47 Differenzierende Elaboration der eigenen Elaboration durch Af, Divergenz zum Lehrer
In dieser Aussage kommt Af auf die Ebene des Lösungsweges zurück; sie thematisieren erneut, dass für die Lösung der Aufgabe nicht „irgendwas" geht, sondern dass das Berechnen von Sinus- und Cosinusfunktionen für die Bewältigung der Anforderungen notwendig wäre. Die Elaboration kann als eine Reaktion auf die Äußerung des Lehrers gelesen werden, der ausführt, man müsse im Transferbereich mit den Basics „irgendwas Neues erfinden". Insgesamt wird deutlich, dass die Schülerinnen, die an einer Bewältigung der Aufgabe orientiert sind, Sinus- und Cosinusfunktionen als Grundlagen/Basics begreifen, die im Unterricht hätten vermittelt werden sollen. Gleichzeitig kommt zum Ausdruck, dass die Schülerinnen hier deutlich auf einen einzigen Lösungsweg, der von einer Autorität vorgegeben wurde, fokussiert sind. Die Aufgabe kann nur gelöst werden, wenn man das (einzig) richtige Rechenverfahren kennt. Insgesamt argumentieren die Schülerinnen hier in einem Modus der Anwendung von Wissen: Etwas Vergleichbares muss bereits einmal vorgekommen sein, damit man eine neue Anforderung bewältigen kann.

01:19:50-01:20:06 Suspendierung des Themas Zusatzaufgaben in Klasseninteraktion durch L und kommunikative Konklusion bezogen auf das Klassengespräch
Mit einer Suspendierung des Themas Zusatzaufgaben beendet der Lehrer die Auseinandersetzung mit Af auf der Ebene der Klasseninteraktion (geht dann kurze Zeit später aber auf Af zu und erklärt die Aufgabe in einem Kleingruppengespräch mit Bf und Cf). Dabei macht er deutlich, dass das Anliegen eines ist, das nicht alle betrifft. Zum einen ist die Aussage konsequent in Bezug auf die vorangegangenen Äußerungen: Die fragliche Aufgabe wurde als Zusatz- bzw. Transfermaterial charakterisiert, deren Bewältigung über die Regelanforderungen hinausgeht. Dazu passt, dass der Lehrer die Klärung des Problems nicht in der Klassenöffentlichkeit vornimmt. Mit dem „gilt nicht für alle" nimmt der Lehrer zum anderen auch eine Kompetenzzuschreibung gegenüber der Klasse vor: Normal ist, dass nicht alle Inhalte für alle Schülerinnen und Schüler geeignet sind. Er markiert damit eine Leistungsdifferenz in der Klasse; die Klärung erfolgt differenziert, außerhalb des gemeinsamen Unterrichts und in diesem Sinne exklusiv bzw. exkludierend. In einer kommunikativen Konklusion auf der Ebene der schulischen Ordnung wendet er sich an die Klassenöffentlichkeit: Er setzt zum zweiten Mal zur Beendigung des

Unterrichts an und setzt den Rahmen für die Weiterarbeit nach der Pause. Hier stellt er sich für individuelle Fragen der Schülerinnen und Schüler zur Verfügung.

Interaktionssystem Klassenöffentlichkeit

01:20:08-01:20:15 Rituelle Konklusion im Rahmen einer Metarahmung durch Ef
In der rituellen Konklusion wird die divergente Interaktion zwischen Df/Ef und Af/Bf durch eine Metarahmung expliziert und gleichzeitig beendet. Ef auf das Verhältnis Bfs zu den unterrichtlichen Anforderungen: Sie verweist darauf, dass Bf keine Pause macht, sie also das Angebot einer exklusiven Beratung des Lehrers außerhalb des Unterrichts annehmen wird. Hier zeigt sich noch einmal die Rahmeninkongruenz zwischen den Mädchen: Während für Ef (und auch für Df) die Frage der Anforderungen für die Leistungsüberprüfung geklärt ist, steht die Klärung von Afs und Bfs Frage noch aus. Hierin zeigt sich, dass die Schülerinnen wechselseitig ihre Orientierungen wahrnehmen und das entsprechende Verhalten antizipieren. Auch in der Interaktion zwischen den Schülerinnen wird durch (Selbst-) Positionierungen Differenz hergestellt: Während Ef und Df die angesprochenen Zusatzanforderungen für sich nicht annehmen, wird aber die Leistungsaspiration Afs und Bfs erkannt.

[**ausgelassen**: folgende Interaktion zwischen L und Af, Bf, Cf; Tischgruppeninteraktion zwischen Ef und ?f]

Literaturverzeichnis

*Die Literaturangaben zu Büchern oder Aufsätzen, die wir zum Weiterlesen und Vertiefen empfehlen, sind **fett** gedruckt. Mit einem Sternchen (*) sind die Veröffentlichungen markiert, in denen die in diesem Kapitel verwendeten Beispiele ausführlich dargestellt sind.*

Asbrand, B. (2009). *Wissen und Handeln in der Weltgesellschaft. Eine qualitativ-rekonstruktive Studie zum Globalen Lernen in der Schule und in der außerschulischen Jugendarbeit.* Münster: Waxmann.
Asbrand, B., & Nohl, A.-M. (2013). Lernen in der Kontagion: Interpretieren, konjunktives und aktionistisches Verstehen im Aufbau gegenstandsbezogener Erfahrungsräume. In P. Loos, A.-M. Nohl, A. Przyborski & B. Schäffer (Hrsg.), *Dokumentarische Methode. Grundlagen – Entwicklungen – Anwendungen* (S. 155-169). Opladen: Barbara Budrich.
Bohnsack, R. (2005). Standards nicht-standardisierter Forschung in den Erziehungs- und Sozialwissenschaften. *Zeitschrift für Erziehungswissenschaft 8*(4), 63-81.

Bohnsack, R. (2011). *Qualitative Bild- und Videointerpretation*. 2. durchges. und aktualisierte Aufl. Opladen: Barbara Budrich.

Bohnsack, R. (2014). *Rekonstruktive Sozialforschung. Einführung in qualitative Methoden*. 9. überarb. und erweiterte Aufl. Opladen: Barbara Budrich.

Bryman, A. (2012). *Social Research Methods*. Oxford: Oxford UP.

DFG (2013). *Sicherung guter wissenschaftlicher Praxis*. Weinheim: Wiley VCH.

DGfE (2005). *Anonymisierung von Daten in der qualitativen Forschung: Probleme und Empfehlungen*. http://www.dgfe.de/fileadmin/OrdnerRedakteure/Stellungnahmen/2005_Anonymisierung_von_Daten.pdf. Zugegriffen: 3. August 2017.

DGfE (2010). *Ethik-Kodex der Deutschen Gesellschaft für Erziehungswissenschaft (DGfE)*. http://www.dgfe.de/fileadmin/OrdnerRedakteure/Satzung_etc/Ethikkodex_2010.pdf Zugegriffen: 3. August 2017.

Dinkelaker, J., & Herrle, M. (2009). *Erziehungswissenschaftliche Videographie. Eine Einführung*. Wiesbaden: VS Verlag für Sozialwissenschaften.

Flick, U. (2007). *Qualitative Sozialforschung. Eine Einführung*. Reinbek bei Hamburg: Rowohlt.

Flick, U. (2011). *Triangulation. Eine Einführung*. Wiesbaden: VS Verlag für Sozialwissenschaften.

Flick, U. (2012a). Design und Prozess qualitativer Forschung. In U. Flick, E. v. Kardorff & I. Steinke (Hrsg.), *Qualitative Forschung. Ein Handbuch* (S. 252-265). Reinbek bei Hamburg: Rowohlt.

Flick, U. (2012b). Triangulation in der qualitativen Forschung. In U. Flick, E. v. Kardorff & I. Steinke (Hrsg.), *Qualitative Forschung. Ein Handbuch* (S. 309-318). Reinbek bei Hamburg: Rowohlt Verlag.

Flick, U., Kardorf, E. v., & Steinke, I. (2012). Was ist qualitative Forschung? Einleitung und Überblick. In U. Flick, E. v. Kardorff & I. Steinke (Hrsg.), *Qualitative Forschung. Ein Handbuch* (S. 13-29). Reinbeck bei Hamburg: Rowohlt.

Geertz, C. (2003). *Dichte Beschreibung. Beiträge zum Verstehen kultureller Systeme*. Frankfurt am Main: Suhrkamp.

Glaser, B.G., & Strauss, A. L. (1979). Die Entdeckung gegenstandsbezogener Theorie: eine Grundstrategie qualitativer Sozialforschung. In C. Hopf & E. Weingarten (Hrsg.), *Qualitative Sozialforschung* (S. 91-111). Stuttgart: Klett.

Glaser, B.G., & Strauss, A.L. (2010). *Grounded theory: Strategien qualitativer Forschung*. Bern: Huber.

Goffman, E. (1959). *The Presentation of Self in Everyday Life*. Garden City, NY: Doubleday Anchor Books.

*Hackbarth, A. (2015a). Handlungspraktiken und Orientierungen beim Helfen in jahrgangsgemischten Klassen. In D. Blömer, M. Lichtblau, A.-K. Jüttner, K. Koch, M. Krüger & R. Werning (Hrsg.), *Perspektiven auf inklusive Bildung* (Jahrbuch Grundschulforschung) (S. 303-308). Wiesbaden: Springer VS.

*Hackbarth, A. (2015b). Adressierung von Hilfsbedürftigkeit in inklusiven Lerngruppen aus Perspektive der praxeologischen Unterrichtsforschung. In H. Redlich, L. Schäfer, G. Wachtel, V. Moser & K. Zehbe (Hrsg.), *Veränderung und Beständigkeit in Zeiten der Inklusion* (S. 241-251). Bad Heilbrunn: Klinkhardt.

*Hackbarth, A. (2017). *Inklusionen und Exklusionen in Schülerinteraktionen*. Bad Heilbrunn: Klinkhardt.

Hampl, S. (2010). Videos interpretieren und darstellen: Die dokumentarische Methode. In M. Corsten, M. Krug & C. Moritz (Hrsg.), *Videographie praktizieren. Herangehensweisen, Möglichkeiten und Grenzen* (S. 53-88). Wiesbaden: VS Verlag für Sozialwissenschaften.

Hampl, S. (2015). Videotranskription und das System MoViQ. In R. Bohnsack, B. Fritzsche & M. Wagner-Willi (Hrsg.), *Dokumentarische Video- und Filminterpretation. Methodologie und Forschungspraxis* (S. 441-464). 2. durchges. Aufl. Opladen: Barbara Budrich.

Heath, C. (2004). Analysing Face-to-Face Interaction: Video, the Visual and Material (pp. 266-282). In D. Silverman (Ed.), *Qualitative Research. Theory, Method and Practice.* London: Sage.

Heath, C., & Hindmarsh, J. (2002). Analysing Interaction: Videography, Ethnography and Situated Conduct (pp. 99-121). In T. May (Ed.), *Qualitative Research in Action.* London: Sage.

Helmke, A. (2010). *Unterrichtsqualität und Lehrerprofessionalität. Diagnose, Evaluation und Verbesserung des Unterrichts.* Seelze-Velber: Kallmeyer.

Helsper. W, Hummrich, M., & Kramer, R.-T. (2013). Qualitative Mehrebenenanalyse. In B. Friebertshäuser, A. Langer & A. Prengel (Hrsg.), *Handbuch qualitative Forschungsmethoden in der Erziehungswissenschaft* (S. 119-137). Weinheim: Juventa.

HKM (2017). *Hessisches Schulgesetz* (HSchG) in der Fassung vom 30. Juni 2017 (GVB l. S.150). Wiesbaden: Hessisches Kultusminsterium.

*Kater-Wettstädt, L. (2015). *Kompetenzorientierter Unterricht im Lernbereich Globale Entwicklung.* Münster: Waxmann.

Kelle, U., & Erzberger, C. (2012). Qualitative und quantitative Methoden: kein Gegensatz. In U. Flick, E. v. Kardorff & I. Steinke (Hrsg.), *Qualitative Forschung. Ein Handbuch* (S. 299-308). Reinbek bei Hamburg: Rowohlt.

Krummheuer, G., & Naujok, N. (1999). *Grundlagen und Beispiele Interpretativer Unterrichtsforschung.* Opladen: Leske + Budrich.

Latour, B. (2002). *Die Hoffnung der Pandora.* Frankfurt am Main: Suhrkamp.

Latour, B. (2010). *Eine neue Soziologie für eine neue Gesellschaft.* Frankfurt am Main: Suhrkamp.

Loos, P., & Schäffer, B. (2001). *Das Gruppendiskussionsverfahren. Theoretische Grundlagen und empirische Anwendung.* Opladen: Leske + Budrich.

Luhmann, N. (1984). *Soziale Systeme. Grundriß einer allgemeinen Theorie.* Frankfurt am Main: Suhrkamp.

Luhmann, N. (2002). *Das Erziehungssystem der Gesellschaft.* Frankfurt am Main: Suhrkamp.

*Martens, M. (2015). Differenz und Passung. Differenzkonstruktionen im individualisierenden Unterricht der Sekundarstufe. *Zeitschrift für qualitative Forschung 16*(2), 211-230.

*Martens, M. (in Druck). Reflektieren als unterrichtliche Aufgabe: Zur Passung von Lehr- und Lernkompetenzen im individualisierten Unterricht. In K. Rabenstein, K. Kunze, M. Martens, T.-S. Idel & M. Proske (Hrsg.), *Individualisierung von Unterricht: Transformationen – Wirkungen – Reflexionen.* Bad Heilbrunn: Klinkhardt.

Martens, M., & Asbrand, B. (2009). Rekonstruktion von Handlungswissen und Handlungskompetenz – auf dem Weg zu einer qualitativen Kompetenzforschung. *Zeitschrift für Qualitative Forschung 10*(2), 201-222.

Martens, M., & Asbrand, B. (2017). Passungsverhältnisse. Methodologische und theoretische Reflexionen zur Interaktionsordnung des Unterrichts. *Zeitschrift für Pädagogik 63*(1), 72-90.

Nohl, A.-M. (2013). *Relationale Typenbildung und Mehrebenenvergleich. Neue Wege der dokumentarischen Methode.* Wiesbaden: Springer VS.

Nohl, A.-M. (2017). *Interview und Dokumentarische Methode: Anleitungen für die Forschungspraxis*. 5. Aufl. Wiesbaden: Springer VS.

Nohl, A.-M., & Somel, R. N. (2016). *Education and Social Dynamics: A Multilevel Analysis of Curriculum Change in Turkey*. London: Routledge.

Pandel, H.-J. (2006). *Quelleninterpretation. Schriftliche Quellen im Geschichtsunterricht*. Schwalbach/Ts.: Wochenschau Verlag.

*Petersen, D. (2015). *Anpassungsleistungen und Konstruktionsprozesse beim Grundschulübergang*. Wiesbaden: Springer VS.

*Petersen, D., & Asbrand, B. (2013). Anpassungsleistungen von Schülerinnen und Schülern beim Übergang von der Grundschule in die weiterführenden Schulen. *Zeitschrift für Qualitative Forschung 14*(1), 49-65.

Przyborski, A. (2004). *Gesprächsanalyse und dokumentarische Methode. Qualitative Auswertung von Gesprächen, Gruppendiskussionen und anderen Diskursen*. Wiesbaden: VS Verlag für Sozialwissenschaften.

Przyborski, A., & Wohlrab-Sahr, M. (2014). *Qualitative Sozialforschung. Ein Arbeitsbuch*. München: Oldenbourg.

Sauer, M. (2015). *Geschichte unterrichten. Eine Einführung in die Didaktik und Methodik*. Seelze: Klett und Kallmeyer.

*Spieß, C. (2014). *Quellenarbeit im Geschichtsunterricht. Die empirische Rekonstruktion von Kompetenzerwerb im Umgang mit Quellen*. Göttingen: V+R unipress.

Steinke, I. (2012). Gütekriterien qualitativer Forschung. In U. Flick, E. v. Kardorff & I. Steinke (Hrsg.), *Qualitative Forschung. Ein Handbuch* (S. 319-331). Reinbeck bei Hamburg: Rowohlt.

Strübing, J. (2008). *Grounded Theory. Zur sozialtheoretischen und epistemologischen Fundierung des Verfahrens der empirisch begründeten Theoriebildung*. Wiesbaden: VS Verlag für Sozialwissenschaften.

Tashakkori, A., & Teddlie, C. (2010) (Eds.). *Handbook of Mixed Methods in Social and Behavioral Research*. Thousand Oaks: Sage.

Vogd, W. (2011). *Systemtheorie und rekonstruktive Sozialforschung. Eine Brücke*. 2. Aufl. Opladen: Barbara Budrich.

Wagner-Willi, M. (2013). Videoanalysen des Schulalltags: Die dokumentarische Analyse schulischer Übergangsrituale. In R. Bohnsack, I. Nentwig-Gesemann & A.-M. Nohl (Hrsg.), *Die dokumentarische Methode und ihre Forschungspraxis. Grundlagen qualitativer Forschung* (S. 133-155). 3. Aufl. Wiesbaden: Springer VS.

*Wettstädt, L., & Asbrand, B. (2013). Unterricht im Lernbereich Globale Entwicklung: Perspektivität als Herausforderung. In U. Riegel & K. Macha (Hrsg.), *Videobasierte Kompetenzforschung in den Fachdidaktiken* (S. 183-197). Münster: Waxmann.

*Wettstädt, L., & Asbrand, B. (2014). Handeln in der Weltgesellschaft. Zum Umgang mit Handlungsaufforderungen im Unterricht zu Themen des Lernbereichs Globale Entwicklung. *Zeitschrift für internationale Bildungsforschung und Entwicklungspädagogik 36*(1), 4-12.

Glossar: Begriffsinventar der formalen Analyse der Interaktionsorganisation

Zusammenfassung

Dieser Glossar vereint das Begriffsinventar zur formalen Analyse der Interaktionsorganisation von Gesprächen (vgl. Przyborski 2004, S. 61ff.) mit den spezifischen Analysekategorien für die Interpretation von Unterrichtsvideografien und einigen Grundbegriffen der Dokumentarischen Methode (Bohnsack 2012, 2014; Bohnsack et al. 2013)[34]. Er soll das Schreiben reflektierender Interpretationen erleichtern und dient vor allem dazu, die sprachlichen Einzeläußerungen des Transkripts, der in der formulierenden Interpretation der nonverbalen Interaktion beschriebenen Aktionen sowie die körperlichen Ausdrucksformen und Assoziationen mit Dingen, die auf den Fotogrammen bzw. im Video beobachtbar sind, richtig einordnen zu können.

---

34 Das Begriffsinventar, das für die dokumentarische Interpretation von Gruppendiskussionen und Gesprächen relevant ist, ist ausführlich beschrieben bei Przyborski (2004). Begriffe, die zusätzlich für die formale Analyse von Unterrichtsvideografien notwendig wurden, sind eigene Weiterentwicklungen (s. Kap. 4 und 5). Zu Grundbegriffen der Dokumentarischen Methode vgl. Bohnsack 2012, 2014 und Bohnsack et al. 2013. Die Begriffe zur Beschreibung der Interaktion von Menschen und Dingen haben wir von Latour (2002) übernommen.

Anschlussproposition

Eine Anschlussproposition folgt auf eine → *Proposition* und bringt denselben Orientierungsgehalt zum Ausdruck wie die vorangegangene Proposition, im Unterschied zur → *Elaboration* wird die proponierte Orientierung allerdings ausdifferenziert und um weitere Aspekte des Themas bzw. um weitere Orientierungskomponenten ergänzt. Die Funktion einer Äußerung als Anschlussproposition zeigt sich auch darin, dass sich die folgenden → *Elaborationen* nicht mehr nur auf die ursprüngliche Proposition, sondern auf die Anschlussproposition oder auf beide beziehen.

Antithese

Die Antithese (oder antithetische Differenzierung) stellt eine Sonderform der Elaboration dar. Dabei wird einer zuvor geäußerten → *Proposition* oder → *Elaboration* auf der Ebene des → *immanenten Sinns* widersprochen oder dazu ablehnend agiert (nonverbal), allerdings auf der Basis eines geteilten → *Orientierungsrahmens* der Erforschten auf der Ebene des → *Dokumentsinns*. Das bedeutet: Auf der Sichtstruktur des Unterrichts sind sich die Beteiligten uneinig, streiten oder kabbeln sich. In diesen *Elaborationen* erscheinen die antithetisch vertretenen Positionen auf den ersten Blick unvereinbar. Auf der Ebene der tiefer liegenden habituellen Orientierungen sind sie sich allerdings einig. Ob eine Interaktion antithetisch ist (oder → *komplementär, divergent* oder *oppositionell*), entscheidet sich am Ende der Interaktionseinheit, wenn diese durch eine → *Synthese* abgeschlossen wird, die die Antithesen vereint oder aufhebt und den geteilten Orientierungsrahmen der Erforschten zum Ausdruck bringt.

Argumentation

Wird ein Thema im Modus einer Argumentation elaboriert (→ *Elaboration),* bedeutet das, dass das Gesagte für den Sprecher bzw. die Sprecherin zunächst vor allem auf der Ebene des kommunikativen Wissens von Bedeutung ist. Aus der Analyse von Argumentationen lassen sich die → *Orientierungsschemata* der Erforschten rekonstruieren, nicht aber ihre → *Orientierungsrahmen* auf der Ebene des → *Dokumentsinns*.

Assoziation

Als Assoziation bezeichnen wir im Rahmen der formalen Analyse der Interaktionsorganisation Verbindungen, die an der Interaktion beteiligte Menschen mit Artefakten eingehen. Als Assoziationen interpretieren wir Handlungen, mit denen Dinge in die Interaktion einbezogen (*rekrutiert*) und die so entstandenen Mensch-Ding-Assoziationen ein für die → *Interaktionseinheit* relevanter Akteur werden.

Beschreibung, abstrakte oder theoretische

Wird ein Thema im Modus einer abstrakten oder theoretischen Beschreibung elaboriert (→ *Elaboration*), lassen sich im Rahmen der Interpretation Erkenntnisse über das kommunikative Wissen bzw. die → *Orientierungsschemata* der Erforschten gewinnen, der → *Dokumentsinn* erschließt sich in der Interpretationen von theoretischen Beschreibungen nicht.

Bewertung

Werden im Rahmen von → *Elaborationen* explizite Bewertungen vorgenommen, deutet dies zunächst daraufhin, dass das Gesagte für den Sprecher bzw. die Sprecherin vor allem auf der Ebene des kommunikativen Wissens von Bedeutung ist. Aus der Analyse von Bewertungen lassen sich die → *Orientierungsschemata* der Erforschten rekonstruieren, nicht aber ihre → *Orientierungsrahmen* auf der Ebene des → *Dokumentsinns*.

Blackboxing

Das Blackboxing ist ein Modus der Mensch-Ding-Assoziation, bei der ein Handlungsprogramm einem Ding übertragen wurde und für die Menschen in der Handlungssituation intransparent bleibt. Zumeist handelt es sich bei den Dingen um Maschinen. Ebenso wie bei der → *Delegation* liegt die Assoziation, die den neuen Aktanten erzeugt hat, beim Blackboxing in der Vergangenheit.

Delegation

Von einer Delegation sprechen wir, wenn in einer Mensch-Ding-Assoziation vom Artefakt propositionale Gehalte ausgehen, die von an der Interaktion (un-)beteiligten Menschen auf das Artefakt übertragen wurden. Ebenso wie beim → *Blackboxing* liegt die Assoziation, die den neuen Aktanten erzeugt hat, bei der Delegation in der Vergangenheit.

Dichte, interaktive

Interaktive Dichte, d. h. eine lebhafte Beteiligung von mehreren bzw. vielen Akteurinnen und Akteuren an einer Interaktion, ist ein Indikator dafür, dass in dieser Sequenz der → *Orientierungsrahmen* der Beteiligten aktualisiert wird und sich somit gut rekonstruieren lässt. Interaktive Dichte bedeutet beispielsweise, dass mehrere Personen gleichzeitig sprechen oder gemeinsam, interaktiv abwechselnd eine → *Proposition* elaborieren (→ *Elaboration*), dass durcheinander gesprochen wird, die Lautstärke zunimmt oder gelacht wird; auf der nonverbalen Ebene bedeutet interaktive Dichte z. B. enges körperliches Zusammenrücken von mehreren

Personen oder die Beteiligung am Interaktionsgeschehen durch auffällige Gesten oder Bewegungen.

Differenzierung

Differenzierungen sind → *Elaborationen*, die das bisher Gesagte ausdifferenzieren oder ergänzen. Vor allem in antithetischen Interaktionen (→ *Antithese)* werden die Elaborationen als antithetische Differenzierungen bezeichnet.

Divergenz

In → *divergenten Interaktionseinheiten* folgt auf die → *Proposition* eine → *Interaktionsbewegung*, die einen anderen Orientierungsgehalt proponiert als die Proposition, mit der die Interaktionseinheit beginnt. In divergenten Interaktionen, d. h. in solchen Interaktionseinheiten, in denen die Orientierungsdifferenzen nicht offen ausgetragen werden, wird die auf die Proposition folgende Interaktionsbewegung Divergenz genannt. In divergenten Diskursen kommt es zu *Fremdrahmungen*, das bedeutet, dass Sprecherinnen oder Sprecher zwar das vorherige Argument oder eine Äußerung aufnehmen und vordergründig darauf eingehen, die Äußerungen aber im Sinne ihrer eigenen Orientierungsrahmen und für die Darstellung der eigenen Position nutzen.

Dokumentsinn

Die auf Karl Mannheim zurückgehende Leitdifferenz von → *immanentem Sinn* und Dokumentsinn bzw. zwischen kommunikativem und konjunktivem Wissen ist im Prozess des Schreibens der formulierenden und reflektierenden Interpretationen sowie deren Diskussion in Forschungswerkstätten von zentraler Bedeutung. Bei der reflektierenden Interpretation geht es darum, den Dokumentsinn zu rekonstruieren, indem mit der formale Analyse der Interaktionsorganisation der *modus operandi* der sozialen Interaktion herausgearbeitet und danach gefragt wird, *wie* die Erforschten sprechen und handeln. Darin *dokumentieren* sich ihre *Orientierungsrahmen*. Der immanente Sinn, also das, *was* in der Interaktion gesagt oder getan wird, gehört dagegen in die formulierende Interpretation.

Elaboration

Elaborationen folgen auf → *Propositionen* und auch auf → *komplementäre Propositionen, Divergenzen* und *Oppositionen*. Akteure und Akteurinnen, die den zuvor proponierten Orientierungsrahmen teilen, formulieren und differenzieren in einer Elaboration den semantischen und dokumentarischen Gehalt der Proposition aus. Dies kann in ganz unterschiedlichen Modi erfolgen, Elaborationen können z. B.

die Gestalt von → *Antithesen, Differenzierungen, Exemplifizierungen, Erzählungen, erfahrungsbasierten Schilderungen, Bewertungen, Argumentationen* oder *theoretischen Beschreibungen* haben. Elaborationen zeigen an, dass der proponierte Orientierungsgehalt von anderen Beteiligten der Interaktion oder des Gesprächs geteilt und das Thema als relevant angesehen wird. Im Rahmen einer → *Interaktionseinheit* können sich auch mehrere Elaborationen (und → *Enaktierungen)* aneinanderreihen, im Fall von komplementären, divergenten oder oppositionellen Interaktionen wechseln sich häufig Elaborationen zu den beiden jeweils komplementären oder widerstreitenden Propositionen ab.

Enaktierung

Enaktierungen folgen ebenso wie → *Elaborationen* auf eine → *Proposition*, eine *komplementäre Proposition*, eine *Divergenz* und eine *Opposition* und haben dieselbe Funktion wie Elaborationen. Der einzige Unterschied besteht darin, dass Enaktierungen den propositionalen Gehalt nicht sprachlich, sondern auf der Ebene der nonverbalen Aktionen ausarbeiten und bestätigen. Im Fall von Enaktierungen kann davon ausgegangen werden, dass sich in der Art und Weise, wie Handlungen, Gesten, Positionierungen oder Bewegungen der Körper ausgeführt werden, der Habitus der Erforschten, d. h. ihr inkorporiertes Wissen auf der Ebene des → *Dokumentsinns*, in besonderer Weise zeigt.

Erzählung

In Narrationen, einem Modus des Elaborierens (→ *Elaboration)*, dokumentiert sich der → *Orientierungsrahmen* der Erforschten in besonderer Weise. Erzählungen unterscheiden sich von → *Beschreibungen* dadurch, dass ein Handlungs- oder Ereignisverlauf geschildert wird, sowie durch eine große Detailliertheit und Dichte der zeitlichen, personen- und sachbezogenen Aspekte. Darin zeigt sich, dass der Erzähler, die Erzählerin zu der erzählten Begebenheit (noch) nicht in eine reflexive Distanz getreten ist.

Exemplifizierung

Als Exemplifizierung werden → *Elaborationen* bezeichnet, in denen das proponierte Thema mit einem Beispiel illustriert oder anhand eines Beispiels im Rahmen von → *Erzählungen* weiter ausdifferenziert wird. Da die Sprecherinnen und Sprecher beim Erzählen nicht vorrangig auf das reflexiv verfügbare kommunikative Wissen zurückgreifen, lässt sich anhand von Exemplifizierungen der → *Orientierungsrahmen* der Akteure besonders gut erkennen.

Habitus

Mit dem Begriff des Habitus bezeichnen wir vor allem solche Dimensionen des atheoretischen Wissens der Erforschten, die in der inkorporierten Handlungspraxis eingelassen sind und sich auf der Basis der formalen Analyse der *nonverbalen Interaktion,* der Gesten und Gebärden und der Positionierung und Bewegung der Körper im Raum, sowie der → *Assoziation mit den Dingen* rekonstruieren lassen. Der Habitus liegt theoretisch und forschungspraktisch auf der gleichen Ebene des → *Dokumentsinns* wie der → *Orientierungsrahmen.*

Inkonsistenz von Orientierungsrahmen und -schema

Von einer Inkonsistenz zwischen → *Orientierungsrahmen* und → *Orientierungsschema* sprechen wir, wenn das kommunikative Wissen, die Normen und Regeln, die für eine Person oder Gruppe als relevant gelten, die Einstellungen und Überzeugungen auf der Ebene der pädagogischen Programmatik oder das Wissen über einen Sachverhalt einerseits (die Orientierungsschemata), und das atheoretische Wissen, das konjunktive Wissen und der inkorporierte Habitus, nämlich Werte und Haltungen, routinierte, habitualisierte Praktiken oder fachliches und überfachliches Können andererseits (die Orientierungsrahmen), nicht übereinstimmen.

Interaktionsbewegung

Als Interaktionsbewegungen werden alle Einzeläußerungen oder Aktionen bezeichnet, die in ihrer Summe eine → *Interaktionseinheit* bilden.

Interaktionseinheit

Die Interaktionseinheit ist die Analyseeinheit der sequenziellen dokumentarischen Interpretation von Gesprächen und Interaktionen. Sie besteht aus einer Abfolge von sprachlichen Äußerungen und Handlungen, Gebärden, körperlichen Positionierungen und Bewegungen, die auf der Ebene des → *Dokumentsinns* eine Einheit bilden. Interaktionseinheiten werden mit einer → *Proposition* eröffnet, in der ein Orientierungsgehalt zum Ausdruck gebracht wird, der in nachfolgenden → *Anschlusspropositionen* und → *Elaborationen* oder in → *komplementären Propositionen, Divergenzen* oder *Oppositionen* bearbeitet wird. Interaktionseinheiten werden mit einer → *Konklusion,* einer → *kommunikativen Konklusion,* einer → *rituellen Konklusion* oder mit einer → *Synthese* abgeschlossen.

Interaktionsmodi, exkludierend

Unter dem Begriff des exkludierenden Interaktionsmodus werden alle Modi der Interaktion gefasst, bei denen für die Beteiligten keine geteilten → *Orientierungs-*

rahmen rekonstruiert werden können, sondern → *Rahmeninkongruenzen* oder eine → *Rahmenkomplementarität*. Zu den exkludierenden Interaktionsmodi zählen der → *oppositionelle* und der *divergente* sowie der *komplementäre* Modus.

Interaktionsmodi, inkludierend

Zu den inkludierenden Modi gehören alle Interaktionsmodi, die auf geteilten → *Orientierungsrahmen* der an einer → *Interaktionseinheit* beteiligten Personen basieren. Diese sind der → *univoke, parallele* und der *antithetische* Interaktionsmodus.

Interaktionsmodus, antithetisch

Im antithetischen Interaktionsmodus widersprechen sich die Beteiligten auf der Ebene des → *immanenten Sinns*, teilen aber auf der Ebene des → *Dokumentsinns* einen Orientierungsrahmen. Dies wird daran deutlich, dass die Interaktionseinheiten mit → *Synthesen* abgeschlossen werden, in denen der gemeinsame → *Orientierungsrahmen* zum Ausdruck kommt. Antithetische Interaktionen treten vor allem dann auf, wenn auf der Beziehungsebene Positionierungen ausgehandelt werden, die nichts mit der Sache zu tun haben, um die es geht, oder wenn ein Orientierungsrahmen in sich widersprüchlich oder ambivalent ist. In diesem Fall werden die unterschiedlichen, möglicherweise widersprüchlichen Orientierungskomponenten des geteilten ambivalenten Orientierungsrahmens von verschiedenen Akteurinnen und Akteuren vertreten. Der antithetische Modus zählt zu den → *inkludierenden Interaktionsmodi*.

Interaktionsmodus, divergent

Zu den → *exkludierenden Interaktionsmodi* gehört der divergente Interaktionsmodus. In divergenten Interaktionskonstellationen verfügen die Beteiligten über keinen gemeinsamen → *Orientierungsrahmen* und im Unterschied zum → *oppositionellen Modus* werden die Orientierungsdifferenzen nicht offen ausgetragen, sondern bleiben verdeckt. Die Interaktionseinheiten werden mit → *rituellen Konklusionen* nur scheinbar einvernehmlich abgeschlossen, weil es zu keiner Auflösung der → *Rahmeninkongruenz* kommt. Divergente Interaktionen treten vor allem in solchen Kontexten auf, in denen die Beteiligten auf Grund von institutionellen Regeln oder Machtverhältnissen die Interaktion trotz Rahmeninkongruenz nicht beenden können (z. B. im schulischen Kontext).

Interaktionsmodus, komplementär

Den komplementären Interaktionsmodus zählen wir zu den → *exkludierenden Modi*, da die Beteiligten keinen Orientierungsrahmen teilen. Anders als bei dem → *divergenten* und *oppositionellen* Modus sind die unterschiedlichen Orientierungsrahmen aber nicht inkongruent und widersprüchlich und es kommt auch in der Interaktion nicht zu Aushandlungsprozessen der widerstreitenden Orientierungen oder → *Fremdrahmungen.* Vielmehr verhalten sich die Orientierungen komplementär zueinander, d. h., zwischen den Beteiligten und ihren Orientierungsrahmen lassen sich entweder → *Passungsverhältnisse* oder → *Rekontextualisierungsprozesse* rekonstruieren. Auf dieser Basis kommt es zu einvernehmlichen Interaktionsverläufen trotz unterschiedlicher Orientierungsrahmen der Beteiligten. Komplementäre Interaktionen werden mit → *kommunikativen Konklusionen* einvernehmlich beendet. Sie lassen sich vor allem in institutionell gerahmten, asymmetrischen Interaktionen wie z. B. Unterricht rekonstruieren.

Interaktionsmodus, oppositionell

In oppositionellen Interaktionen werden die Orientierungsdifferenzen offen ausgetragen und die Interaktionseinheit wird nicht mit einer → *Konklusion* abgeschlossen, Vielmehr wird die Interaktion explizit beendet oder performativ abgebrochen (z. B. indem Personen den Raum verlassen) oder durch → *eine rituelle Konklusion* im Modus der Suspendierung des Themas oder einer Assoziation abgeschlossen, ohne dass sie in thematischer Hinsicht beendet wäre.

Interaktionsmodus, parallel

Der parallele Interaktionsmodus, der zu den → *inkludierenden Modi* gehört, weil die Beteiligten einen gemeinsamen → *Orientierungsrahmen* teilen, zeichnet sich dadurch aus, dass die Beteiligten Propositionen gemeinsam und sich abwechselnd elaborieren. Parallele Interaktionseinheiten werden mit „echten" Konklusionen beendet. Die geteilte Rahmenorientierung basiert auf strukturidentischen konjunktiven Erfahrungen (z. B. Geschlecht oder das Schüler/in-Sein).

Interaktionsmodus, univok

Der univoke Interaktionsmodus zählt zu den → *inkludierenden Modi.* Der gemeinsame → *Orientierungsrahmen,* den die Beteiligten teilen, basiert auf identischen, also gruppenspezifischen konjunktiven Erfahrungen (z. B. einer Freundinnengruppe). Die Interaktionsbewegungen werden von den Beteiligten gemeinsam vollzogen.

Interferenz

Die Interferenz ist ein Modus der Mensch-Ding-Assoziation, bei der der Habitus oder Orientierungsrahmen, der sich in der Assoziation dokumentiert, durch die Verbindung zwischen dem Mensch und dem Artefakt bzw. durch das Hantieren oder Benutzen des Dings bestimmt wird. Diese Verbindung von Mensch und Ding ensteht in der Interaktion selbst.

Konklusion

Mit der Konklusion wird eine → *Interaktionseinheit* abgeschlossen. In einer „echten" Konklusion wird das Thema einer Interaktionseinheit beendet und es zeigt sich der geteilte → *Orientierungsrahmen* einer Gruppe. In diesem Fall liegt ein → *inkludierender Interaktionsmodus* vor, die Akteure und Akteurinnen dieser Interaktionseinheit teilen einen gemeinsamen Orientierungsrahmen. Dieser kann in einer Konklusion explizit formuliert, generalisiert und in seiner Reichweite ausgedehnt oder auch nur bestätigt werden, indem vorausgegangene Elaborationen validiert werden.

Konklusion, rituelle

Rituelle Konklusionen bilden den Abschluss → *oppositioneller* und *divergenter* Interaktionseinheiten. Sie vermitteln auf einer oberflächlichen Ebene den Eindruck, dass die Interaktionseinheit beendet wird, tatsächlich bleiben die unterschiedlichen → *Orientierungsrahmen* erhalten, die Widersprüche werden nicht aufgelöst, sondern verdeckt oder suspendiert. Rituelle Konklusionen können unterschiedliche Formen aufweisen:

Im Fall einer *Metarahmung* wird von den divergierenden Orientierungsrahmen abgelenkt, indem sich die Interaktionsteilnehmerinnen und -teilnehmer auf eine dritte, abstrakte Orientierung, häufig auf einen Allgemeinplatz, beziehen. Gleiches gilt für *Themenverschiebungen*. Dabei wird ein drittes Thema begonnen oder mit einer dritten, irrelevanten Orientierung abgeschlossen, die beiden divergenten Orientierungsrahmen bleiben bestehen. Die *Metakommunikation* thematisiert die Interaktions- oder Gesprächssituation explizit, indem sie als irrelevant bewertet, ihre Beendigung oder ein Themenwechsel vorgeschlagen wird. Nur im Fall von → *oppositionellen Interaktionen* kommt es zum *performativen Abbruch der Interaktion* (z. B. indem Personen den Raum verlassen). Eine weitere Form der rituellen Konklusion ist die *Suspendierung des Themas*. Dabei handelt es sich um einen nicht explizit gemachten Themenwechsel, es wird zu einem neuen Thema übergeleitet, ohne das vorangegangene abzuschließen. Assoziieren sich die Teilnehmenden der Interaktion mit Dingen, kann eine rituelle Konklusion auch durch eine *Suspendierung einer Assoziation* erfolgen, die analog zur Suspendierung eines Themas zu sehen ist. Dabei wird ein Ding – und mit ihm seine semantische oder propositionale Bedeutung – weggelegt bzw. ihm nicht länger Beachtung geschenkt.

Konklusion, kommunikative

Mit kommunikativen Konklusionen werden → *komplementäre* Interaktionseinheiten abgeschlossen. Dabei werden die unterschiedlichen, komplementären Orientierungsrahmen – anders als bei → *Synthesen* – nicht integriert oder aufgehoben, die Interaktionseinheiten aber dennoch – ähnlich wie bei → *Konklusionen* – einvernehmlich beendet. Dies geschieht auf der Basis der Akzeptanz institutionell gerahmter kommunikativer Normen und Regeln durch alle Beteiligten.

Opposition

In Interaktionseinheiten des → *exkludierenden Modus,* d.h., in Interaktionskonstellationen, in denen die Beteiligten nicht über einen gemeinsamen → *Orientierungsrahmen* verfügen, folgt auf die → *Proposition* eine → *Interaktionsbewegung,* die einen anderen Orientierungsgehalt proponiert als die Proposition, mit der die Interaktionseinheit beginnt. In → *oppositionellen* Interaktionen folgt auf die Proposition eine Opposition, häufig in Form eines expliziten Widerspruchs.

Orientierungsrahmen

Orientierungsrahmen dokumentieren sich in der Art und Weise, wie die Erforschten miteinander sprechen und agieren (→ *Dokumentsinn),* und sind den Erforschten in der Handlungspraxis nicht reflexiv verfügbar. Ihre Rekonstruktion ist das Ziel der reflektierenden Interpretation. Sie umfassen atheoretisches Wissen der Erforschten, konjunktives Wissen und inkorporierten Habitus, Werte und Haltungen, routinierte, habitualisierte Praktiken und fachliches bzw. überfachliches Können.

Orientierungsrahmen im weiteren Sinn

Von einem Orientierungsrahmen im weiteren Sinn sprechen wir, wenn die Erforschten spezifische Formen des Umgangs mit → *Inkonsistenzen von Orientierungsrahmen und -schema* entwickelt haben und sich diese Umgangsweisen mit Inkonsistenz wiederum auf der Ebene des konjunktiven Wissens bzw. als inkorporierte, habitualisierte Praxis dokumentieren.

Orientierungsschema

Die Orientierungsschemata einer Person oder Gruppe umfassen ihr kommunikatives Wissen, die Normen und Regeln, die für eine Person oder Gruppe als relevant gelten, Einstellungen und Überzeugungen auf der Ebene der pädagogischen Programmatik oder ihr Wissen über einen Sachverhalt. Orientierungsschemata können auf der Ebene des → *immanenten Sinns* von den Erforschten expliziert werden.

Passung

Von Passung sprechen wir im Fall von → *komplementären Interaktionen*, wenn die Komplementarität der Orientierungsrahmen im Unterschied zur → *Rekontextualisierung* gegeben ist und nicht in situ hergestellt wird.

Proposition

Mit einer Proposition wird eine → *Interaktionseinheit* eröffnet. Mit einer Proposition beginnt ein neues Thema oder eine neue Interaktionskonstellation. Als Proposition wird eine sprachliche Äußerung oder eine nonverbale Aktion interpretiert, wenn darin ein propositionaler Orientierungsgehalt auf der Ebene des →*Dokumentsinns* bzw. des konjunktiven Wissens zum Ausdruck kommt, der in der folgenden Interaktionseinheit ausgearbeitet, d.h. elaboriert (→ *Elaboration)* oder enaktiert (→ *Enaktierung*) wird. Propositionen können in der Unterrichtsinteraktion ebenso wie in Gesprächen sprachliche Äußerungen sein, sie können aber auch nonverbal erfolgen oder von Artefakten ausgehen, an die propositionale Gehalte delegiert sind (→ *Delegation)*.

Proposition, komplementäre

Eine komplementäre Proposition folgt in → *komplementären Interaktionseinheiten* auf die erste → *Proposition*, in ihr wird der komplementäre Orientierungsgehalt entfaltet. Auf den ersten Blick kann sie leicht mit einer → *Anschlussproposition* oder → *Elaboration* oder mit einer → *antithetischen Differenzierung* verwechselt werden, weil sich die Interaktion trotz differenter Orientierungsrahmen der Beteiligten nicht widersprüchlich, sondern einvernehmlich darstellt. Die Anschlüsse zwischen Proposition und komplementärer Proposition entstehen allerdings nicht auf der Basis übereinstimmender, geteilter Orientierungsrahmen, sondern durch → *Passung* oder → *Rekontextualisierung*.

Rahmeninkongruenz

Zu einer Rahmeninkongruenz kommt es, wenn Personen oder Gruppen keinen gemeinsamen → *Orientierungsrahmen* teilen. Dies ist in oppositionellen → *Interaktionseinheiten* der Fall, die Rahmeninkongruenz wird dabei offen zum Ausdruck gebracht und die Interaktion abgebrochen. In → *divergenten Interaktionen* reden die Beteiligten „aneinander vorbei" und beenden die Interaktionseinheiten mit → *rituellen Konklusionen*, die die Uneinigkeit im Bezug auf die Orientierungsrahmen verdecken.

Rahmenkomplementarität

Auch im Fall der Rahmenkomplementarität teilen die Personen oder Gruppen keinen gemeinsamen → *Orientierungsrahmen.* Im Unterschied zur → *Rahmeninkongruenz* lassen sich in den →*komplementären Interaktionen* allerdings → *Passungsverhältnisse* zwischen den komplementären Orientierungsrahmen oder → *Rekontextualisierungen* rekonstruieren, die dazu führen, dass die Interaktion innerhalb institutionalisierter, asymmetrisch strukturierter Kontexte wie Unterricht fortgesetzt wird. Komplementäre Interaktionen werden mit → *kommunikativen Konklusionen* abgeschlossen, in denen die unterschiedlichen Orientierungsrahmen – anders als bei → *Synthesen* – nicht integriert oder aufgehoben, die Interaktionseinheiten aber dennoch – ähnlich wie bei → *Konklusionen* – einvernehmlich beendet werden.

Ratifizierung

Im Unterschied zur → *Validierung,* die eine inhaltliche Zustimmung bezeichnet, werden als Ratifizierung zustimmende Äußerungen interpretiert, bei denen es sich entweder eindeutig um ein Hörersignal handelt, oder bei denen unklar ist, ob sie nur das akustische Verstehen oder eine inhaltliche Zustimmung zu der vorausgegangenen Interaktion zum Ausdruck bringen.

Rekontextualisierung

Als Rekontextualisierung bezeichnen wir eine → *komplementäre Proposition* und ggf. deren *Elaborationen* und *Enaktierungen,* wenn die Passung zum komplementären Orientierungsrahmen in der Interaktion hergestellt wird. Rekontextualisierung bedeutet, dass ein zu der eigenen Rahmenorientierung differenter propositionaler Gehalt in die eigene Rahmenorientierung übersetzt oder reformuliert wird und dabei Modifizierungen und Anpassungen erfährt, so dass es im Ergebnis zu einer Passung kommt.

Schilderung, erfahrungsbasierte

Als erfahrungsbasierte Schilderung werden → *Elaborationen* bezeichnet, bei der die Sprechenden zwar nicht ins Erzählen kommen, aber dennoch erkennbar ist, dass das Gesagte in den Erfahrungen der Erforschten auf der Ebene ihrer konjunktiven Handlungspraxis begründet ist. Auf Grund der Aktualisierung der konjunktiven Erfahrungen dokumentiert sich in erfahrungsbasierten Schilderungen der → *Orientierungsrahmen* der Erforschten.

Sinn, immanenter

Die auf Karl Mannheim zurückgehende Leitdifferenz von immanentem Sinn und → *Dokumentsinn* bzw. zwischen kommulikativem und konjunktivem Wissen ist im Prozess des Schreibens der formulierenden und reflektierenden Interpretationen sowie deren Diskussion in Forschungswerkstätten von zentraler Bedeutung. Der immanente Sinn, also das, *was* in der Interaktion gesagt oder getan wird, wird in der formulierenden Interpretation herausgearbeitet. Die reflektierende Interpretation ist auf die formale Analyse der Interaktionsorganisation fokussiert, also die Art und Weise, *wie* die Erforschten sprechen und handeln. Mit der Rekonstruktion des *modus operandi* der sozialen Interaktion zielt die Interpretation darauf ab, den → *Dokumentsinn* zu rekonstruieren.

Synthese

Synthesen sind → *Konklusionen*, mit denen antithetische Interaktionseinheiten (→ *Antithese)* abgeschlossen werden. Endet eine *Interaktionseinheit* mit einer Synthese, ist dies der Nachweis, dass Meinungsverschiedenheiten oder Widersprüche als antithetisch und nicht als → *komplementär, divergent* oder *oppositionell* zu verstehen sind. In der Synthese werden die Antithesen entweder zusammengefasst oder die Widersprüche in einer Orientierung auf einer abstrakteren Ebene aufgelöst. In der Synthese kommt der gemeinsame → *Orientierungsrahmen* der Personen zum Ausdruck, die in der Interaktionseinheit antithetisch diskutiert oder agiert haben.

Transition oder Transposition

Als Transition oder Transposition wird eine → *Interaktionsbewegung* bezeichnet, bei der die → *Konklusion* mit Eröffnung (→ *Proposition*) einer neuen Interaktionseinheit in einer einzigen Äußerung oder Aktion miteinander verbunden sind und beide nahtlos ineinander übergehen.

Validierung

Als Validierung werden zustimmende Äußerungen und Aktionen interpretiert, die die semantischen Inhalte und die Orientierungsgehalte der vorausgegangenen Interaktion explizit bestätigen. Validierungen können verbal und nonverbal erfolgen und unterschiedlich umfangreich sein – von knappen Äußerungen mit ein, zwei oder drei Worten bis zu längeren → *Elaborationen*, die validierenden Charakter haben.

Versuch einer Konklusion

In oppositionellen und divergenten → *Interaktionseinheiten* lässt sich beobachten, dass einzelne Teilnehmerinnen oder Teilnehmer der Interaktion versuchen, eine Interaktionseinheit mit einer → *Konklusion* zu beenden, während andere Teilnehmende die → *Divergenz* oder die → *Opposition* weiterverhandeln. Als Versuch wird die → *Interaktionsbewegung* bezeichnet, weil sich die Person, die die Konklusion versucht hat, sich damit nicht durchsetzt und die divergente oder oppositionelle Interaktion fortgesetzt wird.

Versuch einer Synthese

In antithetischen → *Interaktionseinheiten* kann es vorkommen, dass eine Person frühzeitiger als die anderen Beteiligten die Interaktionseinheit zu einem Abschluss bringen möchte. Wenn die Mehrheit der Beteiligten die widerstreitende Interaktion fortsetzt, wird die → *Interaktionsbewegung* als versuchte Synthese interpretiert.

Zwischenkonklusion

Versuche einer vorzeitigen *Konklusion* in Interaktionseinheiten des inkludierenden (parallelen oder univoken) Modus haben vor dem Hintergrund der geteilten Orientierungsrahmen der Beteiligten den Charakter von „Zwischenfazits" und werden deshalb Zwischenkonklusion genannt.

Literaturverzeichnis

Bohnsack, R. (2012). Orientierungsschemata, Orientierungsrahmen und Habitus. Elementare Kategorien der Dokumentarischen Methode mit Beispielen aus der Bildungsmilieuforschung. In K. Schittenhelm (Hrsg.), *Qualitative Bildungs- und Arbeitsmarktforschung: Grundlagen, Perspektiven, Methoden* (S. 119-153). Wiesbaden: Springer VS.

Bohnsack, R. (2014). *Rekonstruktive Sozialforschung. Einführung in qualitative Methoden*. 9., überarb. und erweiterte Aufl. Opladen: Barbara Budrich.

Bohnsack, R., Nentwig-Gesemann, I., & Nohl, A.-M. (Hrsg.) (2013). *Die dokumentarische Methode und ihre Forschungspraxis. Grundlagen qualitativer Forschung*. 3. Aufl. Wiesbaden: Springer VS.

Latour, B. (2002). *Die Hoffnung der Pandora*. Frankfurt am Main: Suhrkamp.

Przyborski, A. (2004). *Gesprächsanalyse und dokumentarische Methode. Qualitative Auswertung von Gesprächen, Gruppendiskussionen und anderen Diskursen*. Wiesbaden: VS Verlag für Sozialwissenschaften.

The manufacturer's authorised representative in the EU is Springer
Nature Customer Service Centre GmbH, Europaplatz 3, 69115 Heidelberg,
Germany. If you have any concerns regarding our products, please
contact ProductSafety@springernature.com

Printed and bound by CPI Group (UK) Ltd, Croydon, CR0 4YY
27/04/2026
02097564-0007